DARWIN'S INCIDENT

SHUN UMEZAWA

03

INHALT

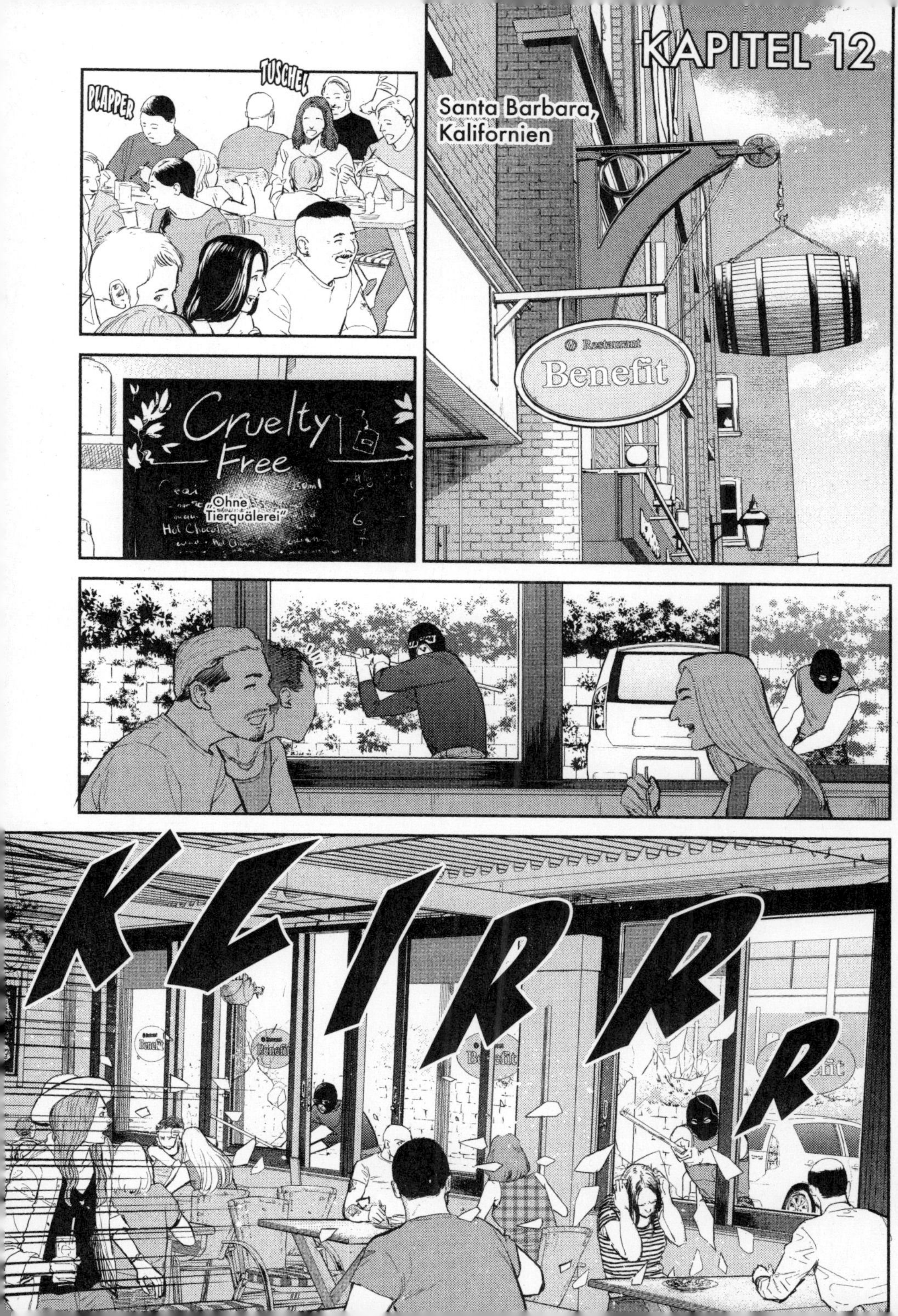

KAPITEL 12

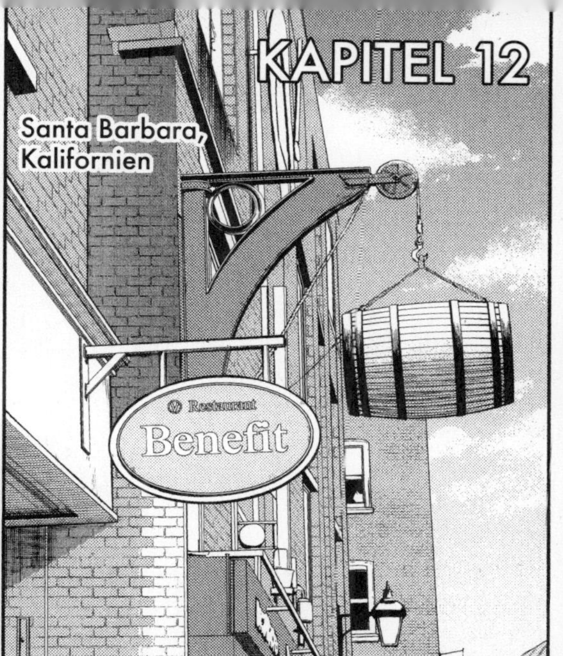

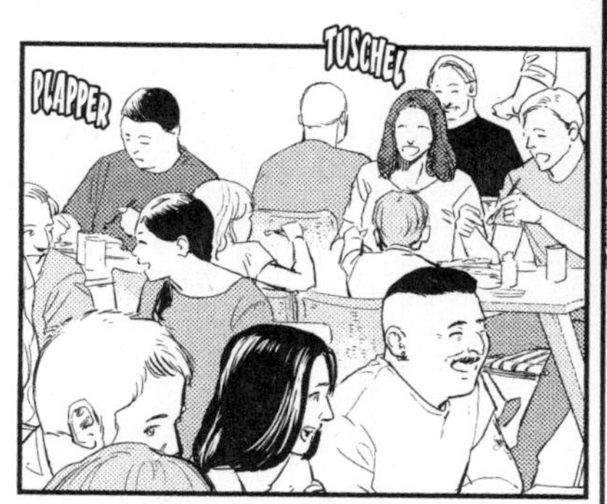

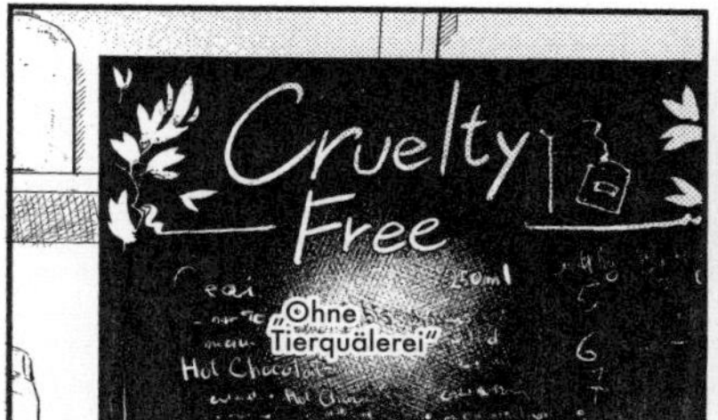

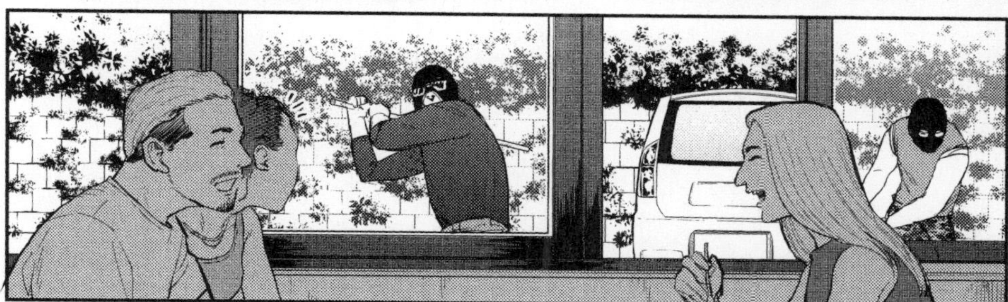

KLIRRRR

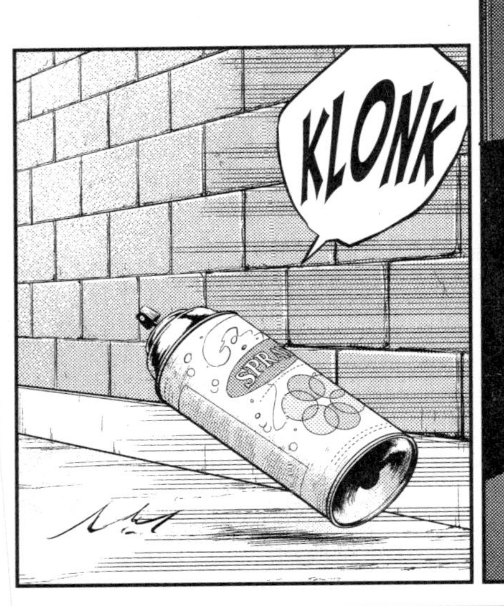

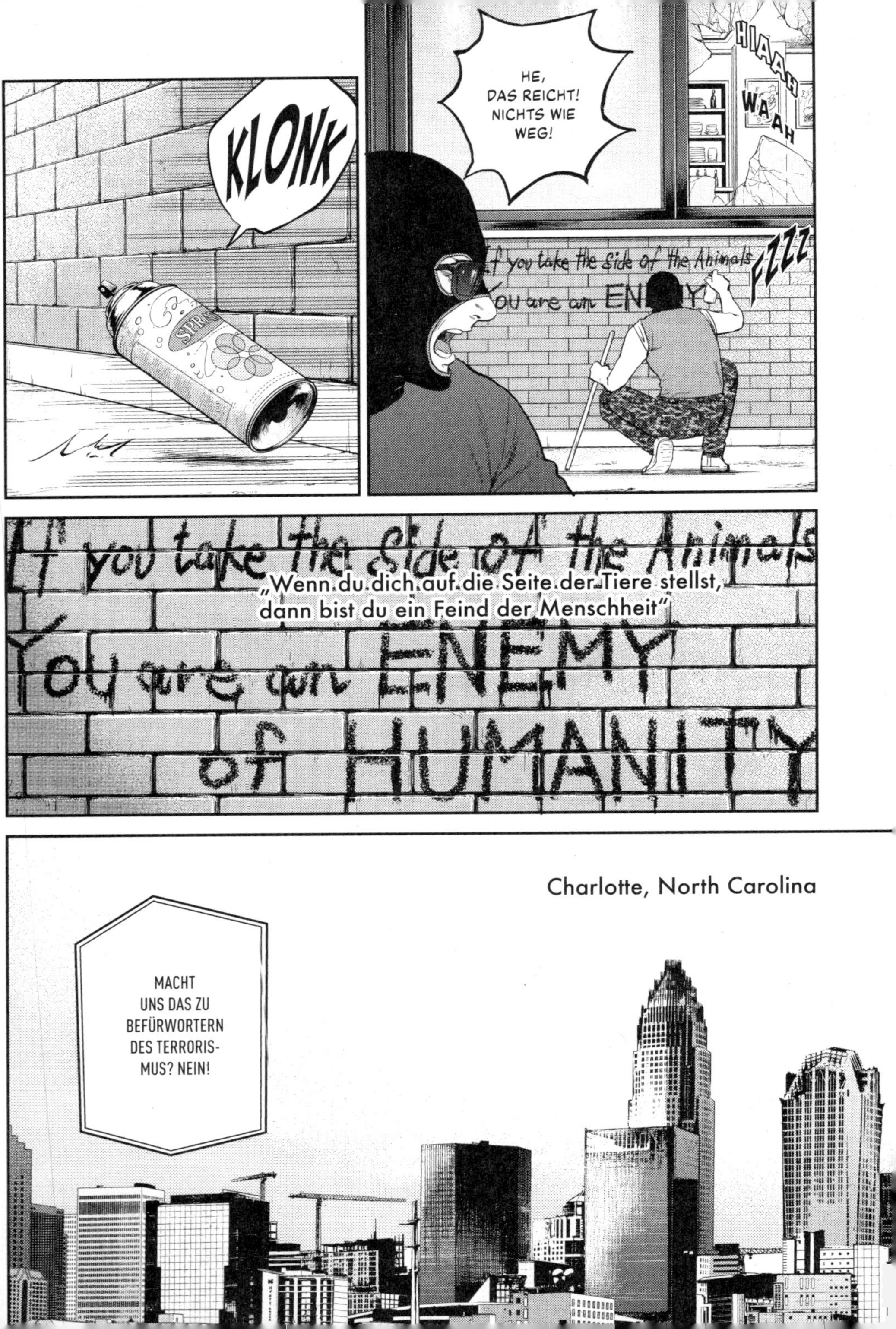

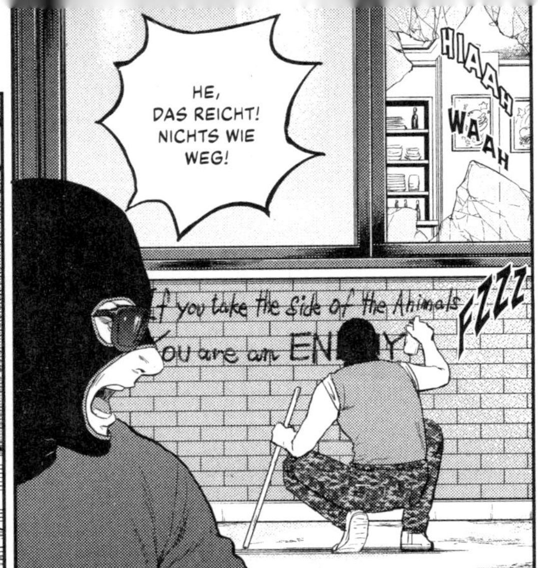

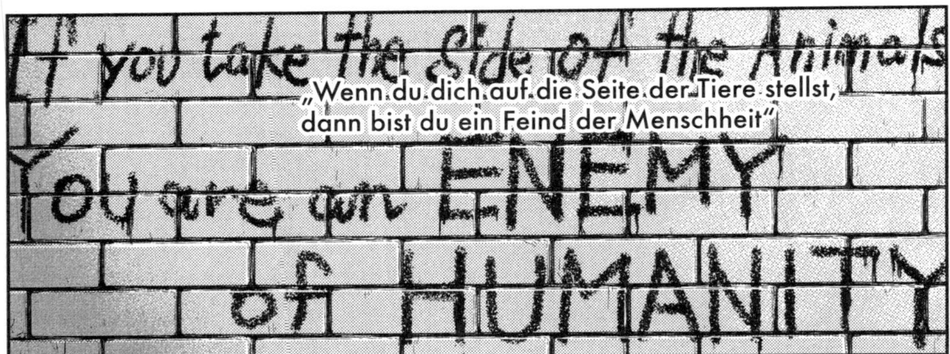

Charlotte, North Carolina

MACHT UNS DAS ZU BEFÜRWORTERN DES TERRORISMUS? NEIN!

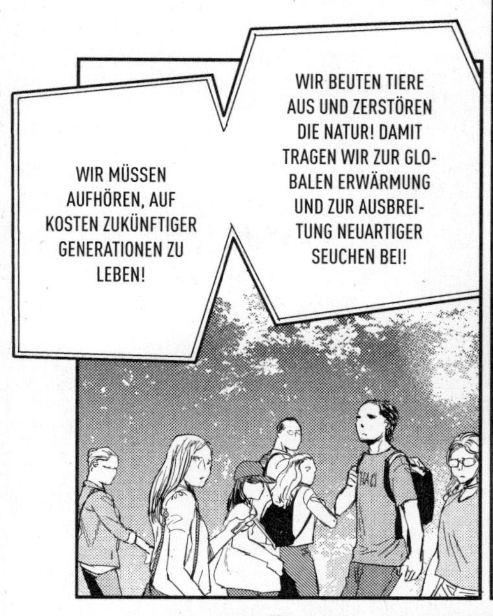
WIR MÜSSEN AUFHÖREN, AUF KOSTEN ZUKÜNFTIGER GENERATIONEN ZU LEBEN!
WIR BEUTEN TIERE AUS UND ZERSTÖREN DIE NATUR! DAMIT TRAGEN WIR ZUR GLOBALEN ERWÄRMUNG UND ZUR AUSBREITUNG NEUARTIGER SEUCHEN BEI!

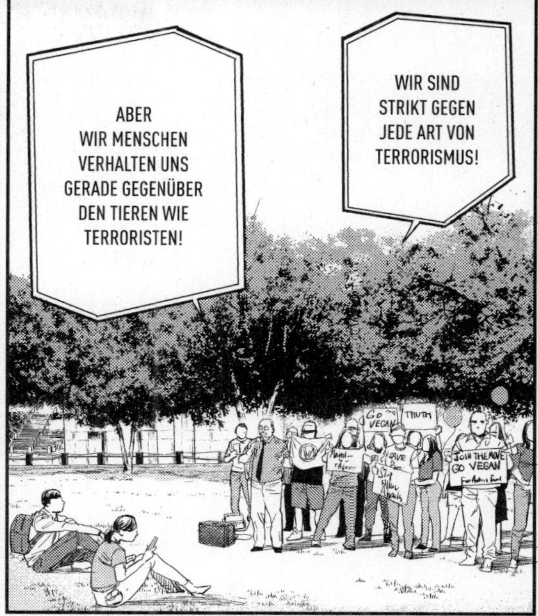
ABER WIR MENSCHEN VERHALTEN UNS GERADE GEGENÜBER DEN TIEREN WIE TERRORISTEN!
WIR SIND STRIKT GEGEN JEDE ART VON TERRORISMUS!
GO VEGAN
TRUTH
JOIN THE MOVE GO VEGAN

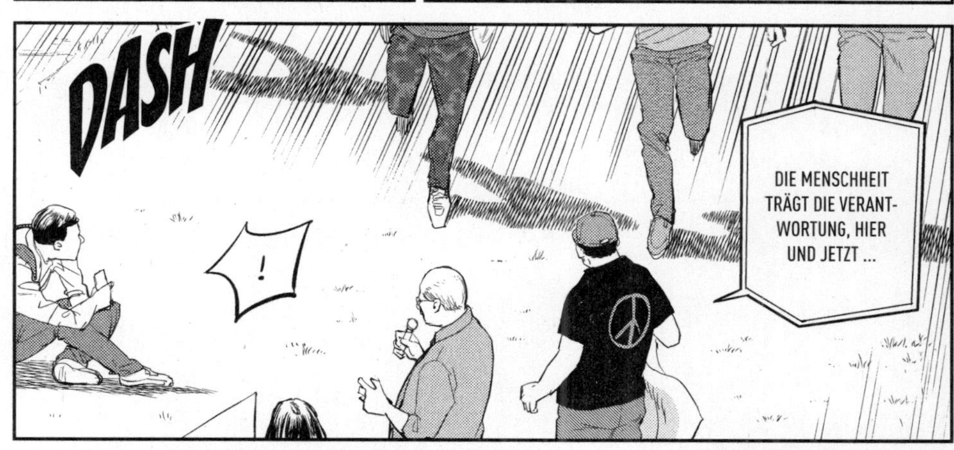
DASH
DIE MENSCHHEIT TRÄGT DIE VERANTWORTUNG, HIER UND JETZT ...
!

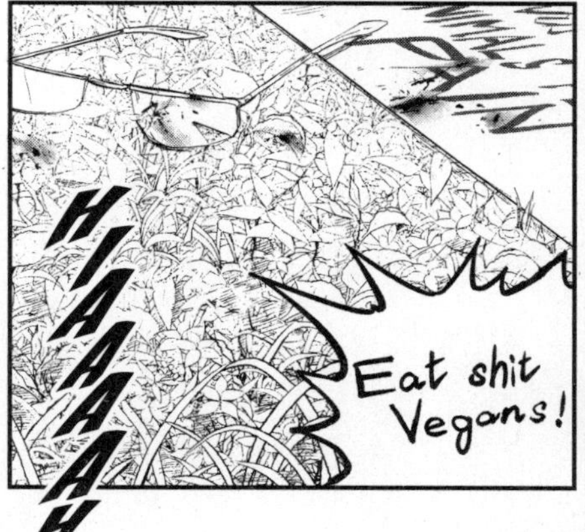
HIAAAAAAH
Eat shit Vegans!

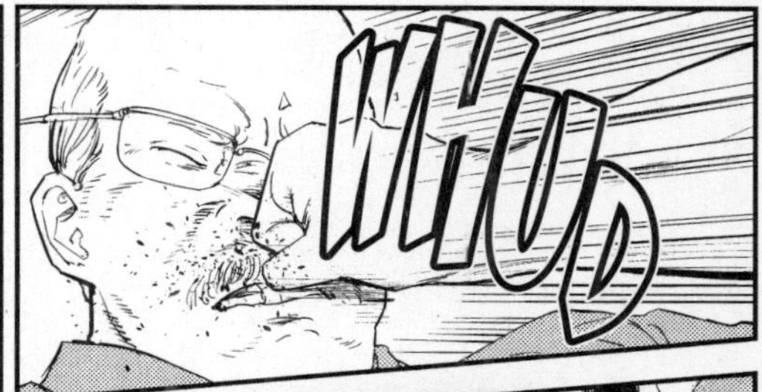
WHUD

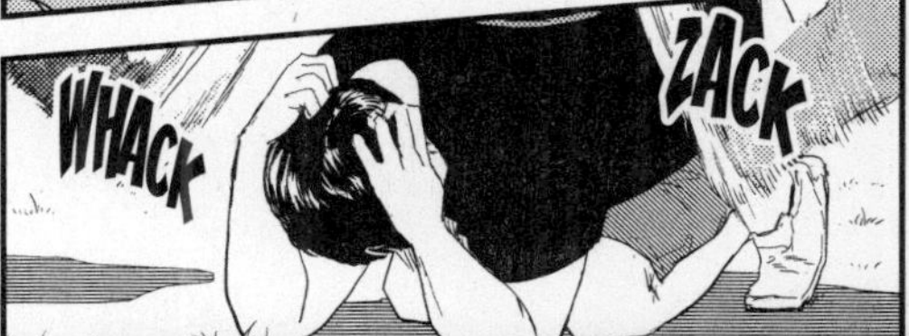
WHACK
ZACK

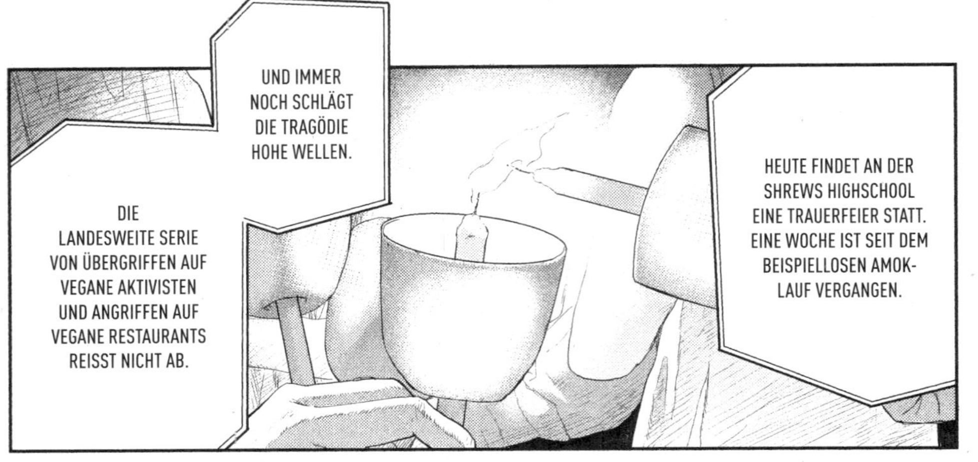

KAPITEL 12 / DIE BESUCHER

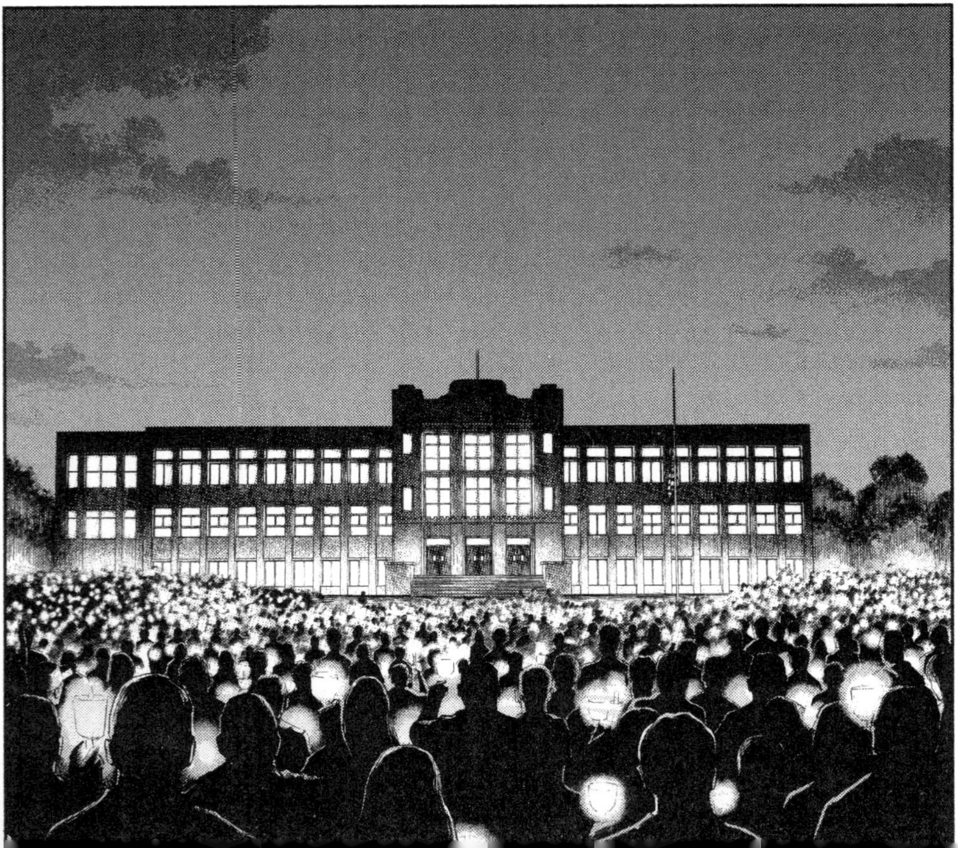

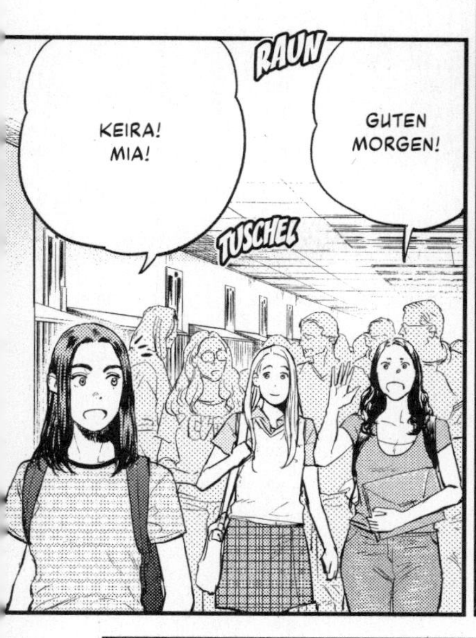
KEIRA! MIA!
RAUN
GUTEN MORGEN!
TUSCHEL

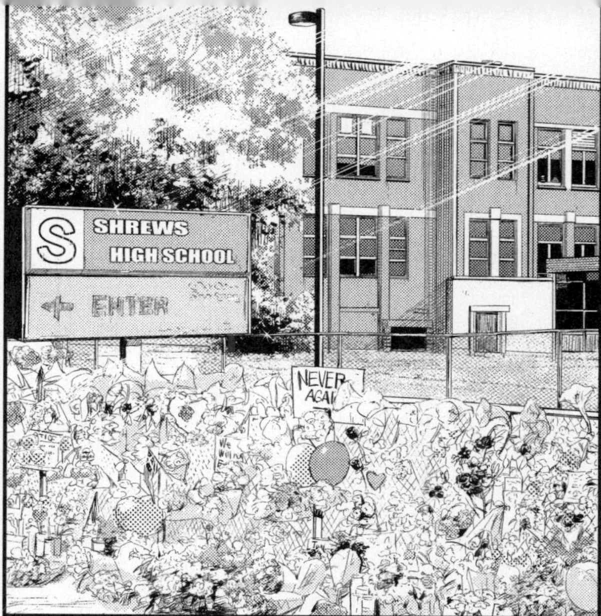
SHREWS HIGH SCHOOL
ENTER
NEVER AGAIN

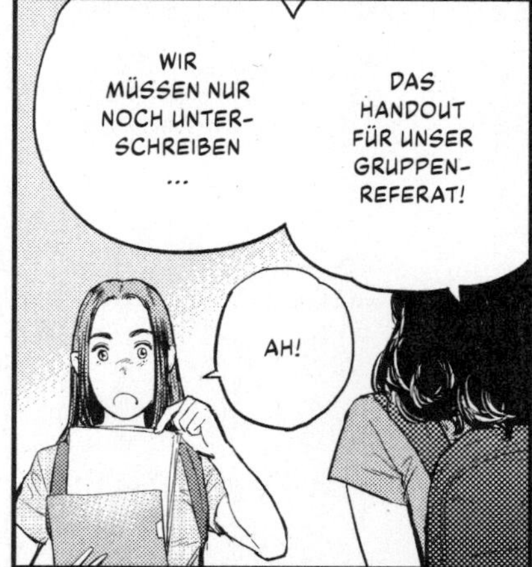
WIR MÜSSEN NUR NOCH UNTERSCHREIBEN ...
DAS HANDOUT FÜR UNSER GRUPPENREFERAT!
AH!

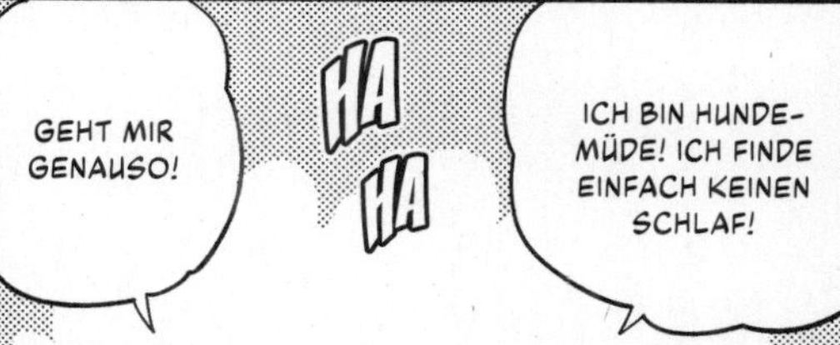
GEHT MIR GENAUSO!
HA HA
ICH BIN HUNDEMÜDE! ICH FINDE EINFACH KEINEN SCHLAF!

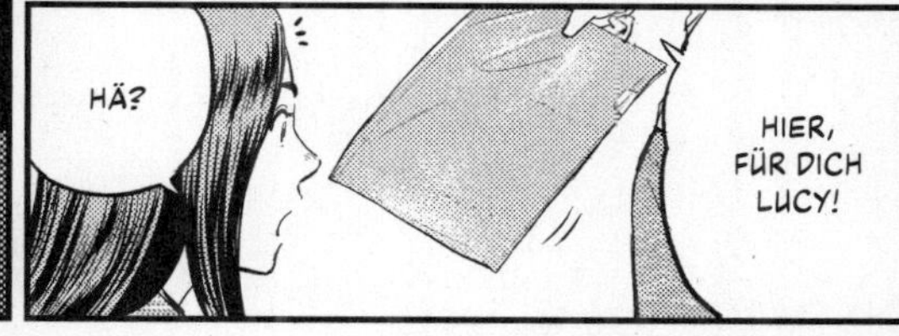
HÄ?
HIER, FÜR DICH LUCY!

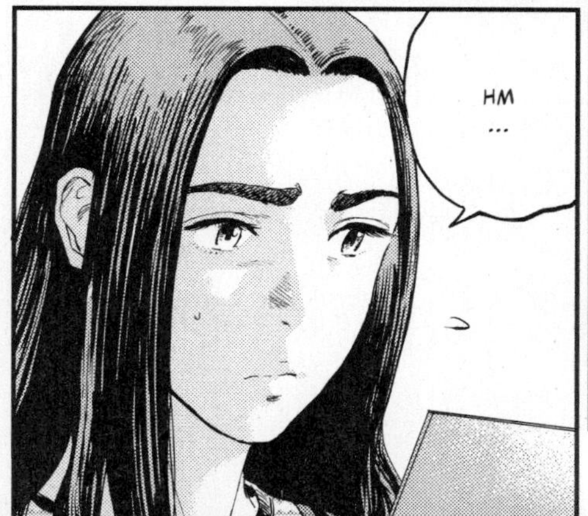
HM ...

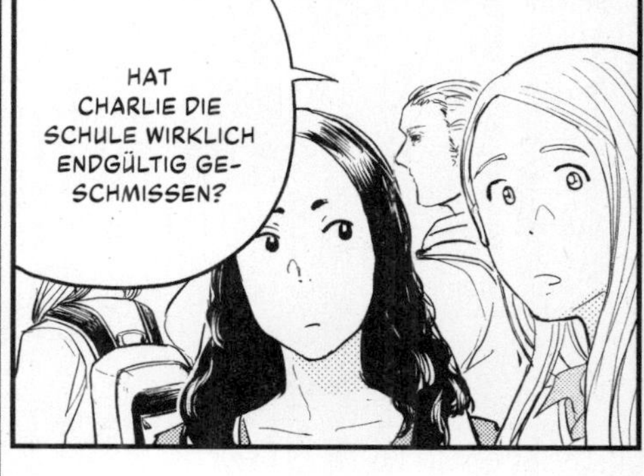
HAT CHARLIE DIE SCHULE WIRKLICH ENDGÜLTIG GESCHMISSEN?

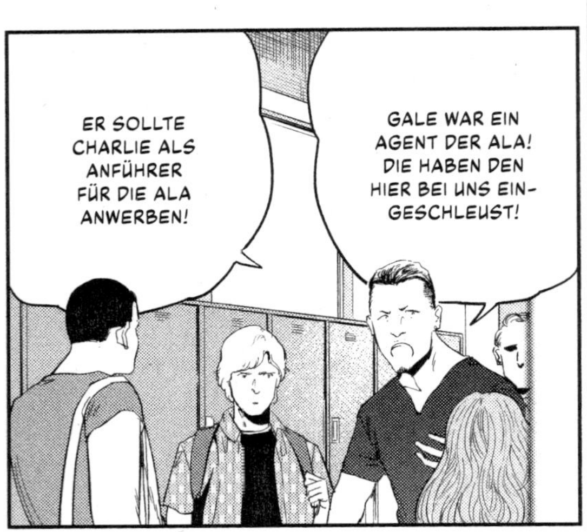
GALE WAR EIN AGENT DER ALA! DIE HABEN DEN HIER BEI UNS EIN-GESCHLEUST!
ER SOLLTE CHARLIE ALS ANFÜHRER FÜR DIE ALA ANWERBEN!

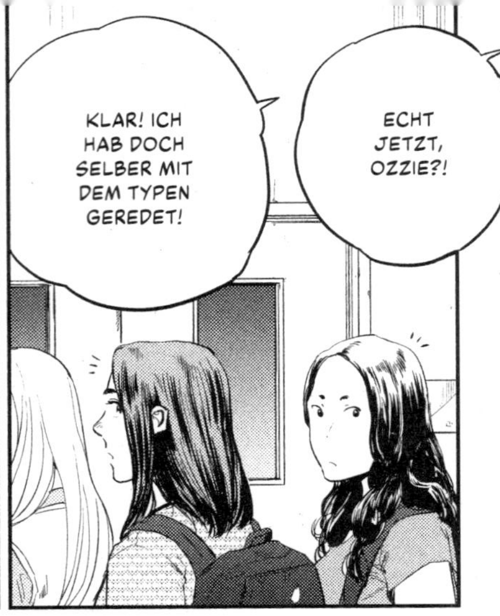
ECHT JETZT, OZZIE?!
KLAR! ICH HAB DOCH SELBER MIT DEM TYPEN GEREDET!

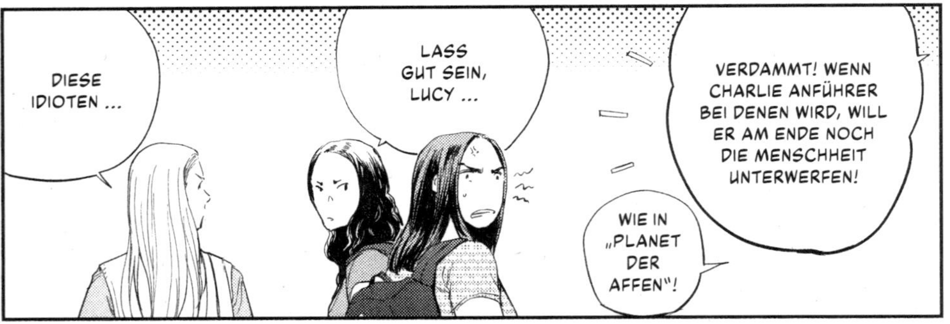
VERDAMMT! WENN CHARLIE ANFÜHRER BEI DENEN WIRD, WILL ER AM ENDE NOCH DIE MENSCHHEIT UNTERWERFEN!
WIE IN „PLANET DER AFFEN"!
LASS GUT SEIN, LUCY ...
DIESE IDIOTEN ...

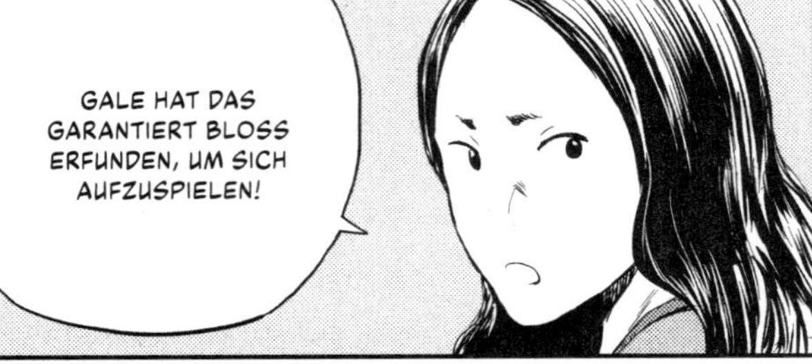
GALE HAT DAS GARANTIERT BLOSS ERFUNDEN, UM SICH AUFZUSPIELEN!

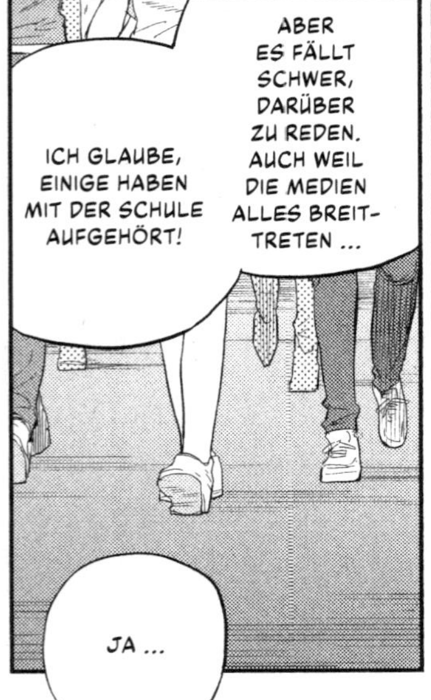
ABER ES FÄLLT SCHWER, DARÜBER ZU REDEN. AUCH WEIL DIE MEDIEN ALLES BREIT-TRETEN ...
ICH GLAUBE, EINIGE HABEN MIT DER SCHULE AUFGEHÖRT!
JA ...

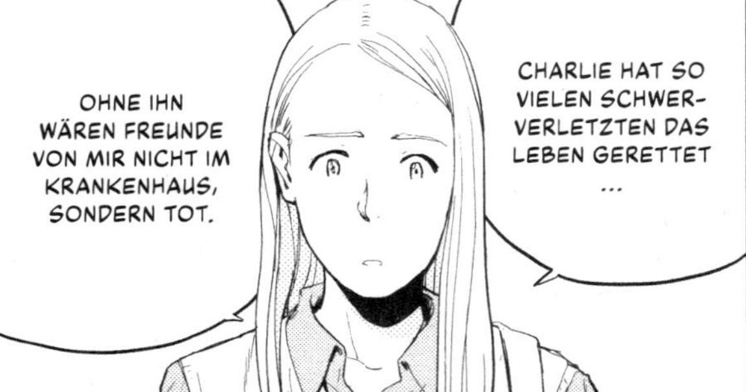
CHARLIE HAT SO VIELEN SCHWER-VERLETZTEN DAS LEBEN GERETTET ...
OHNE IHN WÄREN FREUNDE VON MIR NICHT IM KRANKENHAUS, SONDERN TOT.

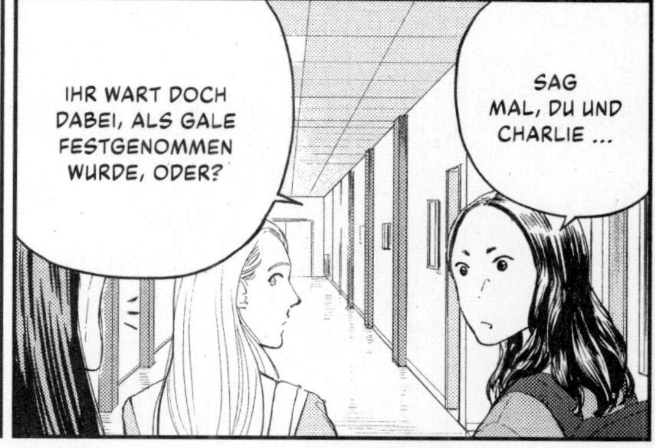
SAG MAL, DU UND CHARLIE ...
IHR WART DOCH DABEI, ALS GALE FESTGENOMMEN WURDE, ODER?

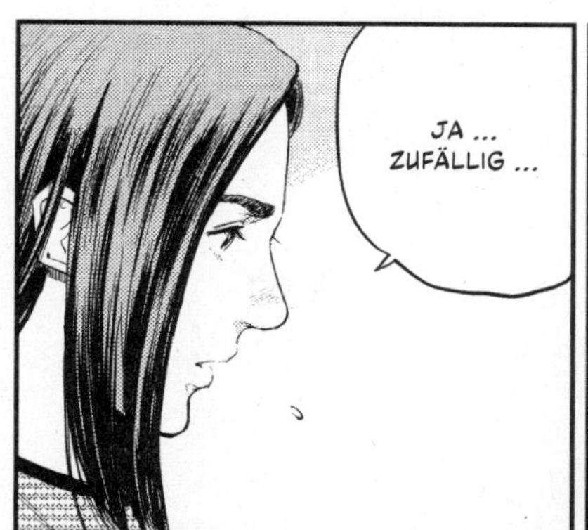
JA ... ZUFÄLLIG ...

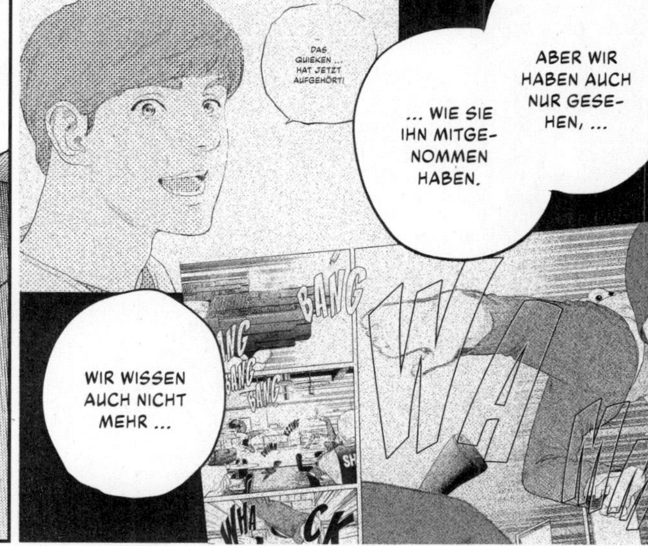
DAS QUIEKEN ... HAT JETZT AUFGEHÖRT!
ABER WIR HABEN AUCH NUR GESE-HEN, ...
... WIE SIE IHN MITGE-NOMMEN HABEN.
BANG
WHAM
WIR WISSEN AUCH NICHT MEHR ...

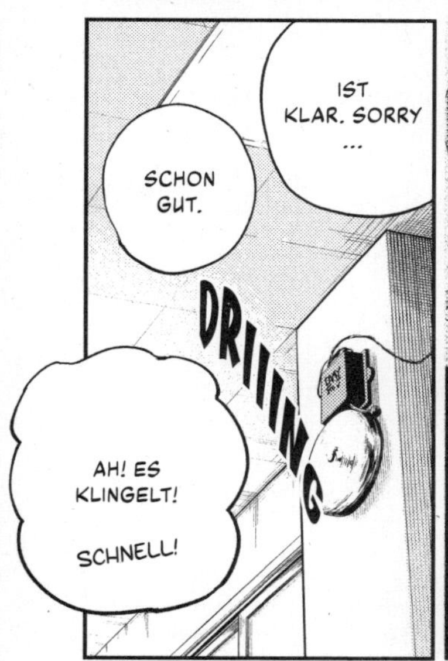
IST KLAR. SORRY ...
SCHON GUT.
DRIIING
AH! ES KLINGELT!
SCHNELL!

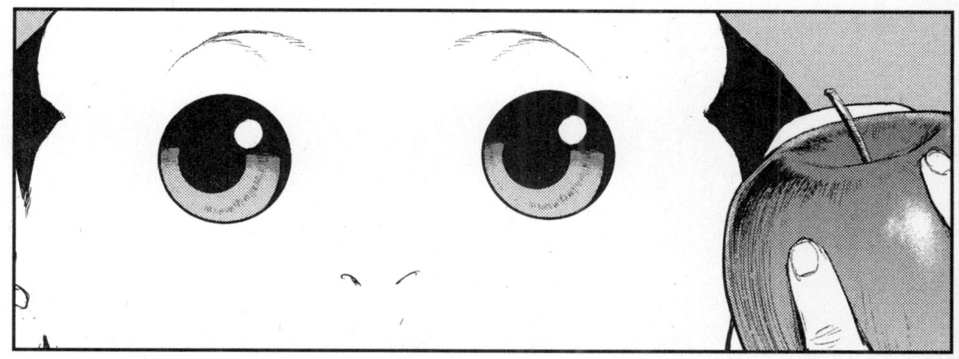

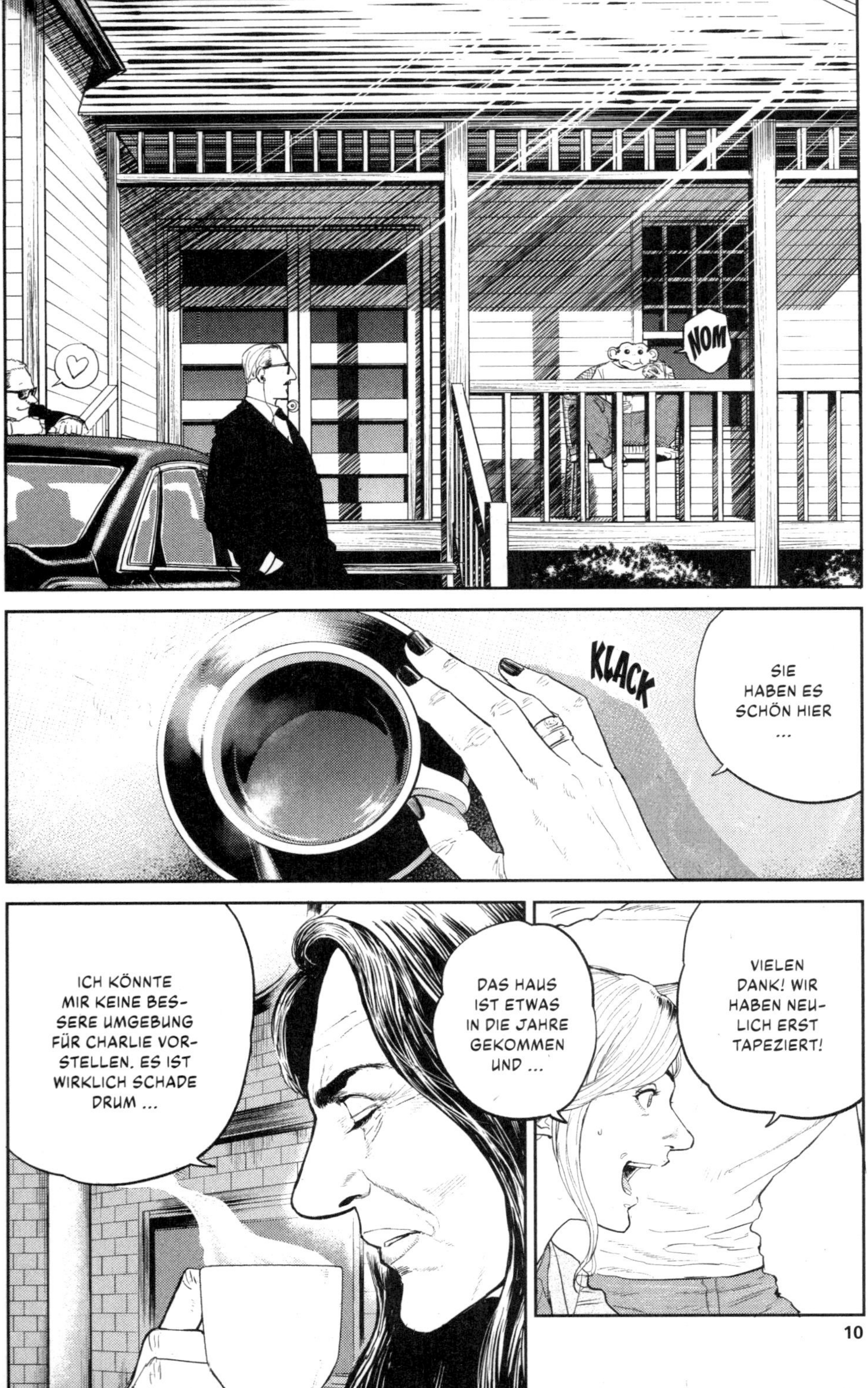

NOM

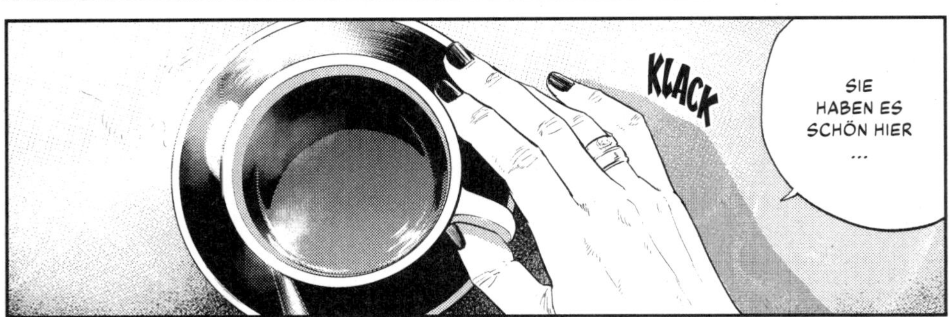
KLACK
SIE HABEN ES SCHÖN HIER ...

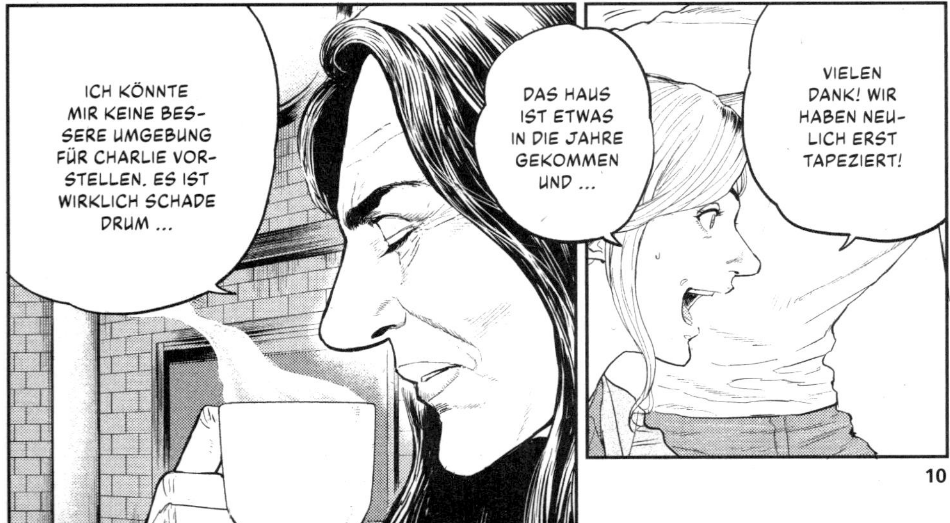
ICH KÖNNTE MIR KEINE BESSERE UMGEBUNG FÜR CHARLIE VORSTELLEN. ES IST WIRKLICH SCHADE DRUM ...
DAS HAUS IST ETWAS IN DIE JAHRE GEKOMMEN UND ...
VIELEN DANK! WIR HABEN NEULICH ERST TAPEZIERT!

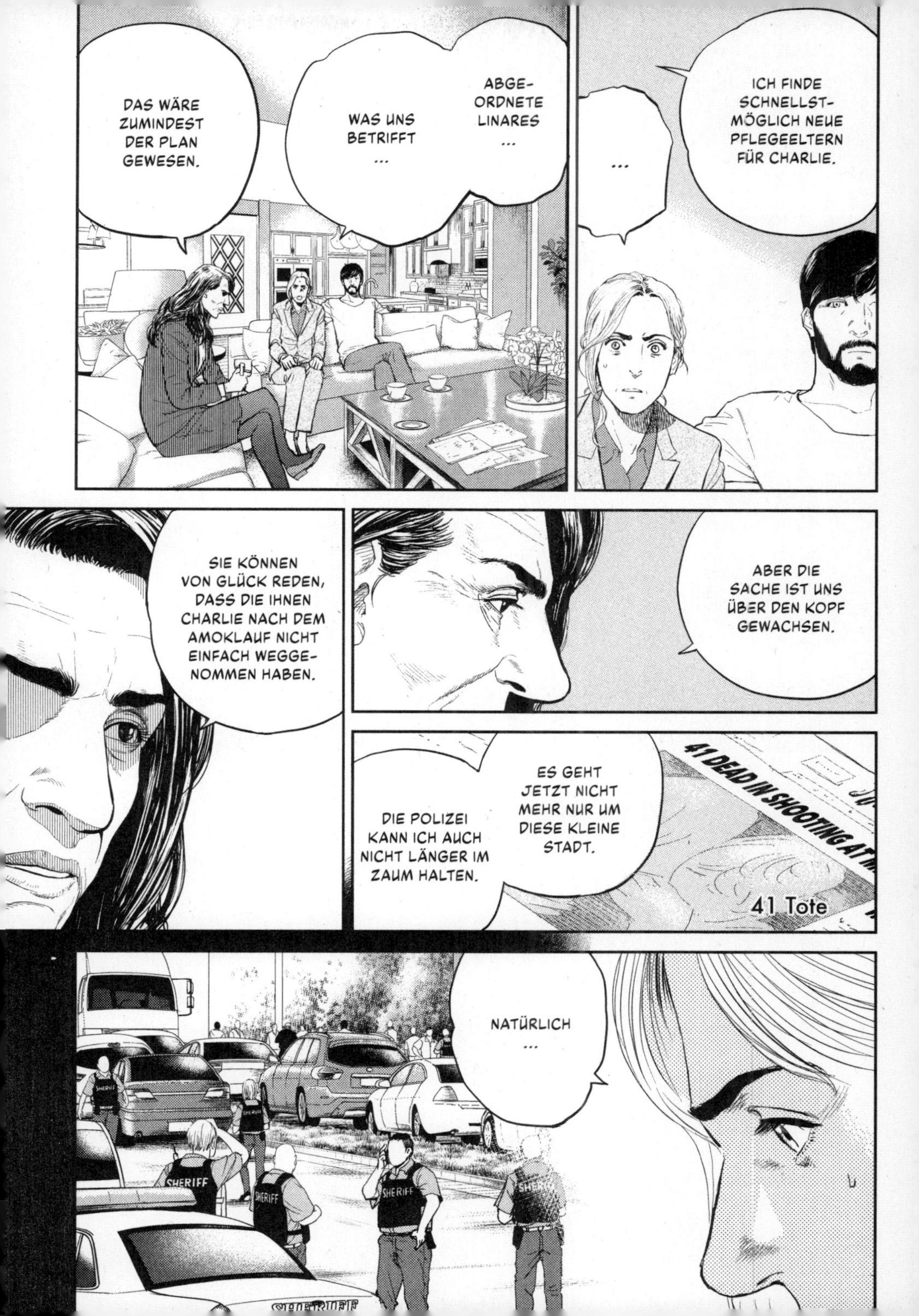

ICH FINDE SCHNELLST-MÖGLICH NEUE PFLEGEELTERN FÜR CHARLIE.

...

ABGE-ORDNETE LINARES ...

WAS UNS BETRIFFT ...

DAS WÄRE ZUMINDEST DER PLAN GEWESEN.

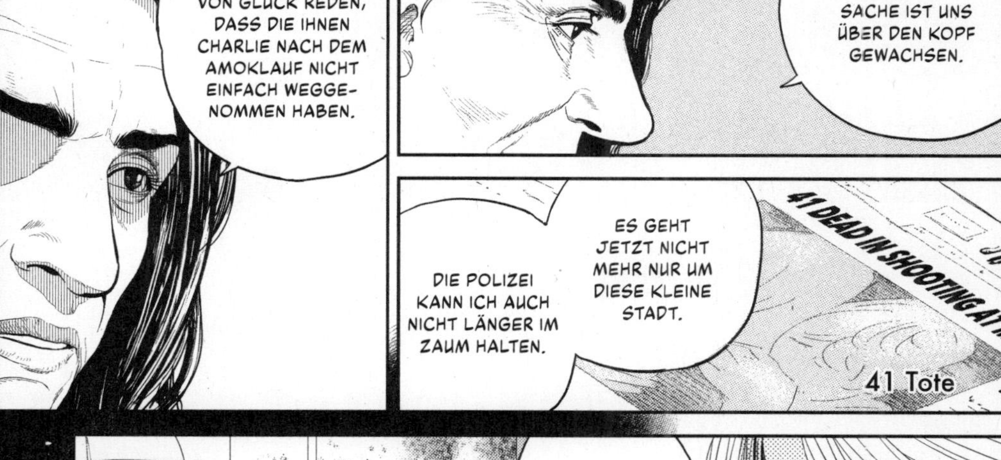

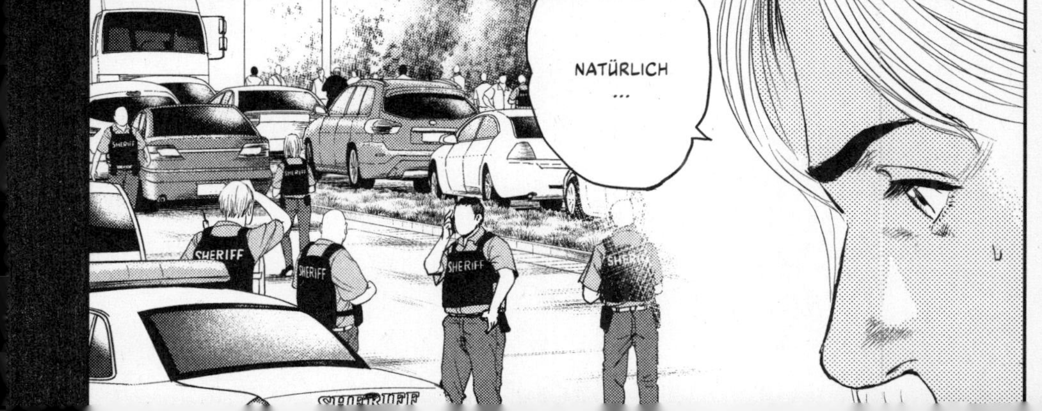

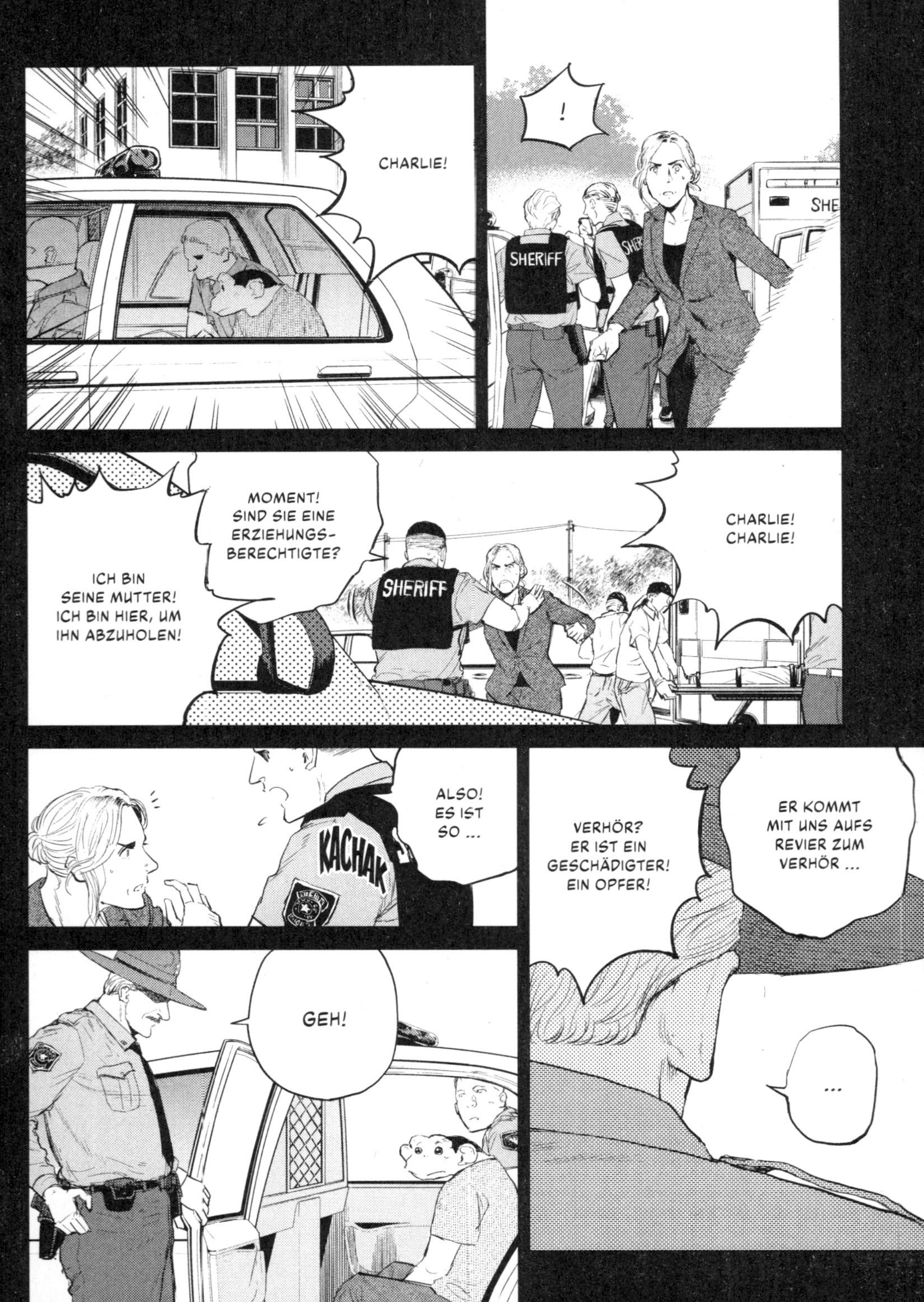
!
CHARLIE!
SHERIFF
CHARLIE! CHARLIE!
MOMENT! SIND SIE EINE ERZIEHUNGS-BERECHTIGTE?
ICH BIN SEINE MUTTER! ICH BIN HIER, UM IHN ABZUHOLEN!
SHERIFF
ER KOMMT MIT UNS AUFS REVIER ZUM VERHÖR ...
VERHÖR? ER IST EIN GESCHÄDIGTER! EIN OPFER!
...
ALSO! ES IST SO ...
KACHAK
GEH!

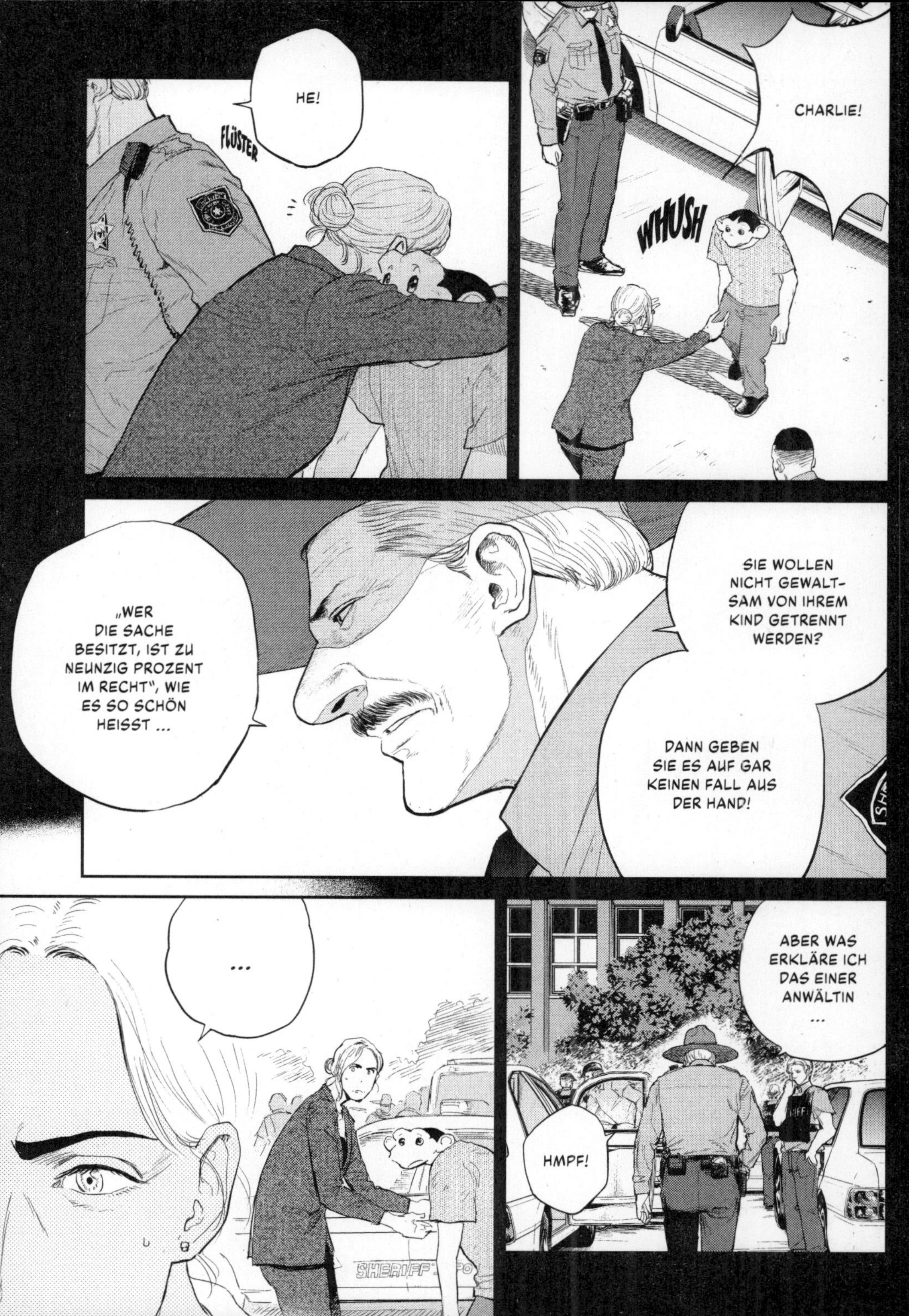
HE!
FLÜSTER
CHARLIE!
WHUSH
„WER DIE SACHE BESITZT, IST ZU NEUNZIG PROZENT IM RECHT“, WIE ES SO SCHÖN HEISST …
SIE WOLLEN NICHT GEWALT-SAM VON IHREM KIND GETRENNT WERDEN?
DANN GEBEN SIE ES AUF GAR KEINEN FALL AUS DER HAND!
…
ABER WAS ERKLÄRE ICH DAS EINER ANWÄLTIN …
HMPF!

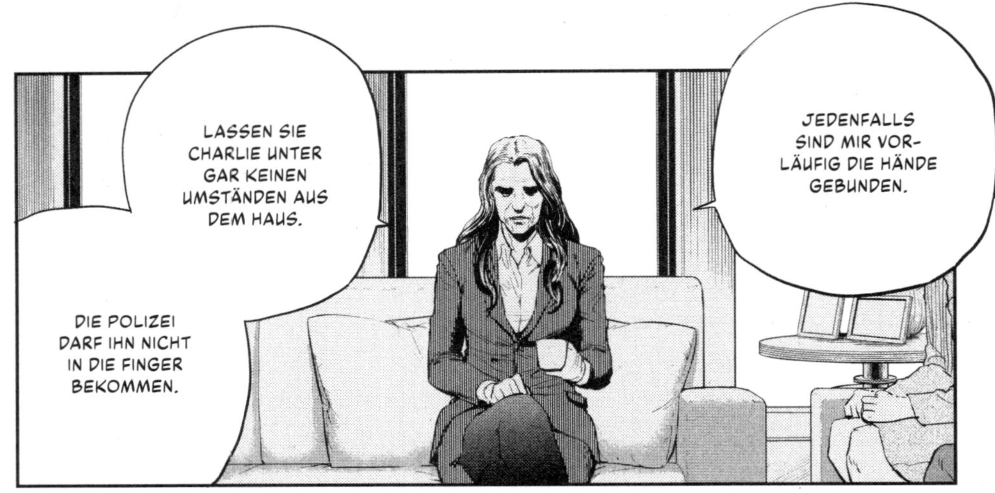
LASSEN SIE CHARLIE UNTER GAR KEINEN UMSTÄNDEN AUS DEM HAUS.
DIE POLIZEI DARF IHN NICHT IN DIE FINGER BEKOMMEN.
JEDENFALLS SIND MIR VOR-LÄUFIG DIE HÄNDE GEBUNDEN.

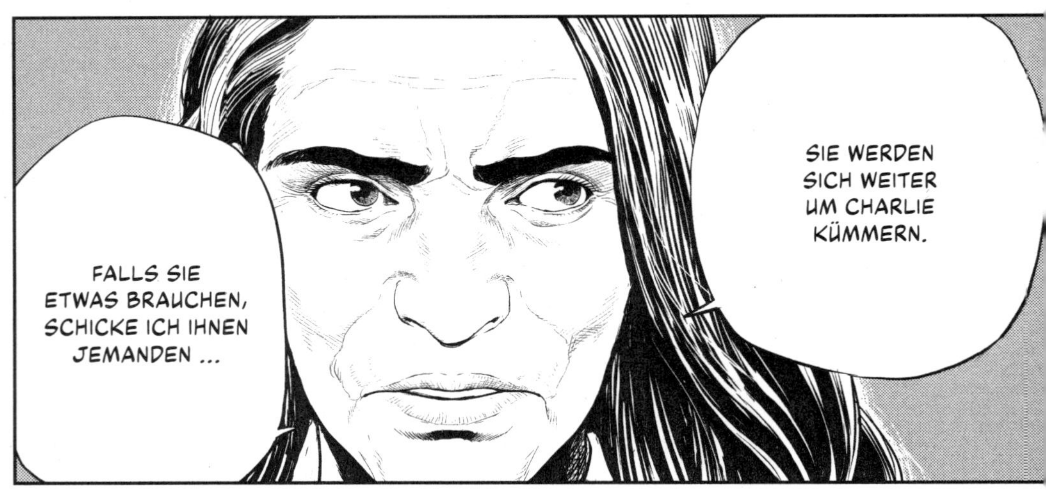
SIE WERDEN SICH WEITER UM CHARLIE KÜMMERN.
FALLS SIE ETWAS BRAUCHEN, SCHICKE ICH IHNEN JEMANDEN ...

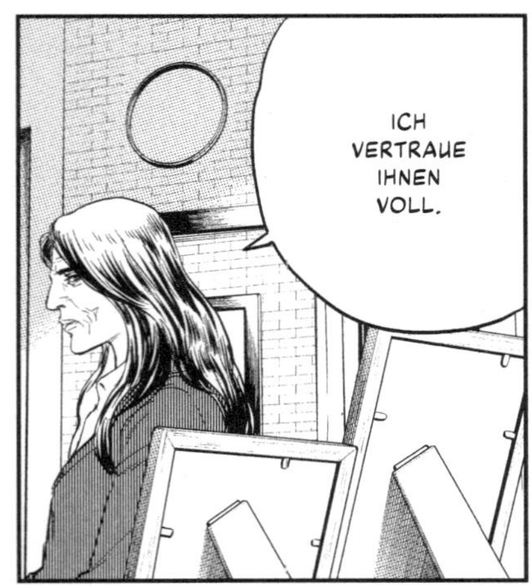
ICH VERTRAUE IHNEN VOLL.

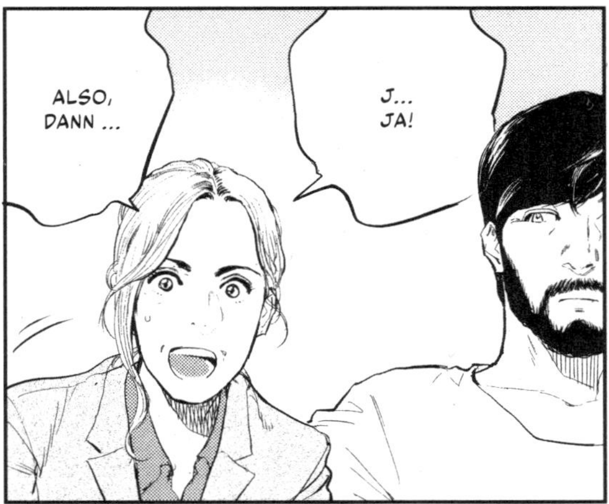
ALSO, DANN ...
J... JA!

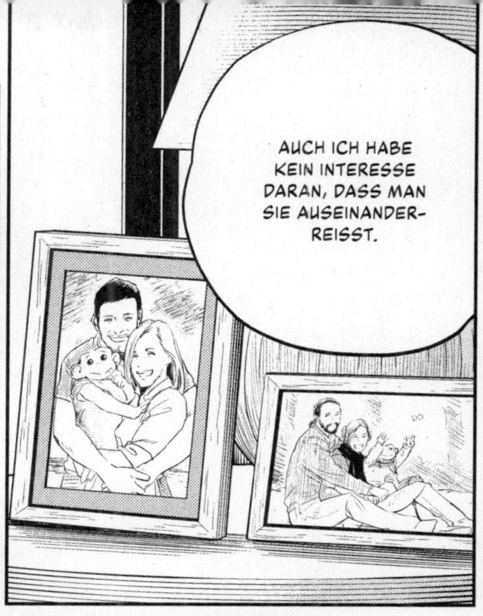
AUCH ICH HABE KEIN INTERESSE DARAN, DASS MAN SIE AUSEINANDER-REISST.

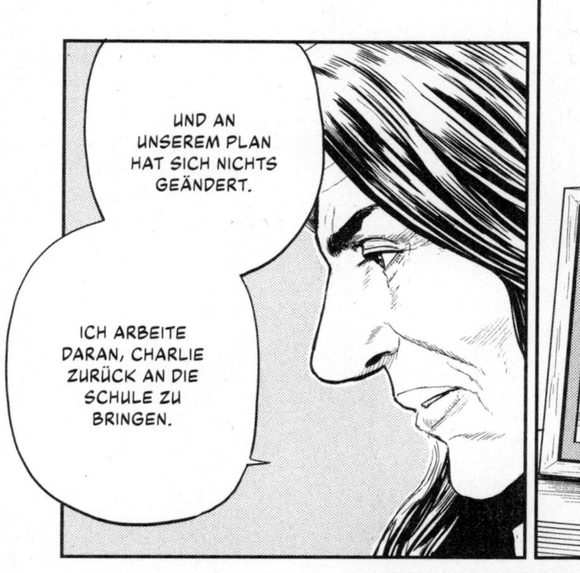
UND AN UNSEREM PLAN HAT SICH NICHTS GEÄNDERT.
ICH ARBEITE DARAN, CHARLIE ZURÜCK AN DIE SCHULE ZU BRINGEN.

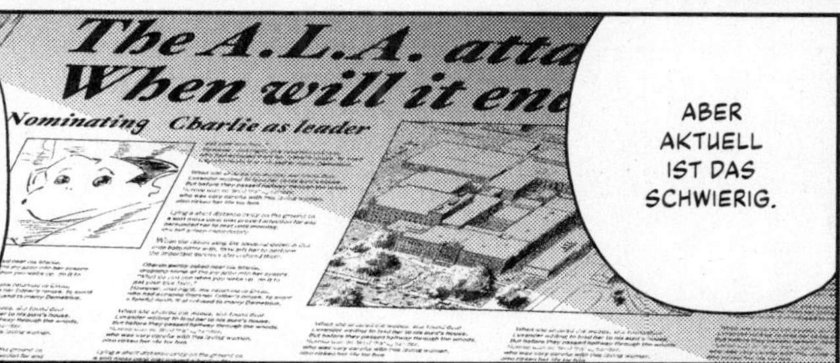
ABER AKTUELL IST DAS SCHWIERIG.
Nominating Charlie as leader
SELBST WENN ICH DIE HAUPT-ANTEILSEIGNERIN BIN ... WENN WIR PECH HABEN, LÖSEN SIE DIE GANZE SCHULE AUF.

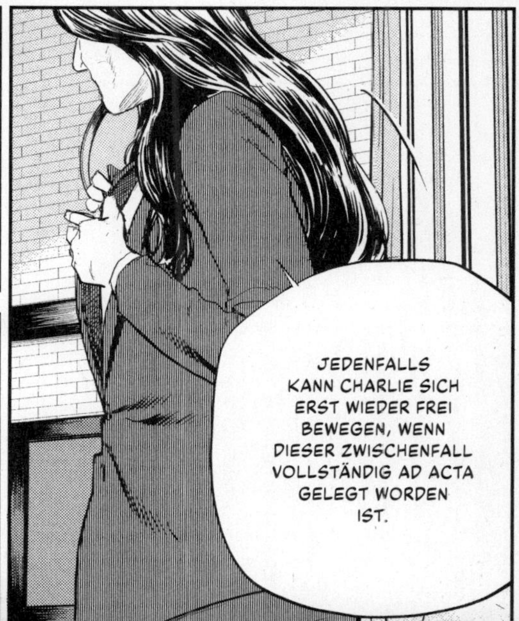
JEDENFALLS KANN CHARLIE SICH ERST WIEDER FREI BEWEGEN, WENN DIESER ZWISCHENFALL VOLLSTÄNDIG AD ACTA GELEGT WORDEN IST.

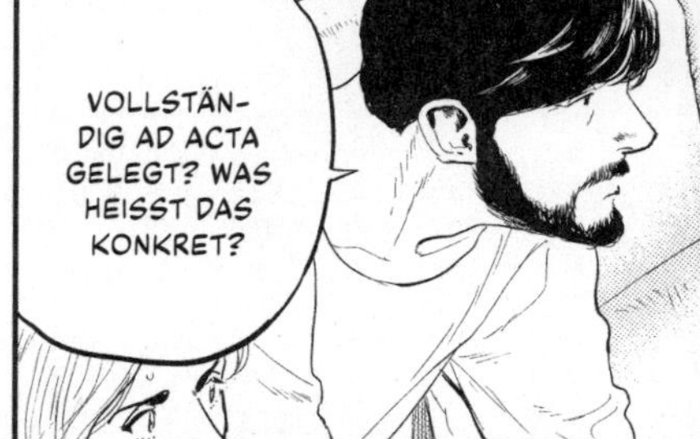
VOLLSTÄN-DIG AD ACTA GELEGT? WAS HEISST DAS KONKRET?

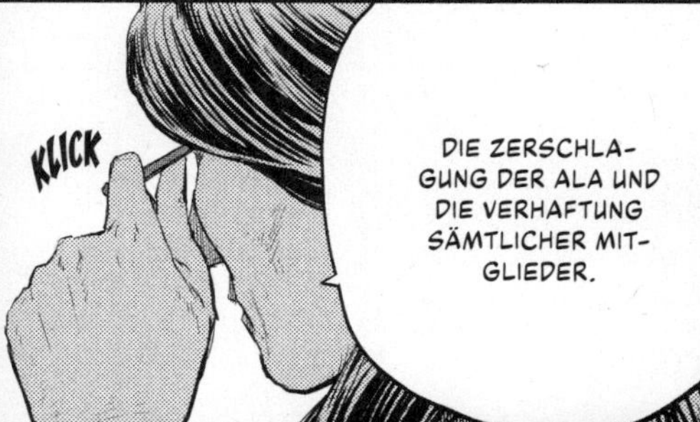
KLICK
DIE ZERSCHLA-GUNG DER ALA UND DIE VERHAFTUNG SÄMTLICHER MIT-GLIEDER.

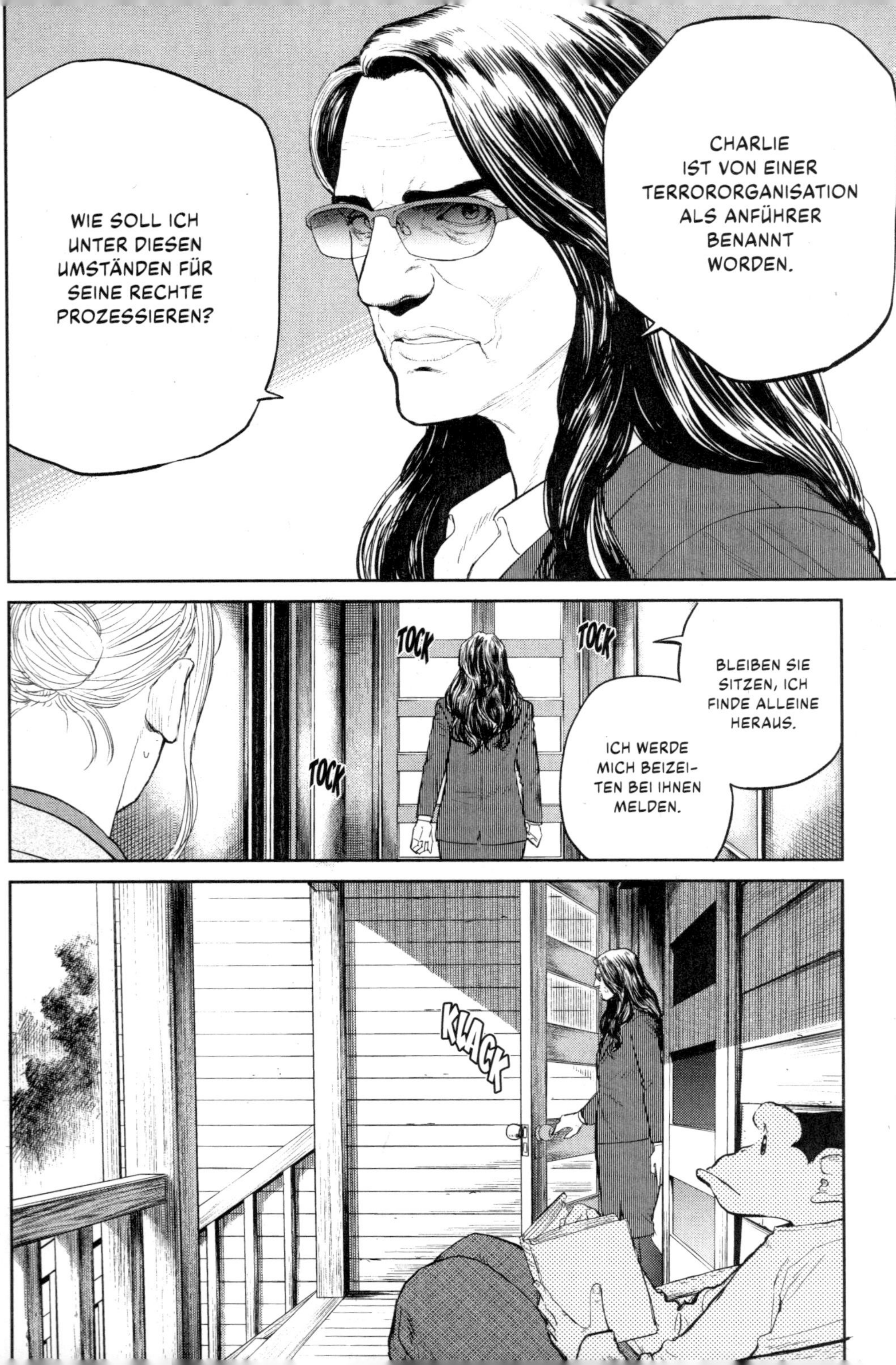

CHARLIE IST VON EINER TERRORORGANISATION ALS ANFÜHRER BENANNT WORDEN.

WIE SOLL ICH UNTER DIESEN UMSTÄNDEN FÜR SEINE RECHTE PROZESSIEREN?

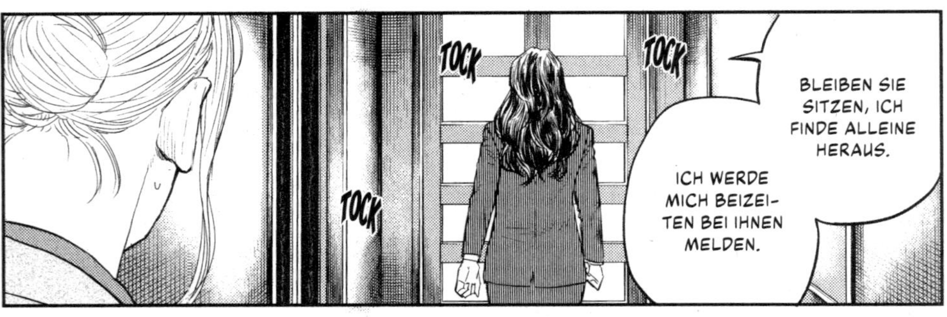

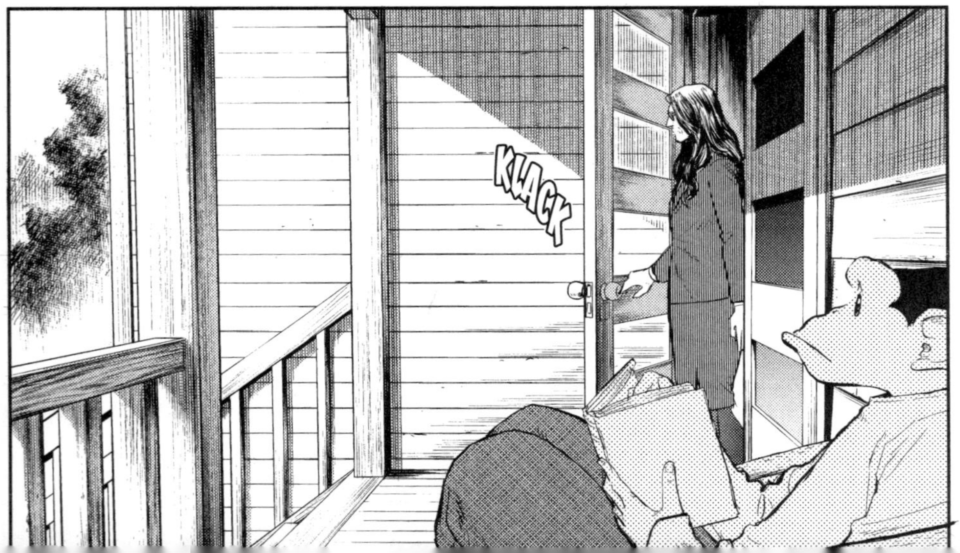

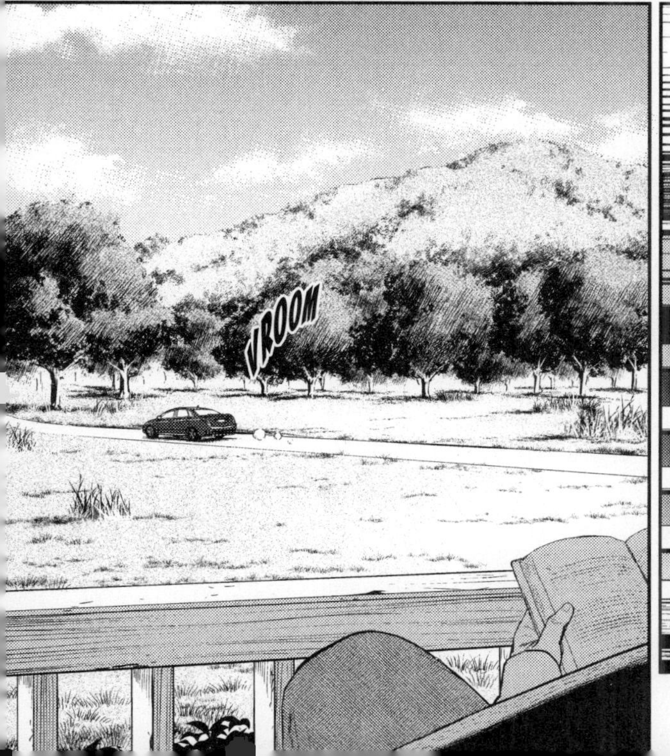
VROOM

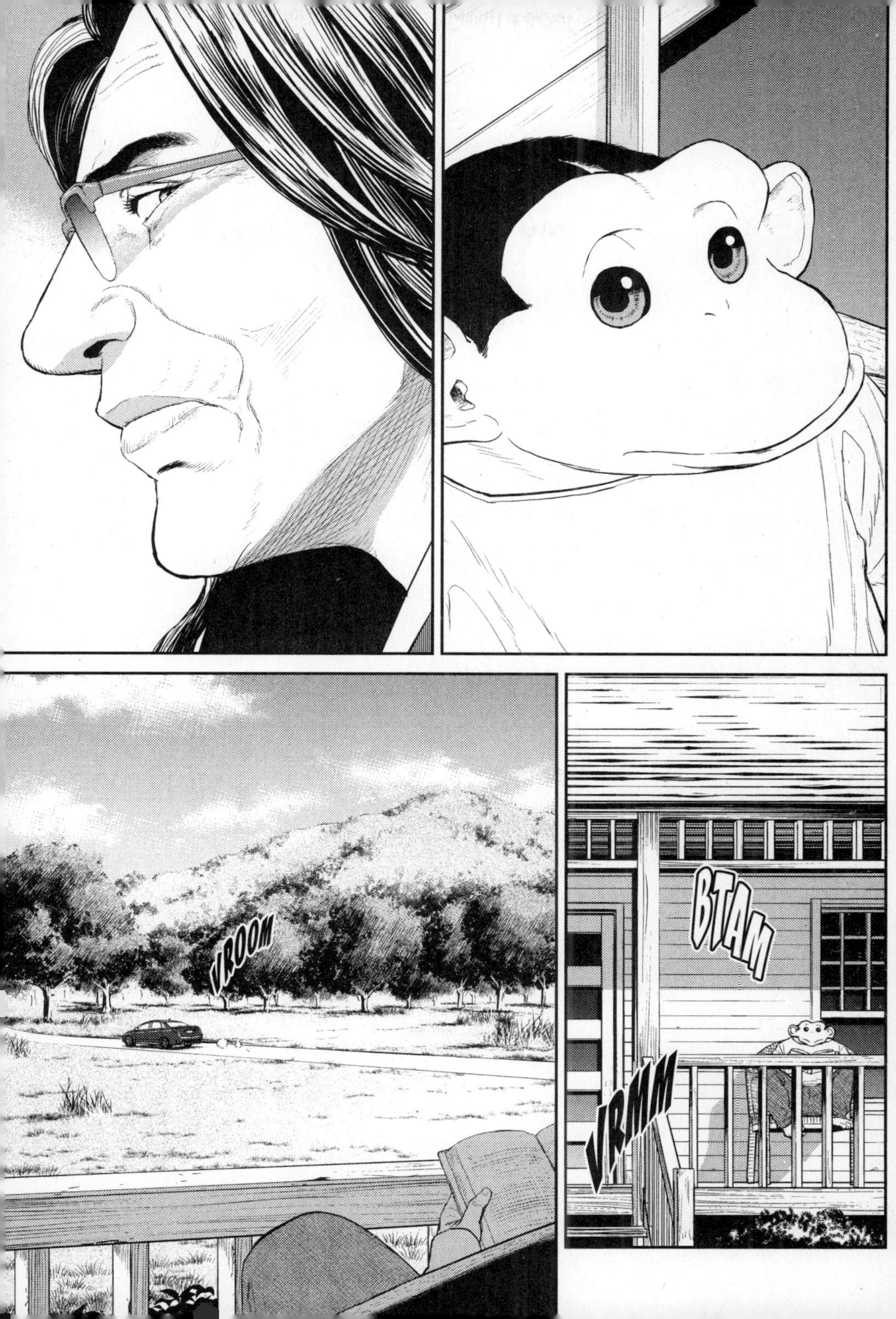

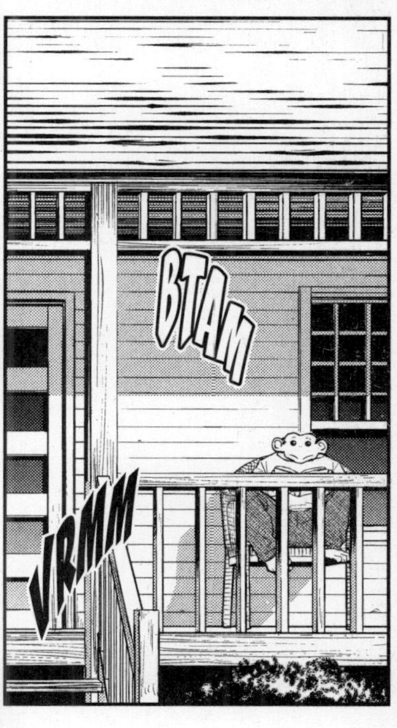
BTAM
VRMM

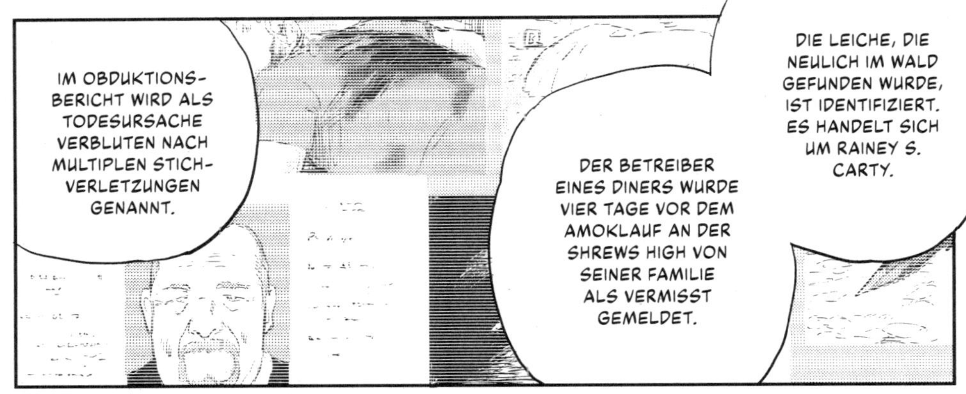
IM OBDUKTIONSBERICHT WIRD ALS TODESURSACHE VERBLUTEN NACH MULTIPLEN STICHVERLETZUNGEN GENANNT.
DIE LEICHE, DIE NEULICH IM WALD GEFUNDEN WURDE, IST IDENTIFIZIERT. ES HANDELT SICH UM RAINEY S. CARTY.
DER BETREIBER EINES DINERS WURDE VIER TAGE VOR DEM AMOKLAUF AN DER SHREWS HIGH VON SEINER FAMILIE ALS VERMISST GEMELDET.

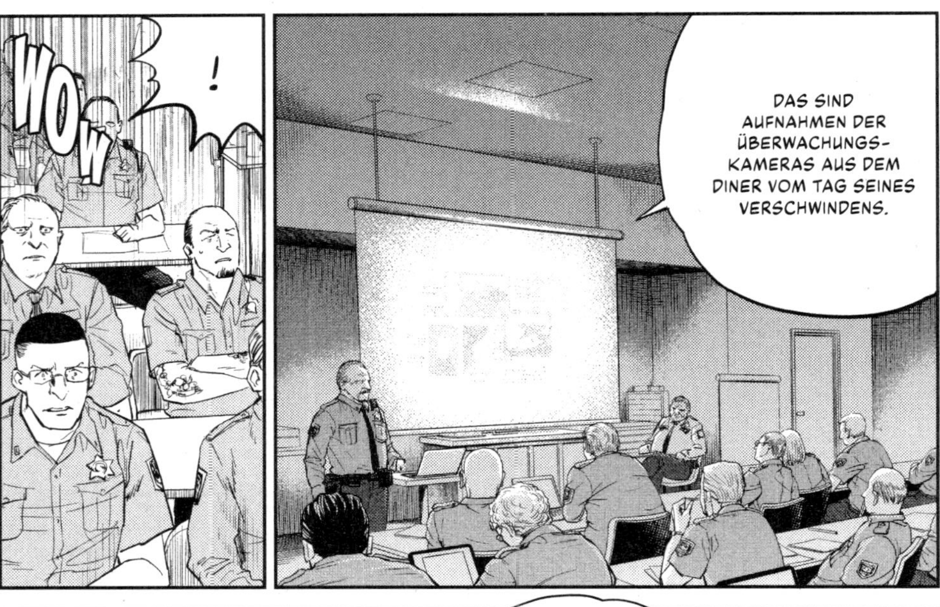
DAS SIND AUFNAHMEN DER ÜBERWACHUNGSKAMERAS AUS DEM DINER VOM TAG SEINES VERSCHWINDENS.
!
WOW

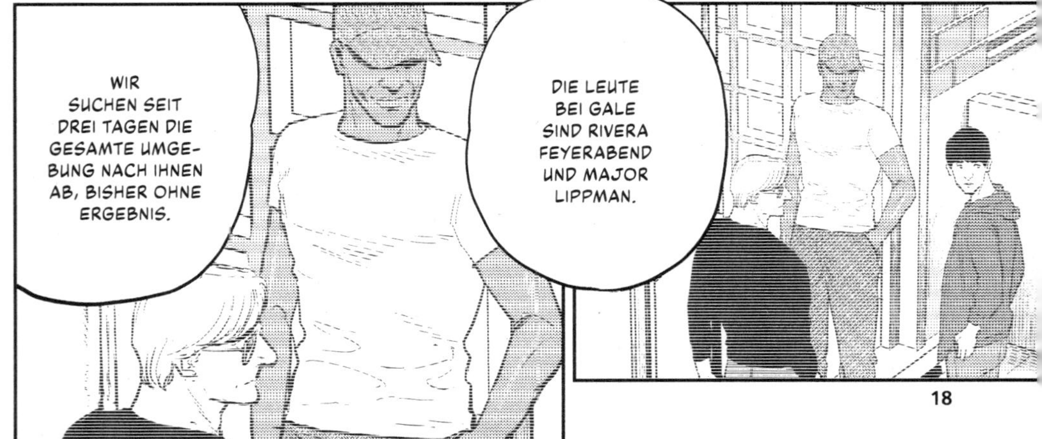
DIE LEUTE BEI GALE SIND RIVERA FEYERABEND UND MAJOR LIPPMAN.
WIR SUCHEN SEIT DREI TAGEN DIE GESAMTE UMGEBUNG NACH IHNEN AB, BISHER OHNE ERGEBNIS.

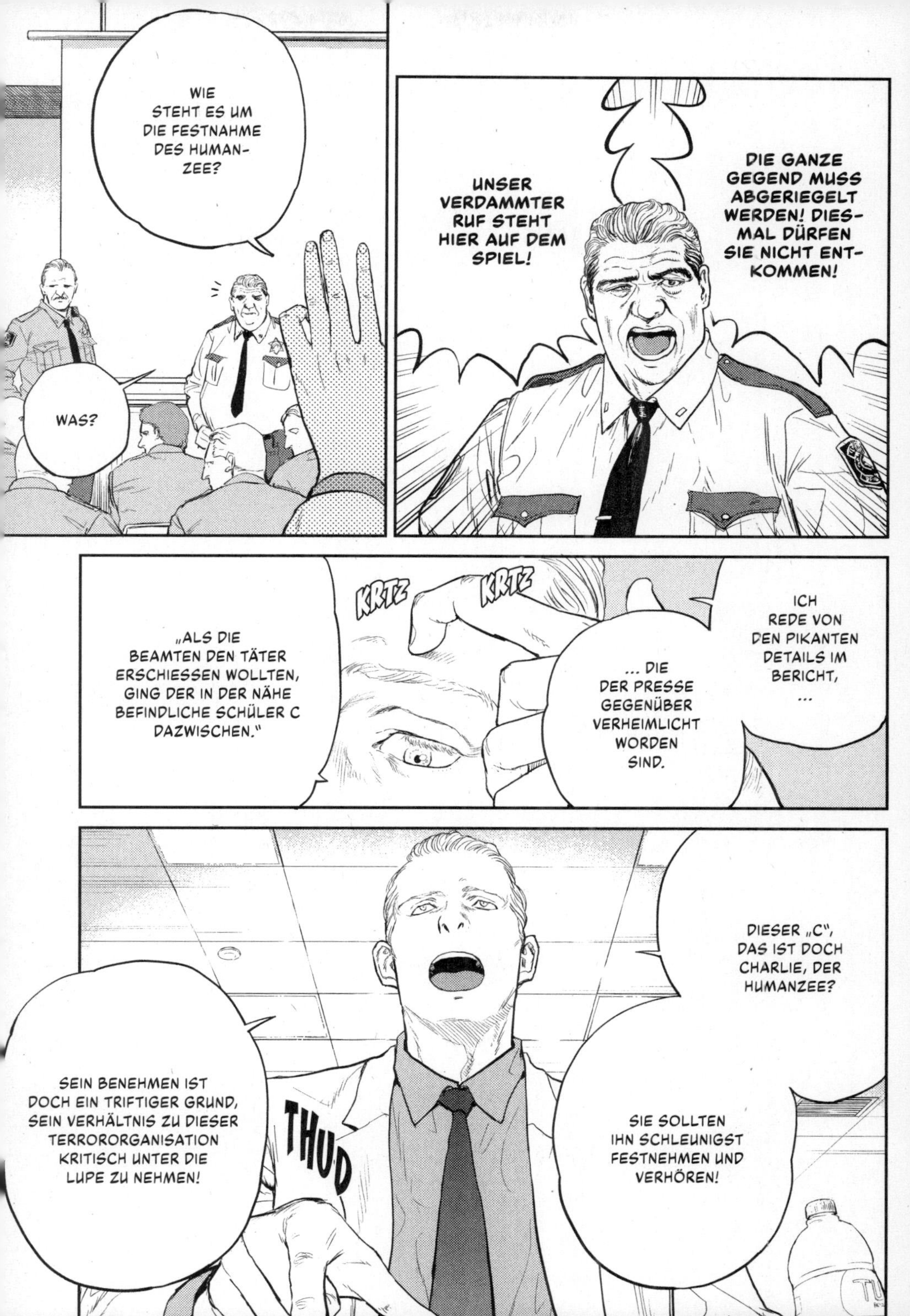
WIE STEHT ES UM DIE FESTNAHME DES HUMAN-ZEE?
WAS?
UNSER VERDAMMTER RUF STEHT HIER AUF DEM SPIEL!
DIE GANZE GEGEND MUSS ABGERIEGELT WERDEN! DIESMAL DÜRFEN SIE NICHT ENT-KOMMEN!
ICH REDE VON DEN PIKANTEN DETAILS IM BERICHT, ...
... DIE DER PRESSE GEGENÜBER VERHEIMLICHT WORDEN SIND.
KRTZ
KRTZ
„ALS DIE BEAMTEN DEN TÄTER ERSCHIESSEN WOLLTEN, GING DER IN DER NÄHE BEFINDLICHE SCHÜLER C DAZWISCHEN."
DIESER „C", DAS IST DOCH CHARLIE, DER HUMANZEE?
SIE SOLLTEN IHN SCHLEUNIGST FESTNEHMEN UND VERHÖREN!
THUD
SEIN BENEHMEN IST DOCH EIN TRIFTIGER GRUND, SEIN VERHÄLTNIS ZU DIESER TERRORORGANISATION KRITISCH UNTER DIE LUPE ZU NEHMEN!

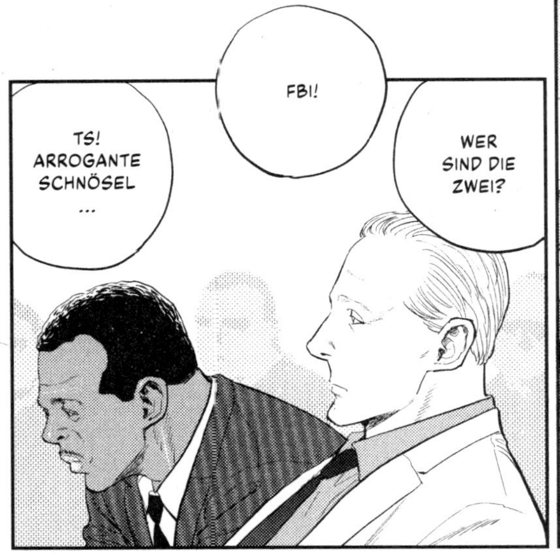
TS! ARROGANTE SCHNÖSEL ...
FBI!
WER SIND DIE ZWEI?
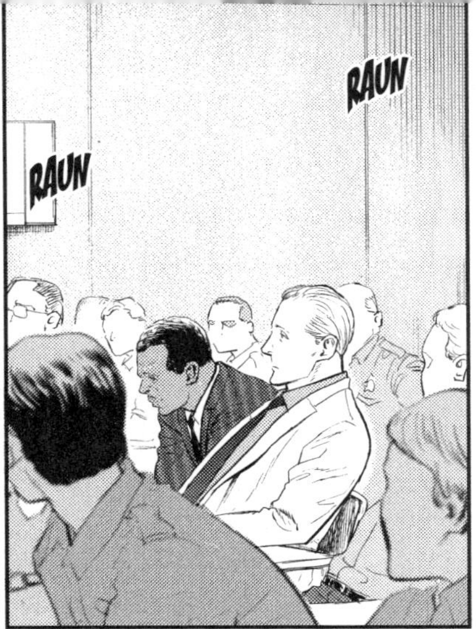
RAUN
RAUN
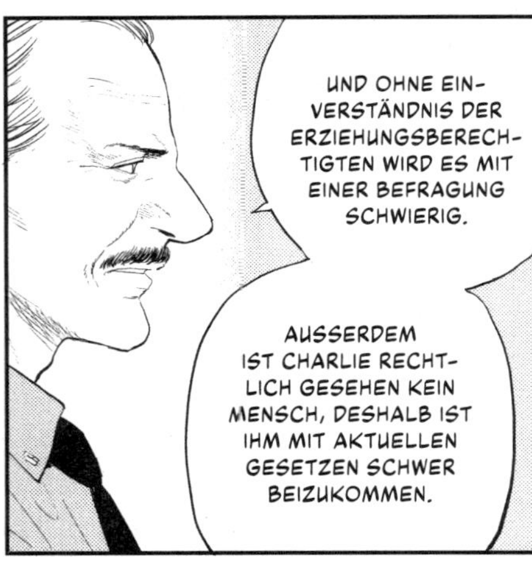
UND OHNE EIN-VERSTÄNDNIS DER ERZIEHUNGSBERECH-TIGTEN WIRD ES MIT EINER BEFRAGUNG SCHWIERIG.
AUSSERDEM IST CHARLIE RECHT-LICH GESEHEN KEIN MENSCH, DESHALB IST IHM MIT AKTUELLEN GESETZEN SCHWER BEIZUKOMMEN.
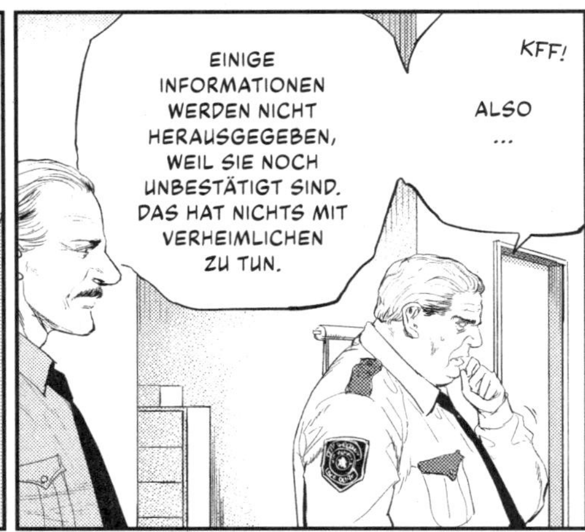
KFF!
ALSO ...
EINIGE INFORMATIONEN WERDEN NICHT HERAUSGEGEBEN, WEIL SIE NOCH UNBESTÄTIGT SIND. DAS HAT NICHTS MIT VERHEIMLICHEN ZU TUN.
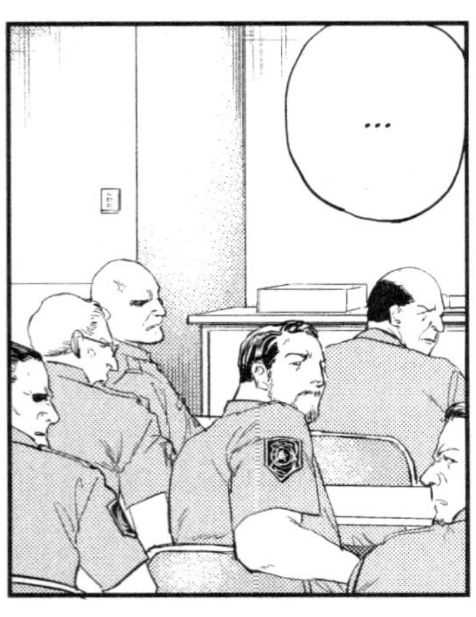
...
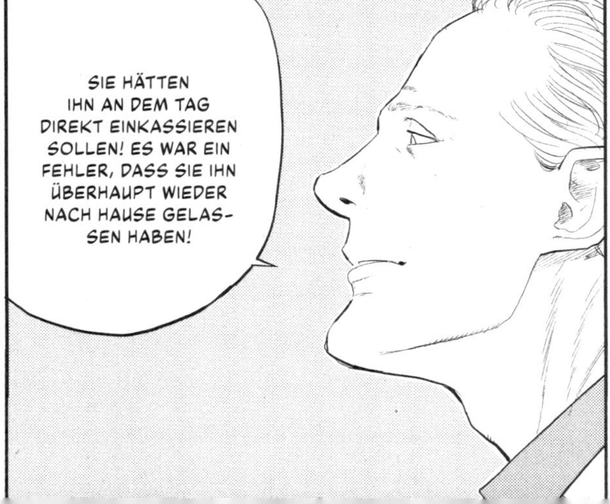
SIE HÄTTEN IHN AN DEM TAG DIREKT EINKASSIEREN SOLLEN! ES WAR EIN FEHLER, DASS SIE IHN ÜBERHAUPT WIEDER NACH HAUSE GELAS-SEN HABEN!

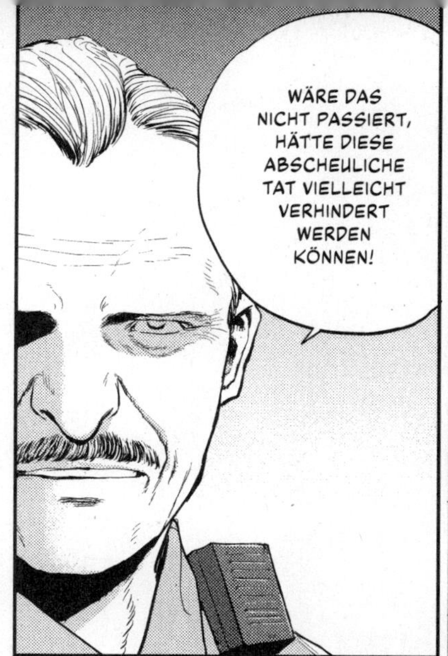
WÄRE DAS NICHT PASSIERT, HÄTTE DIESE ABSCHEULICHE TAT VIELLEICHT VERHINDERT WERDEN KÖNNEN!

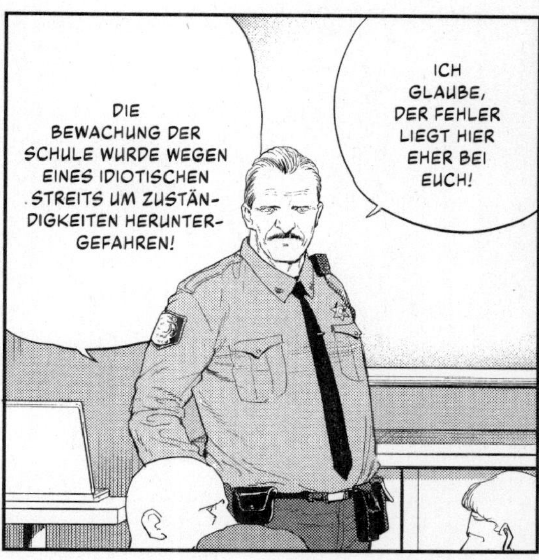
DIE BEWACHUNG DER SCHULE WURDE WEGEN EINES IDIOTISCHEN STREITS UM ZUSTÄNDIGKEITEN HERUNTERGEFAHREN!
ICH GLAUBE, DER FEHLER LIEGT HIER EHER BEI EUCH!

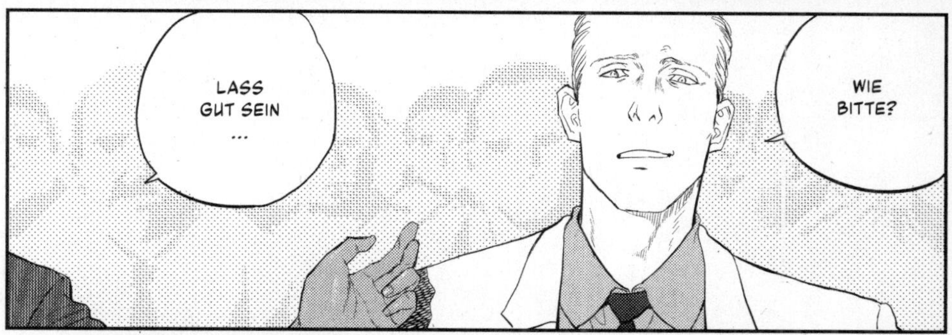
LASS GUT SEIN ...
WIE BITTE?

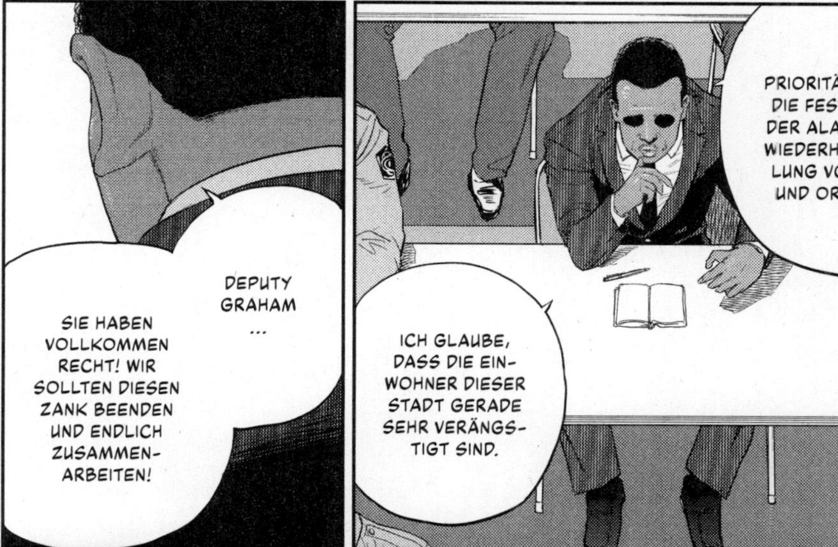
PRIORITÄT HABEN DIE FESTNAHME DER ALA UND DIE WIEDERHERSTELLUNG VON RUHE UND ORDNUNG!
ICH GLAUBE, DASS DIE EINWOHNER DIESER STADT GERADE SEHR VERÄNGSTIGT SIND.
DEPUTY GRAHAM ...
SIE HABEN VOLLKOMMEN RECHT! WIR SOLLTEN DIESEN ZANK BEENDEN UND ENDLICH ZUSAMMENARBEITEN!

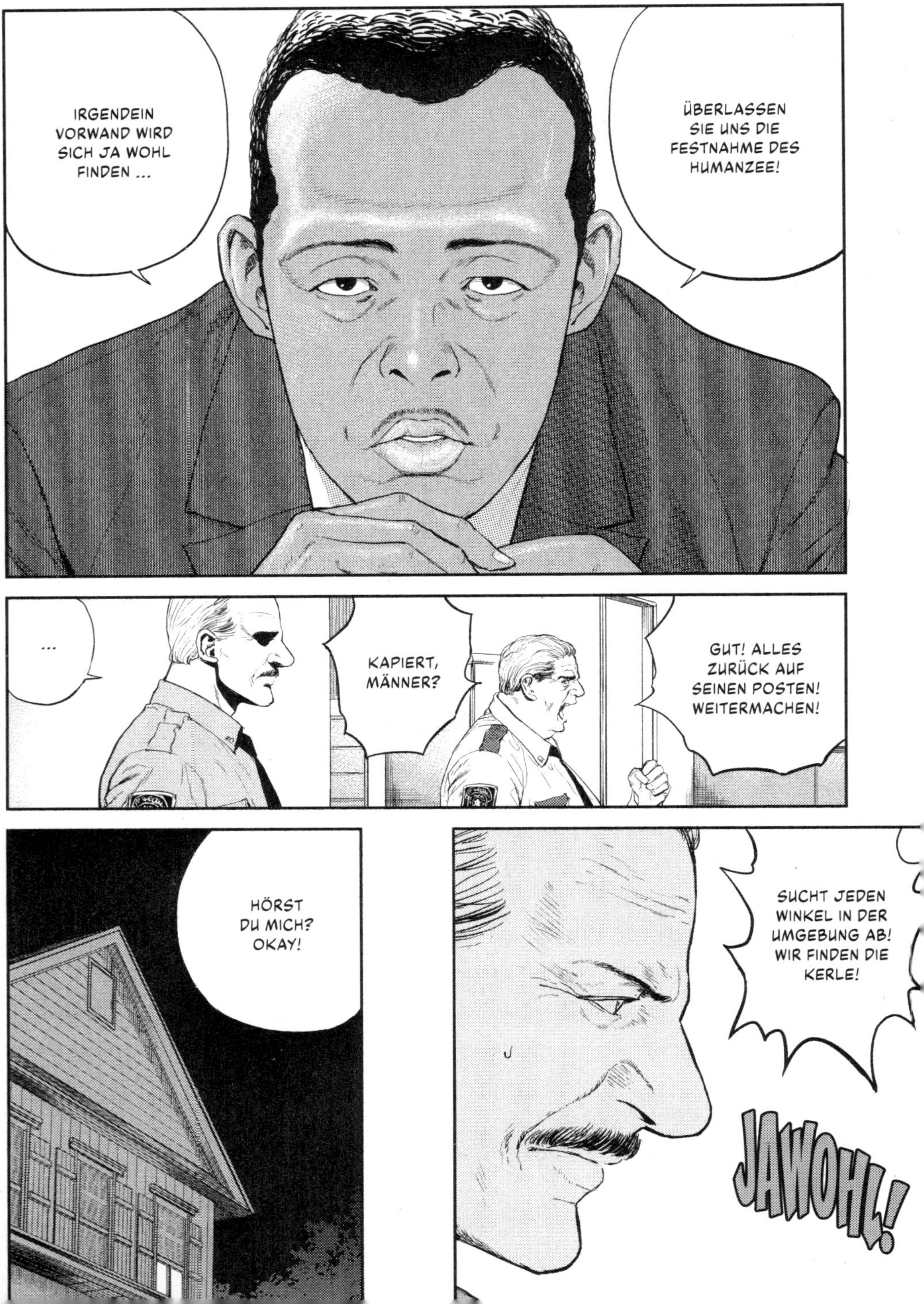

ÜBERLASSEN SIE UNS DIE FESTNAHME DES HUMANZEE!
IRGENDEIN VORWAND WIRD SICH JA WOHL FINDEN ...

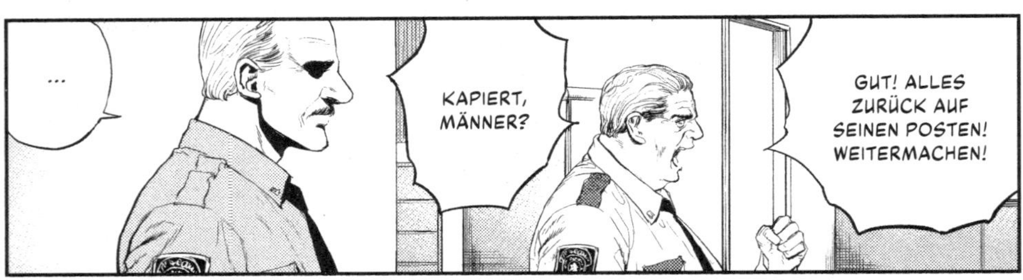
GUT! ALLES ZURÜCK AUF SEINEN POSTEN! WEITERMACHEN!
KAPIERT, MÄNNER?
...

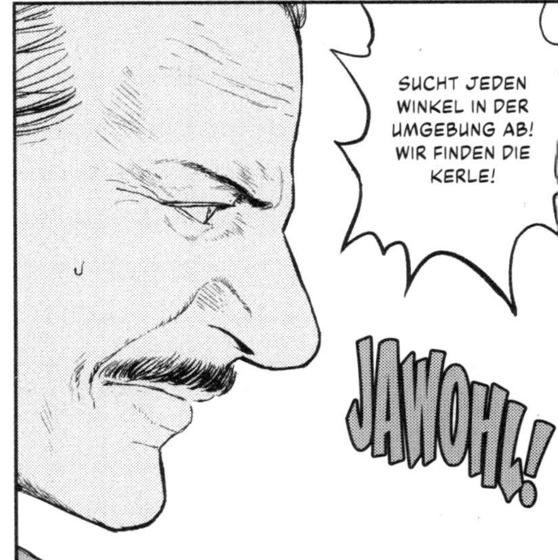
SUCHT JEDEN WINKEL IN DER UMGEBUNG AB! WIR FINDEN DIE KERLE!
JAWOHL!

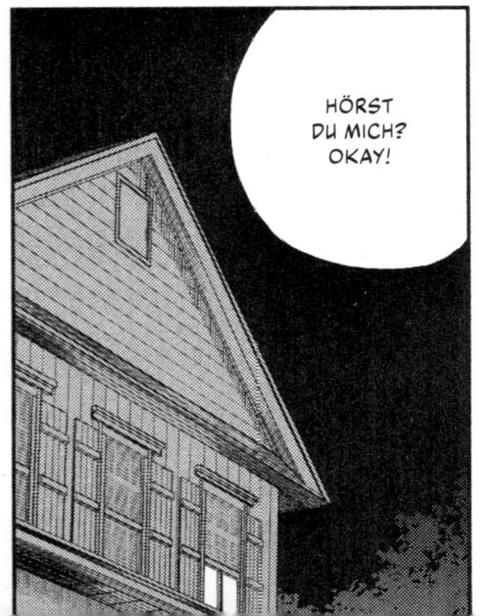
HÖRST DU MICH? OKAY!

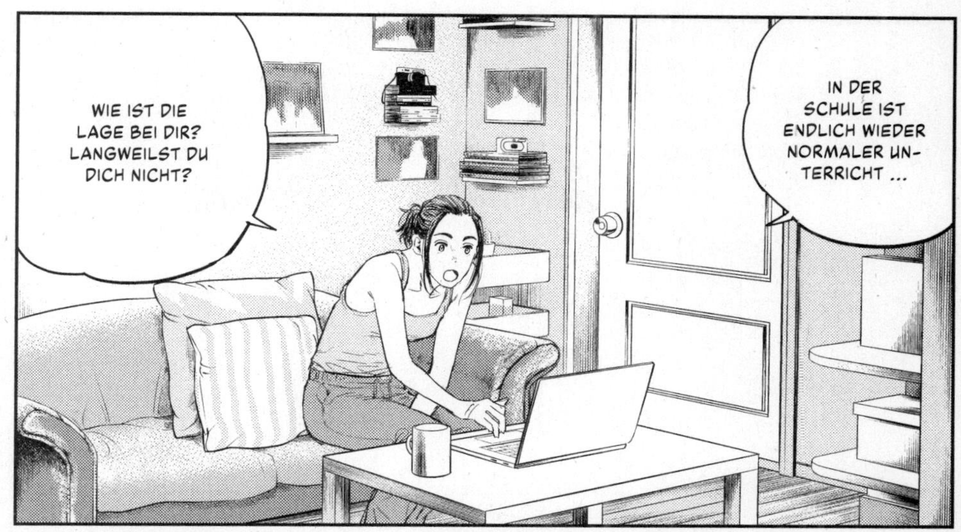
IN DER SCHULE IST ENDLICH WIEDER NORMALER UN-TERRICHT …
WIE IST DIE LAGE BEI DIR? LANGWEILST DU DICH NICHT?

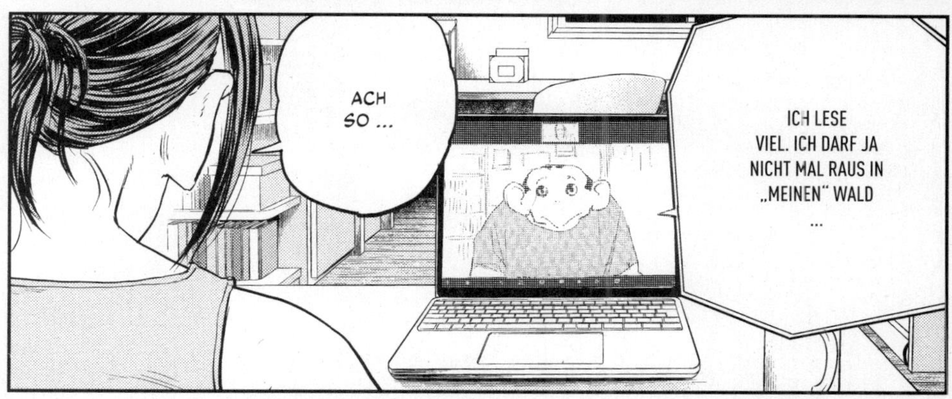
ICH LESE VIEL. ICH DARF JA NICHT MAL RAUS IN „MEINEN“ WALD …
ACH SO …

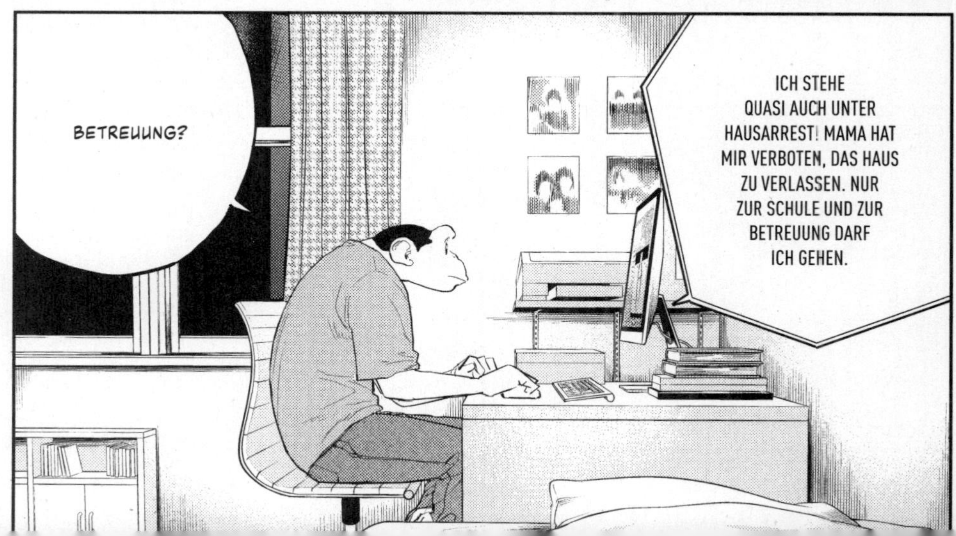
ICH STEHE QUASI AUCH UNTER HAUSARREST! MAMA HAT MIR VERBOTEN, DAS HAUS ZU VERLASSEN. NUR ZUR SCHULE UND ZUR BETREUUNG DARF ICH GEHEN.
BETREUUNG?

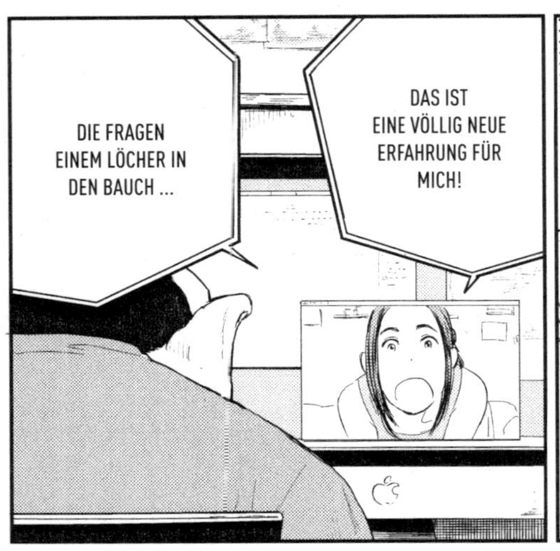
DIE FRAGEN EINEM LÖCHER IN DEN BAUCH ...
DAS IST EINE VÖLLIG NEUE ERFAHRUNG FÜR MICH!

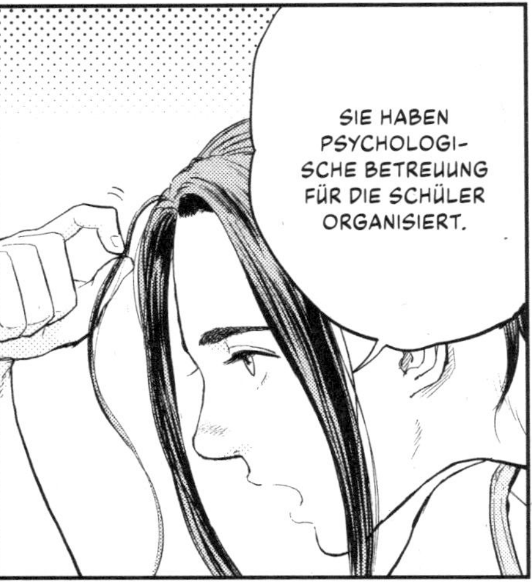
SIE HABEN PSYCHOLOGI-SCHE BETREUUNG FÜR DIE SCHÜLER ORGANISIERT.

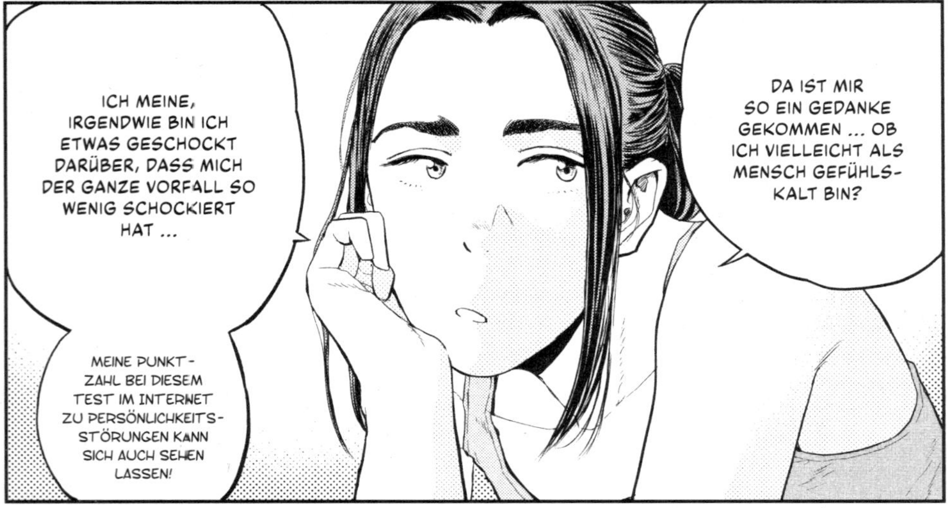
DA IST MIR SO EIN GEDANKE GEKOMMEN ... OB ICH VIELLEICHT ALS MENSCH GEFÜHLS-KALT BIN?
ICH MEINE, IRGENDWIE BIN ICH ETWAS GESCHOCKT DARÜBER, DASS MICH DER GANZE VORFALL SO WENIG SCHOCKIERT HAT ...
MEINE PUNKT-ZAHL BEI DIESEM TEST IM INTERNET ZU PERSÖNLICHKEITS-STÖRUNGEN KANN SICH AUCH SEHEN LASSEN!

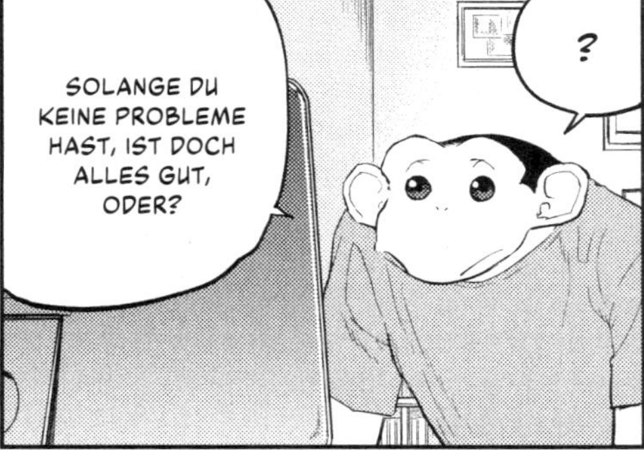
?
SOLANGE DU KEINE PROBLEME HAST, IST DOCH ALLES GUT, ODER?

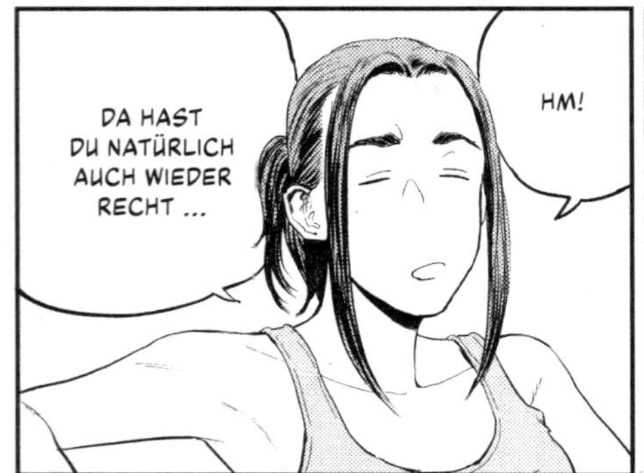
HM!
DA HAST DU NATÜRLICH AUCH WIEDER RECHT ...

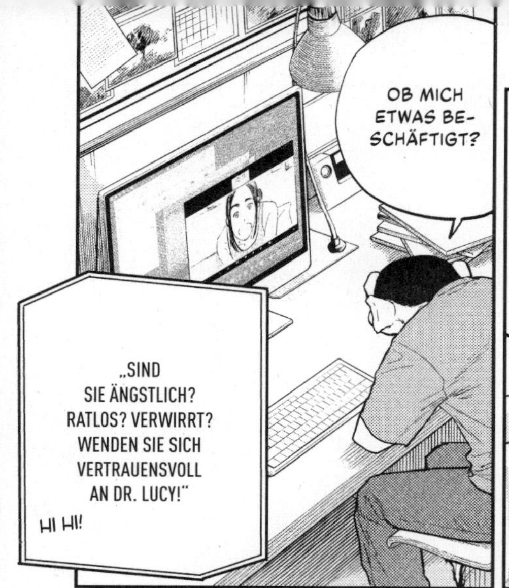
OB MICH ETWAS BESCHÄFTIGT?
„SIND SIE ÄNGSTLICH? RATLOS? VERWIRRT? WENDEN SIE SICH VERTRAUENSVOLL AN DR. LUCY!“
HI HI!
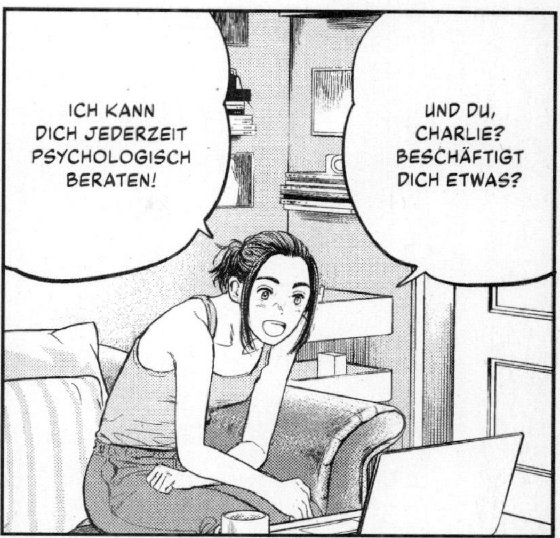
ICH KANN DICH JEDERZEIT PSYCHOLOGISCH BERATEN!
UND DU, CHARLIE? BESCHÄFTIGT DICH ETWAS?
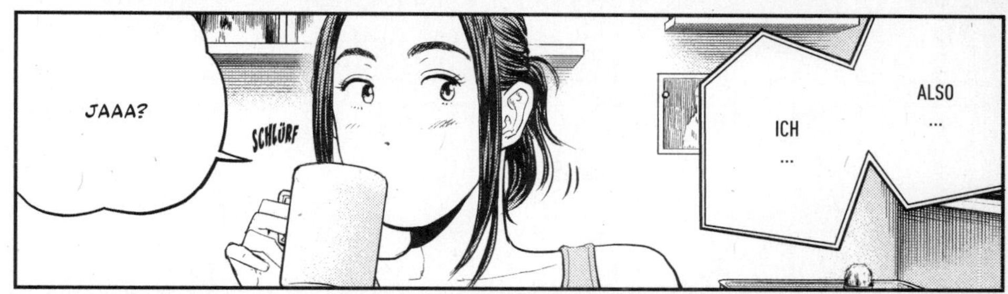
JAAA?
SCHLÜRF
ICH ...
ALSO ...
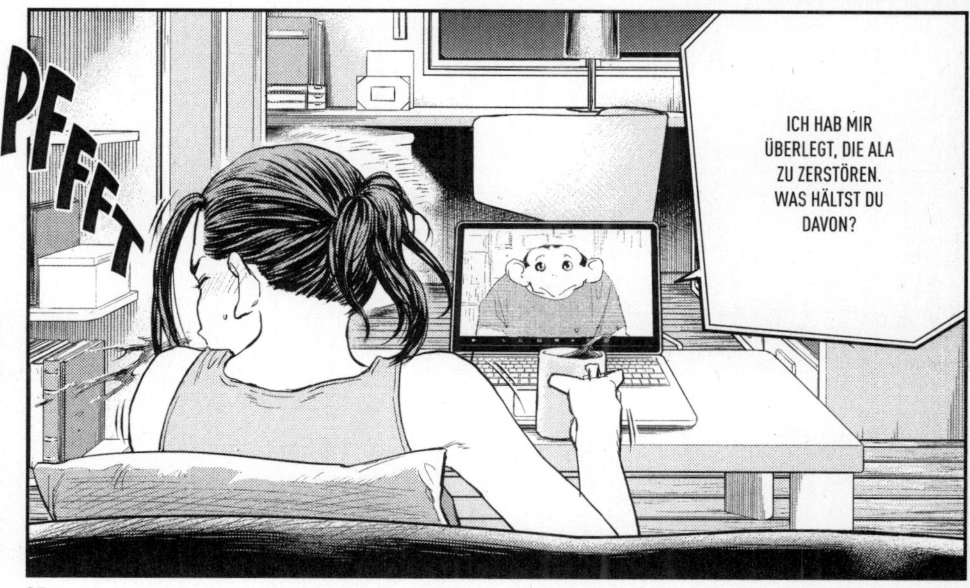
PFFFT
ICH HAB MIR ÜBERLEGT, DIE ALA ZU ZERSTÖREN. WAS HÄLTST DU DAVON?

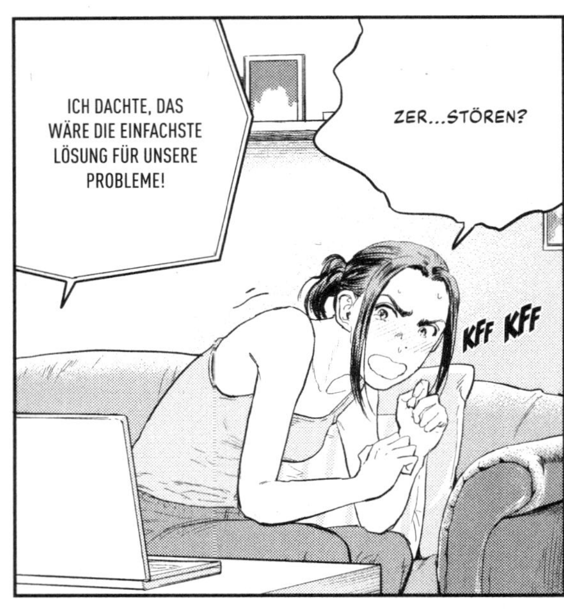
ICH DACHTE, DAS WÄRE DIE EINFACHSTE LÖSUNG FÜR UNSERE PROBLEME!
ZER...STÖREN?
KFF KFF

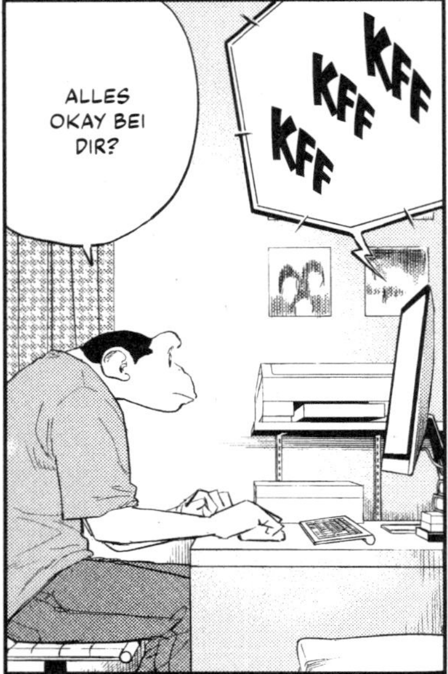
ALLES OKAY BEI DIR?
KFF KFF KFF

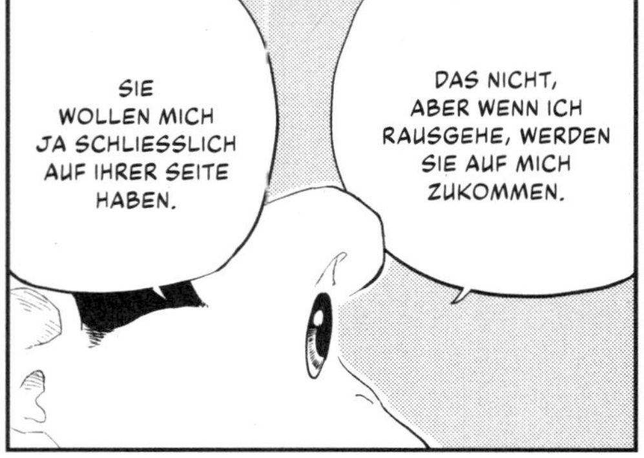
SIE WOLLEN MICH JA SCHLIESSLICH AUF IHRER SEITE HABEN.
DAS NICHT, ABER WENN ICH RAUSGEHE, WERDEN SIE AUF MICH ZUKOMMEN.

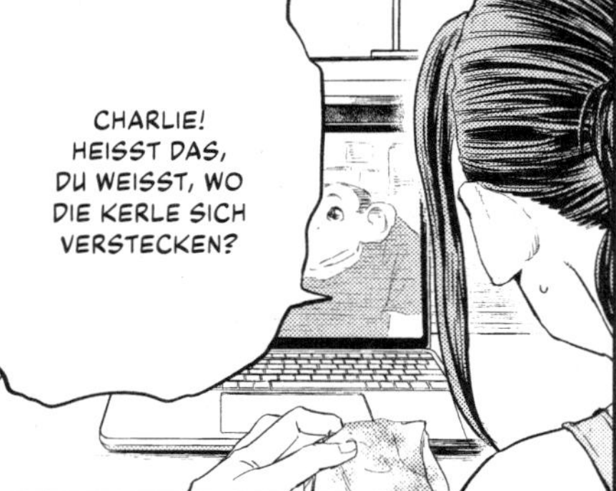
CHARLIE! HEISST DAS, DU WEISST, WO DIE KERLE SICH VERSTECKEN?

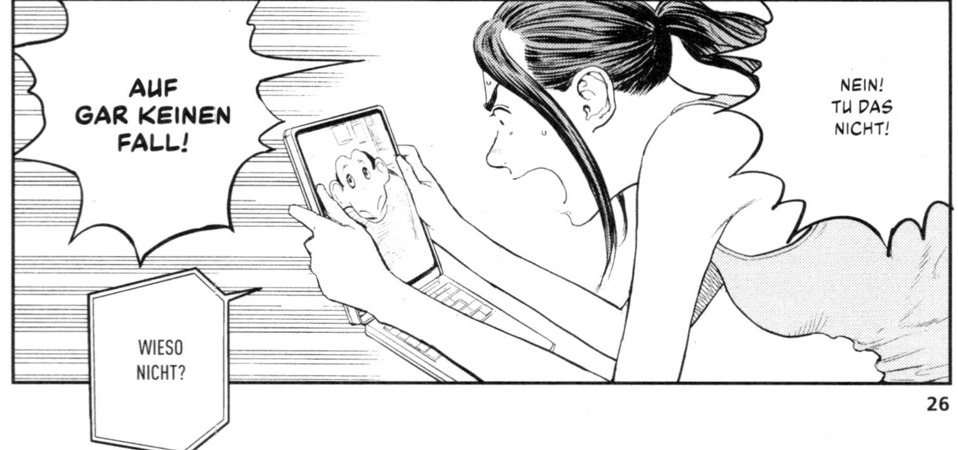
NEIN! TU DAS NICHT!
AUF GAR KEINEN FALL!
WIESO NICHT?

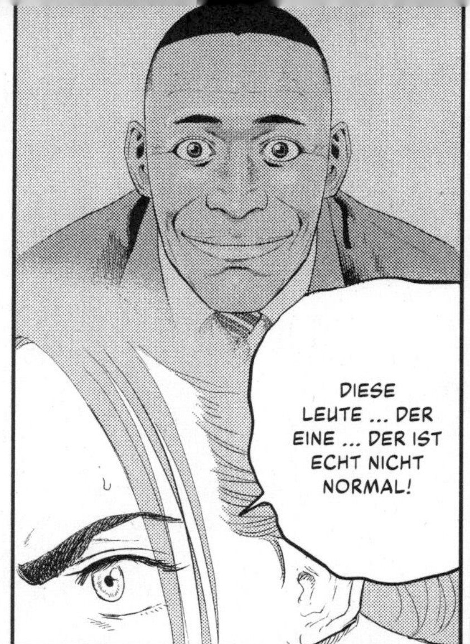
DIESE LEUTE ... DER EINE ... DER IST ECHT NICHT NORMAL!

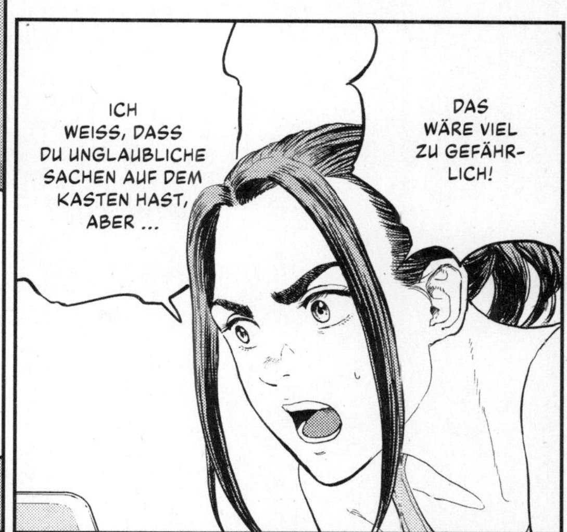
DAS WÄRE VIEL ZU GEFÄHR-LICH!
ICH WEISS, DASS DU UNGLAUBLICHE SACHEN AUF DEM KASTEN HAST, ABER ...

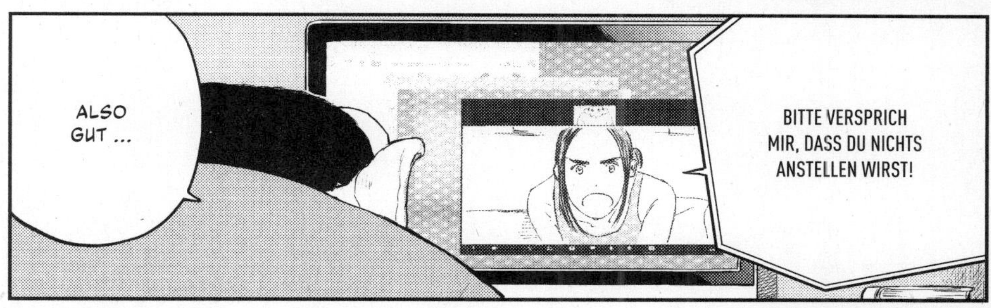
BITTE VERSPRICH MIR, DASS DU NICHTS ANSTELLEN WIRST!
ALSO GUT ...

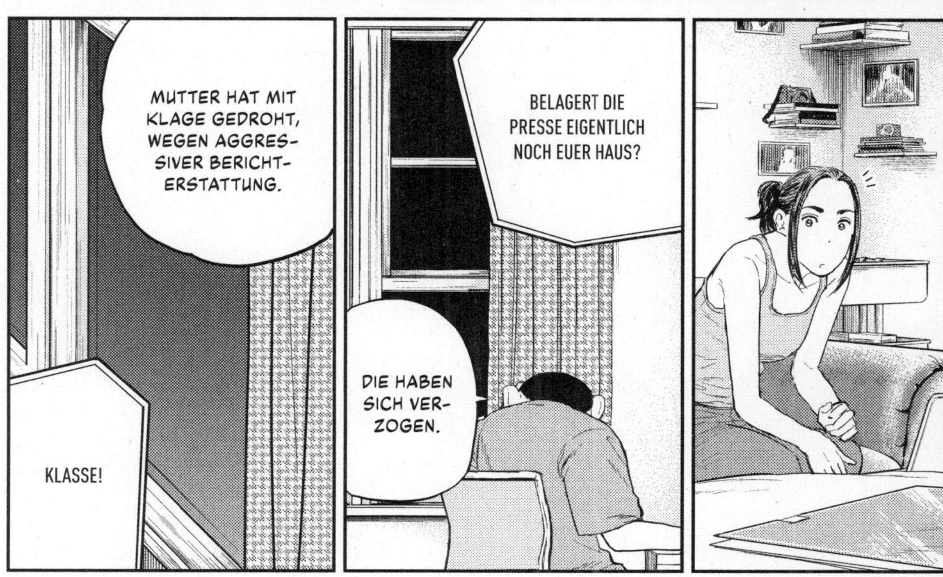
BELAGERT DIE PRESSE EIGENTLICH NOCH EUER HAUS?
DIE HABEN SICH VER-ZOGEN.
MUTTER HAT MIT KLAGE GEDROHT, WEGEN AGGRES-SIVER BERICHT-ERSTATTUNG.
KLASSE!

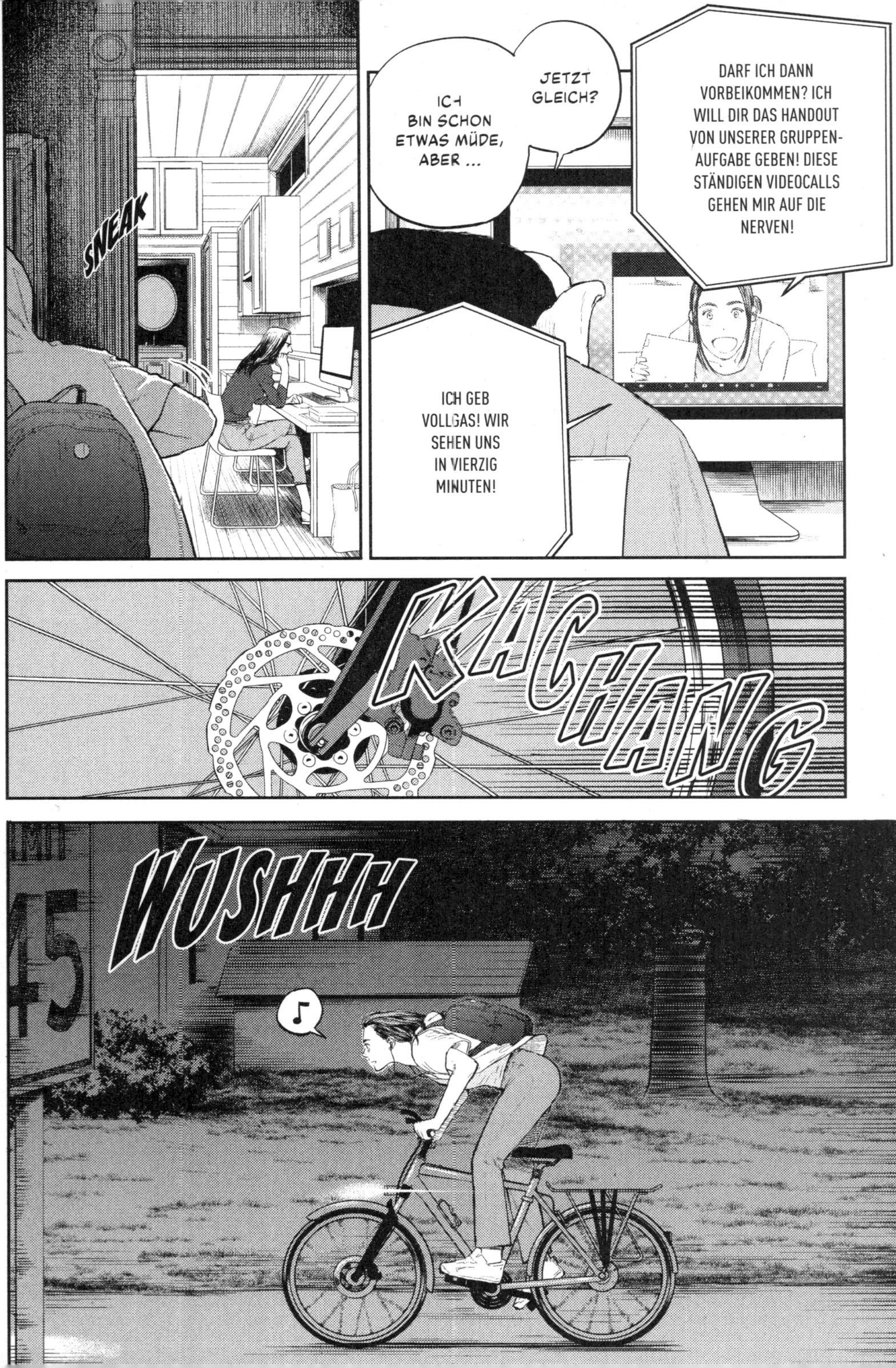

DARF ICH DANN VORBEIKOMMEN? ICH WILL DIR DAS HANDOUT VON UNSERER GRUPPEN-AUFGABE GEBEN! DIESE STÄNDIGEN VIDEOCALLS GEHEN MIR AUF DIE NERVEN!

JETZT GLEICH?

ICH BIN SCHON ETWAS MÜDE, ABER ...

ICH GEB VOLLGAS! WIR SEHEN UNS IN VIERZIG MINUTEN!

SNEAK

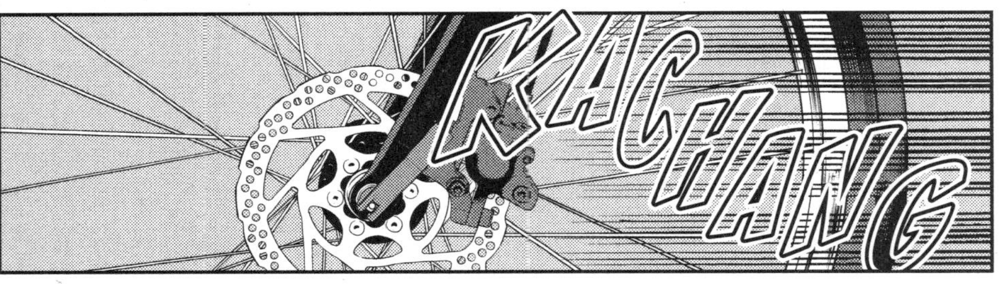

WUSHHH

♪

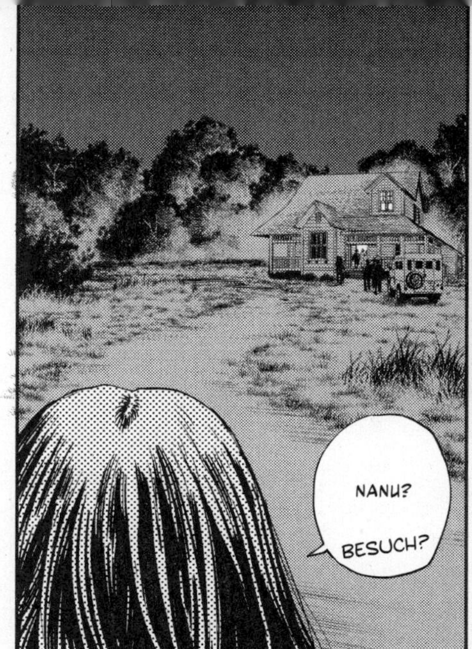
NANU?
BESUCH?
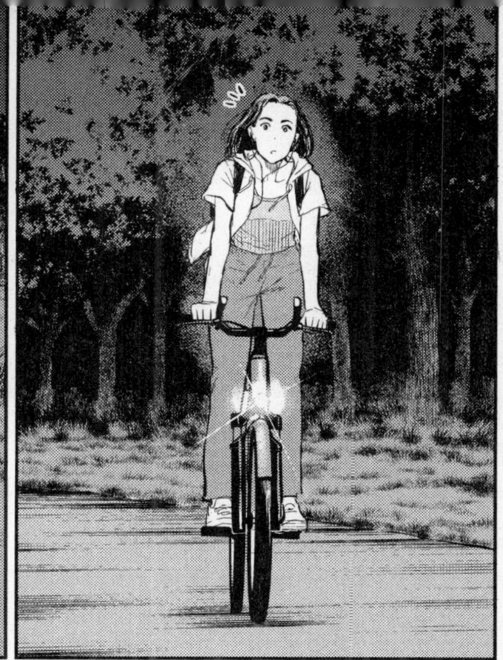
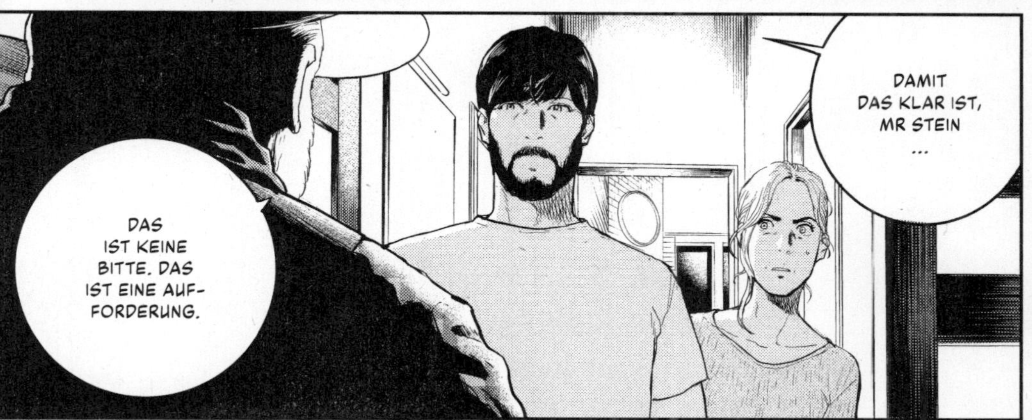
DAMIT DAS KLAR IST, MR STEIN ...
DAS IST KEINE BITTE. DAS IST EINE AUFFORDERUNG.
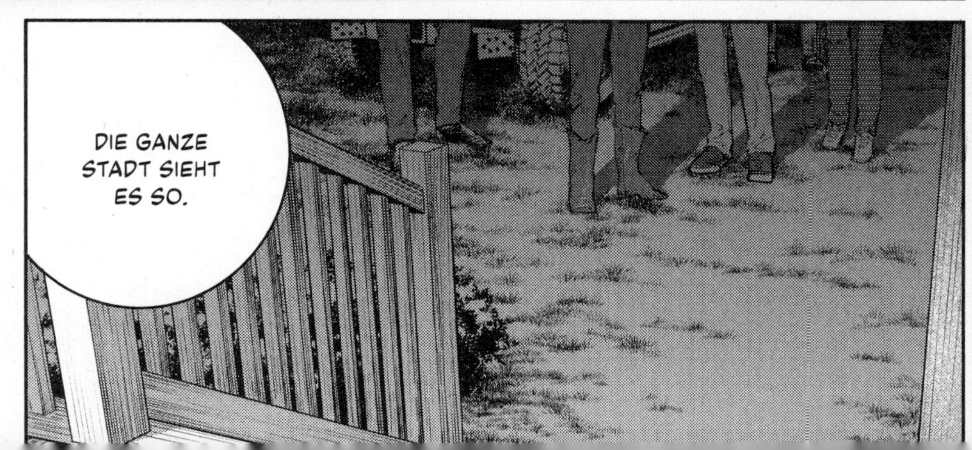
DIE GANZE STADT SIEHT ES SO.

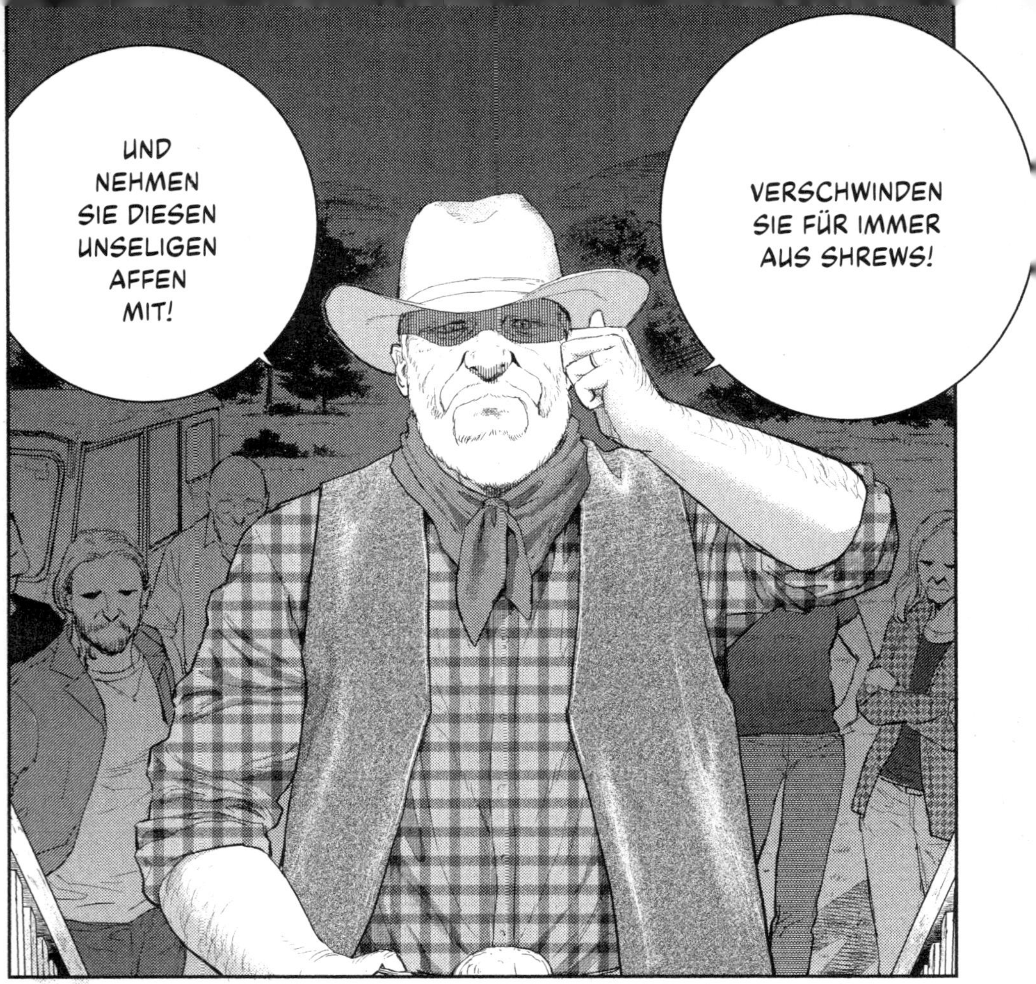

VERSCHWINDEN SIE FÜR IMMER AUS SHREWS!

UND NEHMEN SIE DIESEN UNSELIGEN AFFEN MIT!

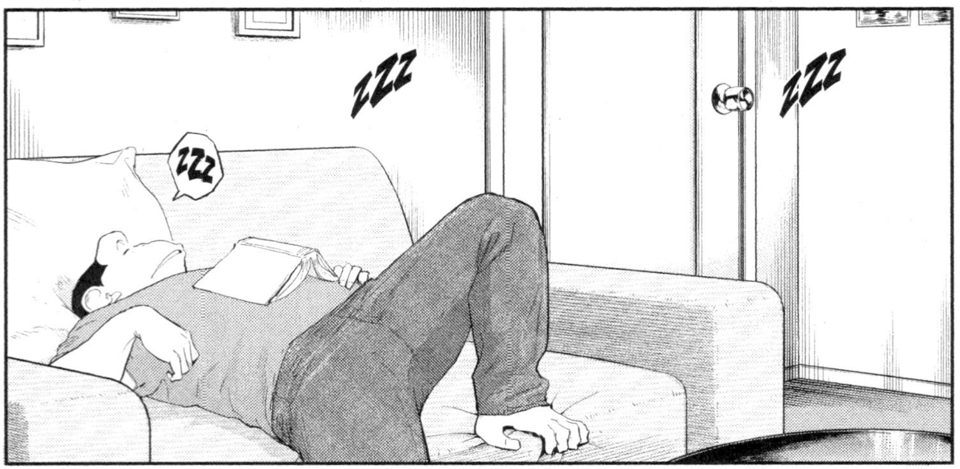

KAPITEL 12 – ENDE

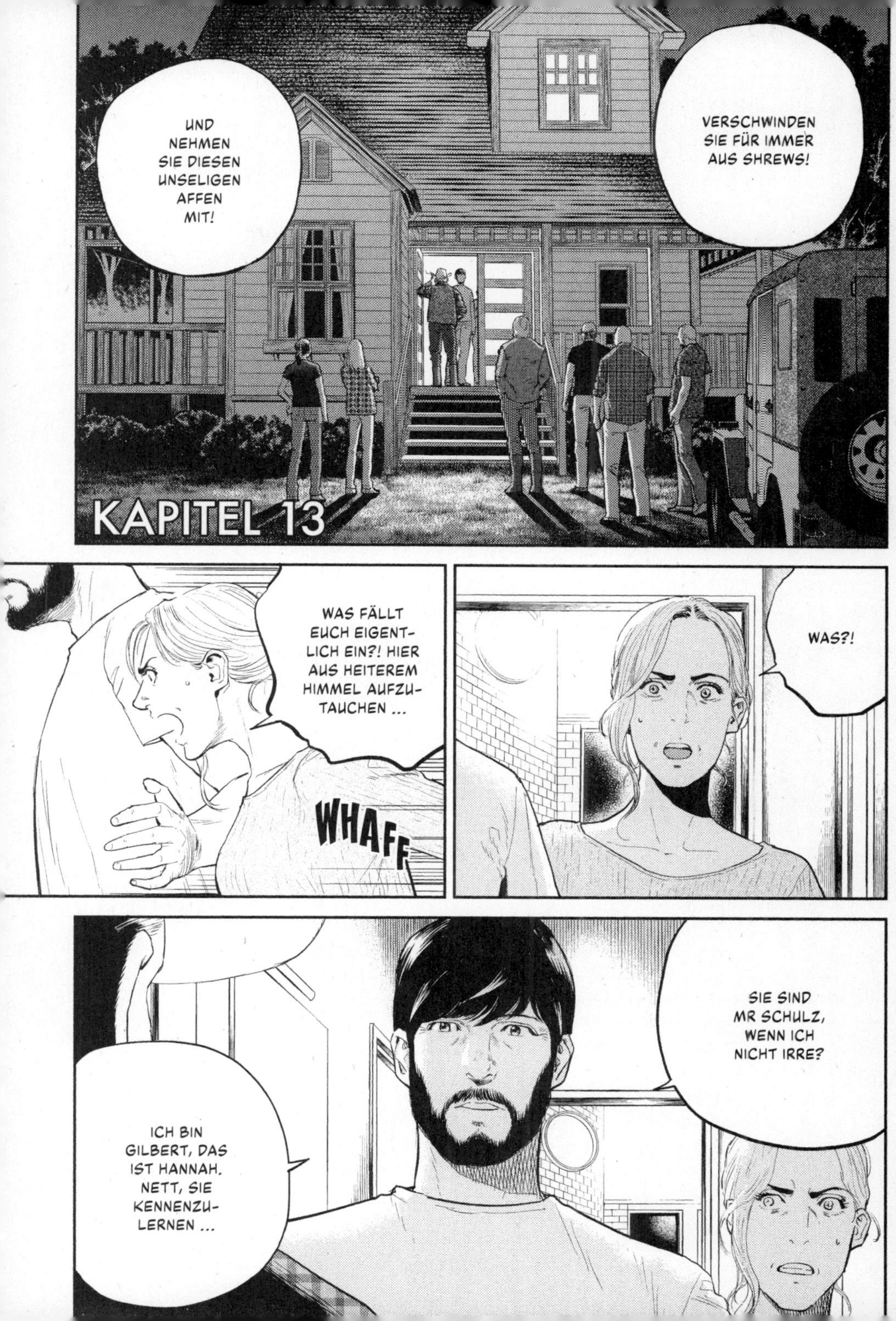

KAPITEL 13

VERSCHWINDEN SIE FÜR IMMER AUS SHREWS!
UND NEHMEN SIE DIESEN UNSELIGEN AFFEN MIT!

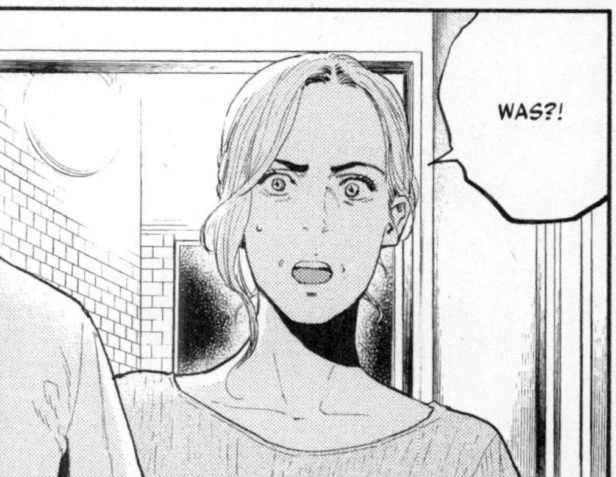

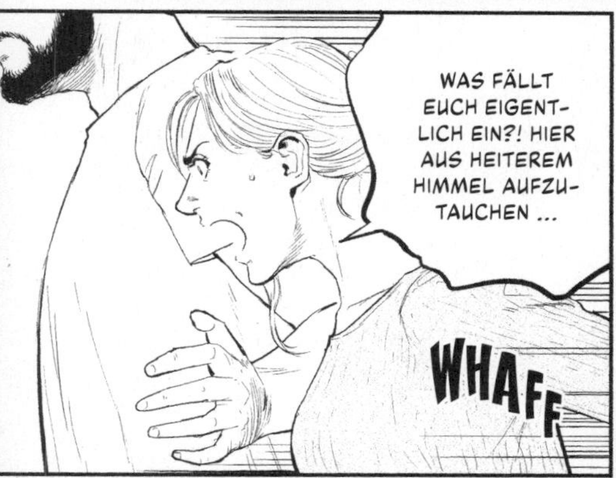

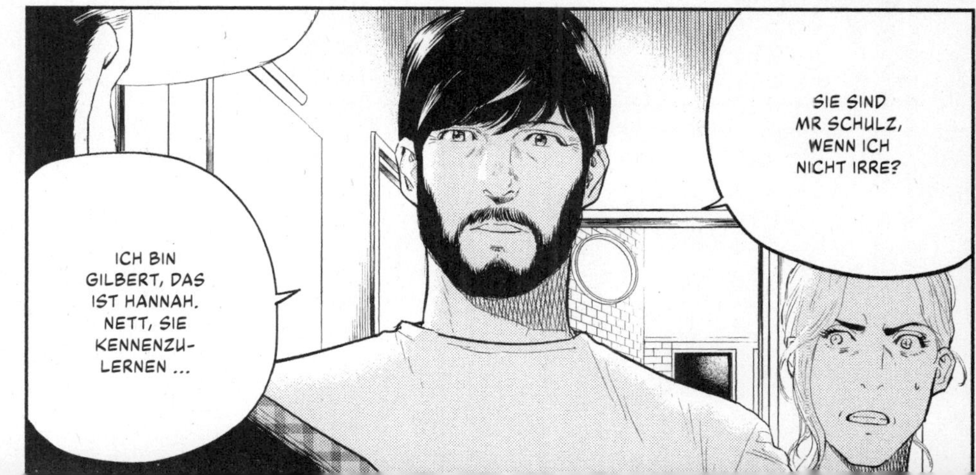

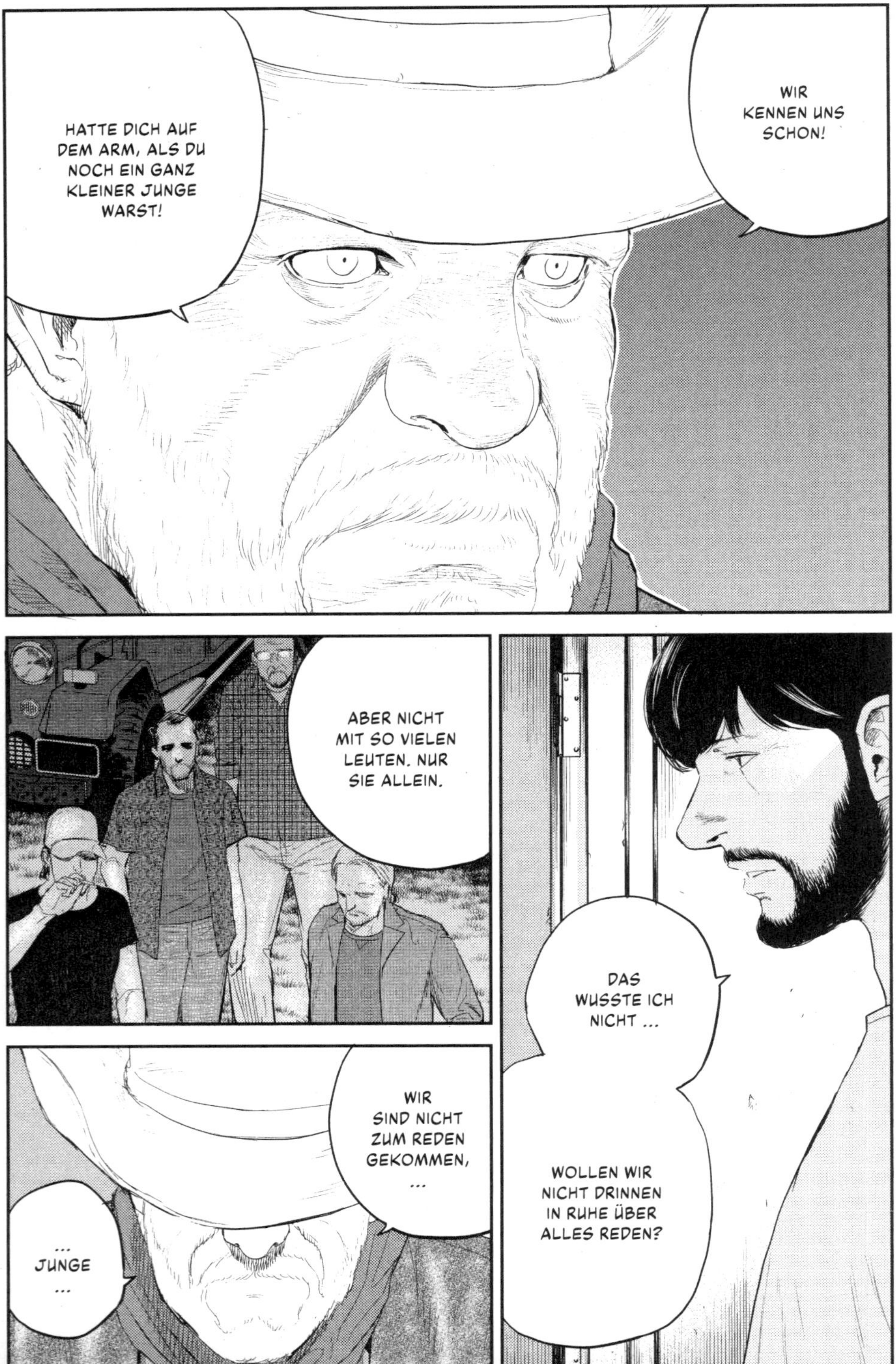

WIR KENNEN UNS SCHON!

HATTE DICH AUF DEM ARM, ALS DU NOCH EIN GANZ KLEINER JUNGE WARST!

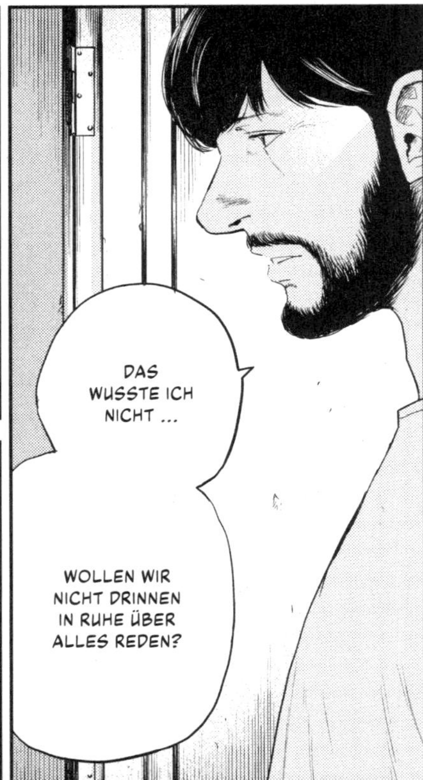

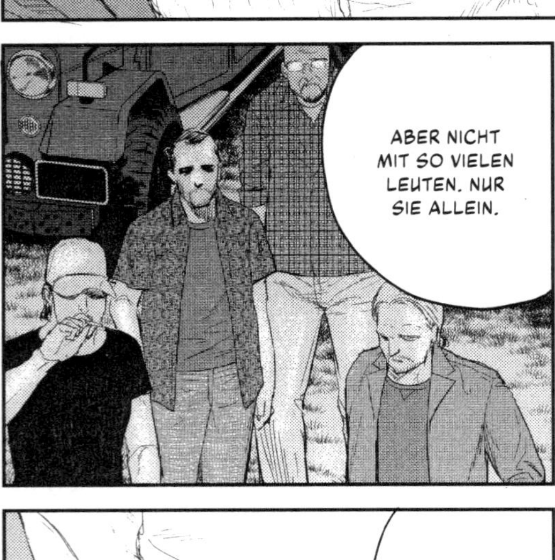

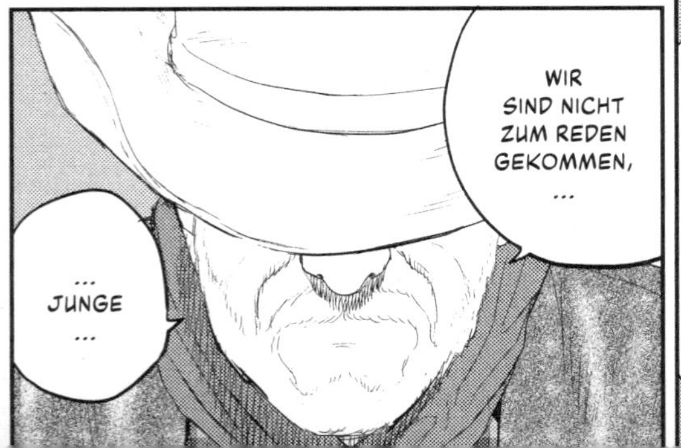

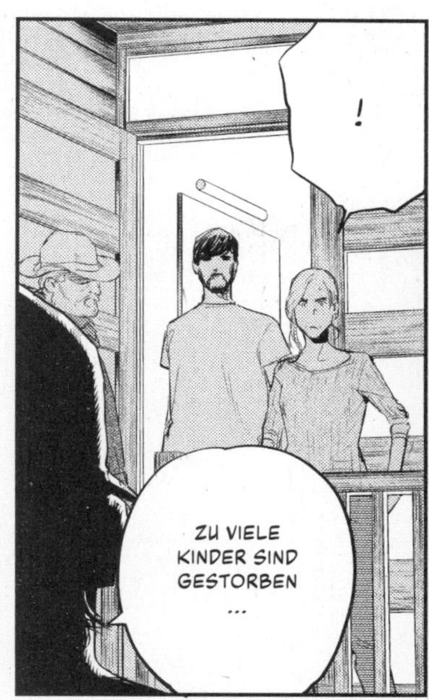
!
ZU VIELE KINDER SIND GESTORBEN ...
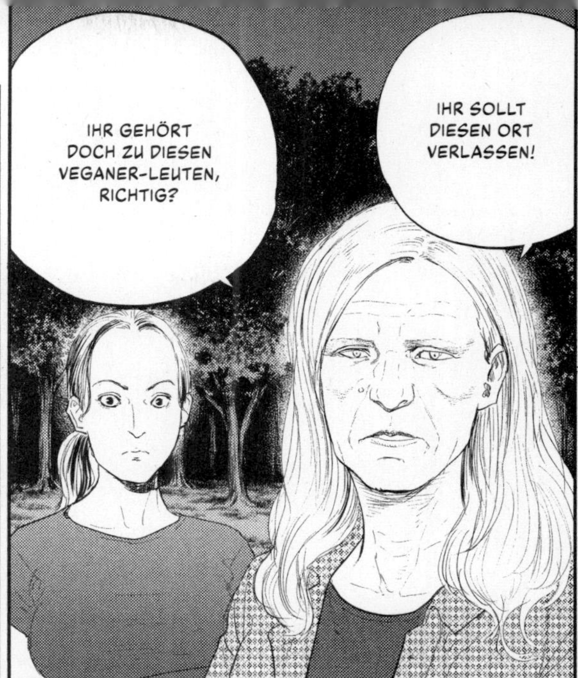
IHR GEHÖRT DOCH ZU DIESEN VEGANER-LEUTEN, RICHTIG?
IHR SOLLT DIESEN ORT VERLASSEN!
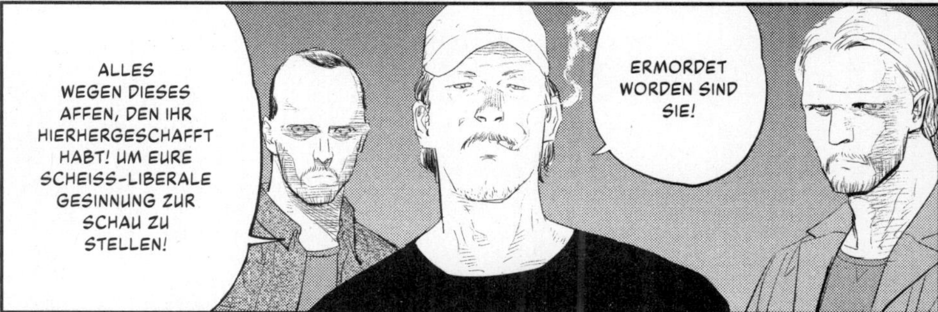
ALLES WEGEN DIESES AFFEN, DEN IHR HIERHERGESCHAFFT HABT! UM EURE SCHEISS-LIBERALE GESINNUNG ZUR SCHAU ZU STELLEN!
ERMORDET WORDEN SIND SIE!
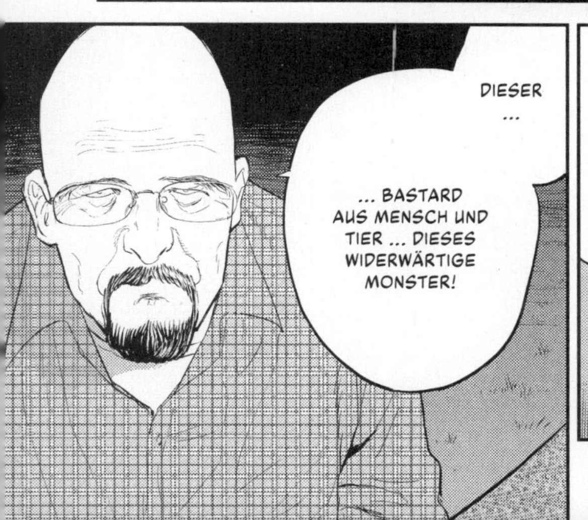
DIESER ...
... BASTARD AUS MENSCH UND TIER ... DIESES WIDERWÄRTIGE MONSTER!
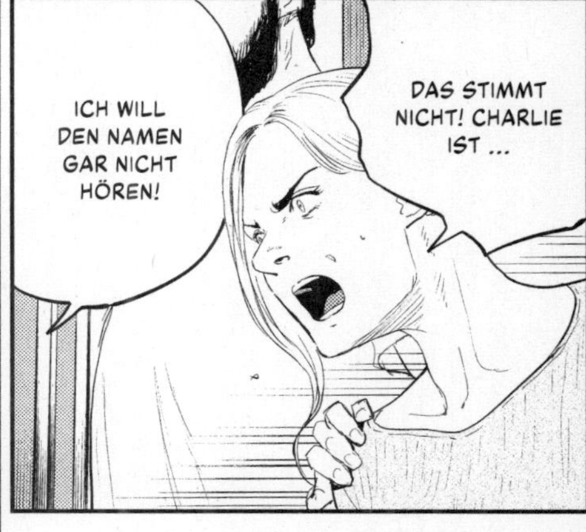
ICH WILL DEN NAMEN GAR NICHT HÖREN!
DAS STIMMT NICHT! CHARLIE IST ...

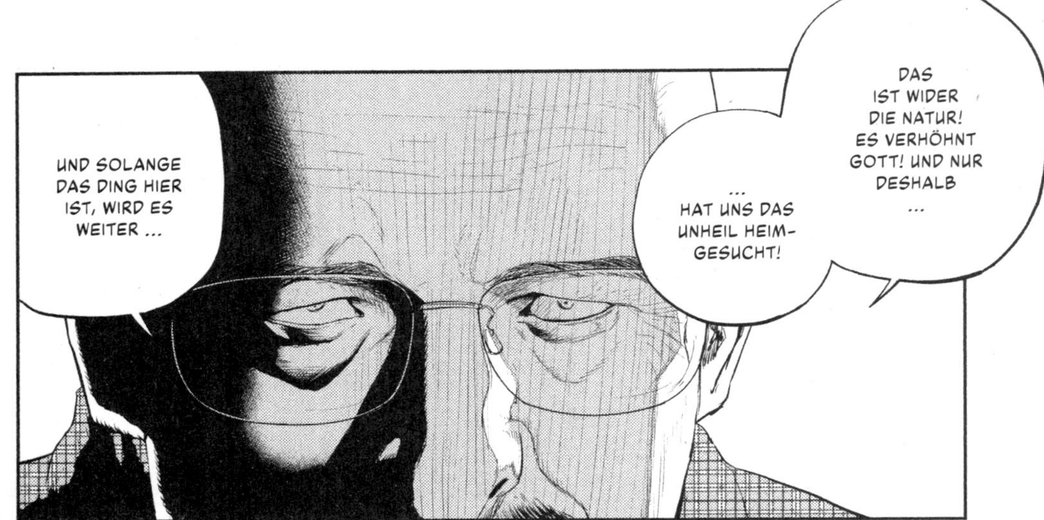

KAPITEL 13 / DER SÜNDENBOCK

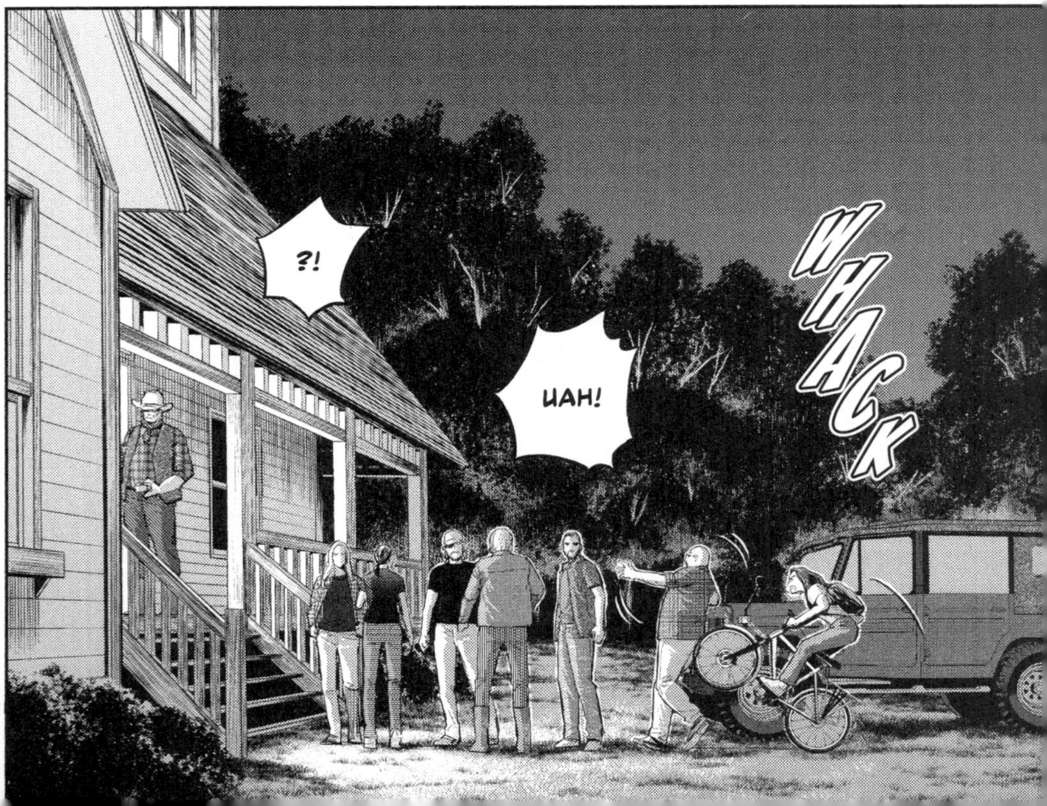

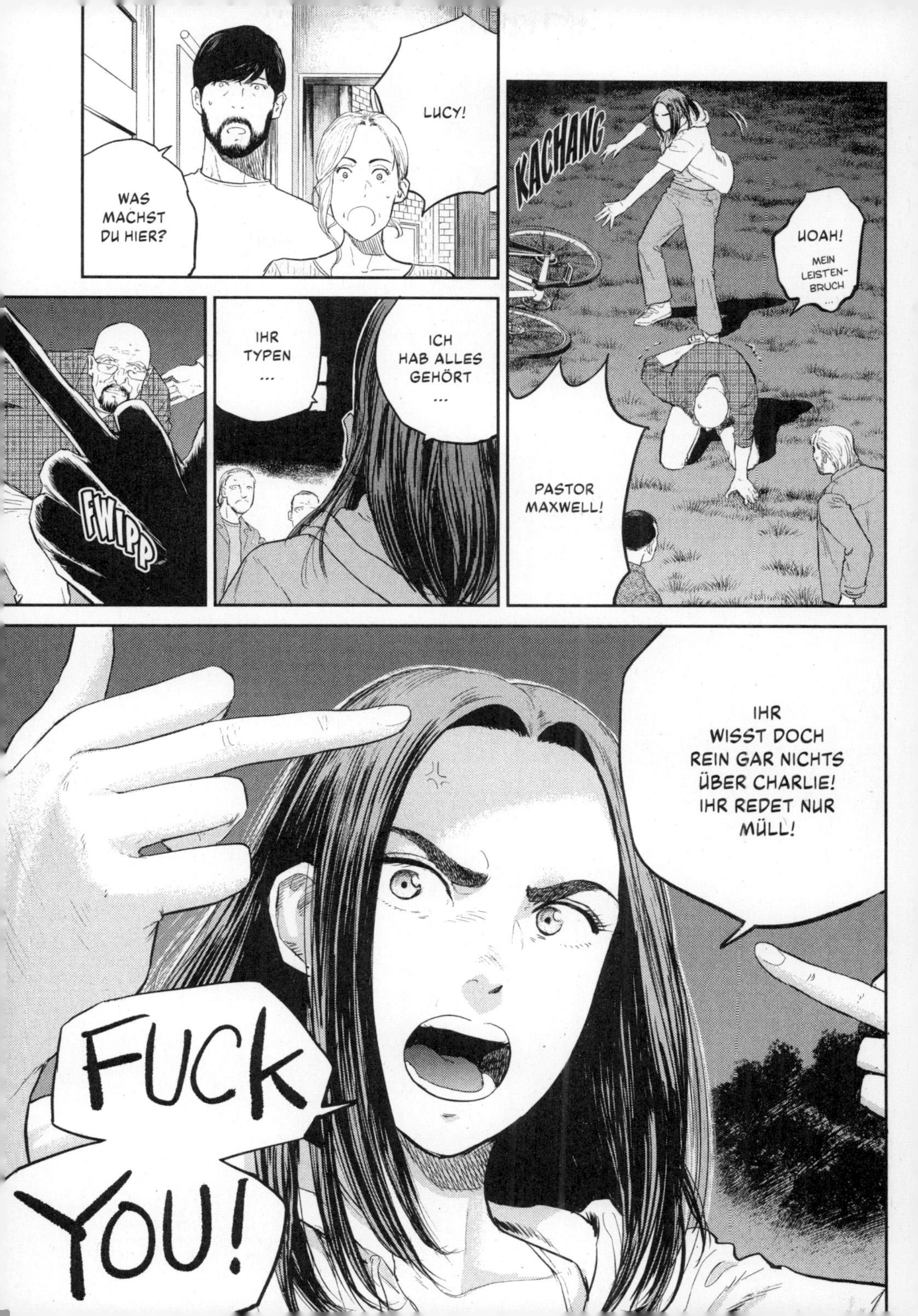

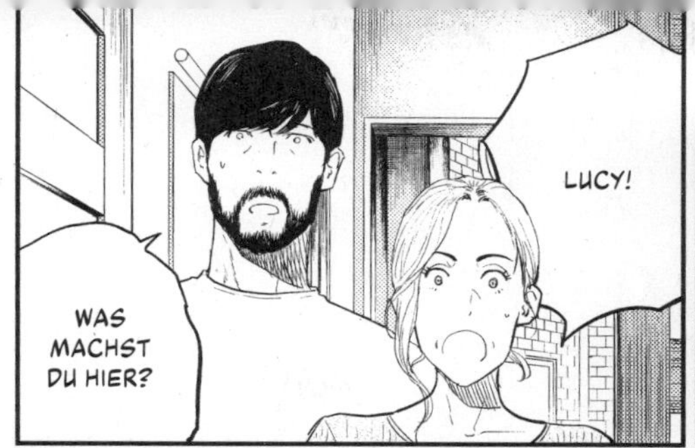

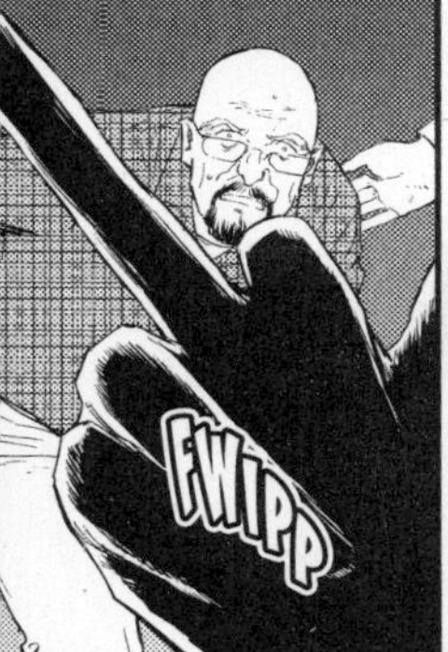

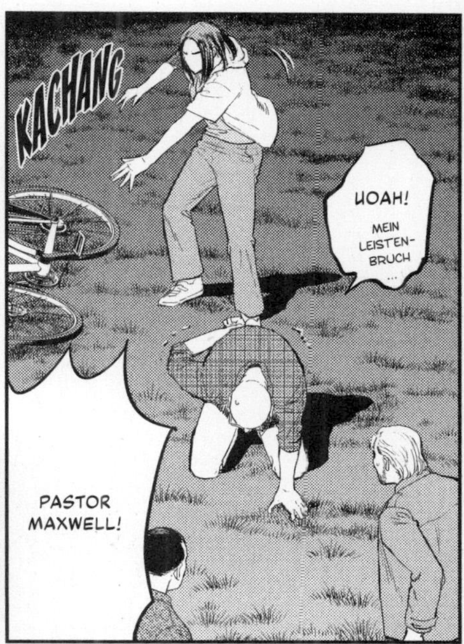

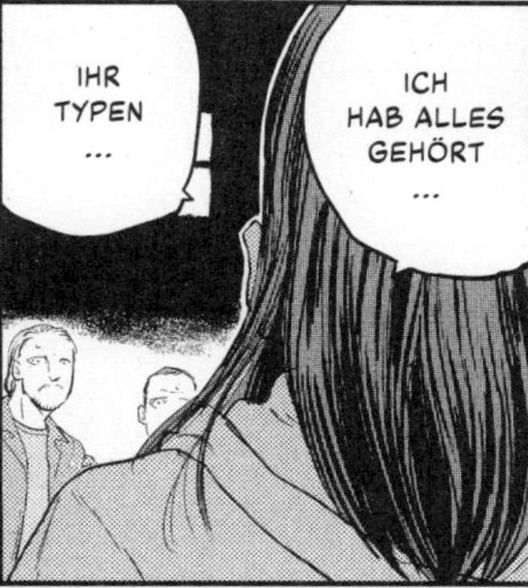

IHR WISST DOCH REIN GAR NICHTS ÜBER CHARLIE! IHR REDET NUR MÜLL!

FUCK YOU!

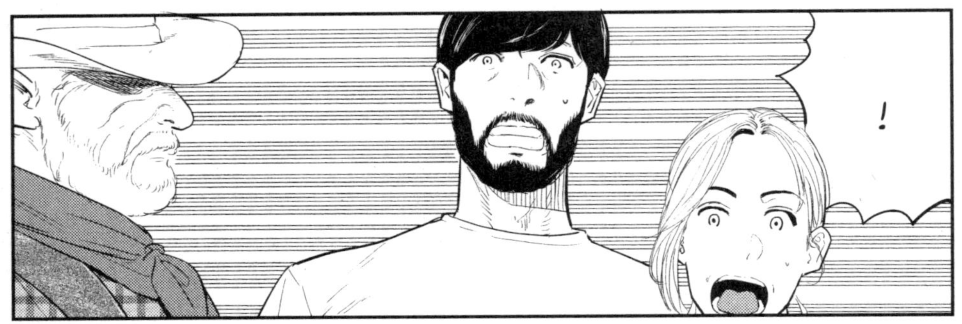
!

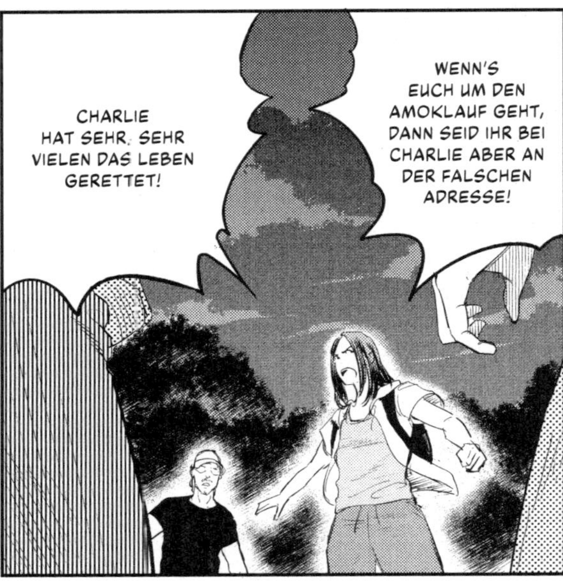
WENN'S EUCH UM DEN AMOKLAUF GEHT, DANN SEID IHR BEI CHARLIE ABER AN DER FALSCHEN ADRESSE!
CHARLIE HAT SEHR, SEHR VIELEN DAS LEBEN GERETTET!

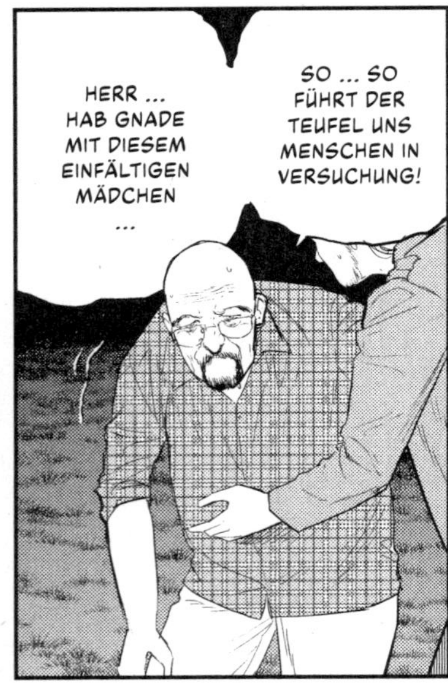
SO ... SO FÜHRT DER TEUFEL UNS MENSCHEN IN VERSUCHUNG!
HERR ... HAB GNADE MIT DIESEM EINFÄLTIGEN MÄDCHEN ...

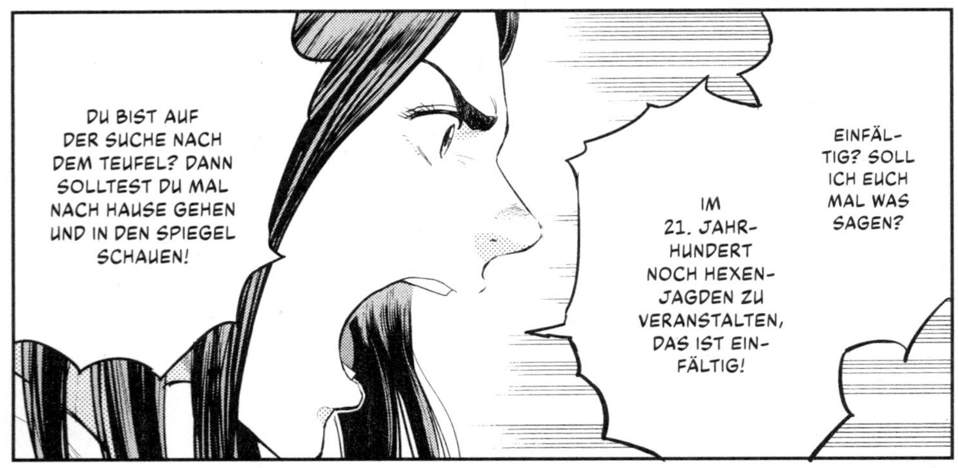
EINFÄL-TIG? SOLL ICH EUCH MAL WAS SAGEN?
IM 21. JAHR-HUNDERT NOCH HEXEN-JAGDEN ZU VERANSTALTEN, DAS IST EIN-FÄLTIG!
DU BIST AUF DER SUCHE NACH DEM TEUFEL? DANN SOLLTEST DU MAL NACH HAUSE GEHEN UND IN DEN SPIEGEL SCHAUEN!

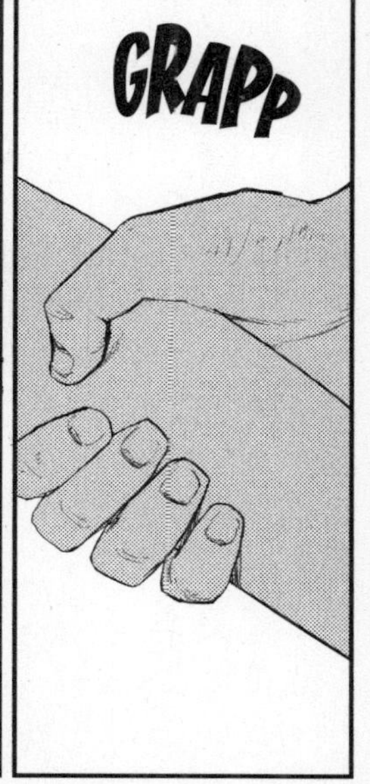
GRAPP

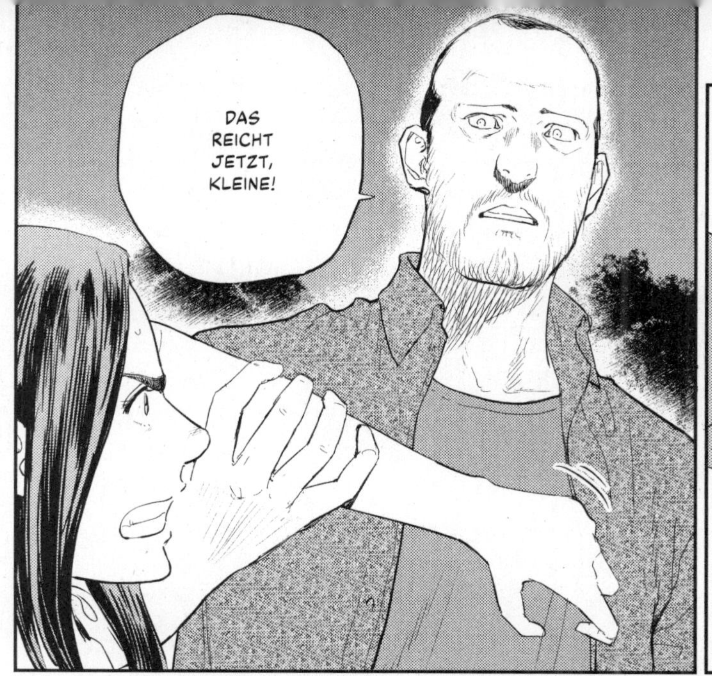
DAS REICHT JETZT, KLEINE!

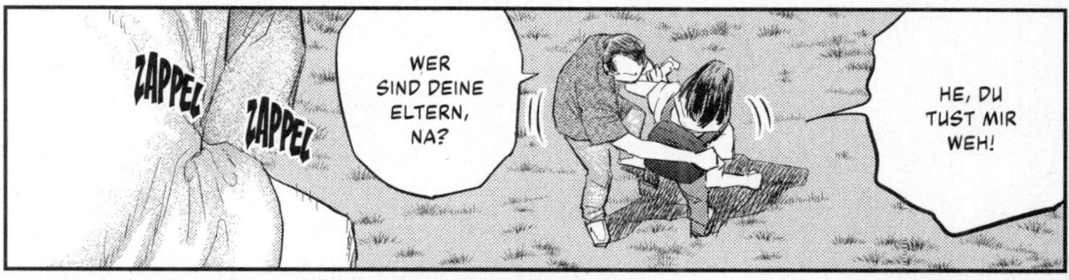
HE, DU TUST MIR WEH!
WER SIND DEINE ELTERN, NA?
ZAPPEL
ZAPPEL

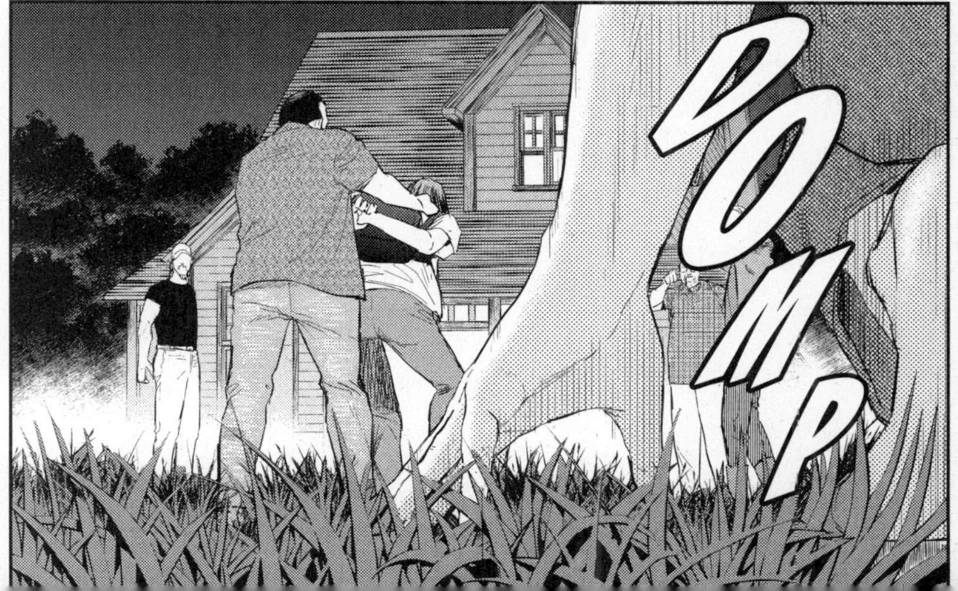
DOMP

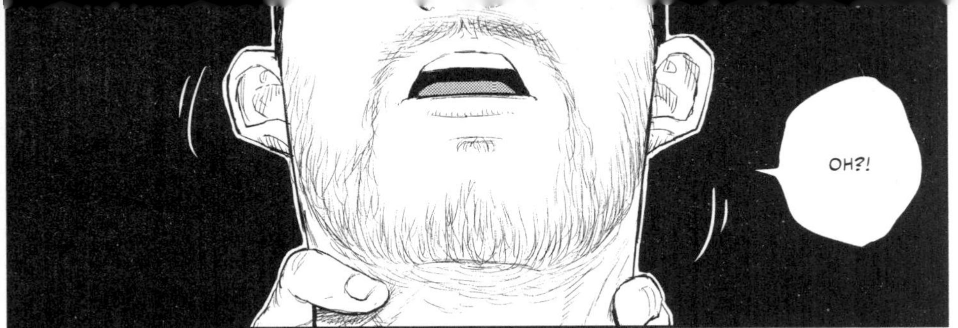

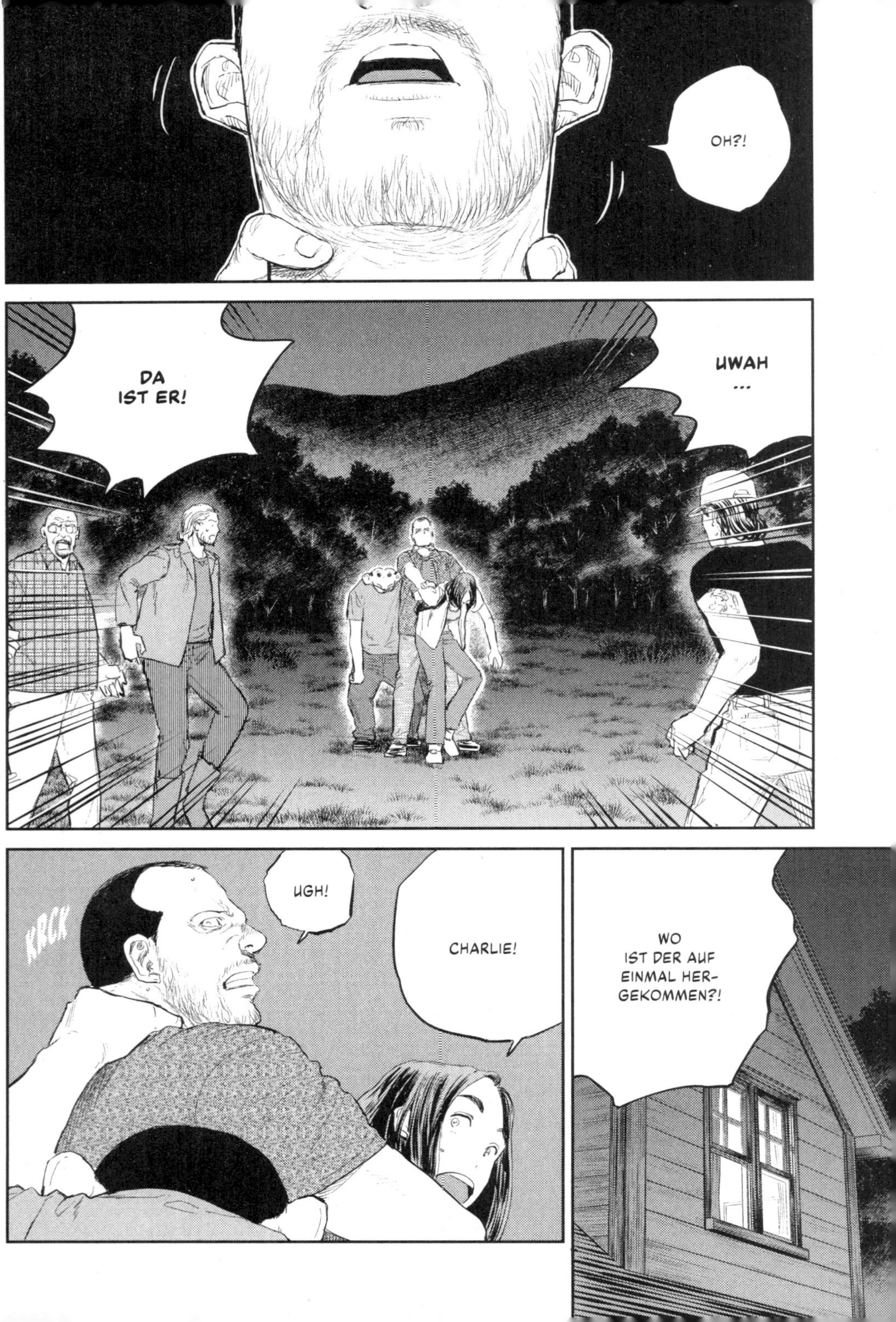

UWAH ...
DA IST ER!

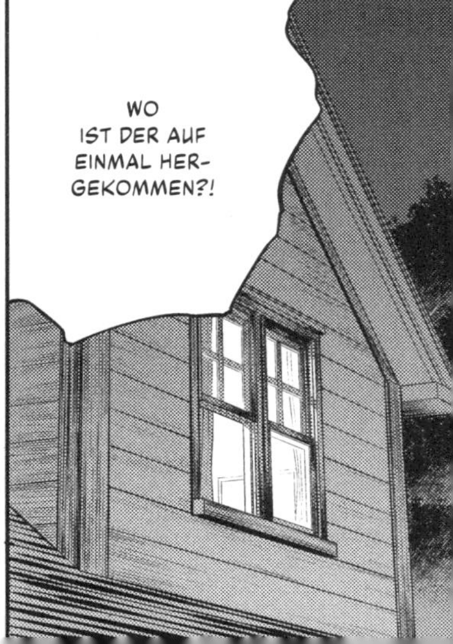

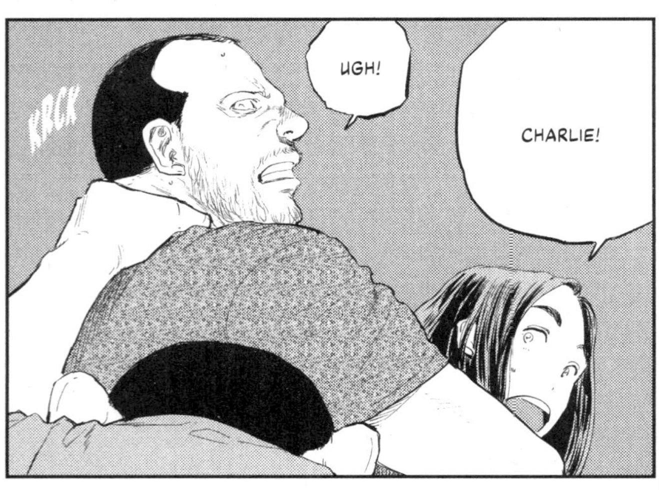

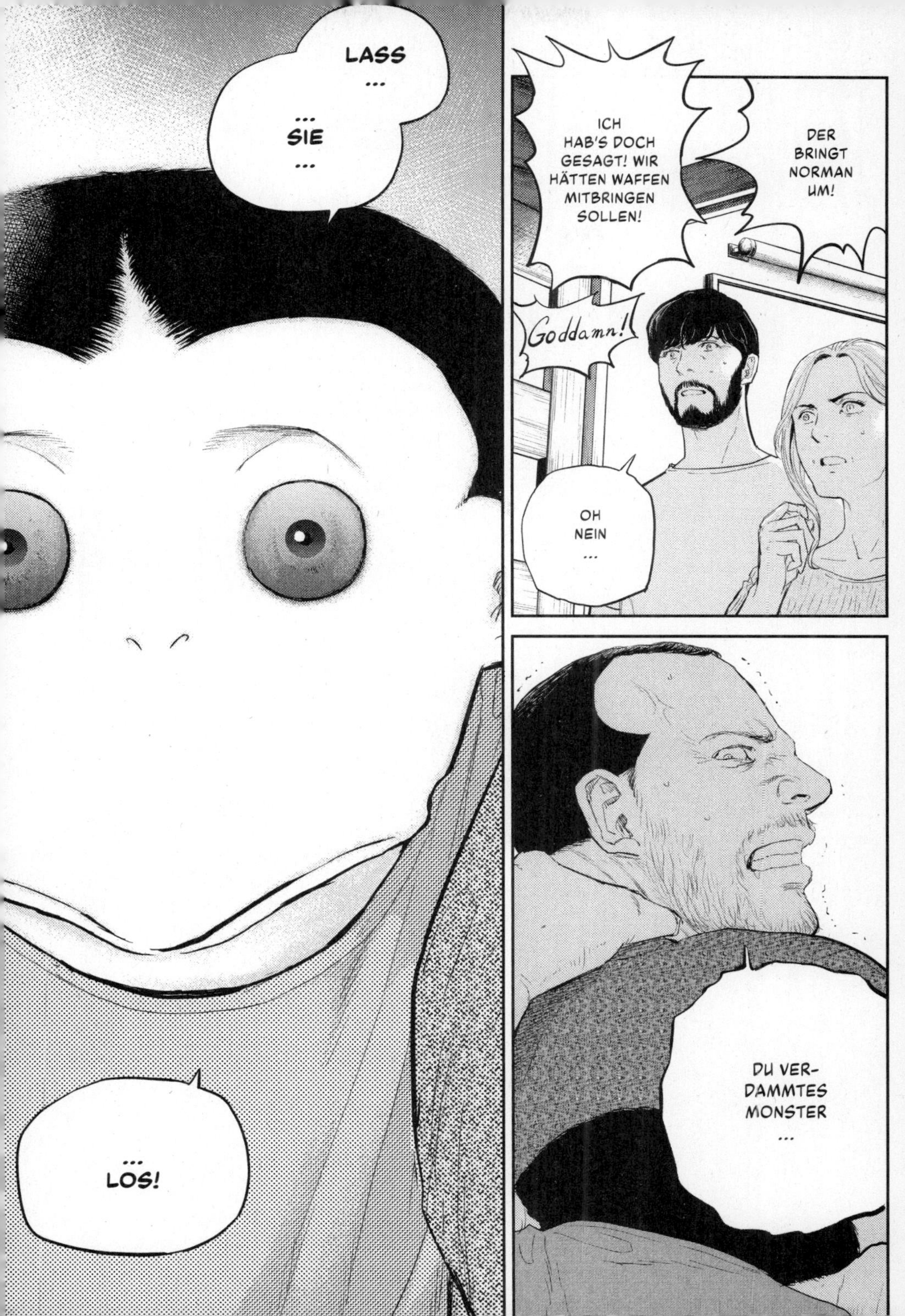
DER BRINGT NORMAN UM!
ICH HAB'S DOCH GESAGT! WIR HÄTTEN WAFFEN MITBRINGEN SOLLEN!
Goddamn!
OH NEIN ...
DU VER-DAMMTES MONSTER ...
LASS ...
... SIE ...
... LOS!

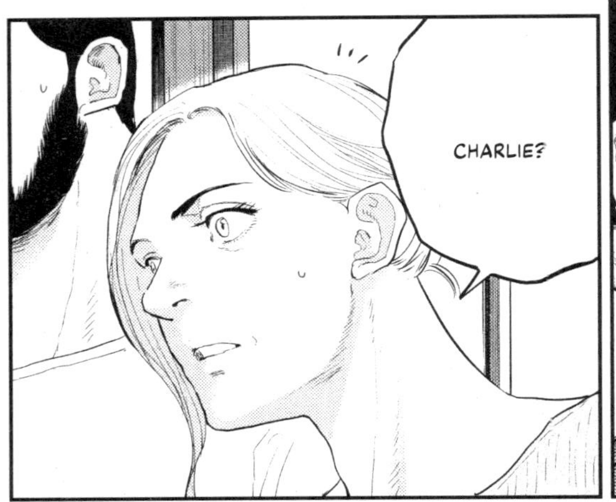
CHARLIE?

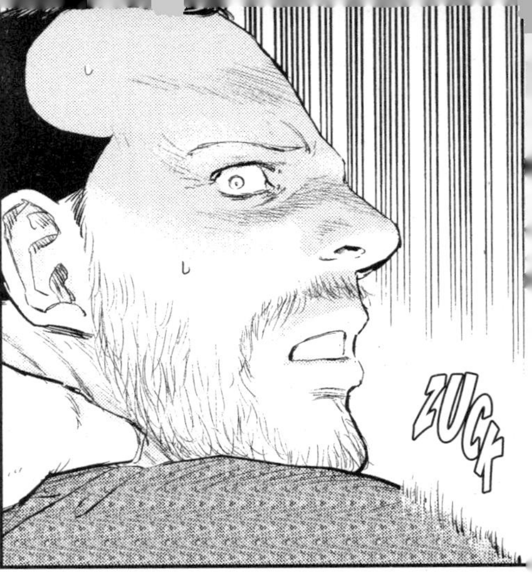
ZUCK

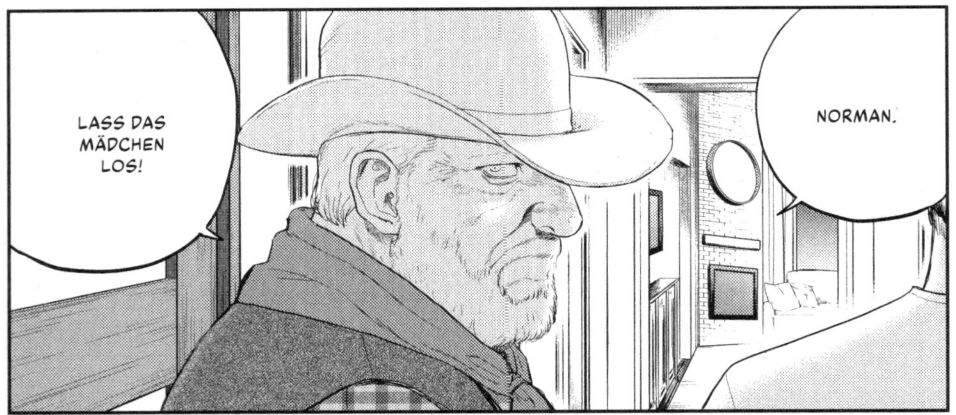
LASS DAS MÄDCHEN LOS!
NORMAN.

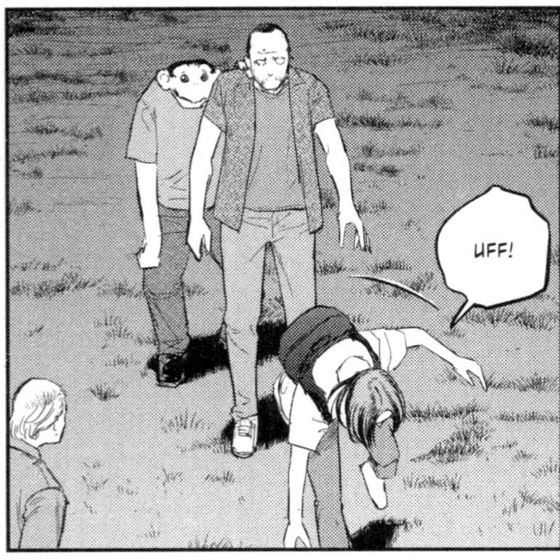
UFF!

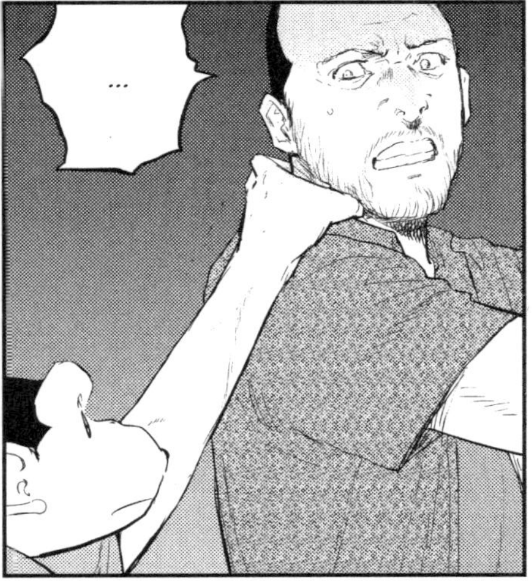
...

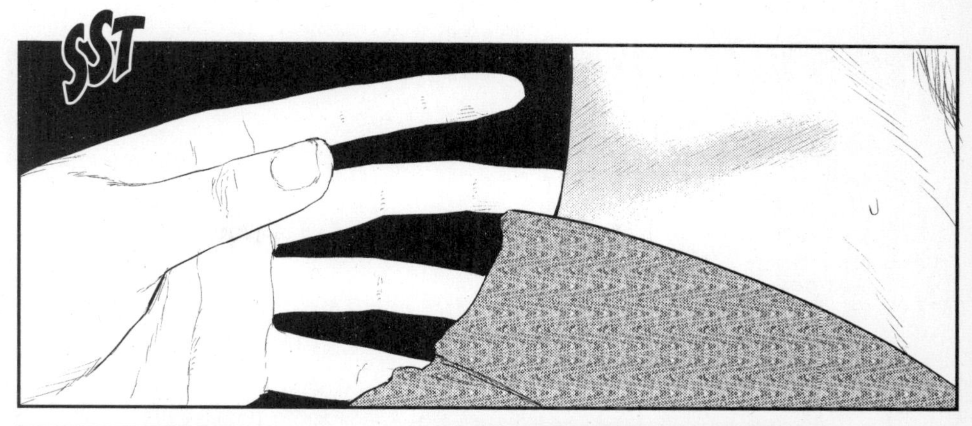
SST

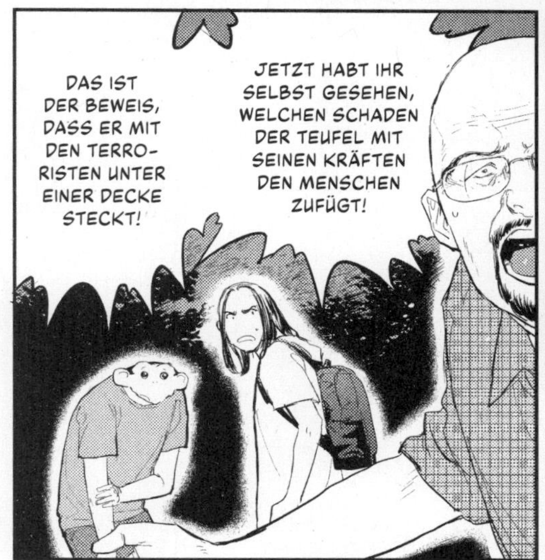
JETZT HABT IHR SELBST GESEHEN, WELCHEN SCHADEN DER TEUFEL MIT SEINEN KRÄFTEN DEN MENSCHEN ZUFÜGT!
DAS IST DER BEWEIS, DASS ER MIT DEN TERRORISTEN UNTER EINER DECKE STECKT!

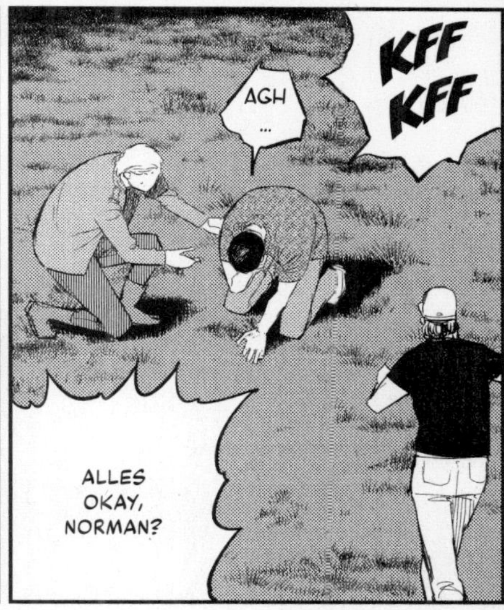
KFF KFF
AGH ...
ALLES OKAY, NORMAN?

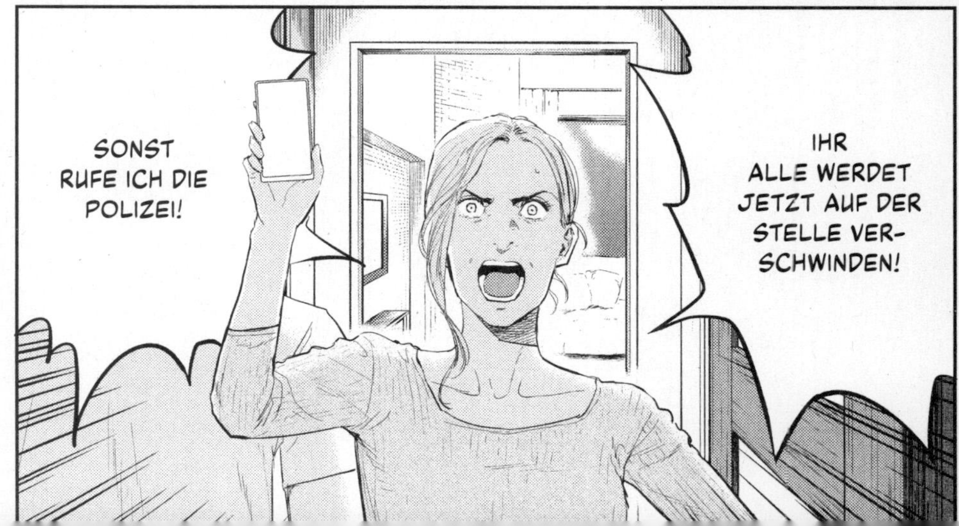
IHR ALLE WERDET JETZT AUF DER STELLE VERSCHWINDEN!
SONST RUFE ICH DIE POLIZEI!

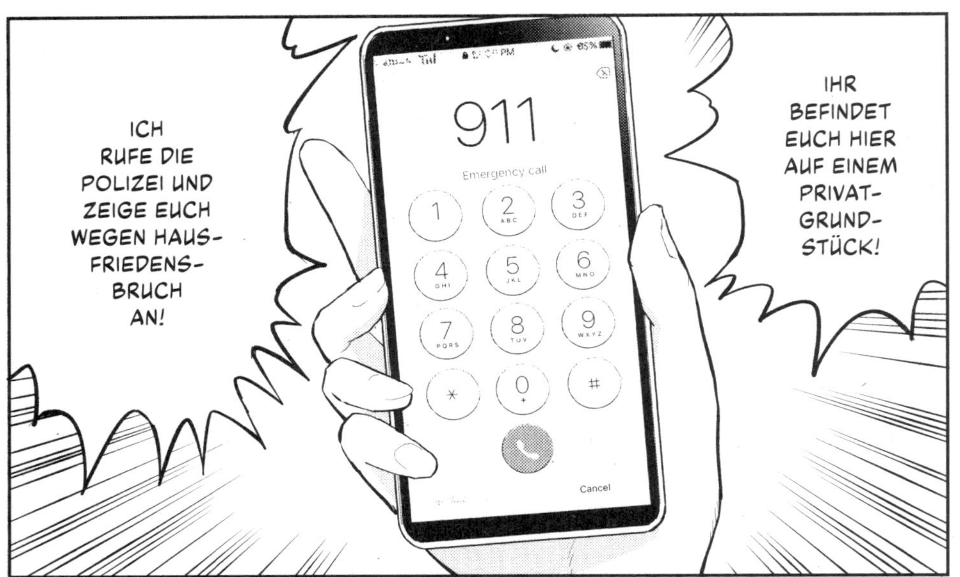
IHR BEFINDET EUCH HIER AUF EINEM PRIVAT-GRUND-STÜCK!
ICH RUFE DIE POLIZEI UND ZEIGE EUCH WEGEN HAUS-FRIEDENS-BRUCH AN!
911
Emergency call
Cancel

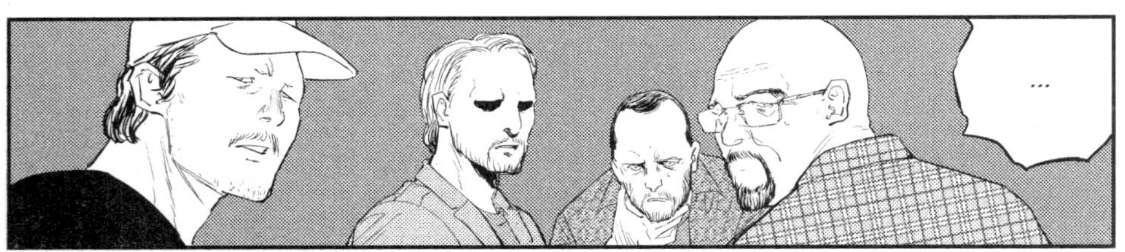
...

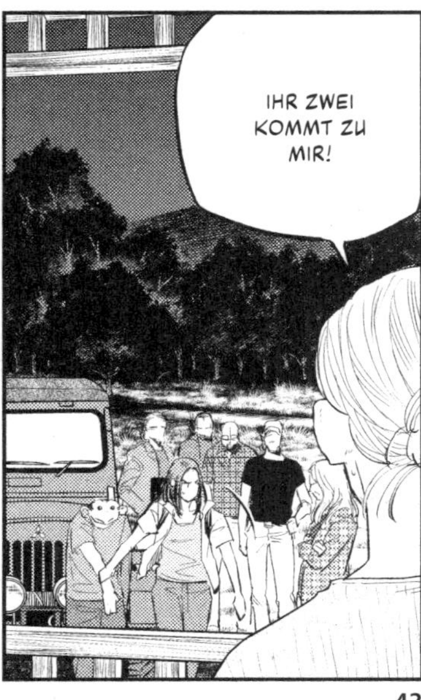
IHR ZWEI KOMMT ZU MIR!

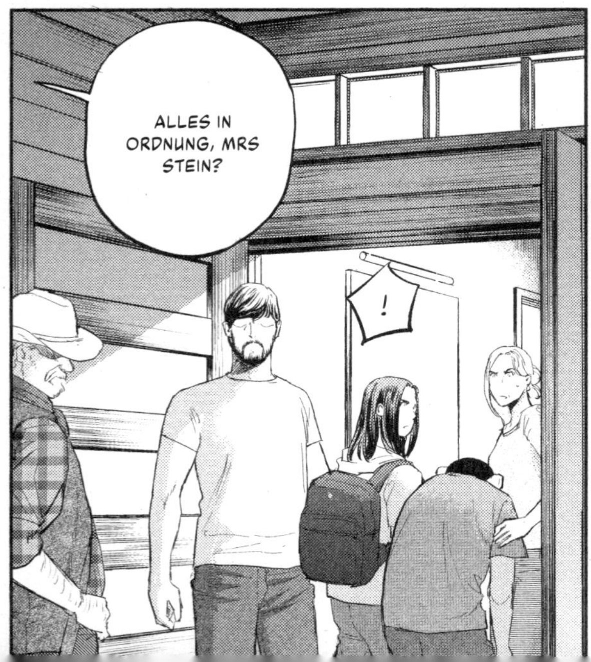
ALLES IN ORDNUNG, MRS STEIN?
!

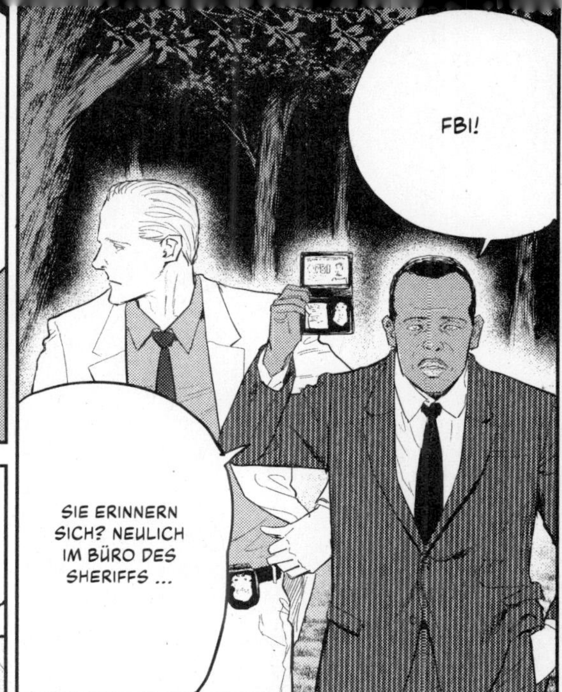
FBI!
SIE ERINNERN SICH? NEULICH IM BÜRO DES SHERIFFS ...

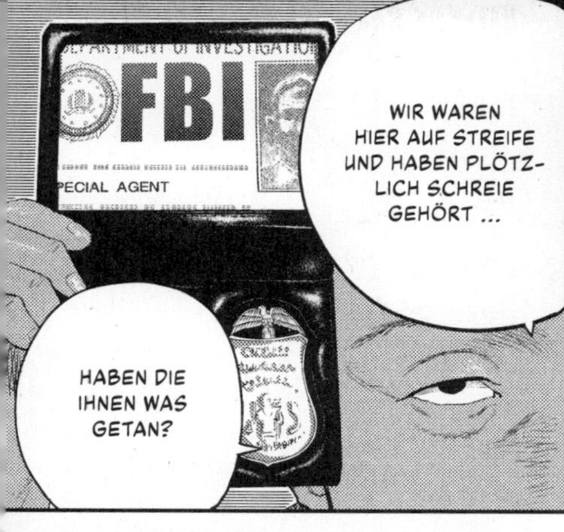
FBI
PECIAL AGENT
WIR WAREN HIER AUF STREIFE UND HABEN PLÖTZ-LICH SCHREIE GEHÖRT ...
HABEN DIE IHNEN WAS GETAN?

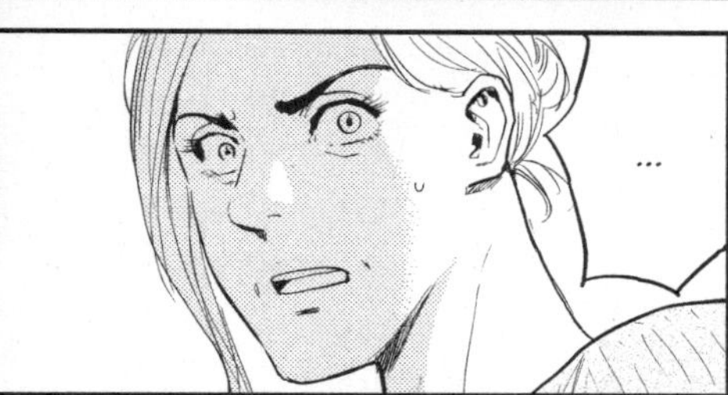
...

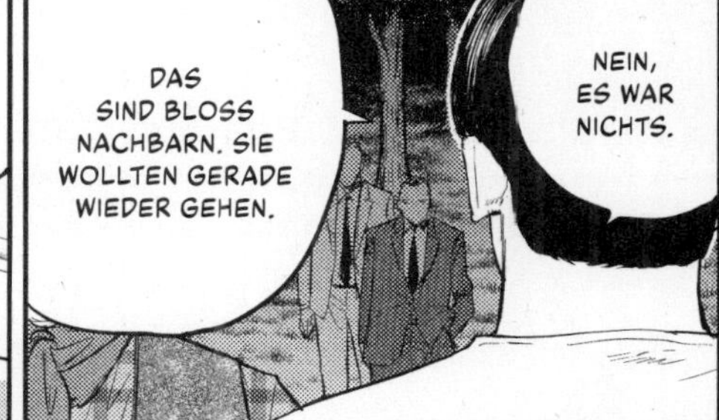
NEIN, ES WAR NICHTS.
DAS SIND BLOSS NACHBARN. SIE WOLLTEN GERADE WIEDER GEHEN.

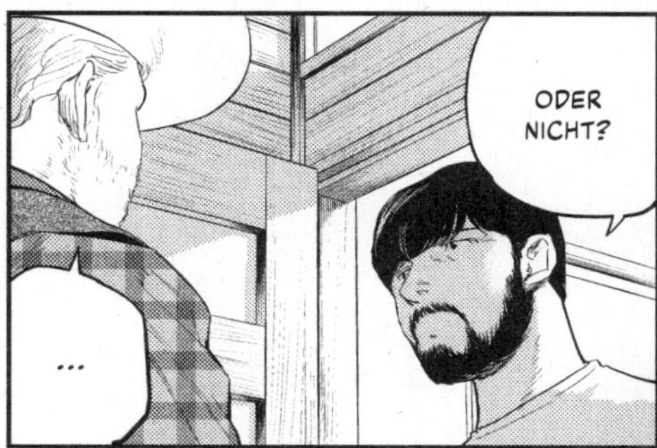
ODER NICHT?
...

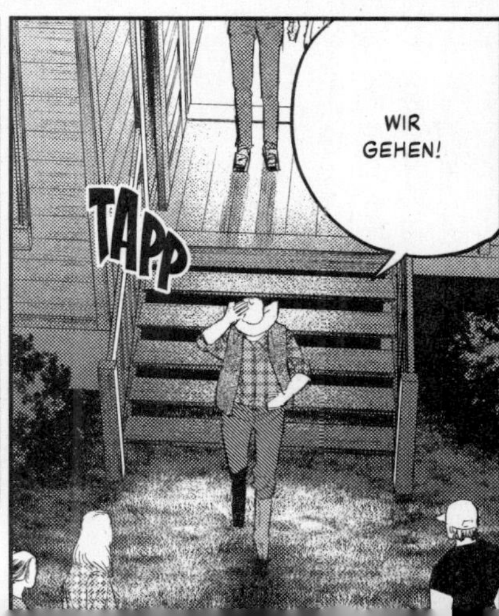
WIR GEHEN!
TAPP

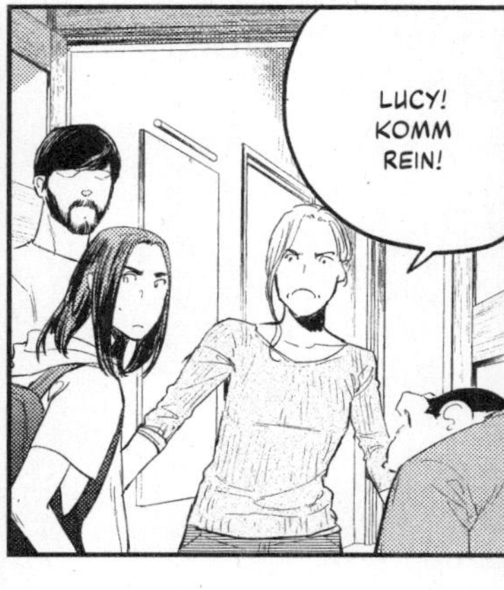
LUCY! KOMM REIN!

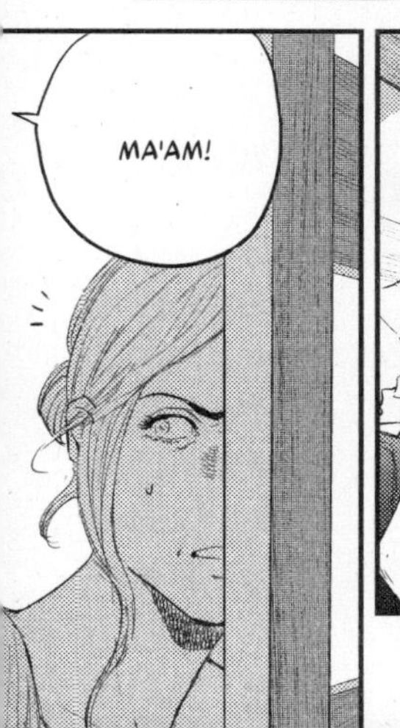
MA'AM!

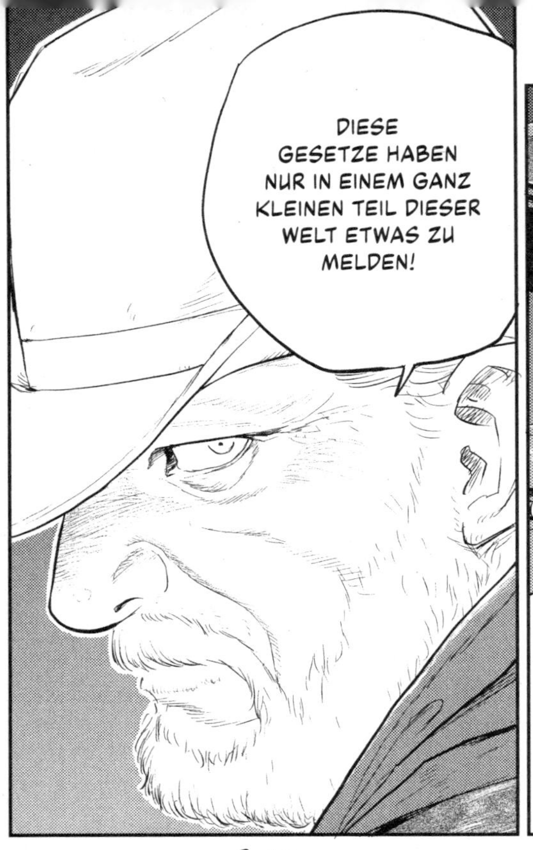
DIESE GESETZE HABEN NUR IN EINEM GANZ KLEINEN TEIL DIESER WELT ETWAS ZU MELDEN!

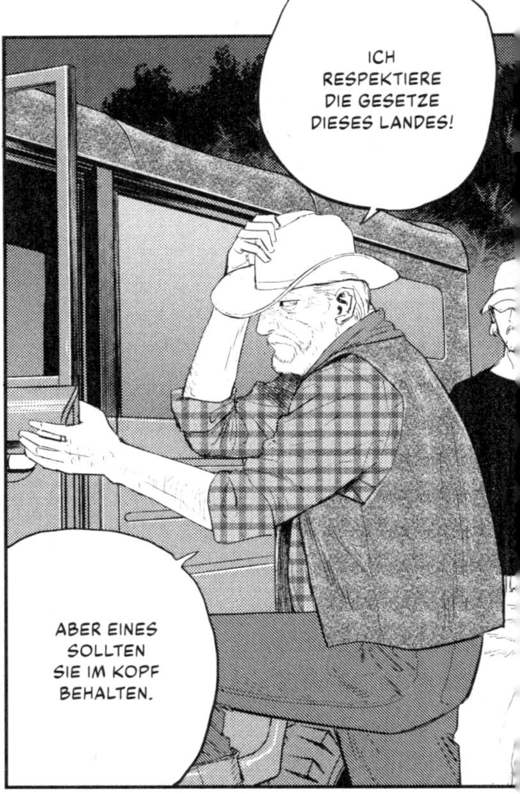
ICH RESPEKTIERE DIE GESETZE DIESES LANDES!
ABER EINES SOLLTEN SIE IM KOPF BEHALTEN.

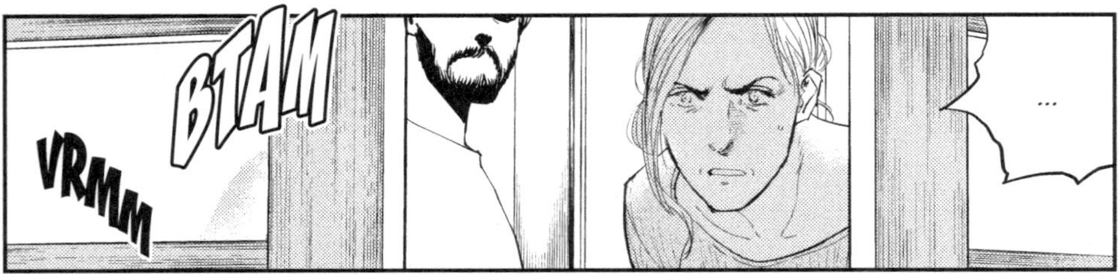
...
BTAM
VRMM

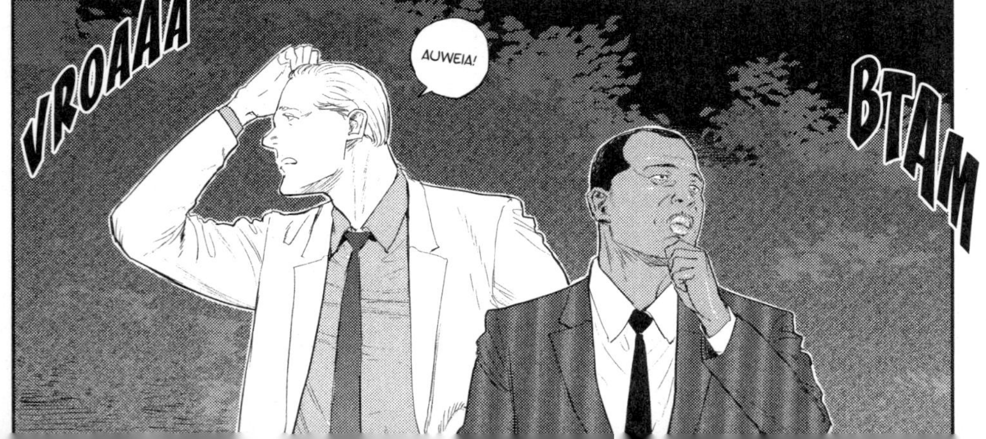
BTAM
AUWEIA!
VROAAA

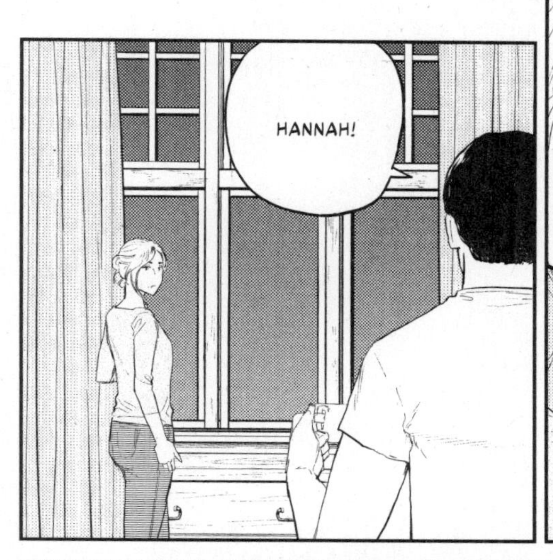
HANNAH!

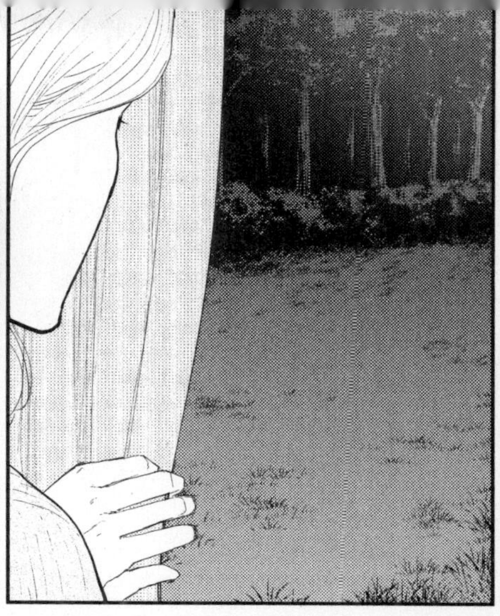

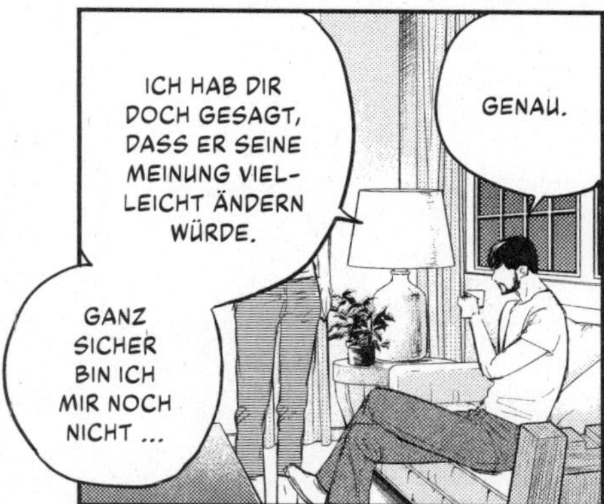
GENAU.
ICH HAB DIR DOCH GESAGT, DASS ER SEINE MEINUNG VIELLEICHT ÄNDERN WÜRDE.
GANZ SICHER BIN ICH MIR NOCH NICHT ...

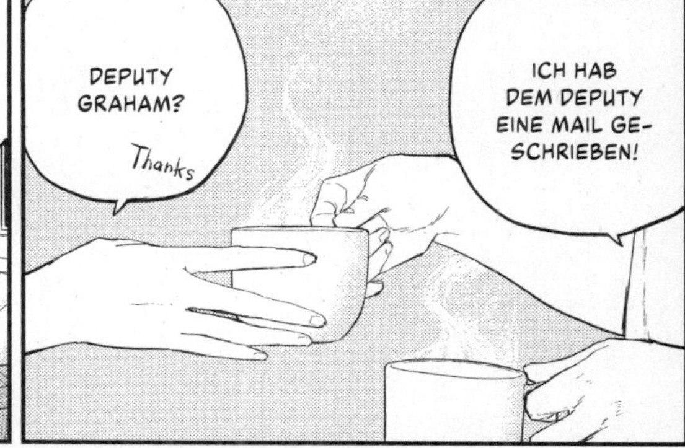
ICH HAB DEM DEPUTY EINE MAIL GESCHRIEBEN!
DEPUTY GRAHAM?
Thanks

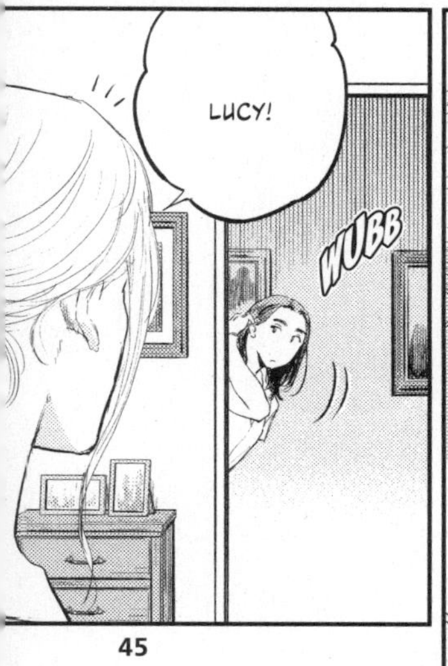
LUCY!
WUBB

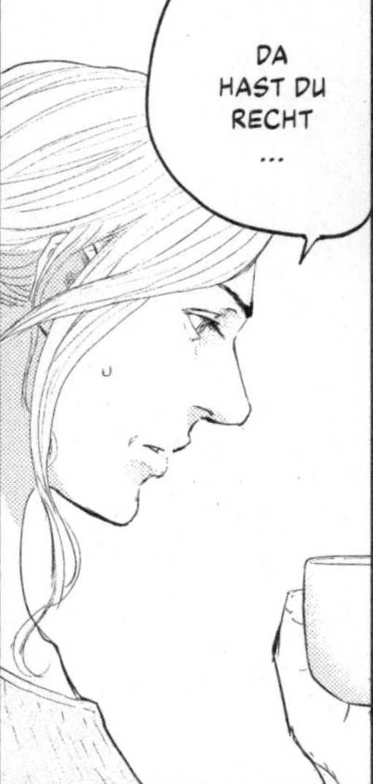
DA HAST DU RECHT ...

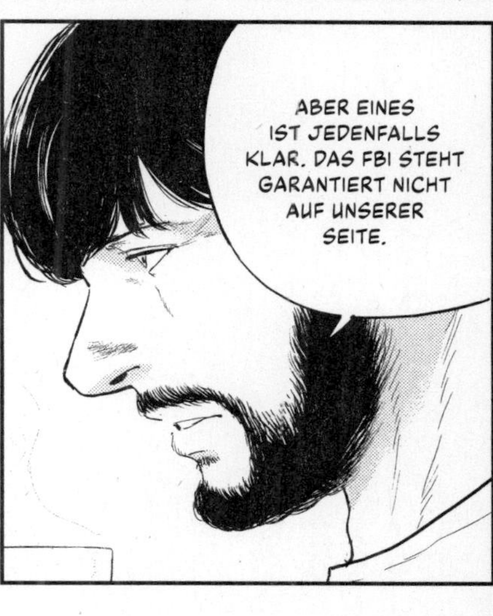
ABER EINES IST JEDENFALLS KLAR. DAS FBI STEHT GARANTIERT NICHT AUF UNSERER SEITE.

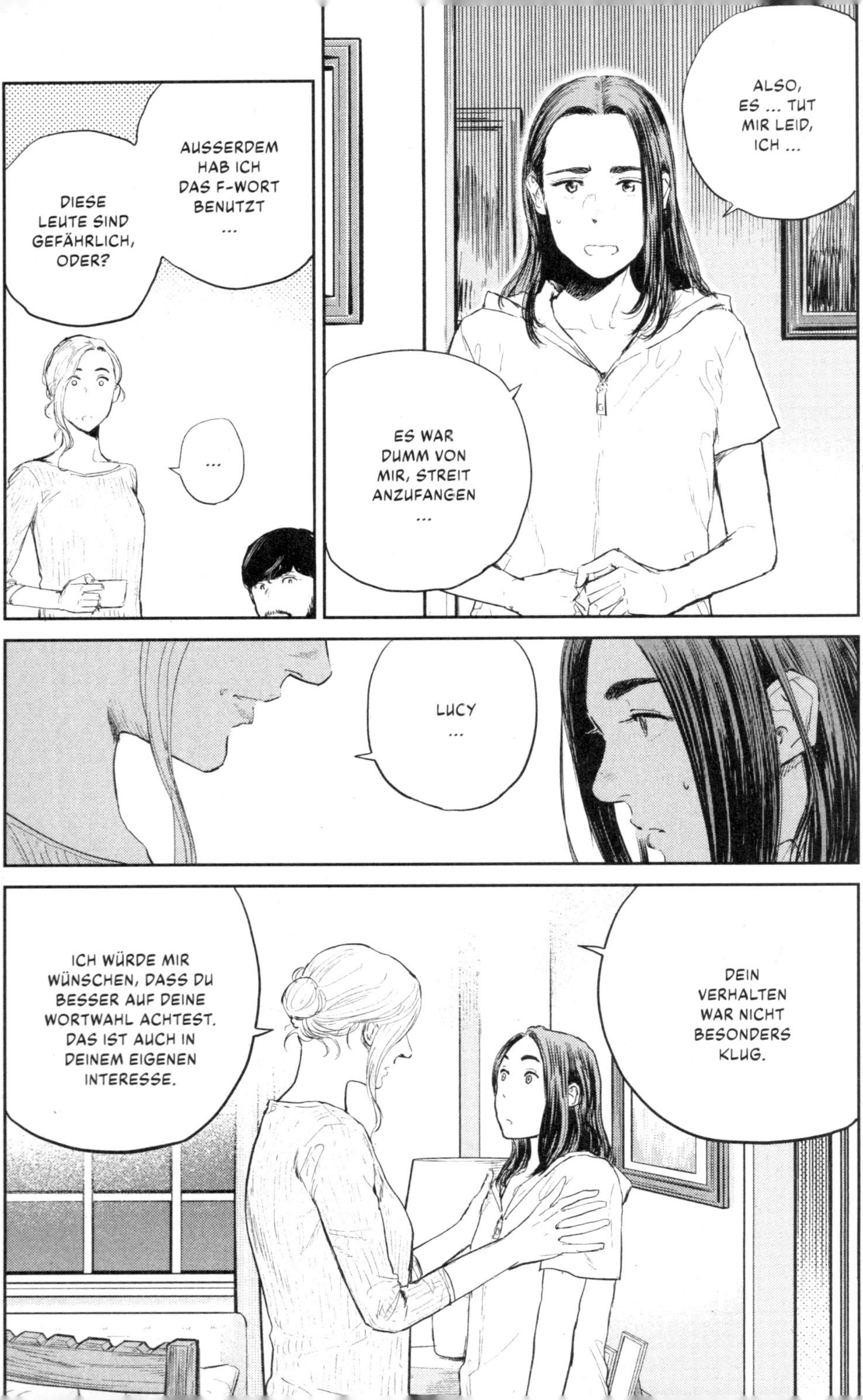

ALSO, ES ... TUT MIR LEID, ICH ...
ES WAR DUMM VON MIR, STREIT ANZUFANGEN ...
AUSSERDEM HAB ICH DAS F-WORT BENUTZT ...
DIESE LEUTE SIND GEFÄHRLICH, ODER?
...

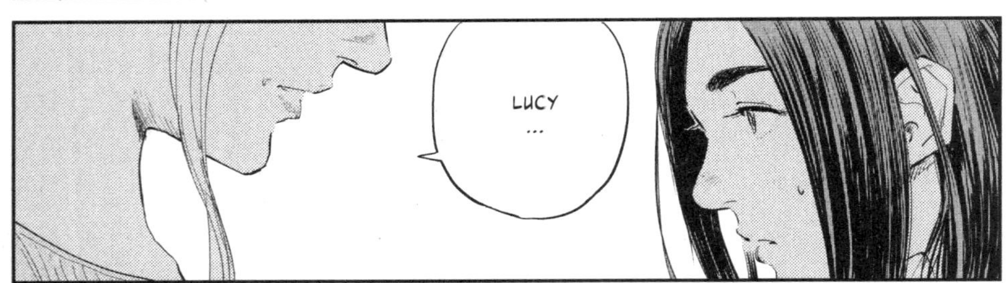

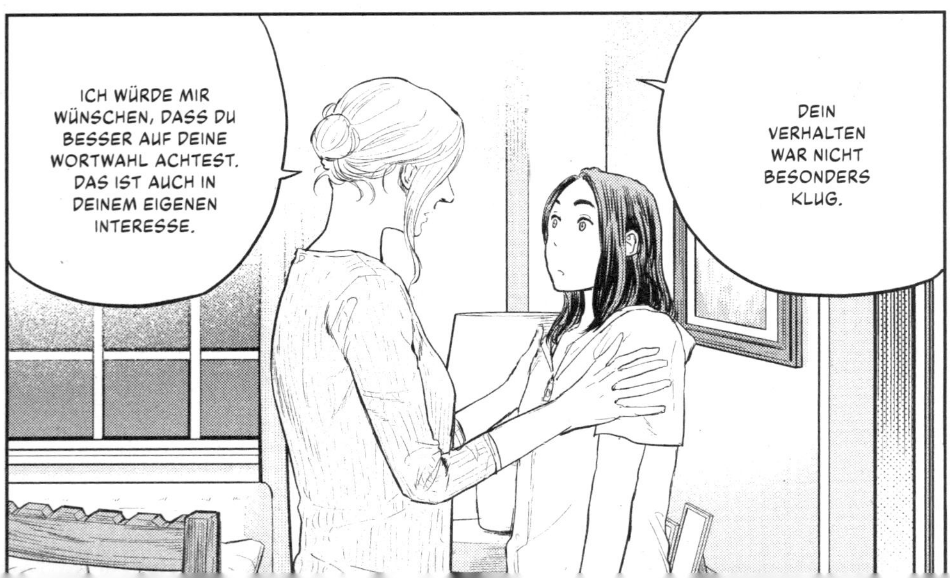

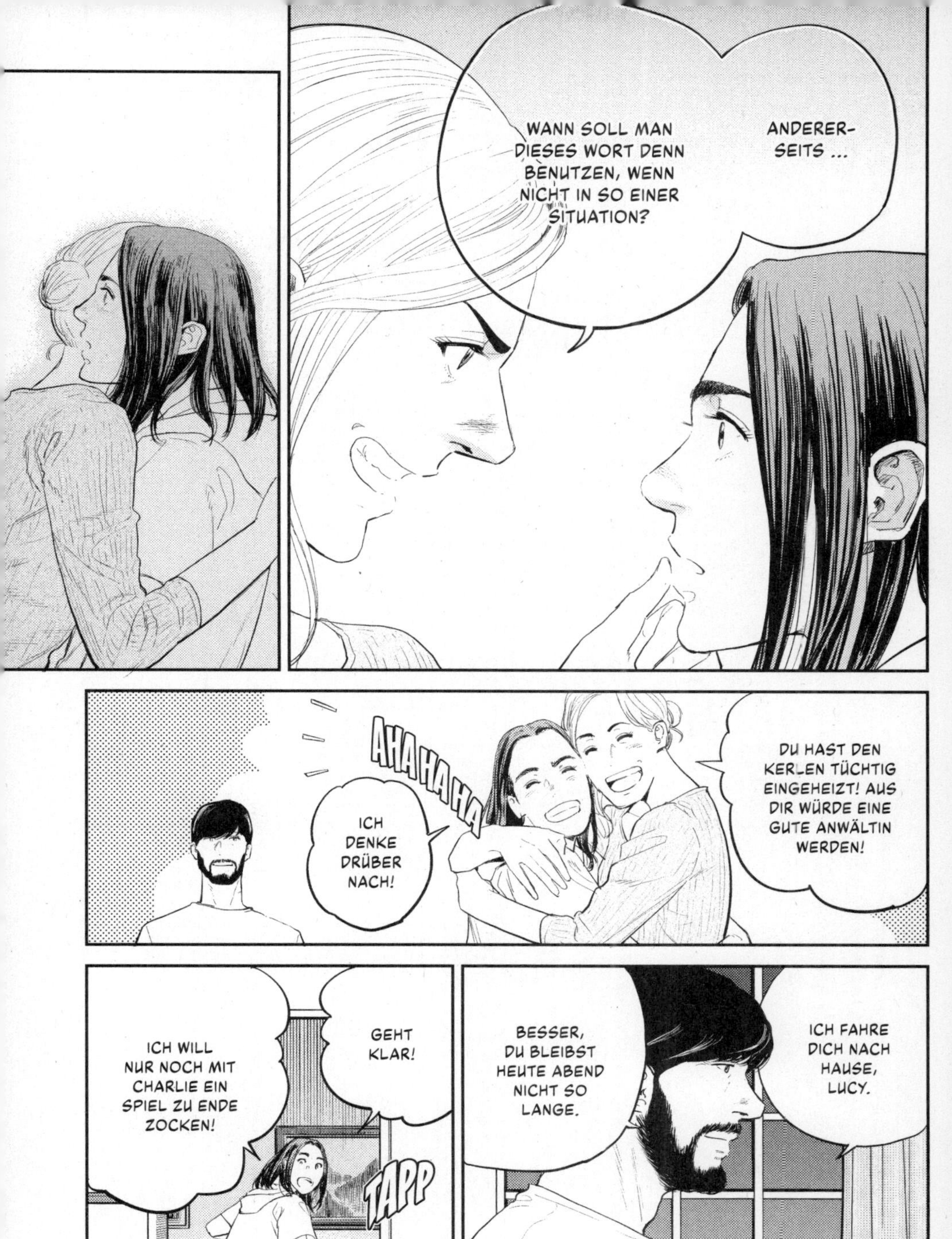
ANDERER-
SEITS ...
WANN SOLL MAN DIESES WORT DENN BENUTZEN, WENN NICHT IN SO EINER SITUATION?
DU HAST DEN KERLEN TÜCHTIG EINGEHEIZT! AUS DIR WÜRDE EINE GUTE ANWÄLTIN WERDEN!
AHA HA HA
ICH DENKE DRÜBER NACH!
ICH FAHRE DICH NACH HAUSE, LUCY.
BESSER, DU BLEIBST HEUTE ABEND NICHT SO LANGE.
GEHT KLAR!
ICH WILL NUR NOCH MIT CHARLIE EIN SPIEL ZU ENDE ZOCKEN!
TAPP

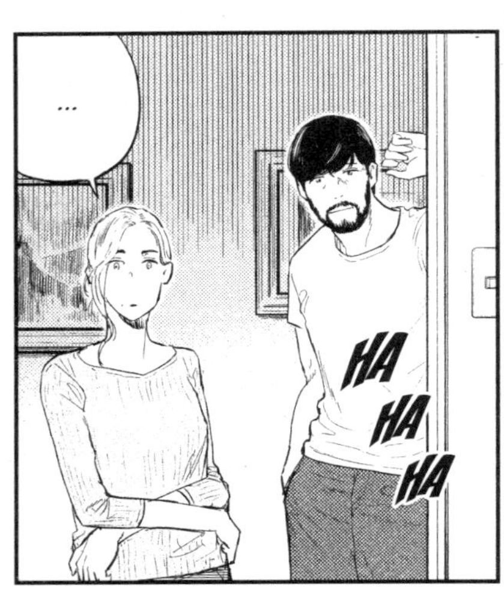
...
HA
HA
HA
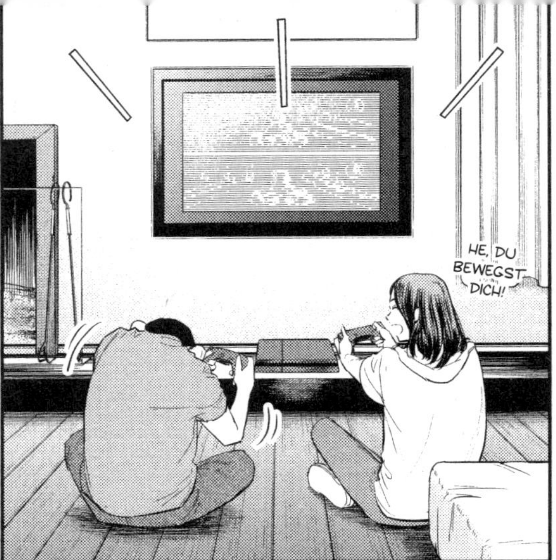
HE, DU BEWEGST DICH!
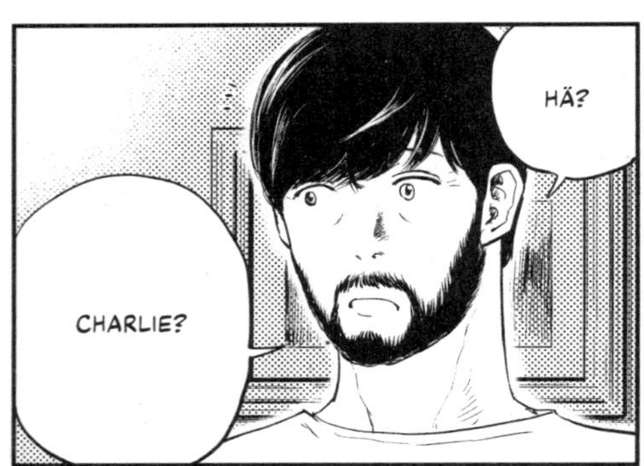
HÄ?
CHARLIE?
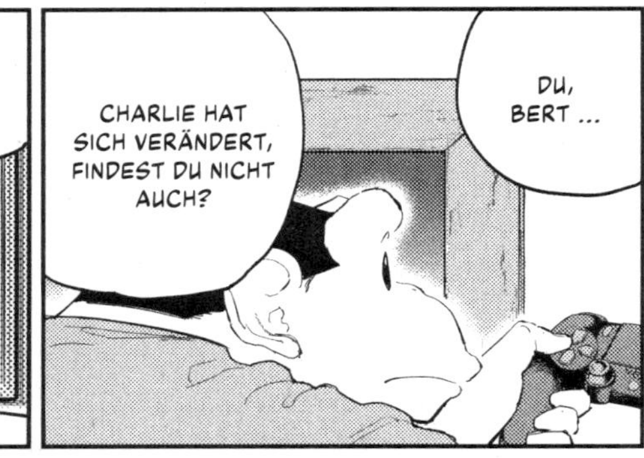
DU, BERT ...
CHARLIE HAT SICH VERÄNDERT, FINDEST DU NICHT AUCH?
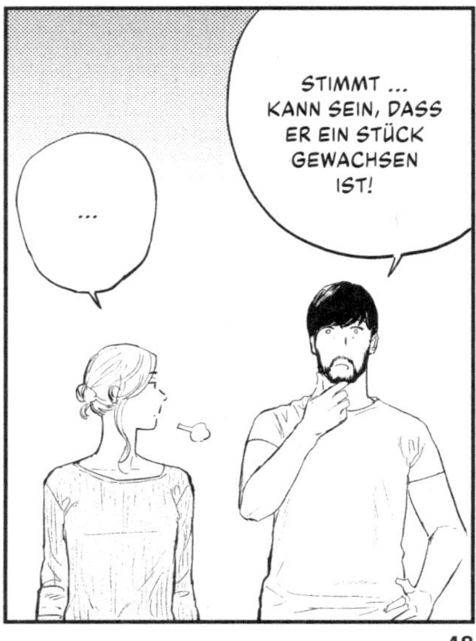
STIMMT ... KANN SEIN, DASS ER EIN STÜCK GEWACHSEN IST!
...
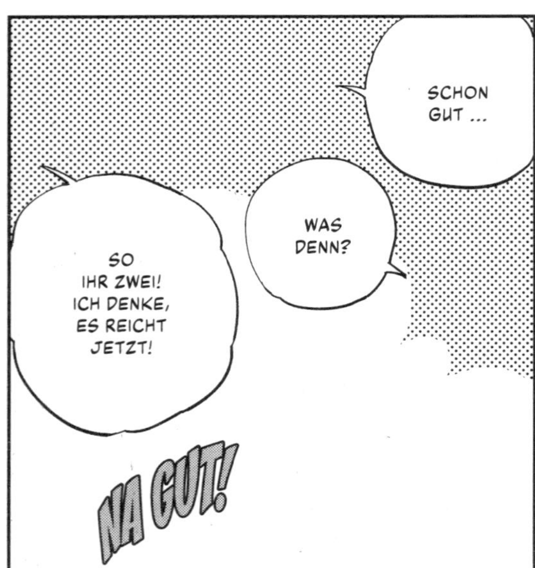
SCHON GUT ...
WAS DENN?
SO IHR ZWEI! ICH DENKE, ES REICHT JETZT!
NA GUT!

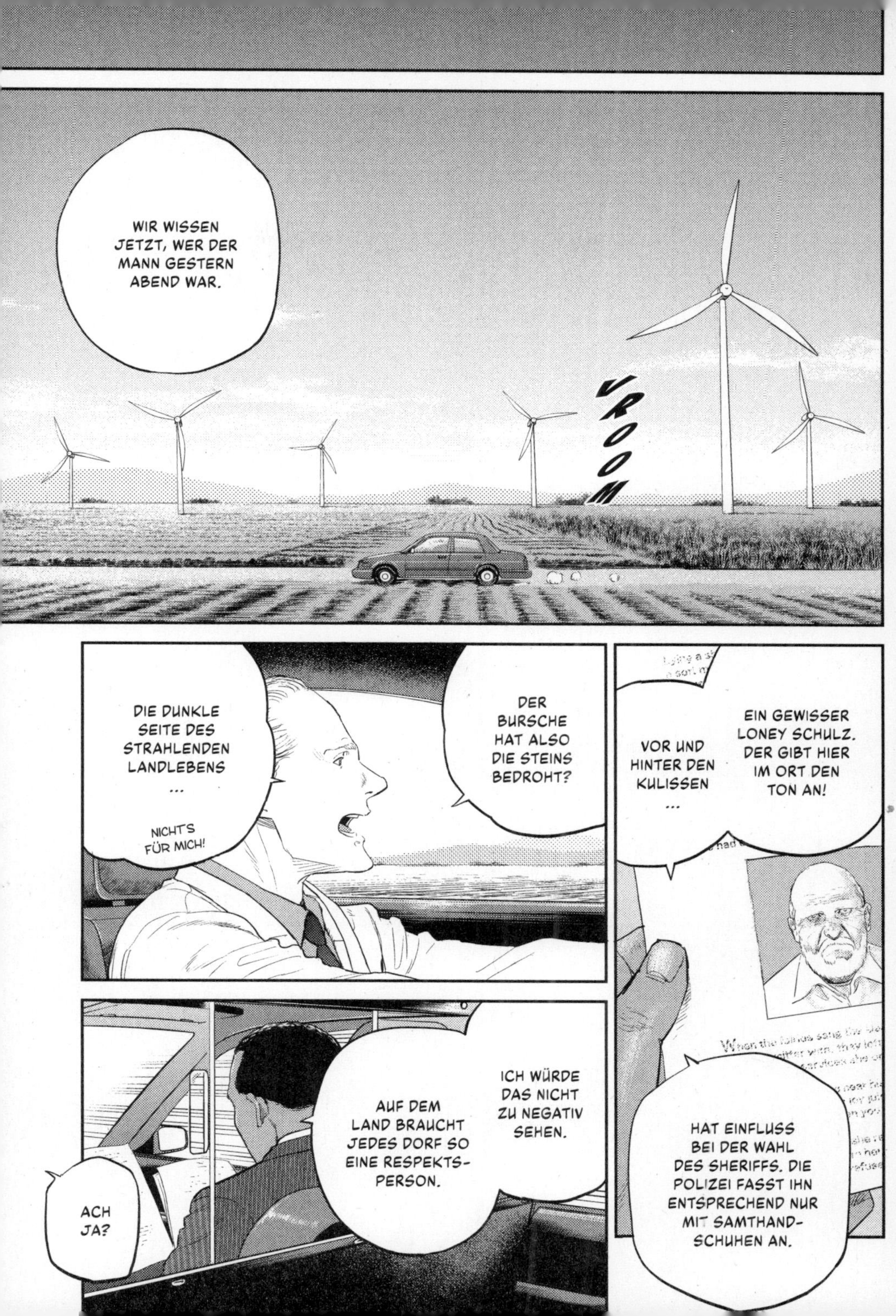

WIR WISSEN JETZT, WER DER MANN GESTERN ABEND WAR.

VROOOM

DER BURSCHE HAT ALSO DIE STEINS BEDROHT?

EIN GEWISSER LONEY SCHULZ. DER GIBT HIER IM ORT DEN TON AN!

VOR UND HINTER DEN KULISSEN ...

HAT EINFLUSS BEI DER WAHL DES SHERIFFS. DIE POLIZEI FASST IHN ENTSPRECHEND NUR MIT SAMTHAND-SCHUHEN AN.

DIE DUNKLE SEITE DES STRAHLENDEN LANDLEBENS ...

NICHTS FÜR MICH!

ICH WÜRDE DAS NICHT ZU NEGATIV SEHEN.

AUF DEM LAND BRAUCHT JEDES DORF SO EINE RESPEKTS-PERSON.

ACH JA?

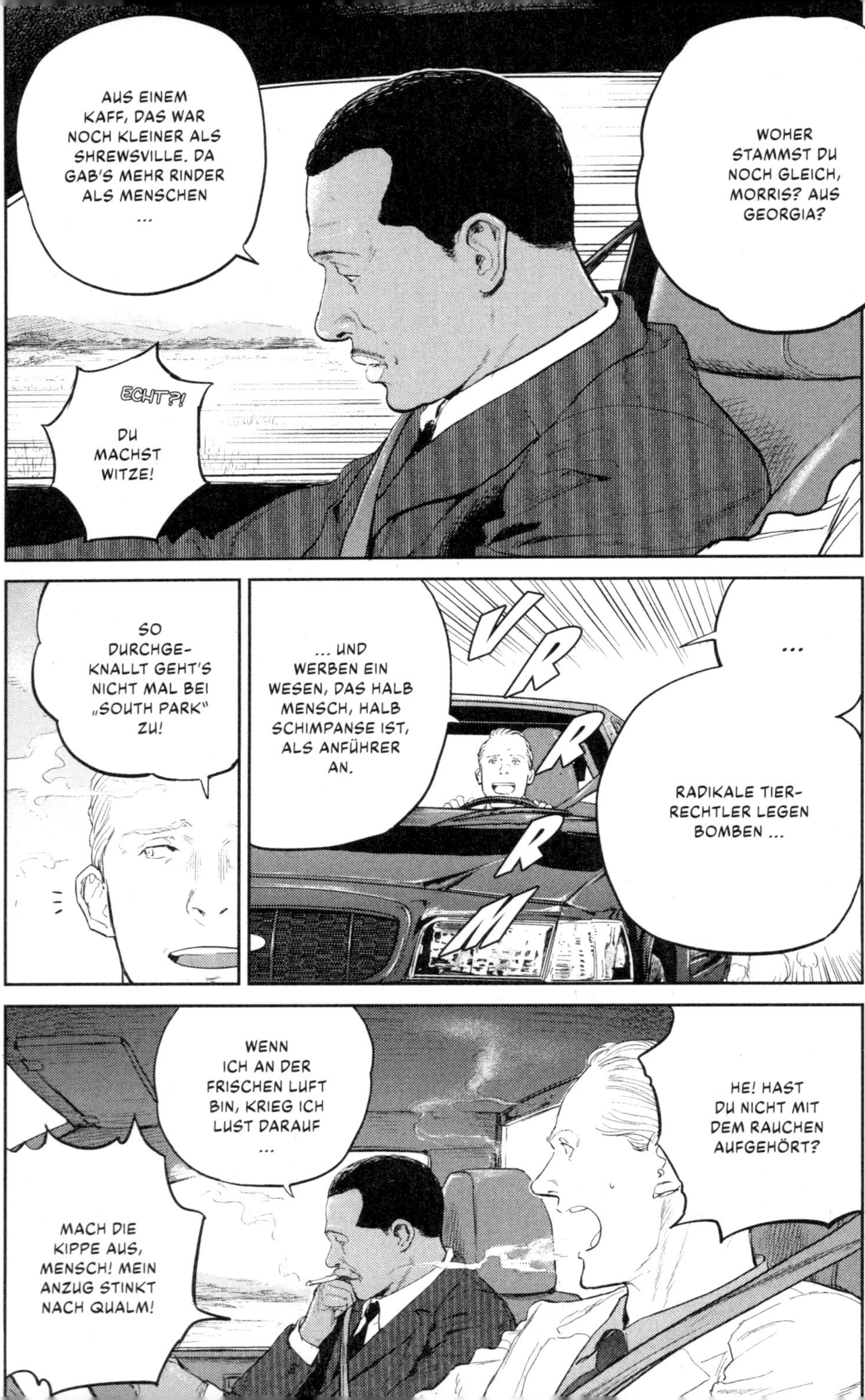

WOHER STAMMST DU NOCH GLEICH, MORRIS? AUS GEORGIA?
AUS EINEM KAFF, DAS WAR NOCH KLEINER ALS SHREWSVILLE. DA GAB'S MEHR RINDER ALS MENSCHEN ...
ECHT?!
DU MACHST WITZE!

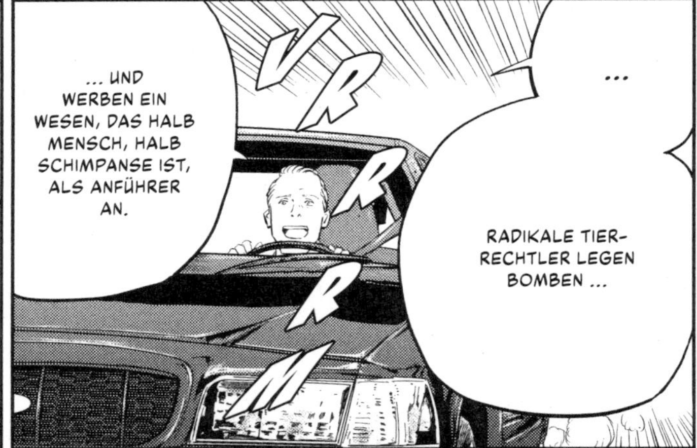

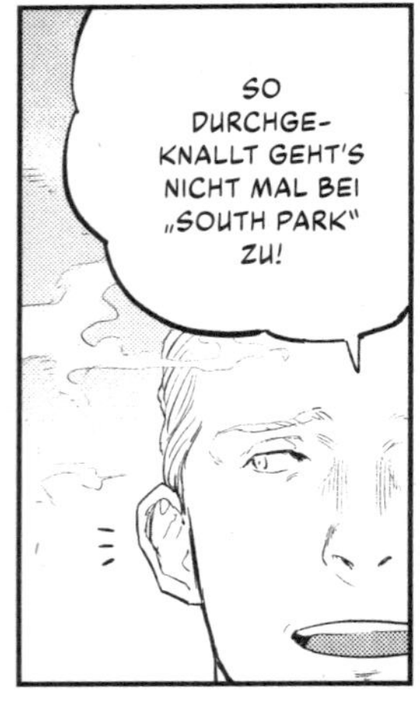

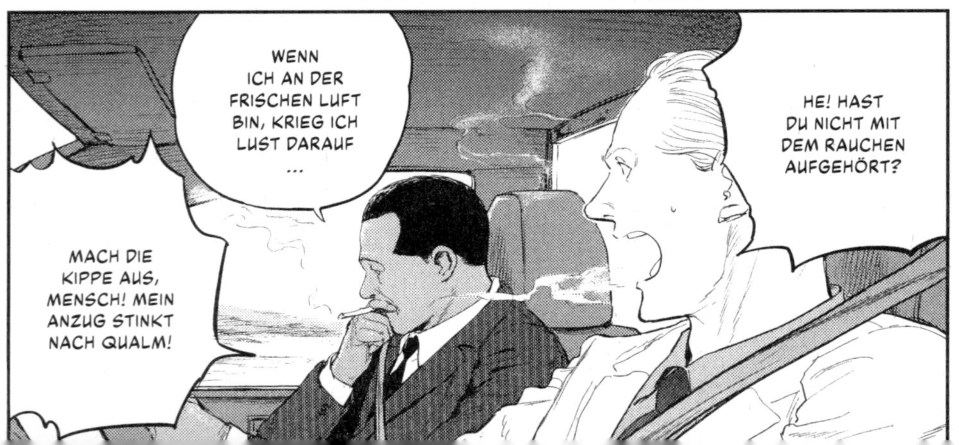

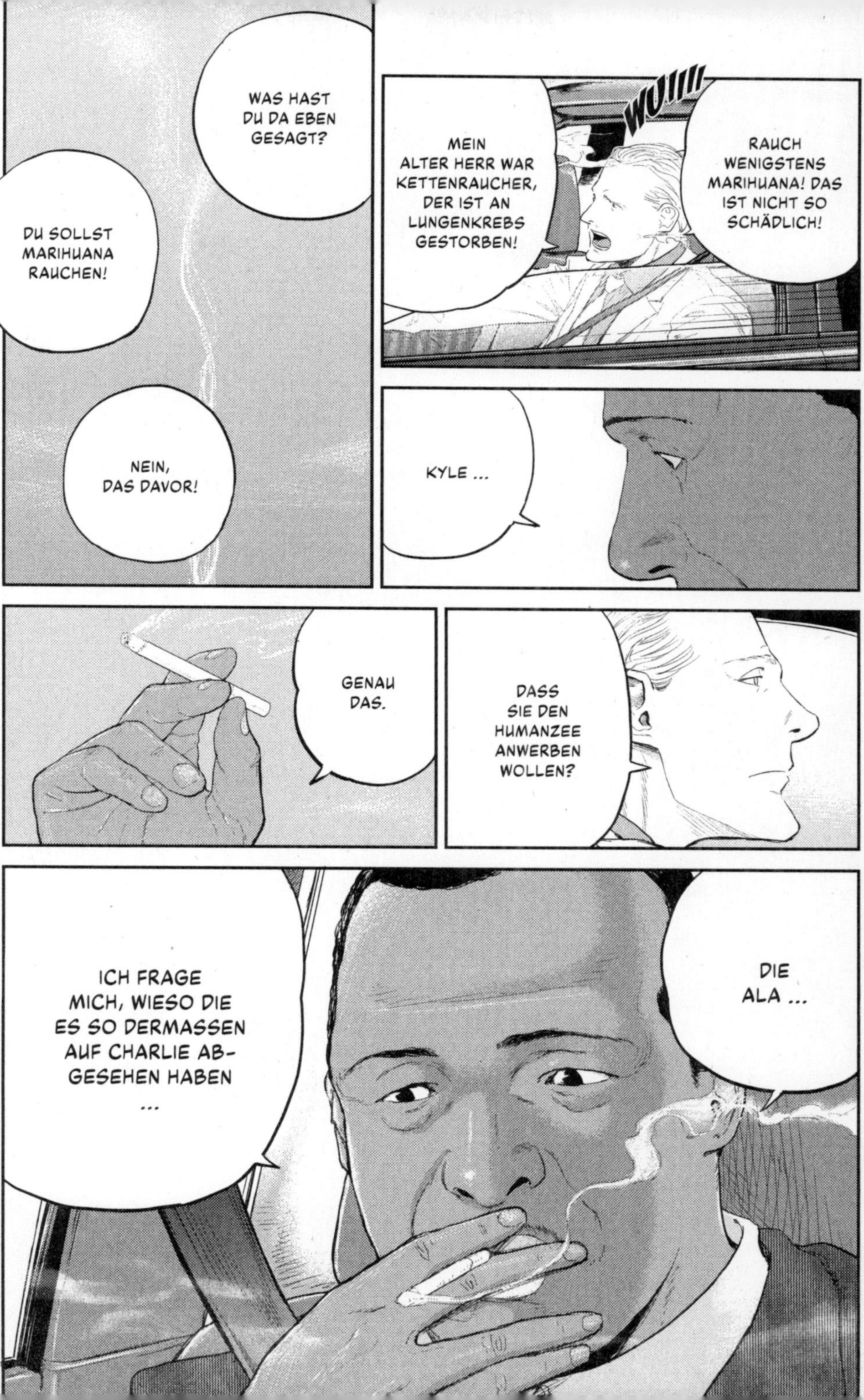

WUIIII
RAUCH WENIGSTENS MARIHUANA! DAS IST NICHT SO SCHÄDLICH!
MEIN ALTER HERR WAR KETTENRAUCHER, DER IST AN LUNGENKREBS GESTORBEN!
KYLE ...
WAS HAST DU DA EBEN GESAGT?
DU SOLLST MARIHUANA RAUCHEN!
NEIN, DAS DAVOR!
DASS SIE DEN HUMANZEE ANWERBEN WOLLEN?
GENAU DAS.
DIE ALA ...
ICH FRAGE MICH, WIESO DIE ES SO DERMASSEN AUF CHARLIE AB- GESEHEN HABEN ...

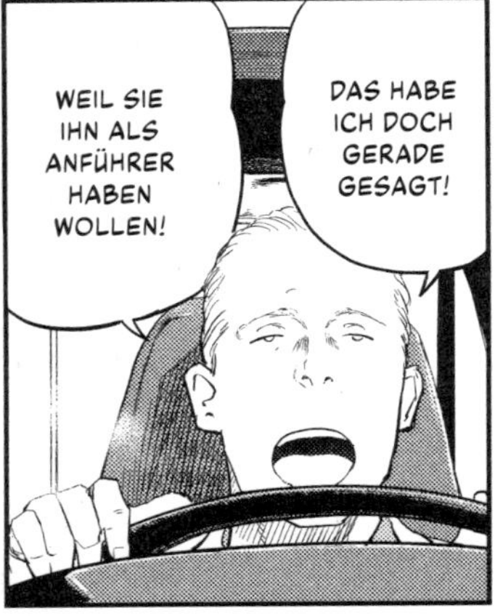
DAS HABE ICH DOCH GERADE GESAGT!
WEIL SIE IHN ALS ANFÜHRER HABEN WOLLEN!

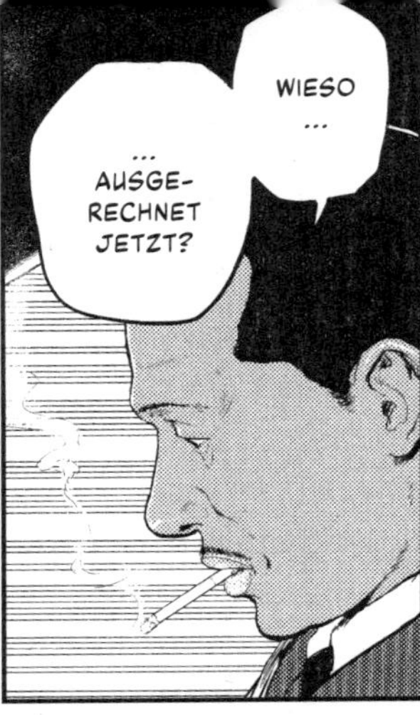
WIESO ...
... AUSGERECHNET JETZT?

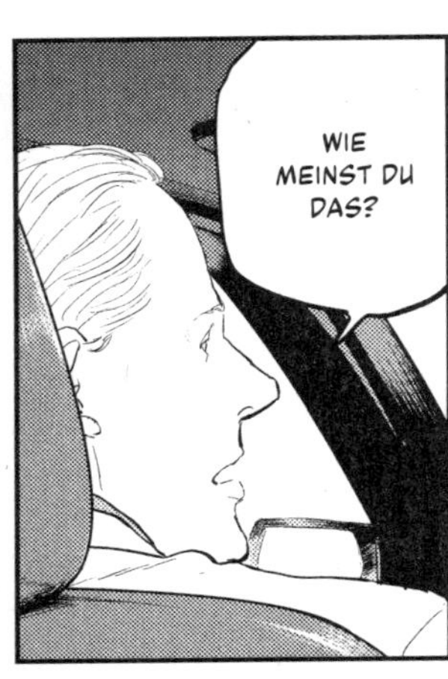
WIE MEINST DU DAS?

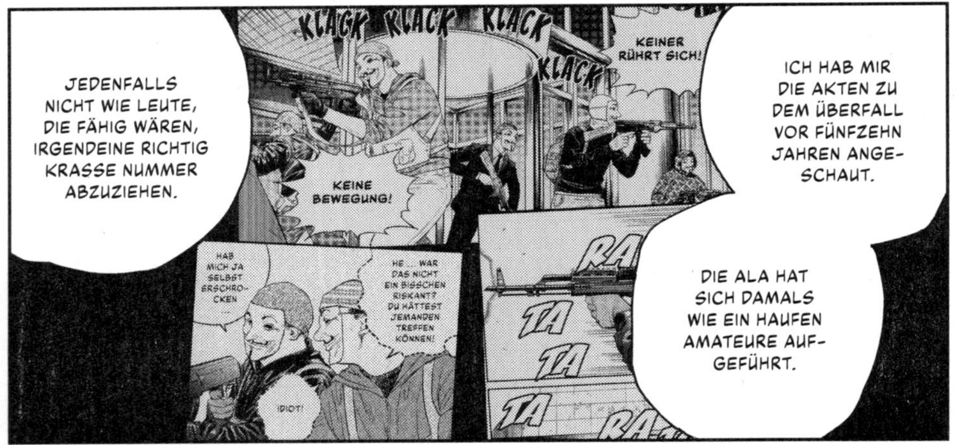
ICH HAB MIR DIE AKTEN ZU DEM ÜBERFALL VOR FÜNFZEHN JAHREN ANGESCHAUT.
KLACK KLACK KLACK KLACK
KEINER RÜHRT SICH!
KEINE BEWEGUNG!
DIE ALA HAT SICH DAMALS WIE EIN HAUFEN AMATEURE AUFGEFÜHRT.
TA TA TA
HE ... WAR DAS NICHT EIN BISSCHEN RISKANT? DU HÄTTEST JEMANDEN TREFFEN KÖNNEN!
HAB MICH JA SELBST ERSCHROCKEN ...
IDIOT!
JEDENFALLS NICHT WIE LEUTE, DIE FÄHIG WÄREN, IRGENDEINE RICHTIG KRASSE NUMMER ABZUZIEHEN.

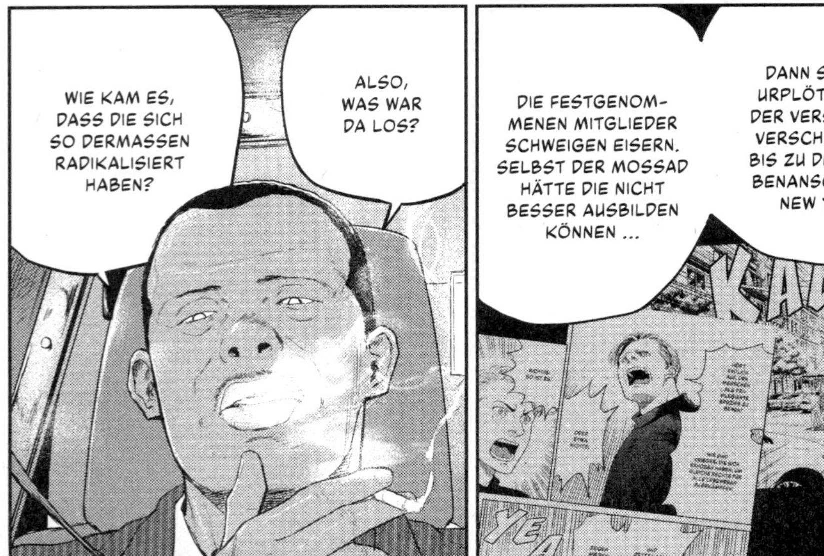
DANN SIND SIE URPLÖTZLICH IN DER VERSENKUNG VERSCHWUNDEN. BIS ZU DEM BOMBENANSCHLAG IN NEW YORK.
DIE FESTGENOMMENEN MITGLIEDER SCHWEIGEN EISERN. SELBST DER MOSSAD HÄTTE DIE NICHT BESSER AUSBILDEN KÖNNEN ...
KABOOM
ALSO, WAS WAR DA LOS?
WIE KAM ES, DASS DIE SICH SO DERMASSEN RADIKALISIERT HABEN?

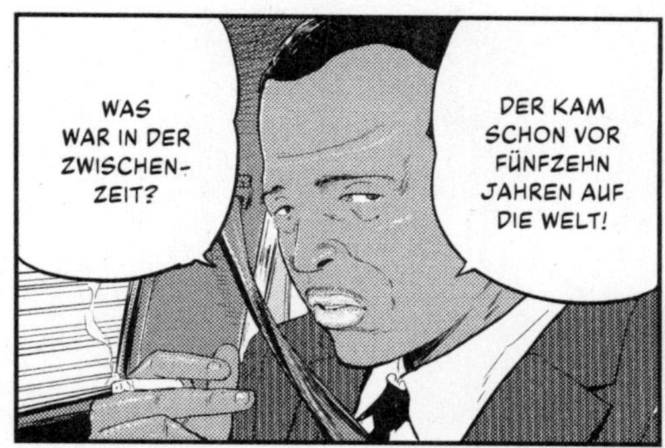
WAS WAR IN DER ZWISCHEN-ZEIT?
DER KAM SCHON VOR FÜNFZEHN JAHREN AUF DIE WELT!
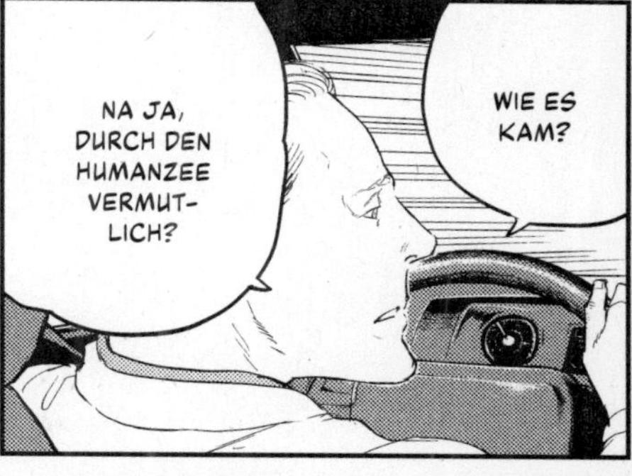
NA JA, DURCH DEN HUMANZEE VERMUT-LICH?
WIE ES KAM?
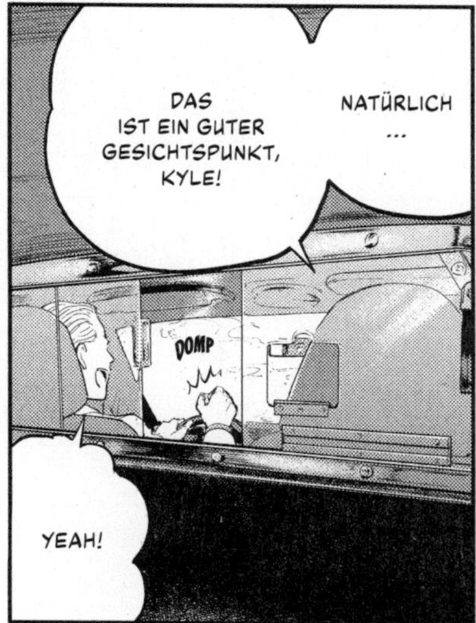
DAS IST EIN GUTER GESICHTSPUNKT, KYLE!
NATÜRLICH ...
DOMP
YEAH!
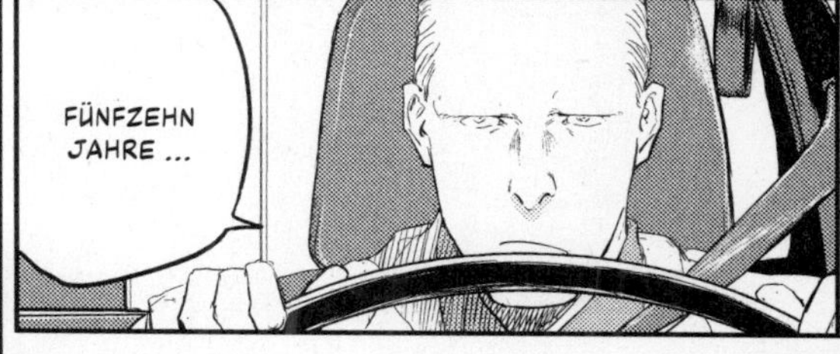
FÜNFZEHN JAHRE ...
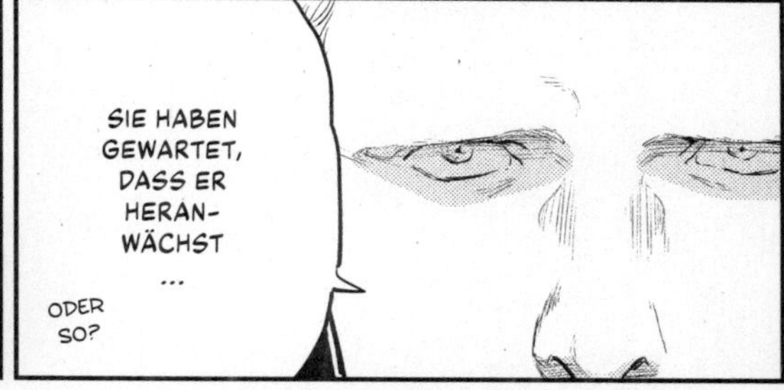
SIE HABEN GEWARTET, DASS ER HERAN-WÄCHST ...
ODER SO?
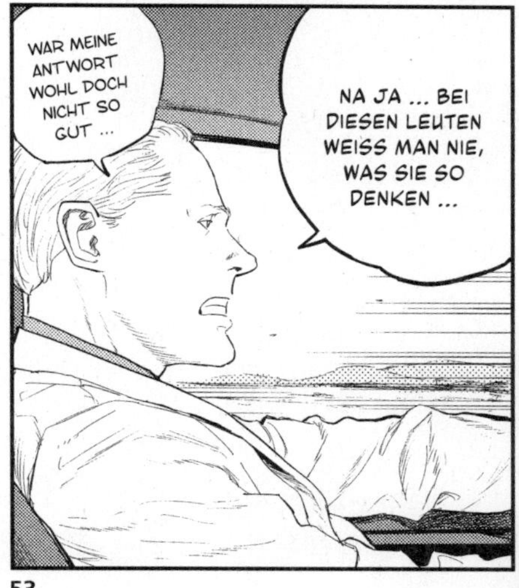
WAR MEINE ANTWORT WOHL DOCH NICHT SO GUT ...
NA JA ... BEI DIESEN LEUTEN WEISS MAN NIE, WAS SIE SO DENKEN ...
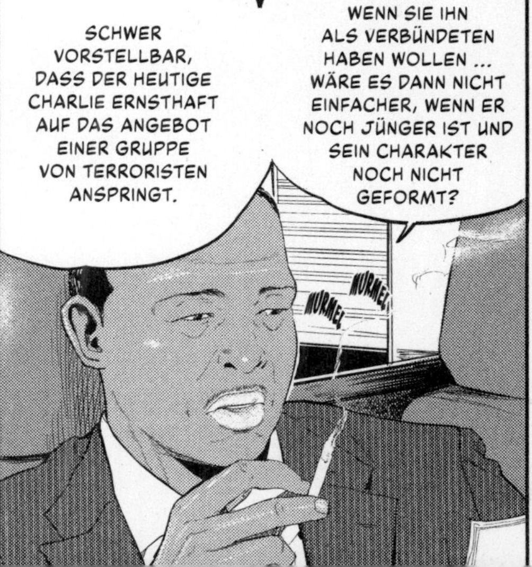
ABER ... WENN SIE IHN ALS VERBÜNDETEN HABEN WOLLEN ... WÄRE ES DANN NICHT EINFACHER, WENN ER NOCH JÜNGER IST UND SEIN CHARAKTER NOCH NICHT GEFORMT?
SCHWER VORSTELLBAR, DASS DER HEUTIGE CHARLIE ERNSTHAFT AUF DAS ANGEBOT EINER GRUPPE VON TERRORISTEN ANSPRINGT.
MURMEL
MURMEL

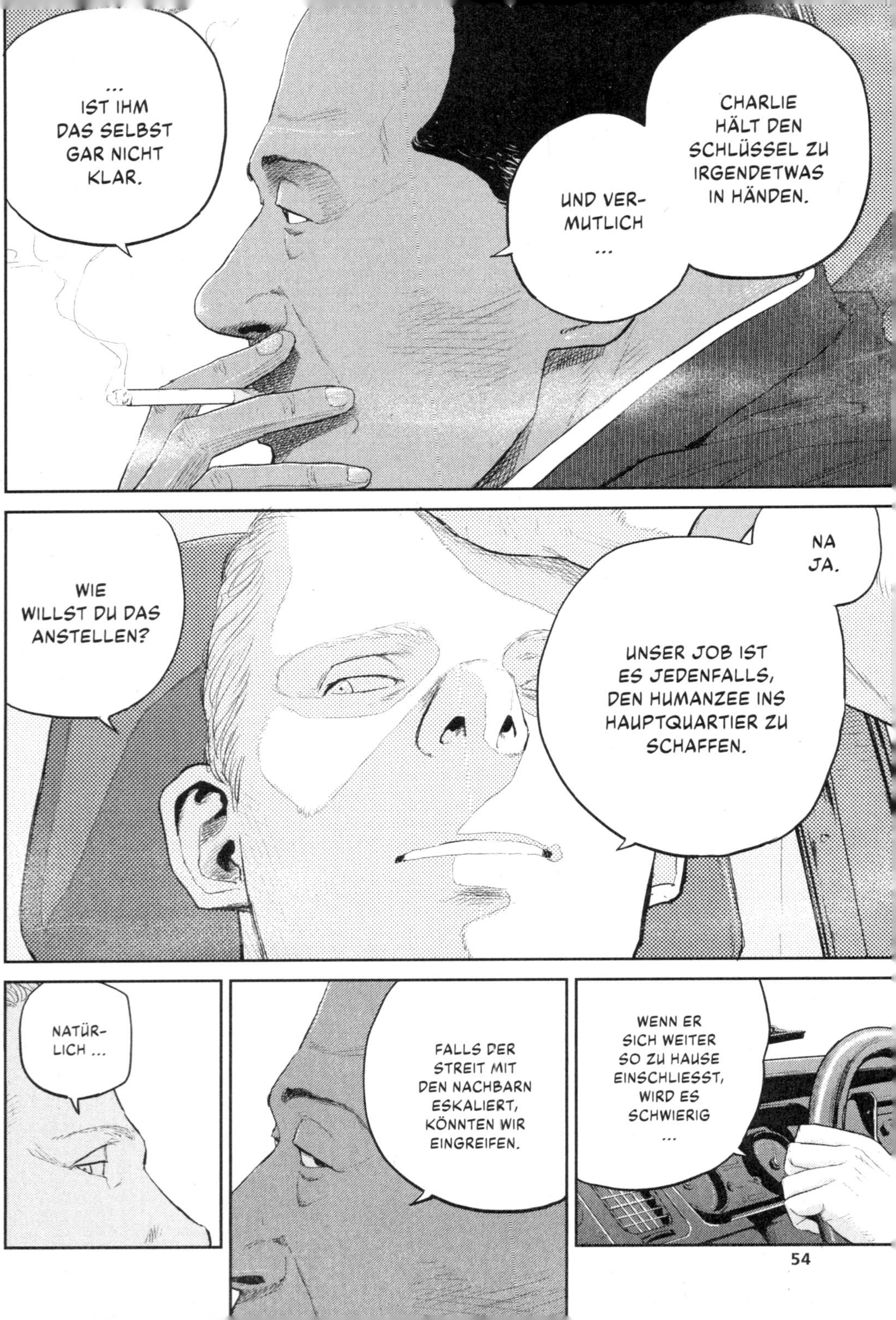

CHARLIE HÄLT DEN SCHLÜSSEL ZU IRGENDETWAS IN HÄNDEN.
UND VERMUTLICH ...
... IST IHM DAS SELBST GAR NICHT KLAR.

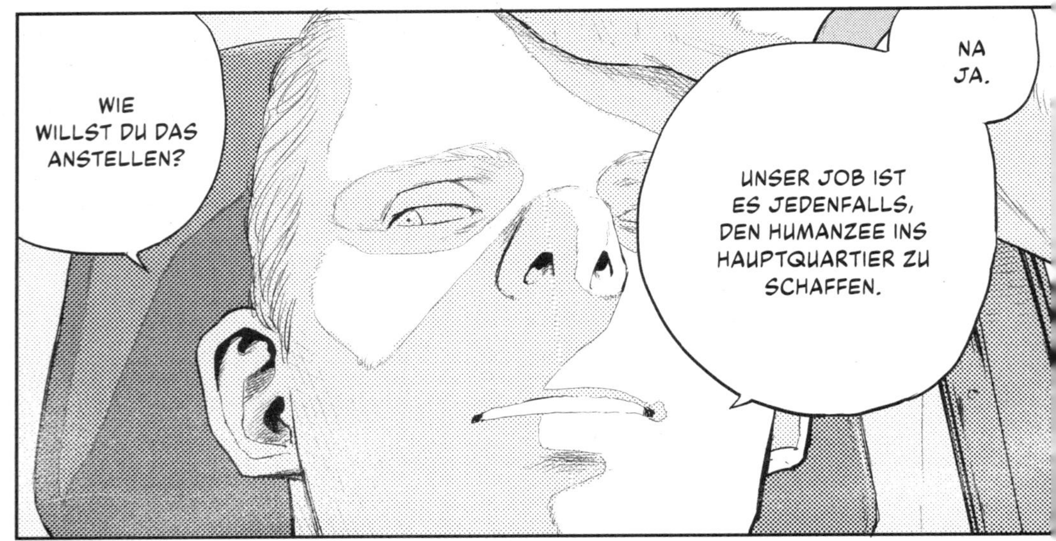

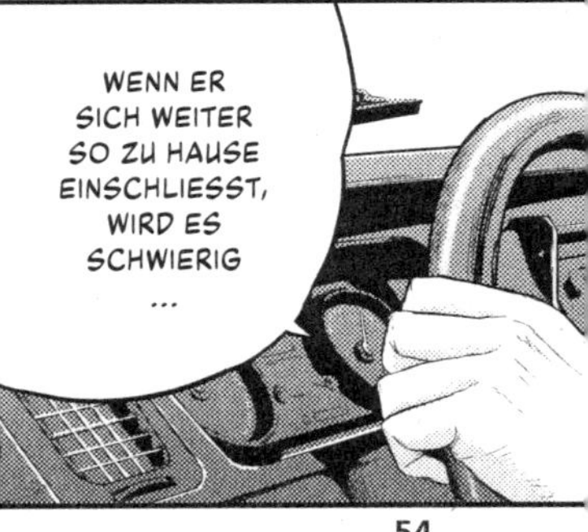

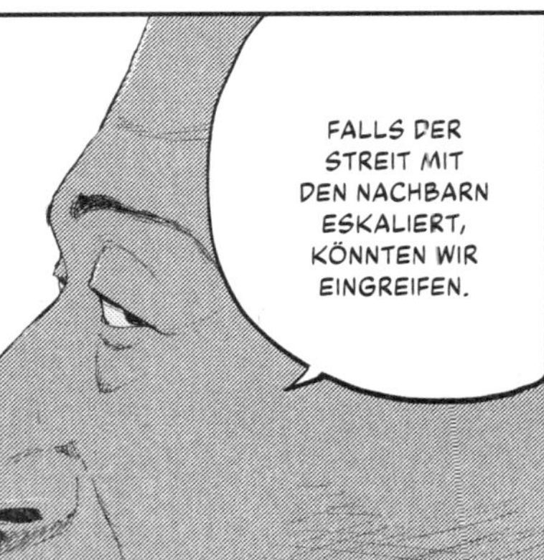

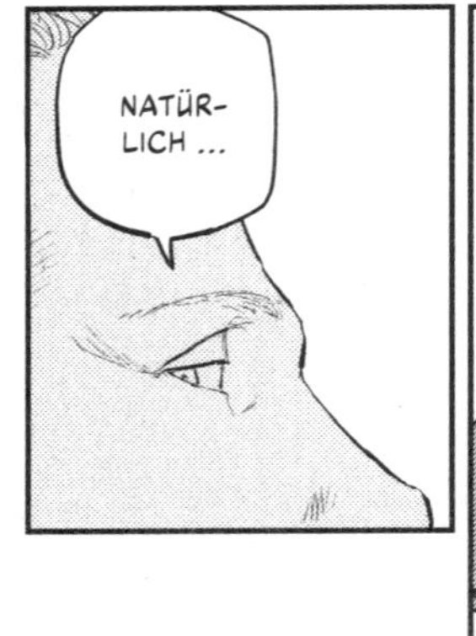

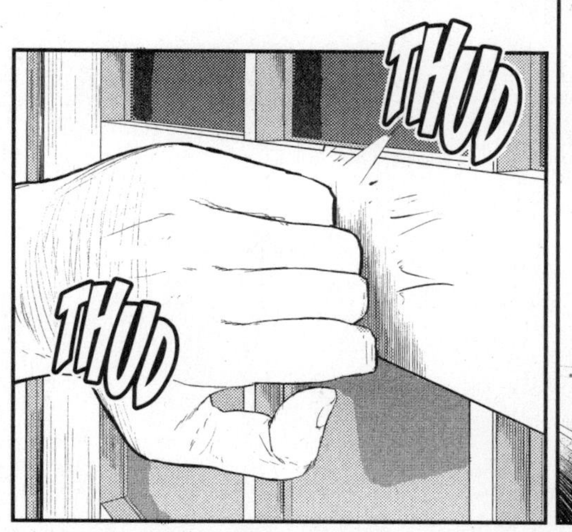
THUD
THUD
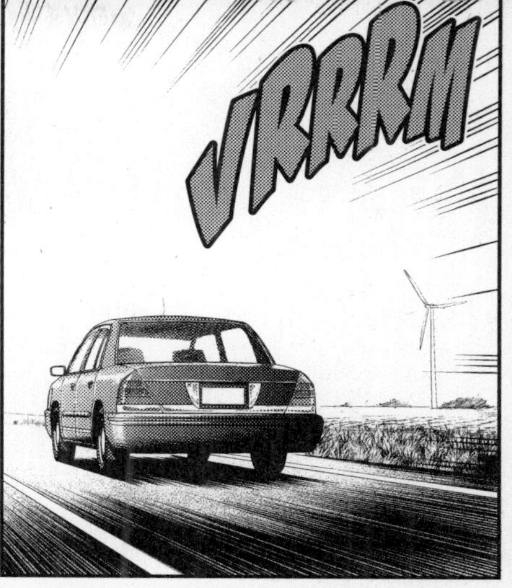
VRRRM
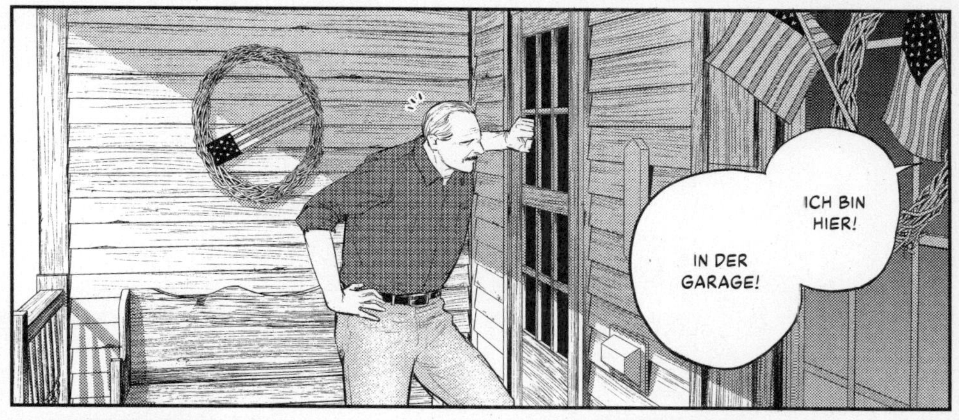
ICH BIN HIER!
IN DER GARAGE!
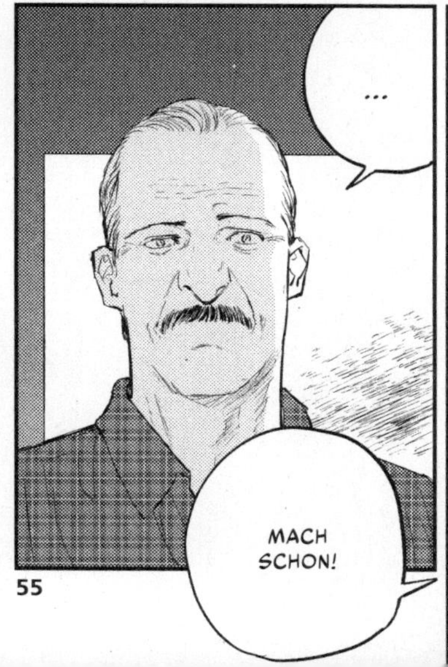
...
MACH SCHON!
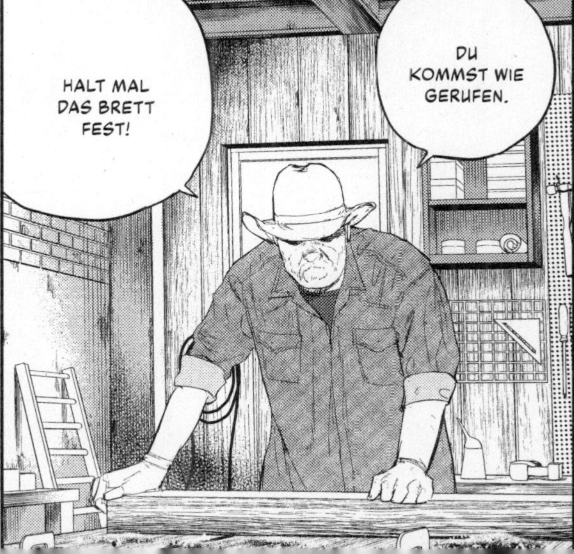
DU KOMMST WIE GERUFEN.
HALT MAL DAS BRETT FEST!

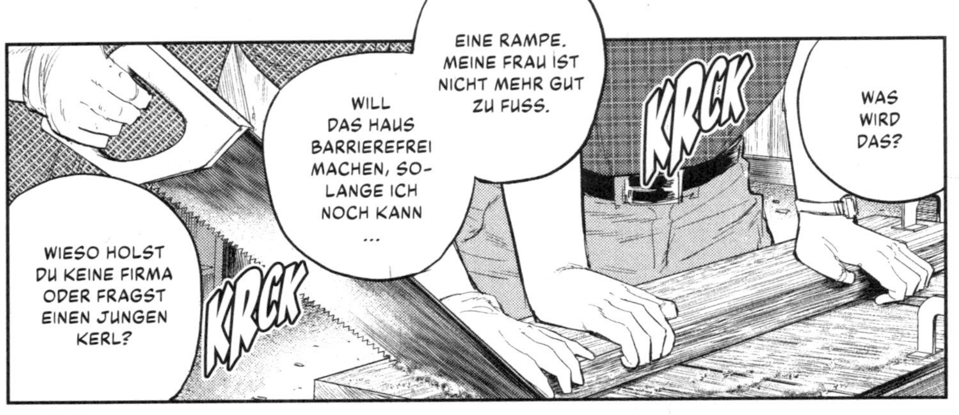
WAS WIRD DAS?
KRCK
EINE RAMPE. MEINE FRAU IST NICHT MEHR GUT ZU FUSS.
WILL DAS HAUS BARRIEREFREI MACHEN, SOLANGE ICH NOCH KANN ...
KRCK
WIESO HOLST DU KEINE FIRMA ODER FRAGST EINEN JUNGEN KERL?

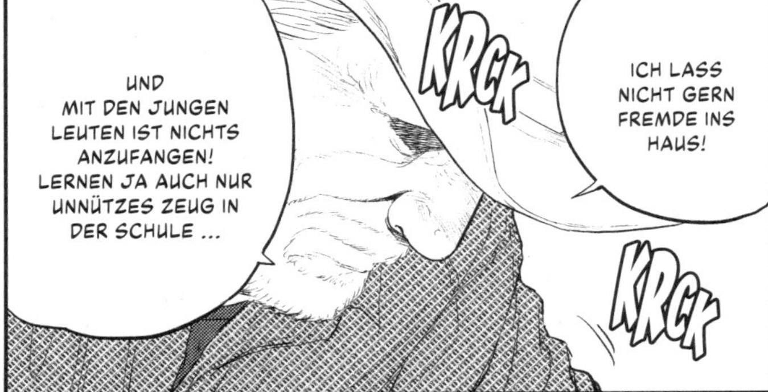
ICH LASS NICHT GERN FREMDE INS HAUS!
KRCK
UND MIT DEN JUNGEN LEUTEN IST NICHTS ANZUFANGEN! LERNEN JA AUCH NUR UNNÜTZES ZEUG IN DER SCHULE ...
KRCK

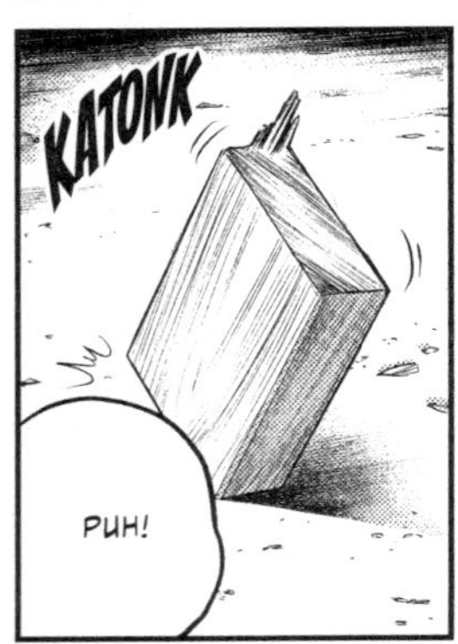
KATONK
PUH!

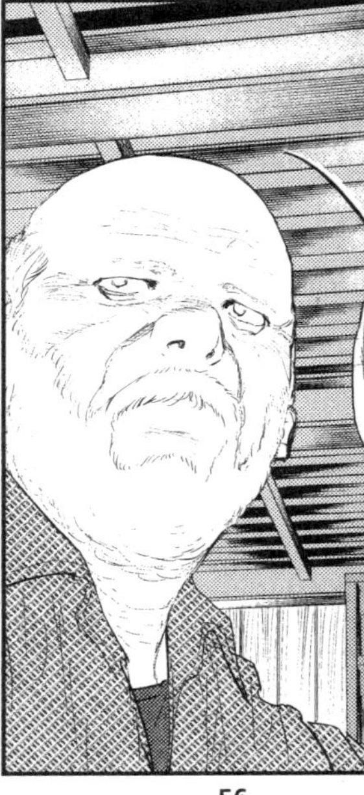

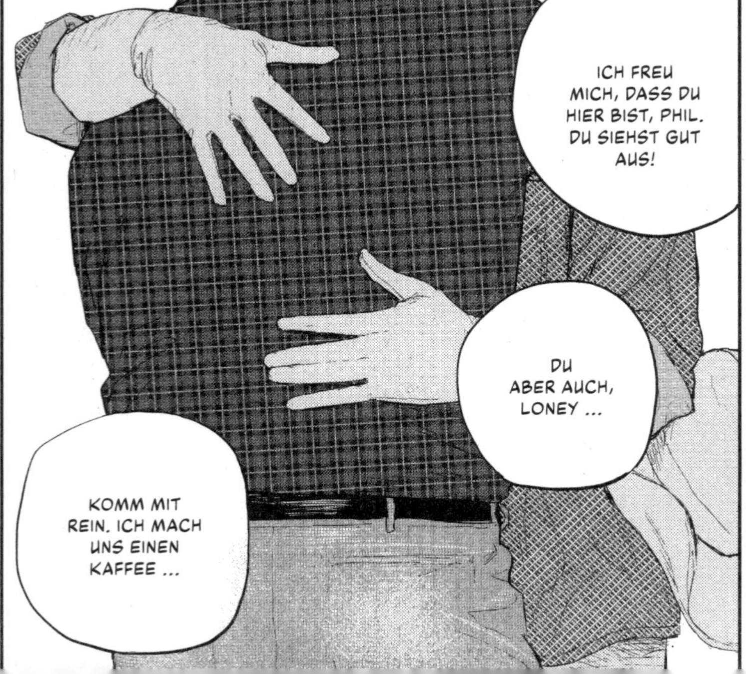
ICH FREU MICH, DASS DU HIER BIST, PHIL. DU SIEHST GUT AUS!
DU ABER AUCH, LONEY ...
KOMM MIT REIN. ICH MACH UNS EINEN KAFFEE ...

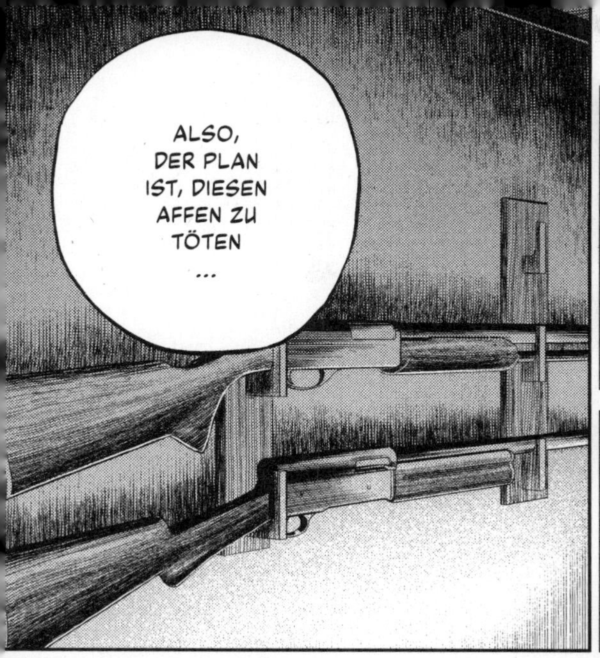
ALSO, DER PLAN IST, DIESEN AFFEN ZU TÖTEN ...
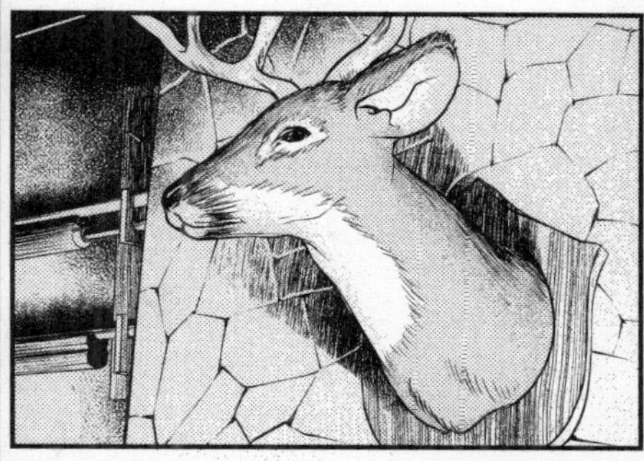
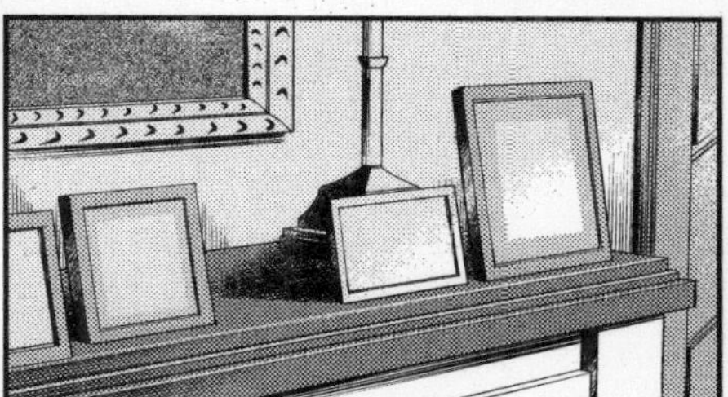
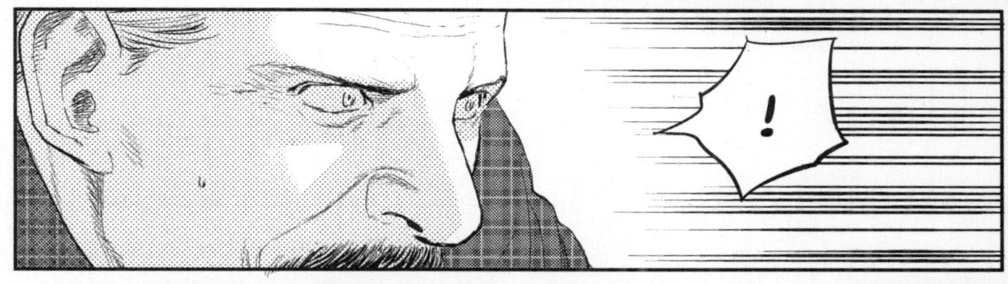
!
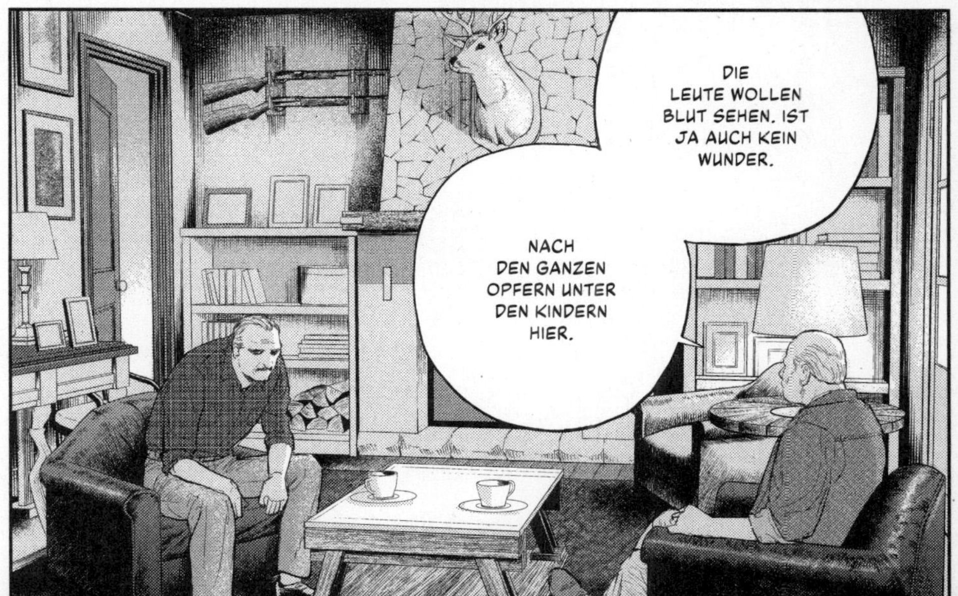
DIE LEUTE WOLLEN BLUT SEHEN. IST JA AUCH KEIN WUNDER.
NACH DEN GANZEN OPFERN UNTER DEN KINDERN HIER.

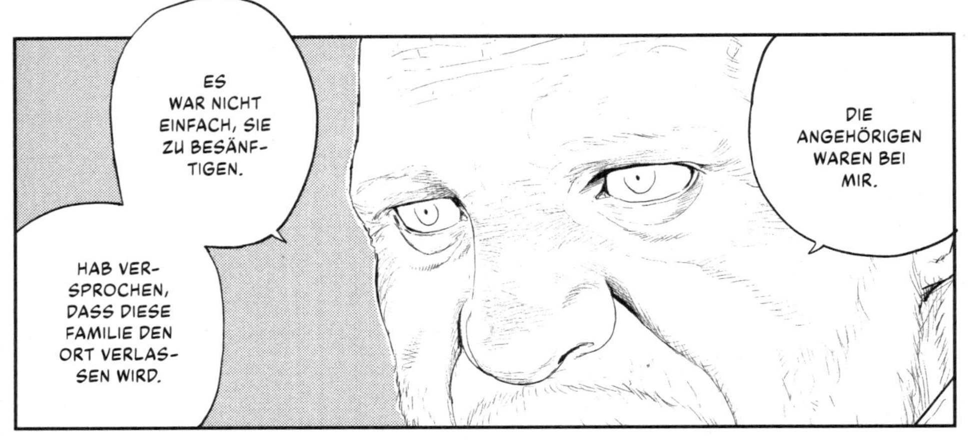
DIE ANGEHÖRIGEN WAREN BEI MIR.
ES WAR NICHT EINFACH, SIE ZU BESÄNFTIGEN.
HAB VERSPROCHEN, DASS DIESE FAMILIE DEN ORT VERLASSEN WIRD.

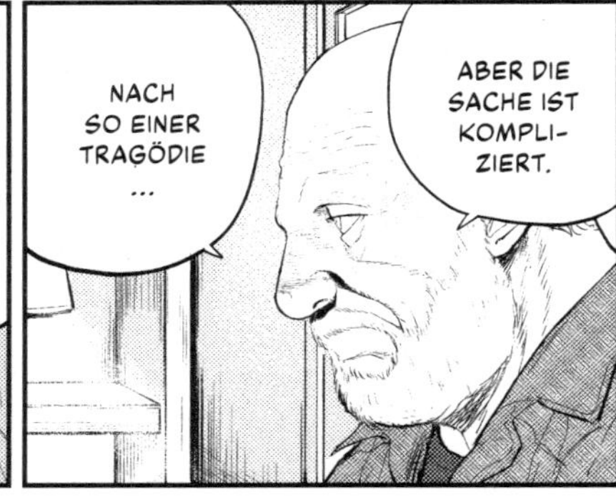
ABER DIE SACHE IST KOMPLIZIERT.
NACH SO EINER TRAGÖDIE ...

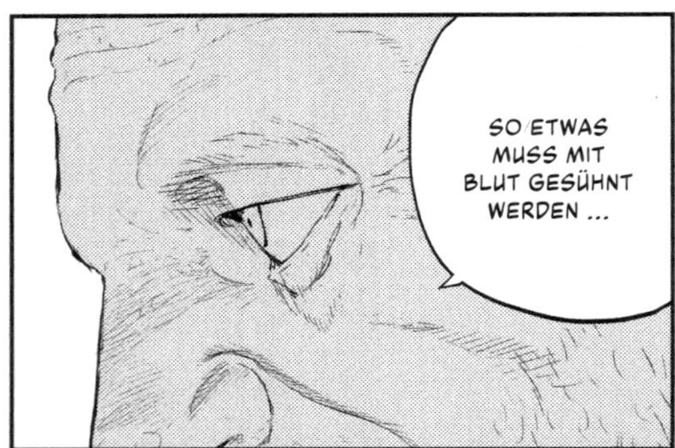
SO ETWAS MUSS MIT BLUT GESÜHNT WERDEN ...

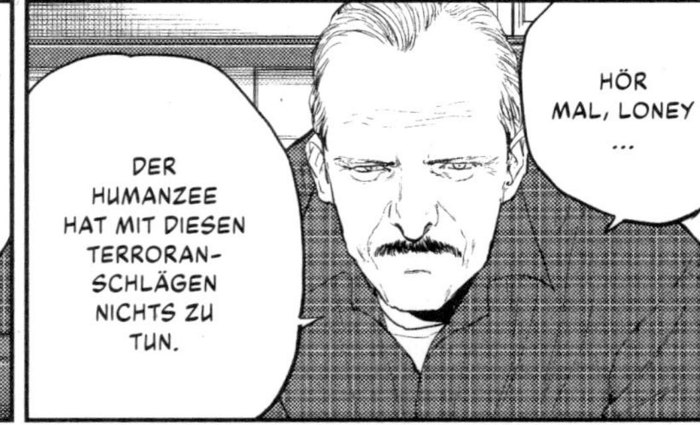
HÖR MAL, LONEY ...
DER HUMANZEE HAT MIT DIESEN TERRORANSCHLÄGEN NICHTS ZU TUN.

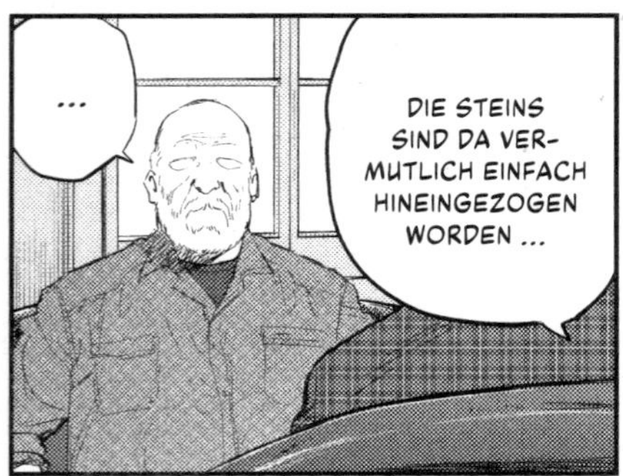
DIE STEINS SIND DA VERMUTLICH EINFACH HINEINGEZOGEN WORDEN ...
...

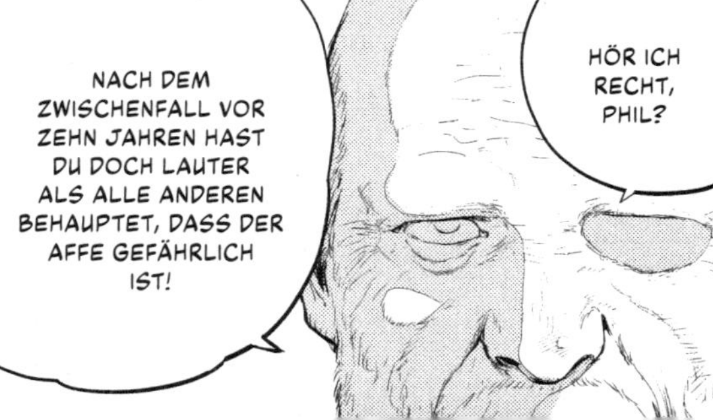
HÖR ICH RECHT, PHIL?
NACH DEM ZWISCHENFALL VOR ZEHN JAHREN HAST DU DOCH LAUTER ALS ALLE ANDEREN BEHAUPTET, DASS DER AFFE GEFÄHRLICH IST!

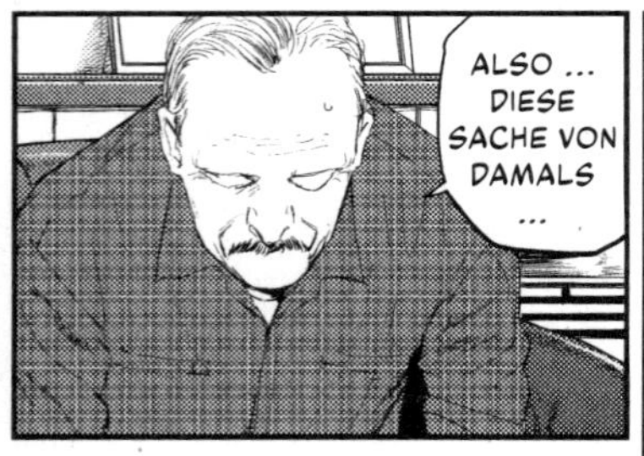
ALSO ... DIESE SACHE VON DAMALS ...

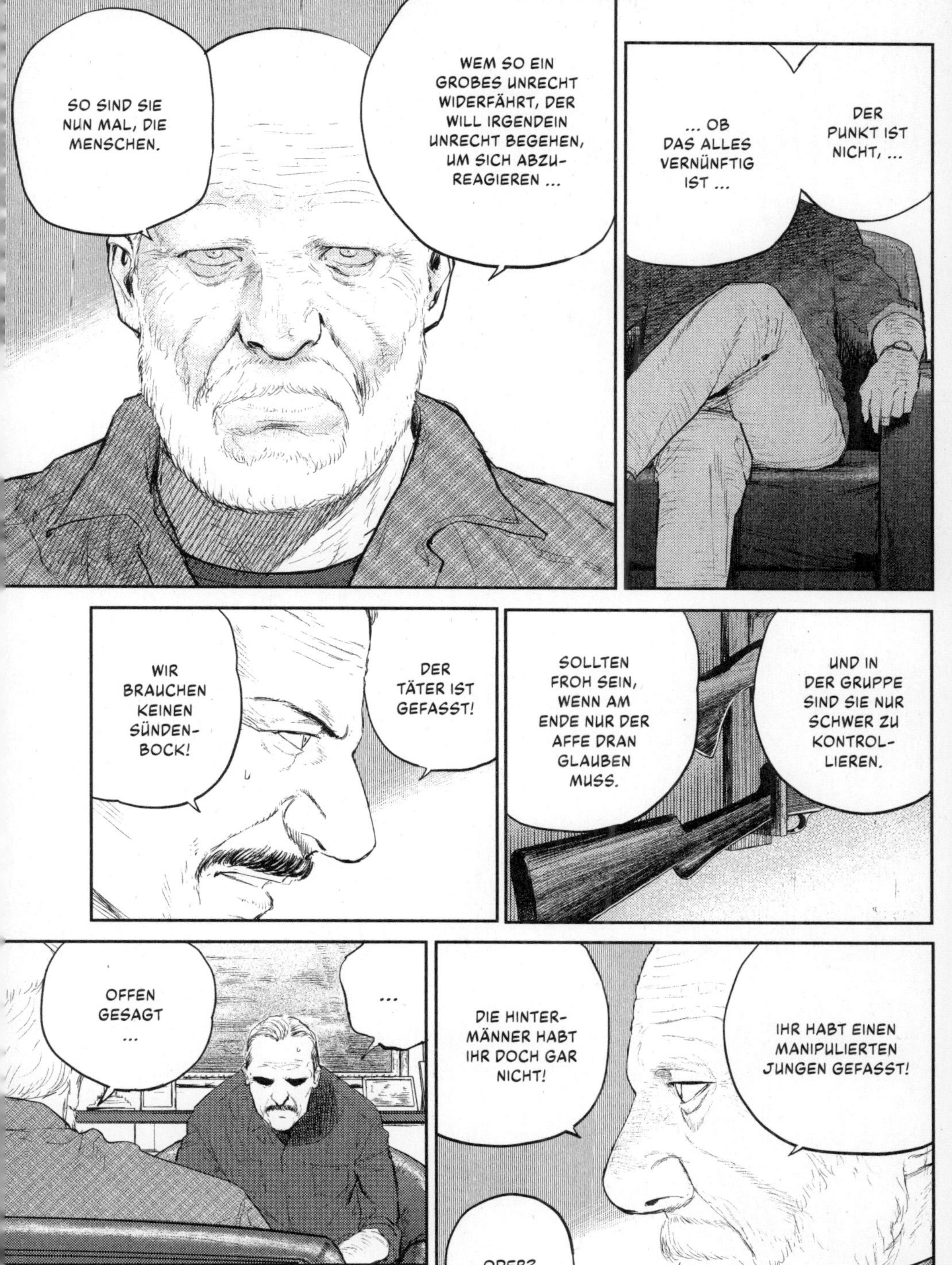
DER PUNKT IST NICHT, ...
... OB DAS ALLES VERNÜNFTIG IST ...
WEM SO EIN GROBES UNRECHT WIDERFÄHRT, DER WILL IRGENDEIN UNRECHT BEGEHEN, UM SICH ABZU-REAGIEREN ...
SO SIND SIE NUN MAL, DIE MENSCHEN.
UND IN DER GRUPPE SIND SIE NUR SCHWER ZU KONTROL-LIEREN.
SOLLTEN FROH SEIN, WENN AM ENDE NUR DER AFFE DRAN GLAUBEN MUSS.
DER TÄTER IST GEFASST!
WIR BRAUCHEN KEINEN SÜNDEN-BOCK!
IHR HABT EINEN MANIPULIERTEN JUNGEN GEFASST!
DIE HINTER-MÄNNER HABT IHR DOCH GAR NICHT!
ODER?
...
OFFEN GESAGT ...

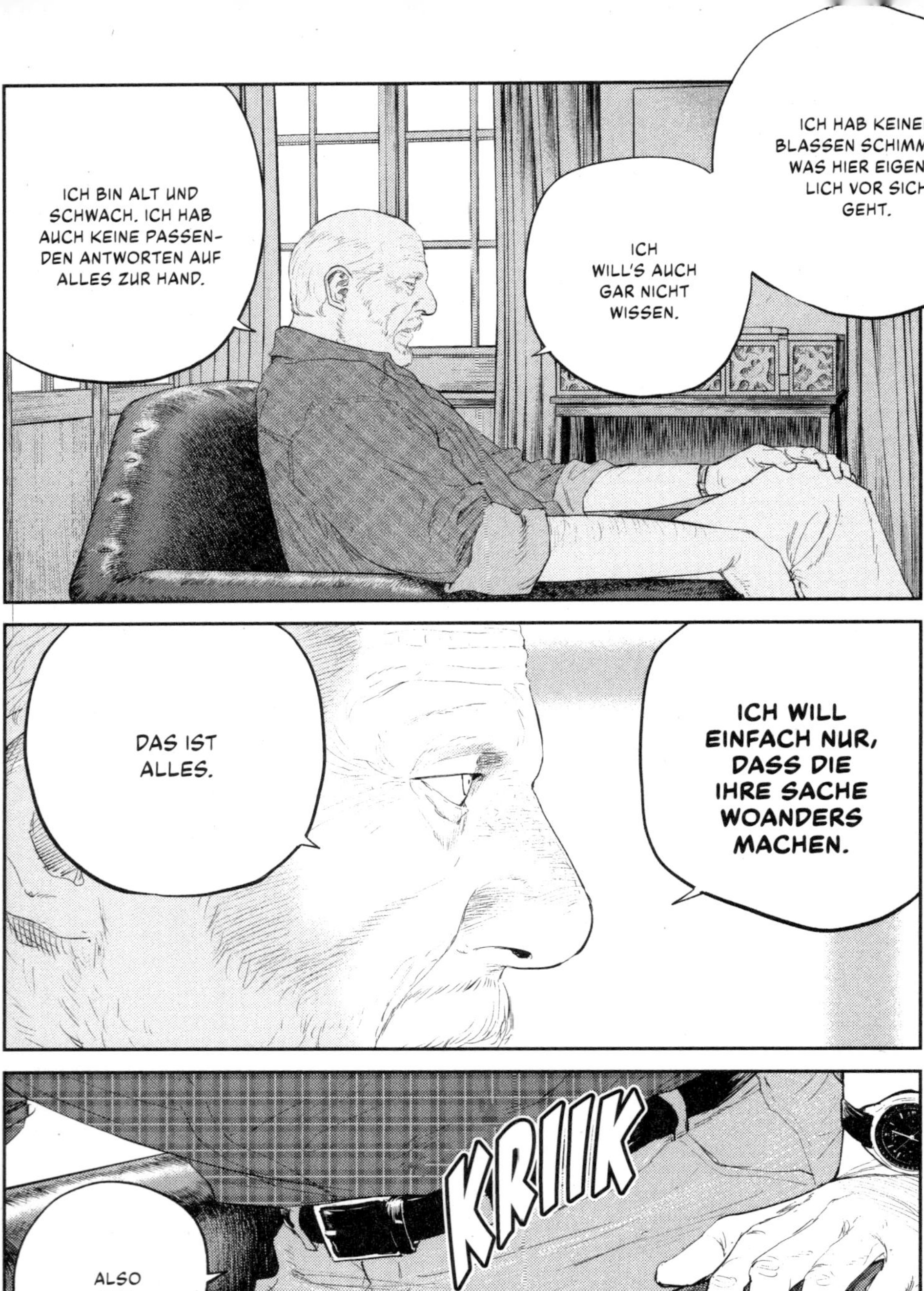

ICH HAB KEINEN BLASSEN SCHIMMER, WAS HIER EIGENTLICH VOR SICH GEHT.
ICH WILL'S AUCH GAR NICHT WISSEN.
ICH BIN ALT UND SCHWACH. ICH HAB AUCH KEINE PASSENDEN ANTWORTEN AUF ALLES ZUR HAND.

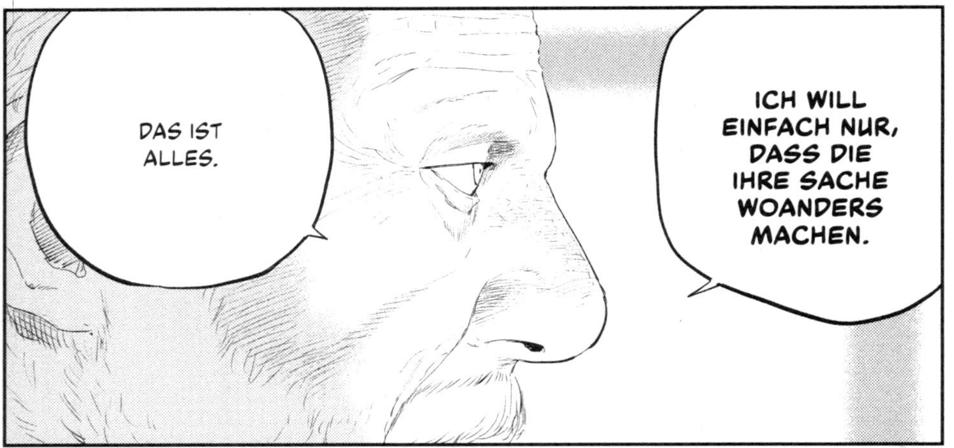

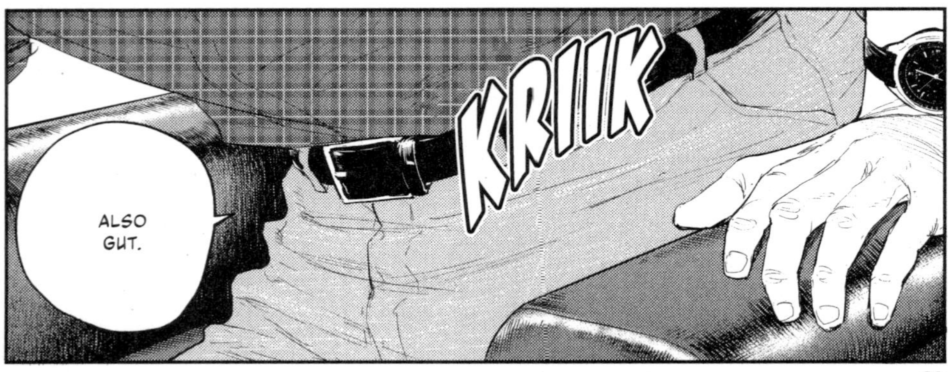

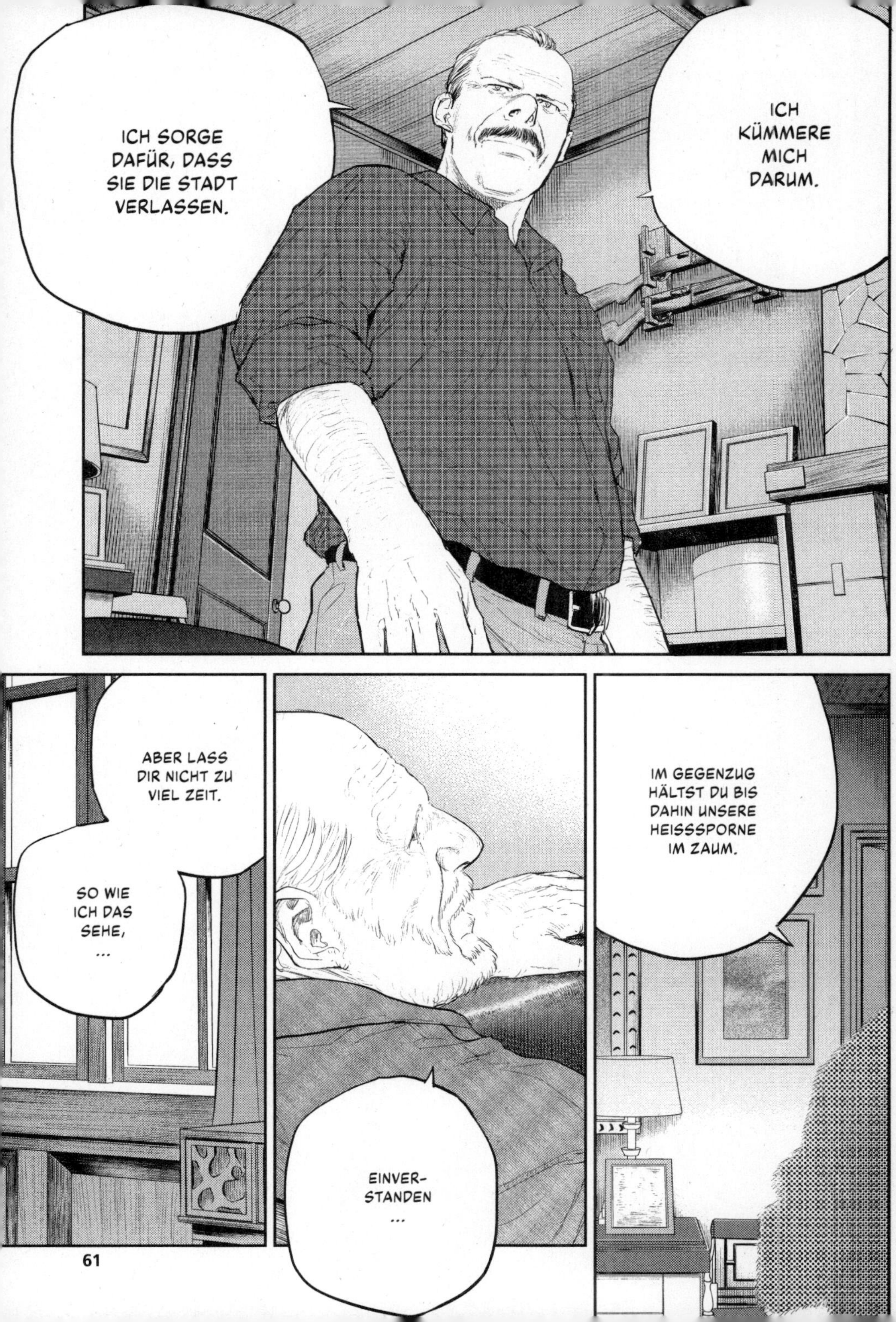

ICH KÜMMERE MICH DARUM.

ICH SORGE DAFÜR, DASS SIE DIE STADT VERLASSEN.

IM GEGENZUG HÄLTST DU BIS DAHIN UNSERE HEISSSPORNE IM ZAUM.

EINVERSTANDEN …

ABER LASS DIR NICHT ZU VIEL ZEIT.

SO WIE ICH DAS SEHE, …

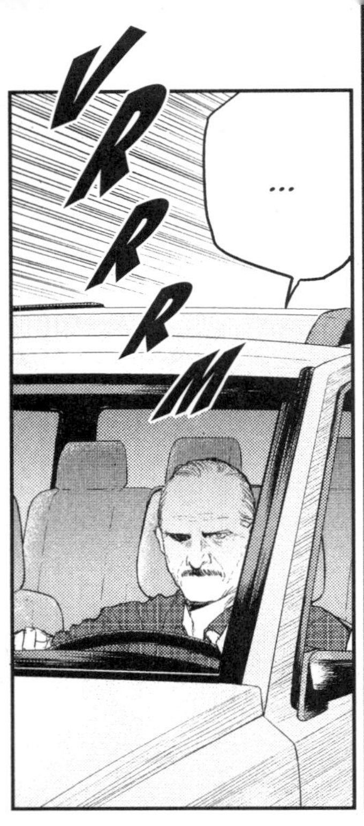
VRRRM
...
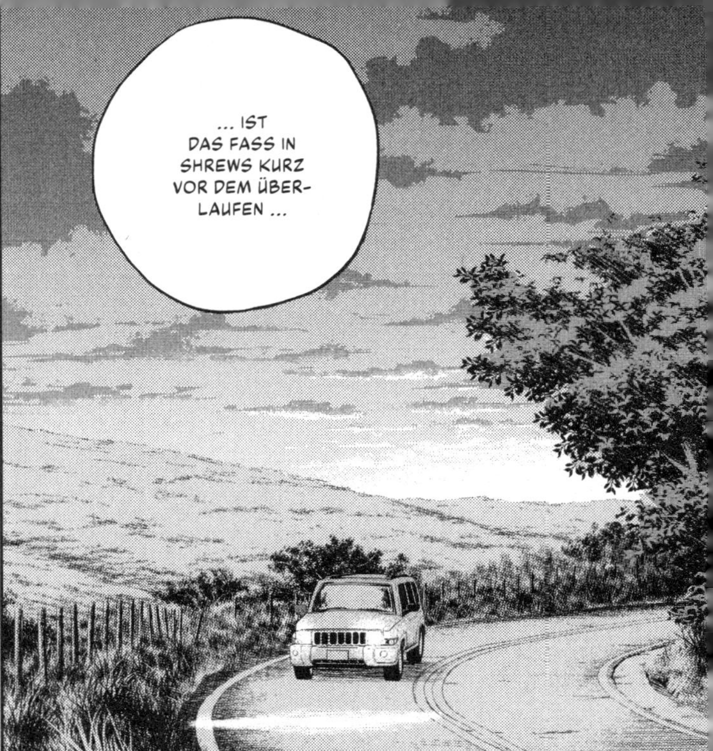
... IST DAS FASS IN SHREWS KURZ VOR DEM ÜBER-LAUFEN ...
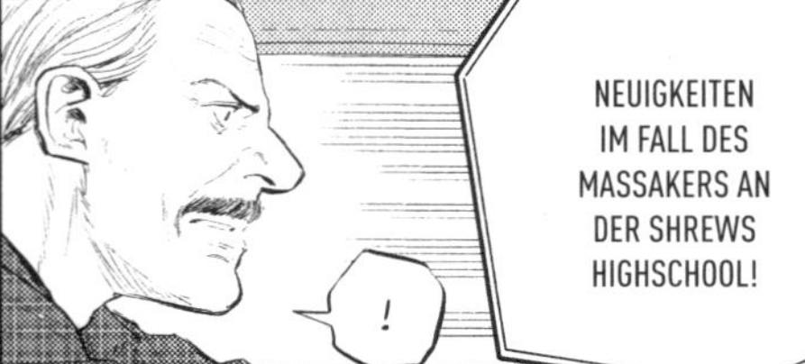
NEUIGKEITEN IM FALL DES MASSAKERS AN DER SHREWS HIGHSCHOOL!
!
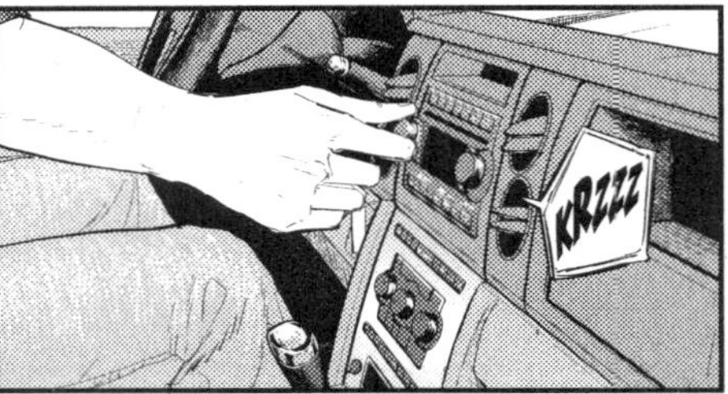
KRZZZ
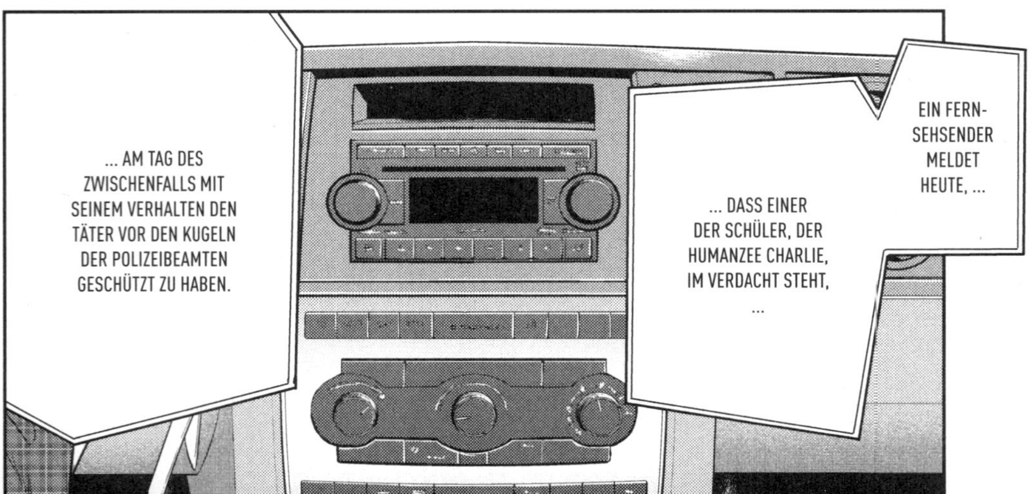
EIN FERN-SEHSENDER MELDET HEUTE, ...
... DASS EINER DER SCHÜLER, DER HUMANZEE CHARLIE, IM VERDACHT STEHT, ...
... AM TAG DES ZWISCHENFALLS MIT SEINEM VERHALTEN DEN TÄTER VOR DEN KUGELN DER POLIZEIBEAMTEN GESCHÜTZT ZU HABEN.

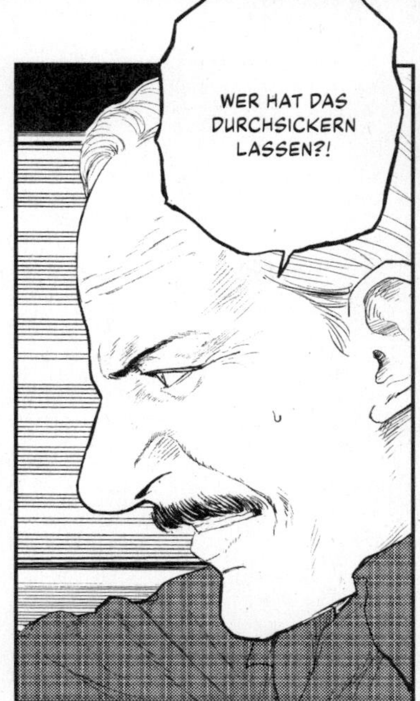
WER HAT DAS
DURCHSICKERN
LASSEN?!

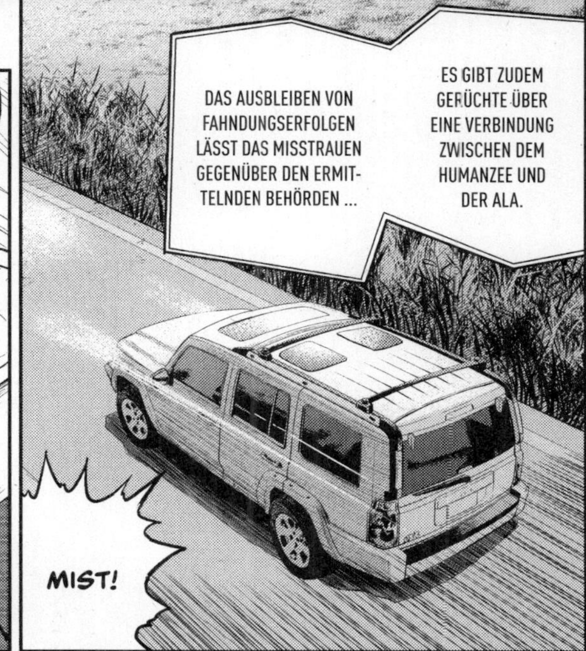
DAS AUSBLEIBEN VON FAHNDUNGSERFOLGEN LÄSST DAS MISSTRAUEN GEGENÜBER DEN ERMITTELNDEN BEHÖRDEN ...
ES GIBT ZUDEM GERÜCHTE ÜBER EINE VERBINDUNG ZWISCHEN DEM HUMANZEE UND DER ALA.
MIST!

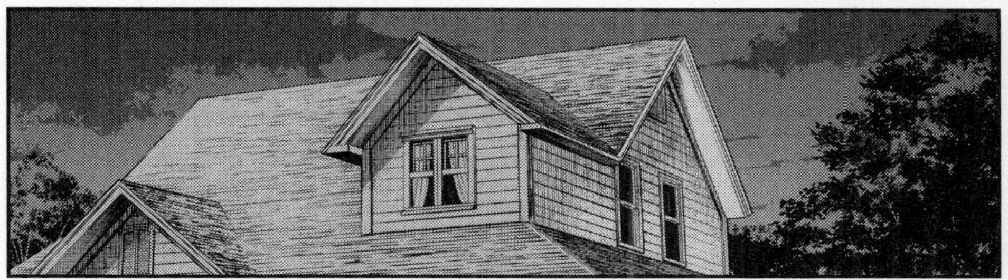

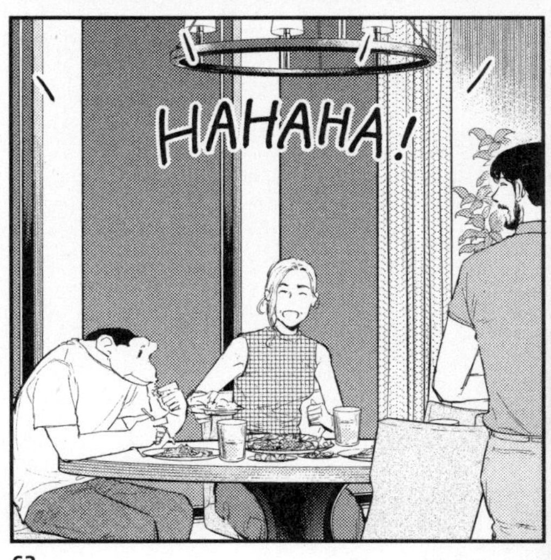
HAHAHA!

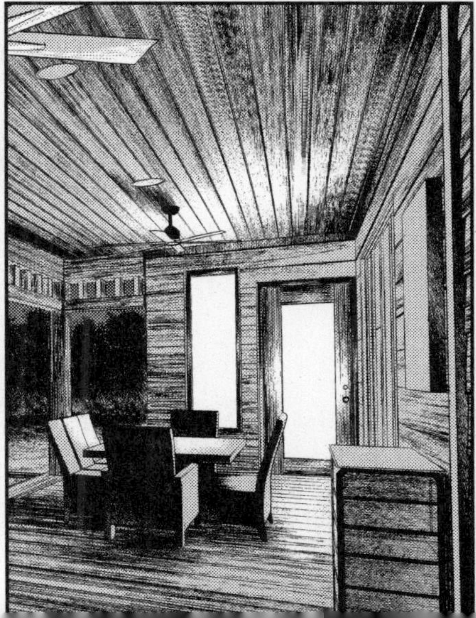

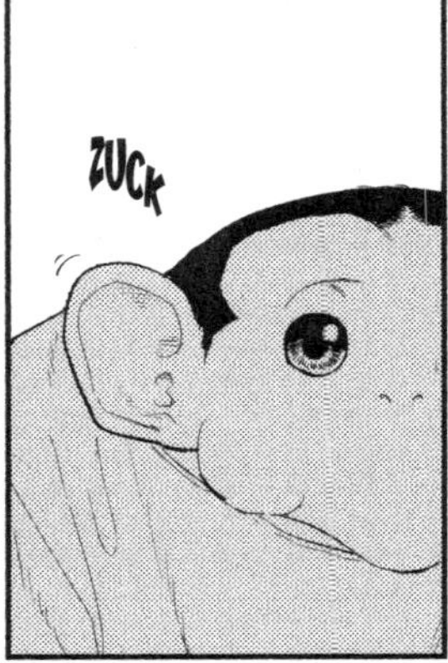

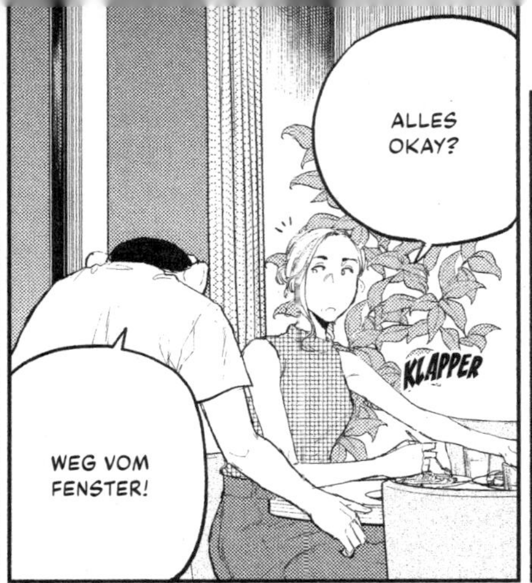

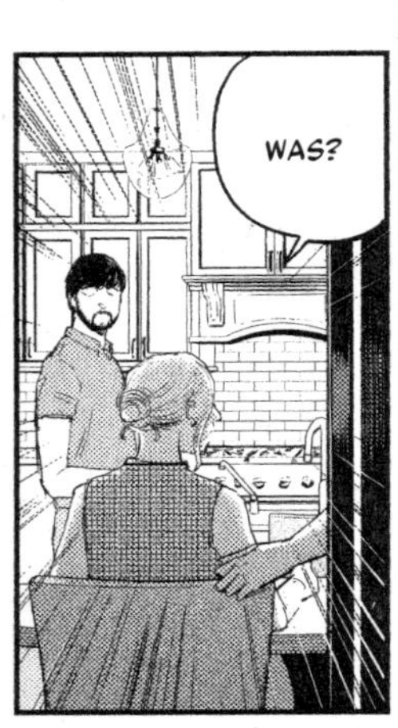

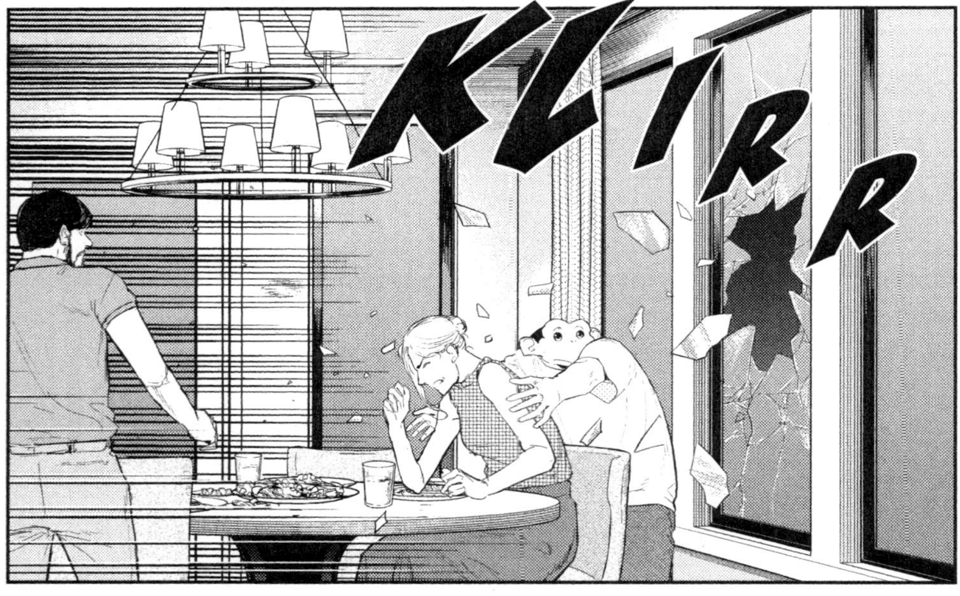

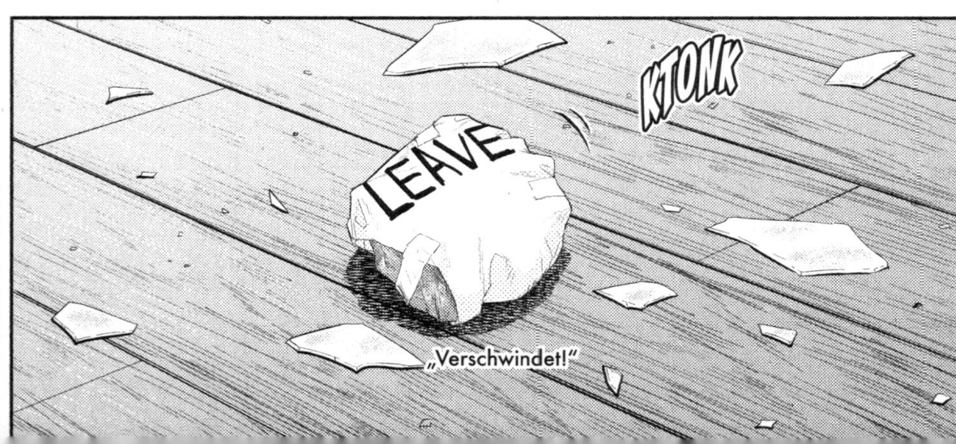

KAPITEL 13 – ENDE

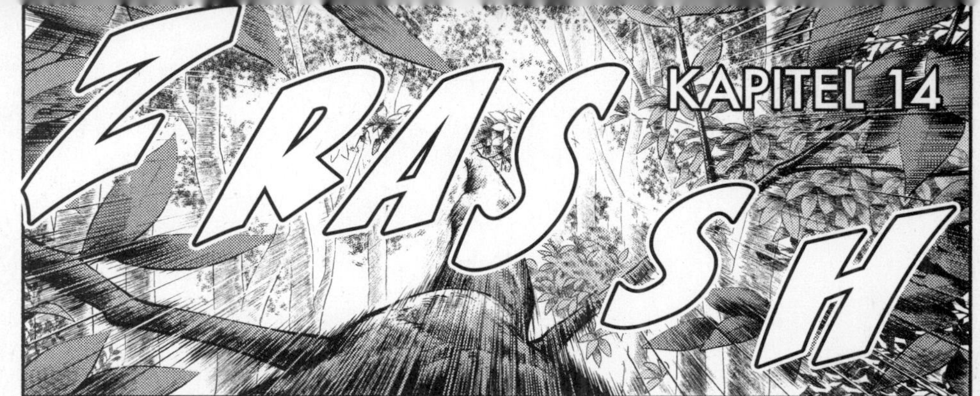
ZRASSH
KAPITEL 14

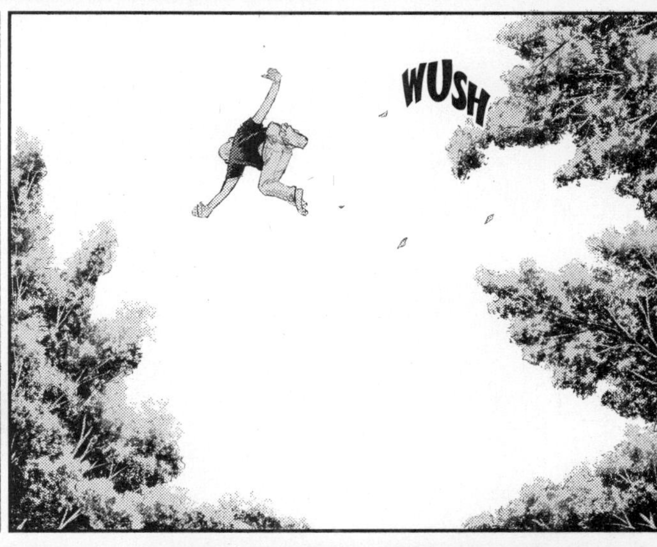
WUSH

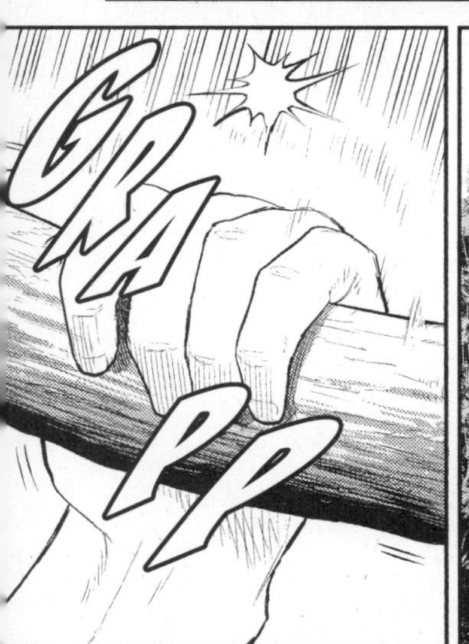
GRAPP

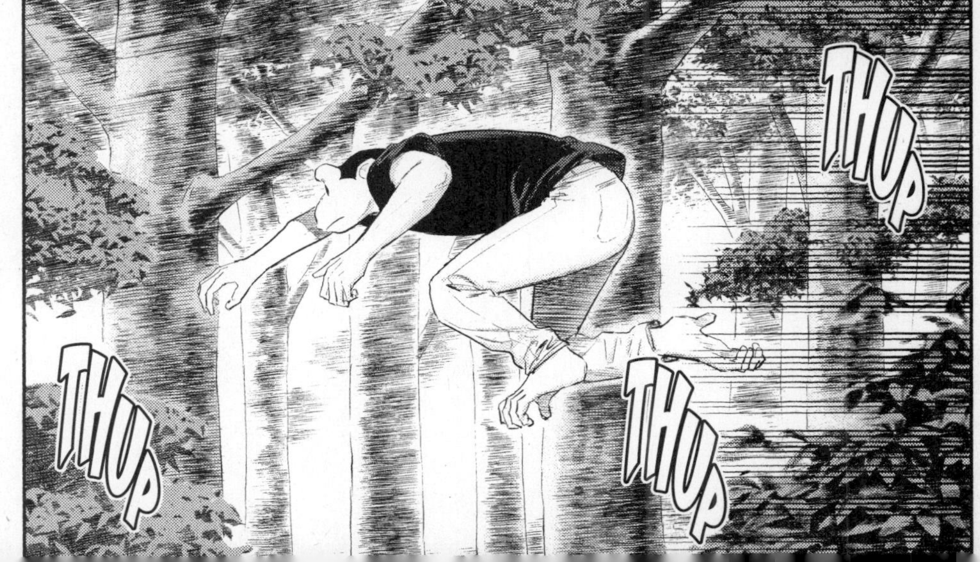
THUP
THUP
THUP

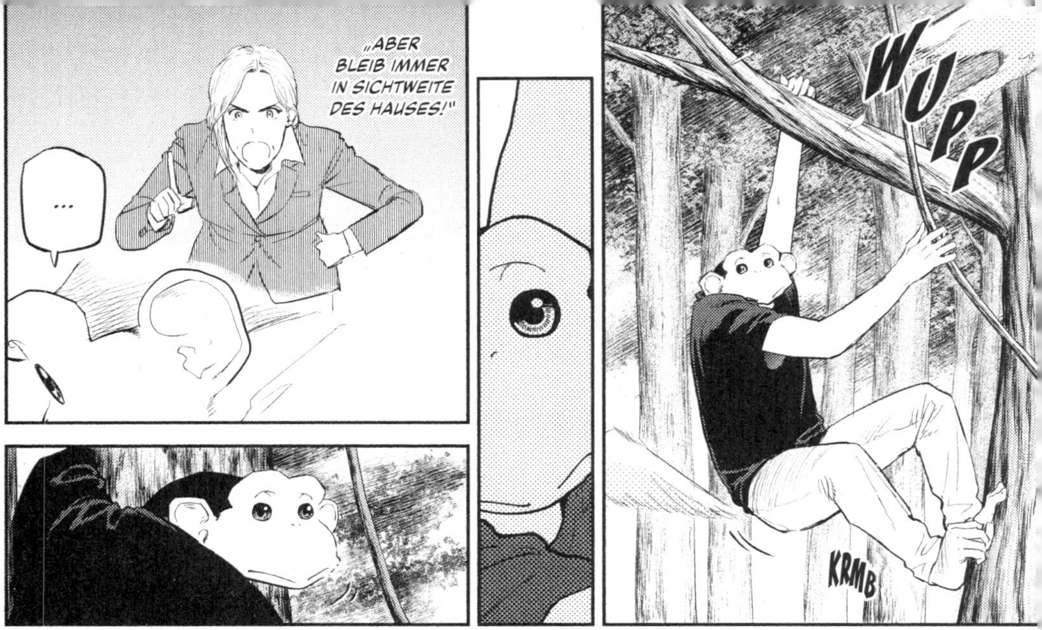

KAPITEL 14 / IS-OUGHT

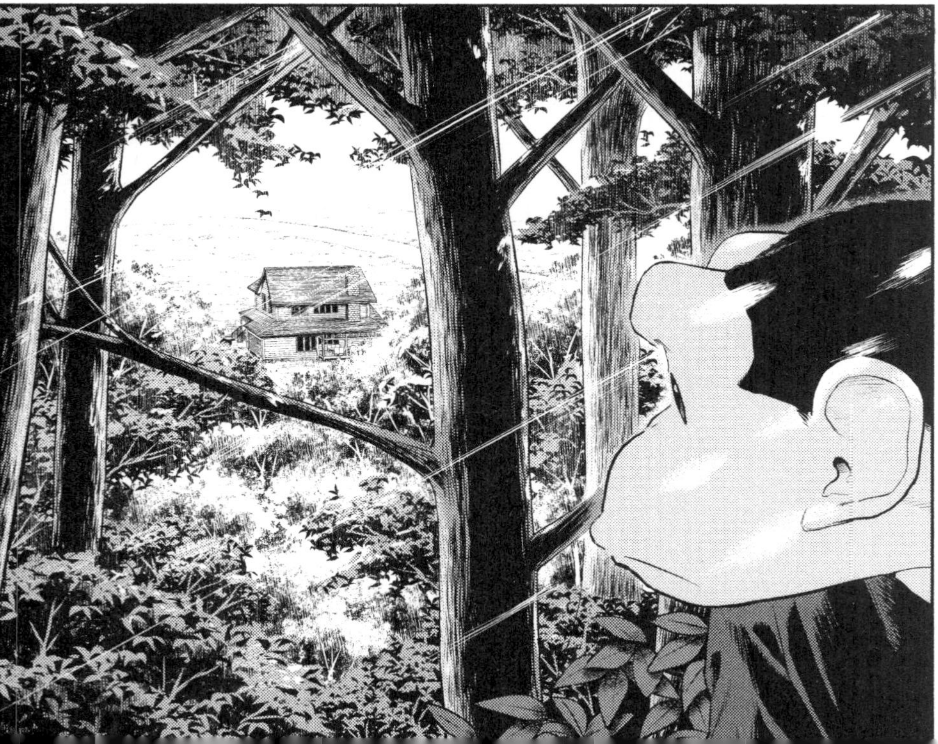

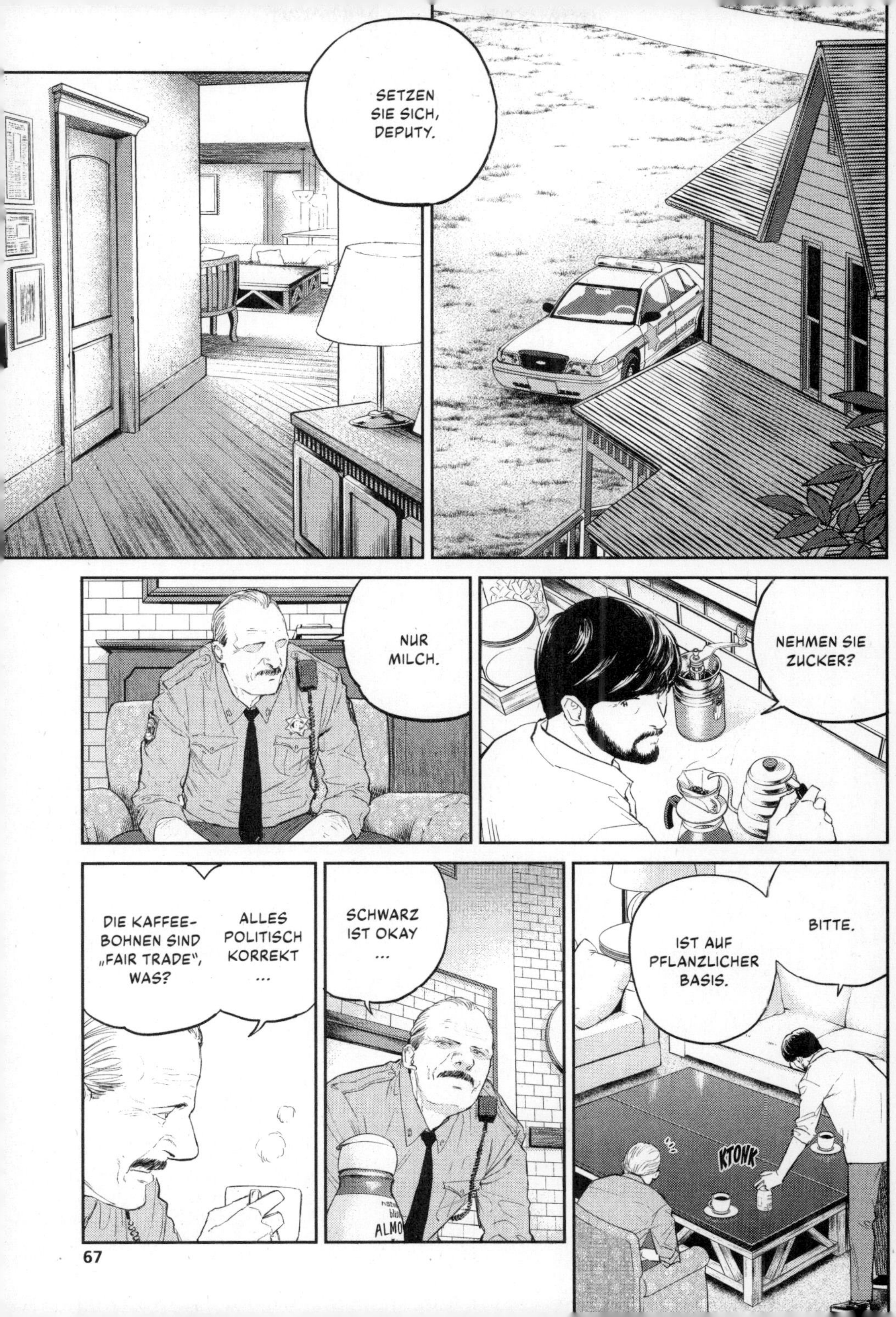

SETZEN SIE SICH, DEPUTY.

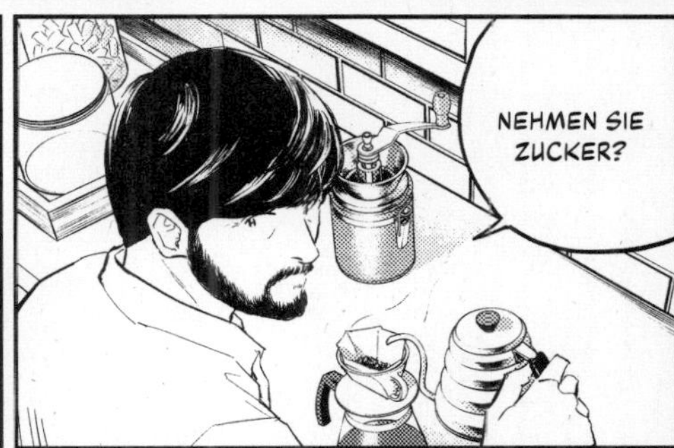

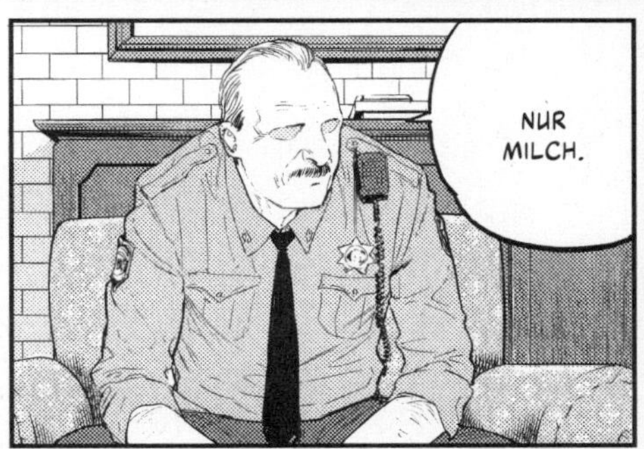

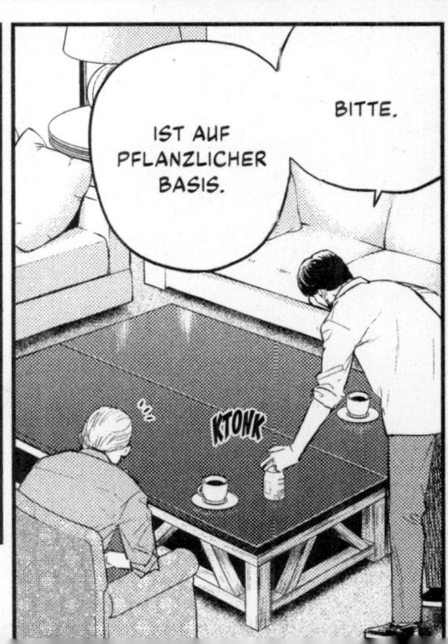

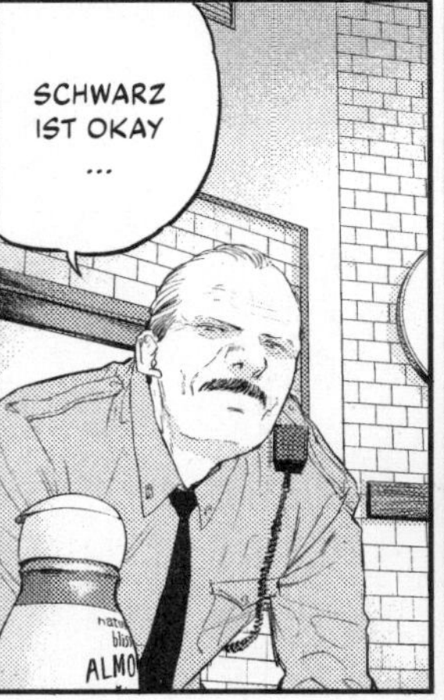

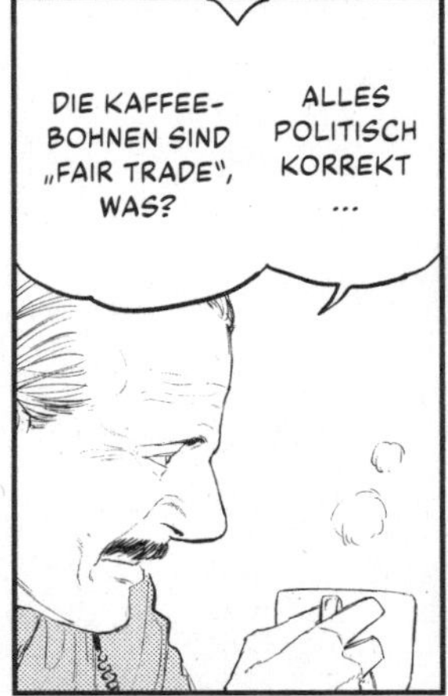

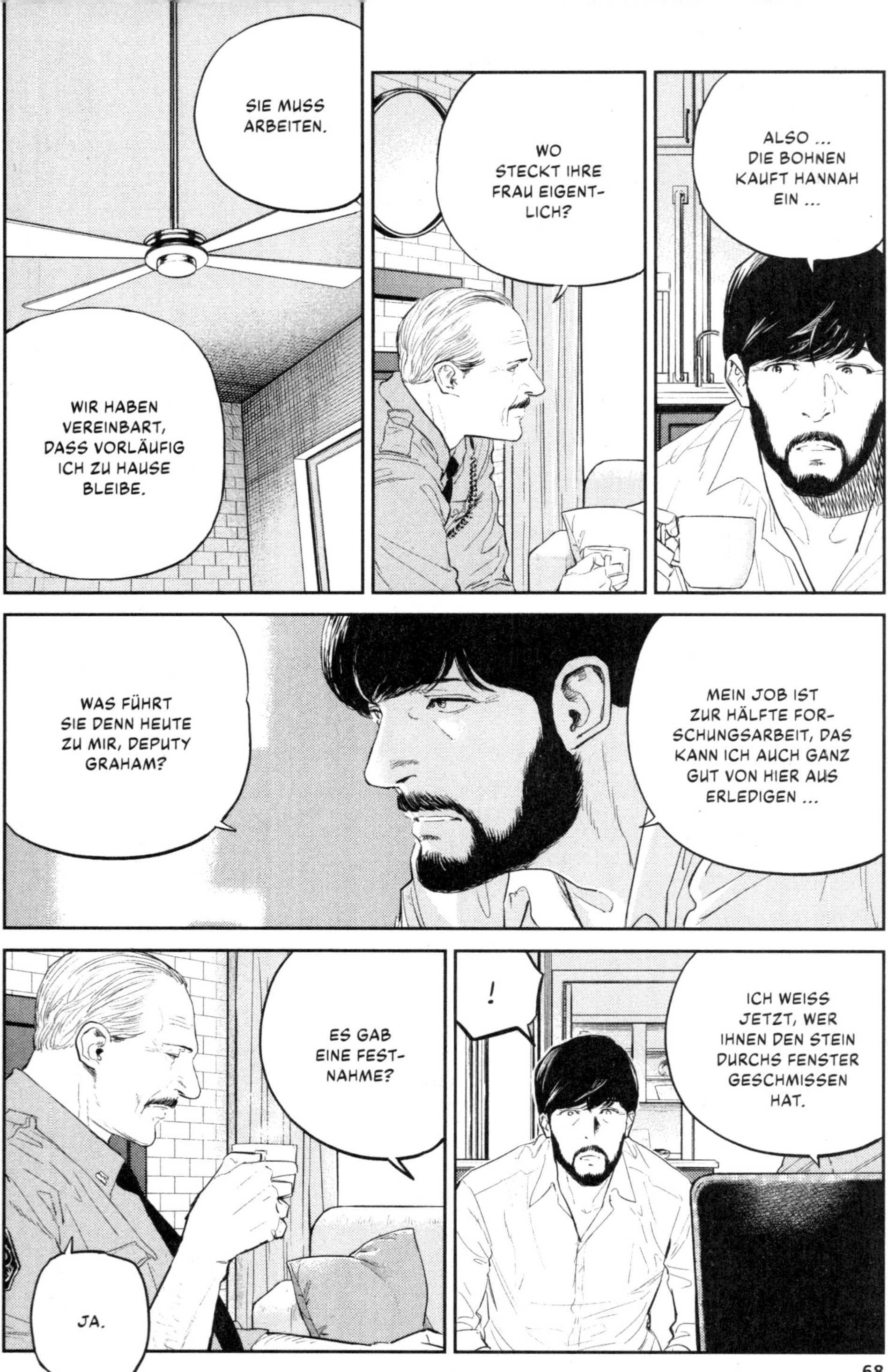

ALSO ...
DIE BOHNEN
KAUFT HANNAH
EIN ...

WO
STECKT IHRE
FRAU EIGENT-
LICH?

SIE MUSS
ARBEITEN.

WIR HABEN
VEREINBART,
DASS VORLÄUFIG
ICH ZU HAUSE
BLEIBE.

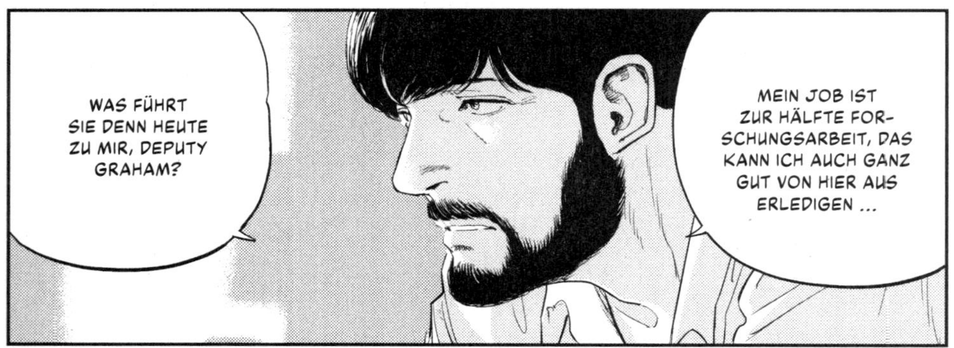

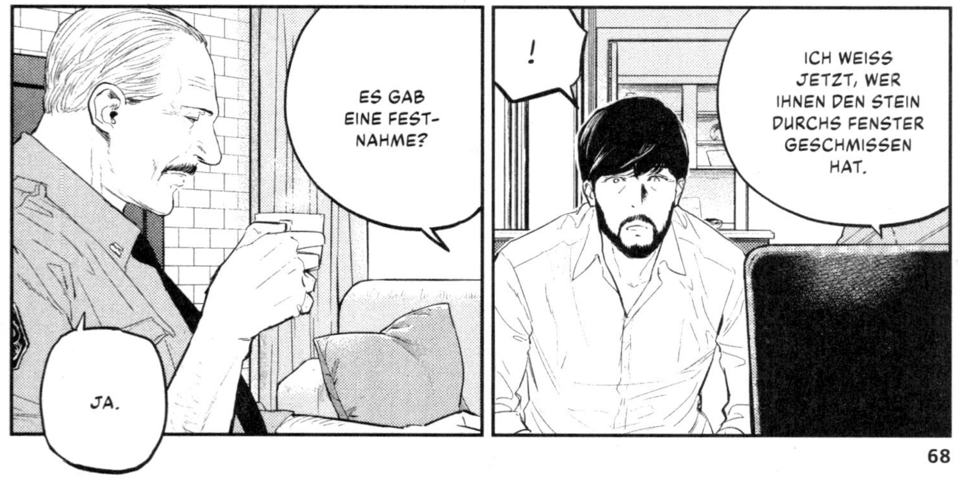

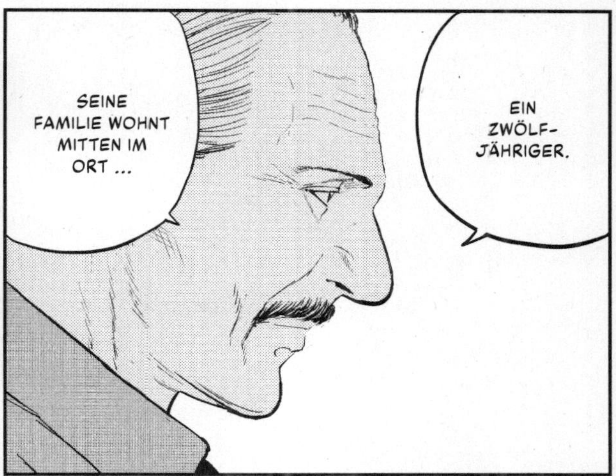
EIN ZWÖLF-JÄHRIGER.
SEINE FAMILIE WOHNT MITTEN IM ORT ...

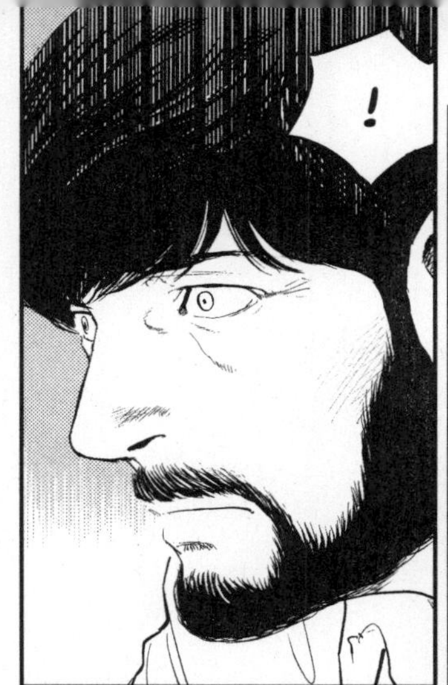
!

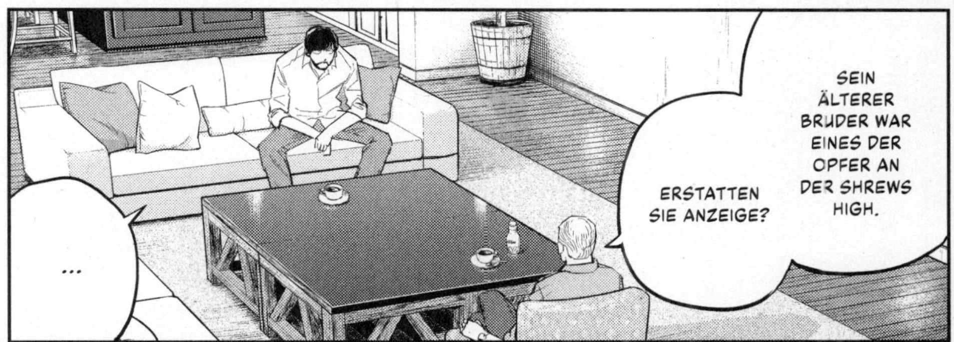
SEIN ÄLTERER BRUDER WAR EINES DER OPFER AN DER SHREWS HIGH.
ERSTATTEN SIE ANZEIGE?
...

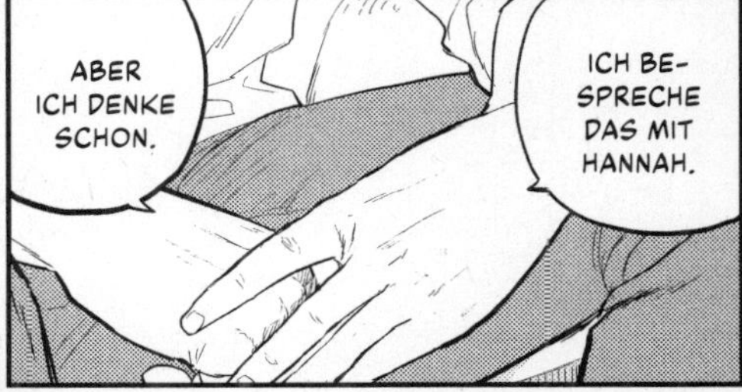
ICH BE-SPRECHE DAS MIT HANNAH.
ABER ICH DENKE SCHON.

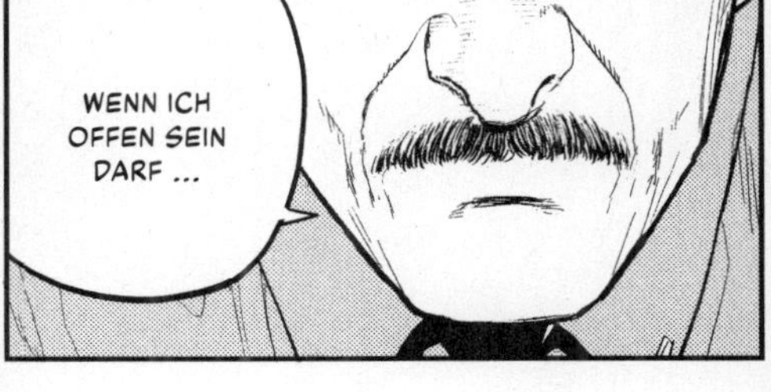
WENN ICH OFFEN SEIN DARF ...

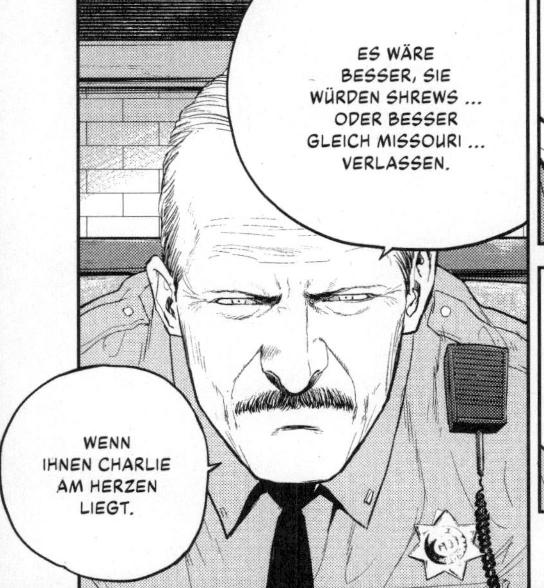
ES WÄRE BESSER, SIE WÜRDEN SHREWS ... ODER BESSER GLEICH MISSOURI ... VERLASSEN.
WENN IHNEN CHARLIE AM HERZEN LIEGT.

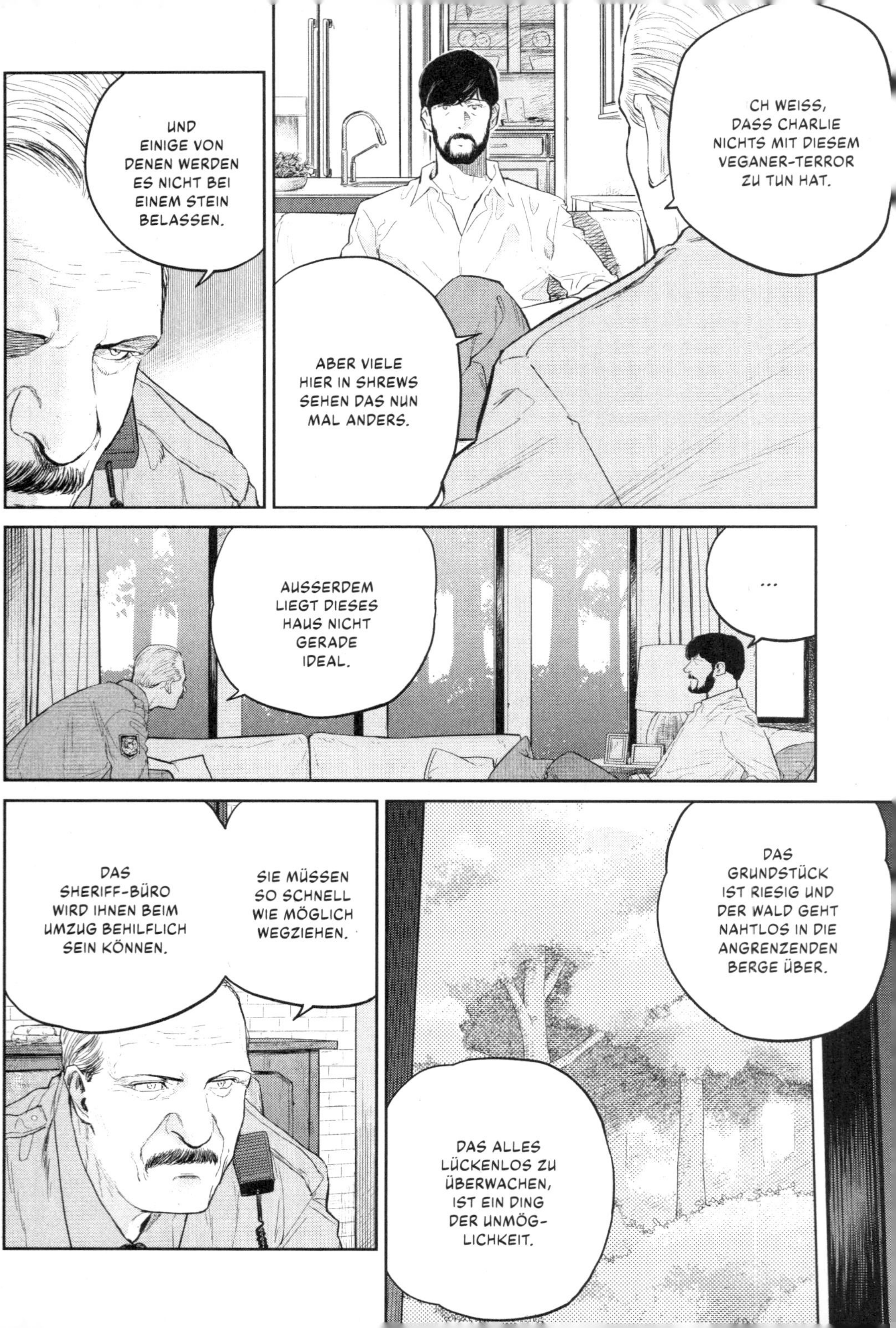

CH WEISS, DASS CHARLIE NICHTS MIT DIESEM VEGANER-TERROR ZU TUN HAT.

ABER VIELE HIER IN SHREWS SEHEN DAS NUN MAL ANDERS.

UND EINIGE VON DENEN WERDEN ES NICHT BEI EINEM STEIN BELASSEN.

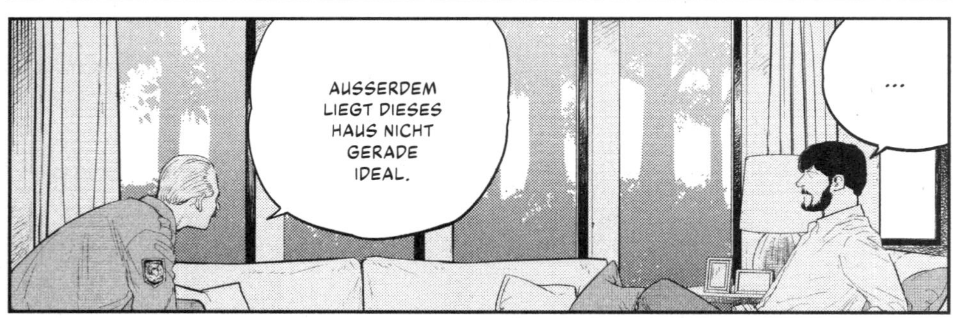

DAS GRUNDSTÜCK IST RIESIG UND DER WALD GEHT NAHTLOS IN DIE ANGRENZENDEN BERGE ÜBER.

DAS ALLES LÜCKENLOS ZU ÜBERWACHEN, IST EIN DING DER UNMÖG-LICHKEIT.

SIE MÜSSEN SO SCHNELL WIE MÖGLICH WEGZIEHEN.

DAS SHERIFF-BÜRO WIRD IHNEN BEIM UMZUG BEHILFLICH SEIN KÖNNEN.

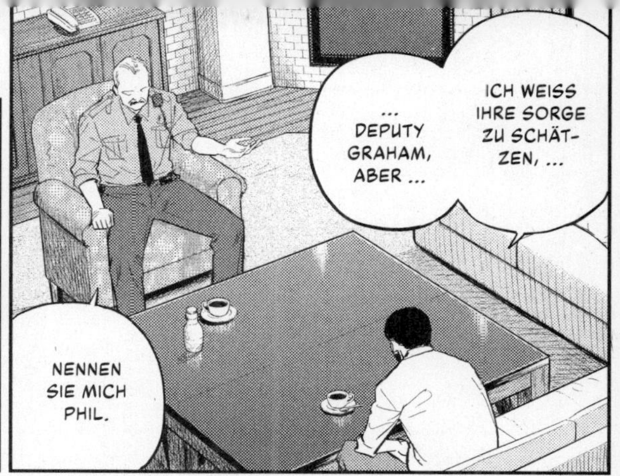
ICH WEISS IHRE SORGE ZU SCHÄTZEN, ...
... DEPUTY GRAHAM, ABER ...
NENNEN SIE MICH PHIL.

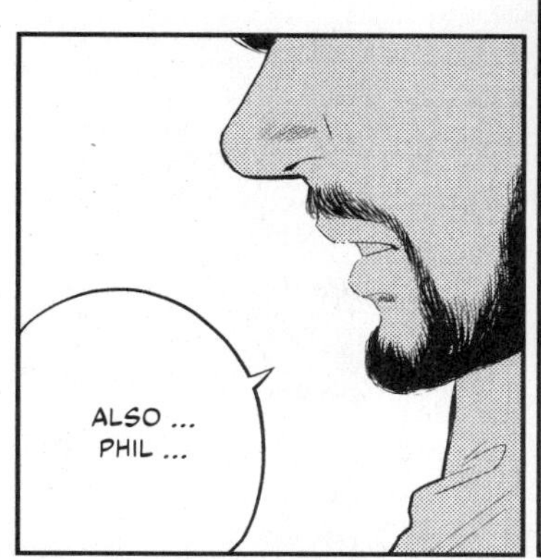
ALSO ... PHIL ...

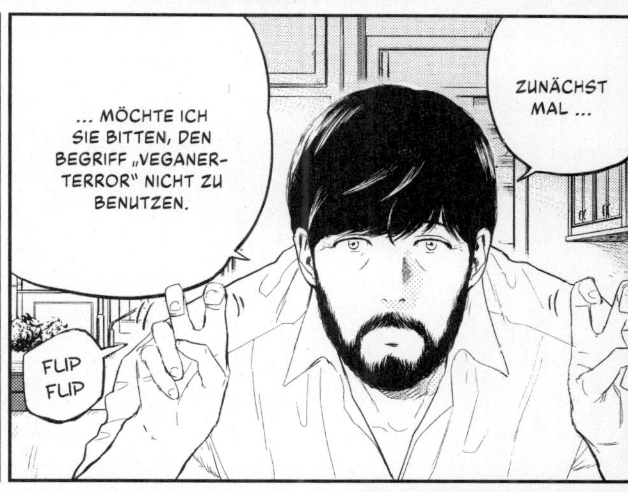
ZUNÄCHST MAL ...
... MÖCHTE ICH SIE BITTEN, DEN BEGRIFF „VEGANER-TERROR" NICHT ZU BENUTZEN.
FLIP FLIP

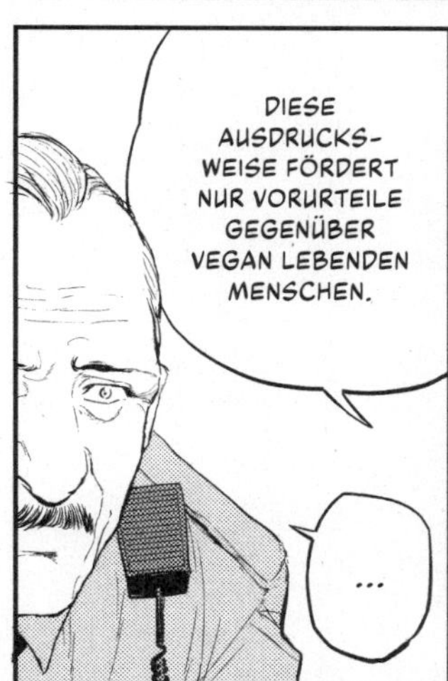
DIESE AUSDRUCKSWEISE FÖRDERT NUR VORURTEILE GEGENÜBER VEGAN LEBENDEN MENSCHEN.
...

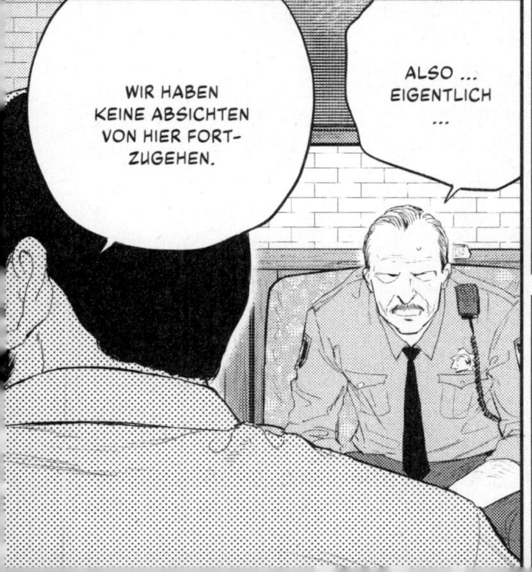
ALSO ... EIGENTLICH ...
WIR HABEN KEINE ABSICHTEN VON HIER FORTZUGEHEN.

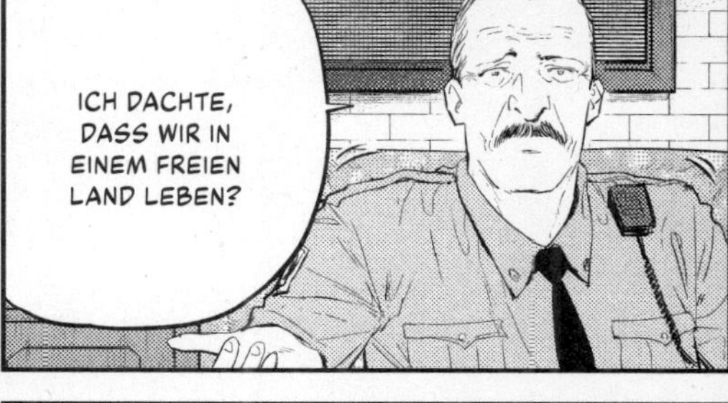
ICH DACHTE, DASS WIR IN EINEM FREIEN LAND LEBEN?

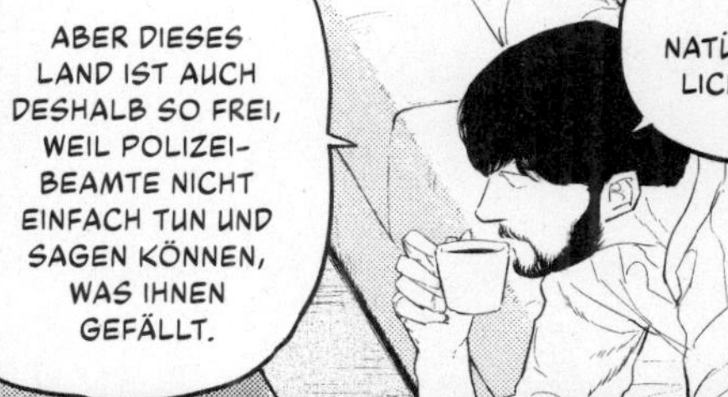
NATÜRLICH.
ABER DIESES LAND IST AUCH DESHALB SO FREI, WEIL POLIZEIBEAMTE NICHT EINFACH TUN UND SAGEN KÖNNEN, WAS IHNEN GEFÄLLT.

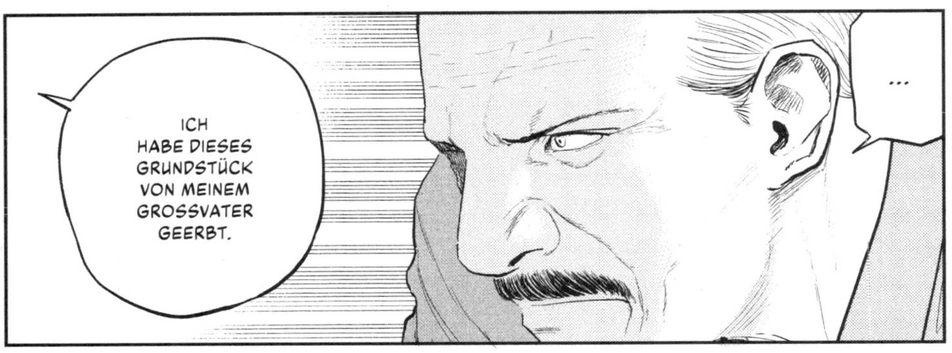
...
ICH HABE DIESES GRUNDSTÜCK VON MEINEM GROSSVATER GEERBT.

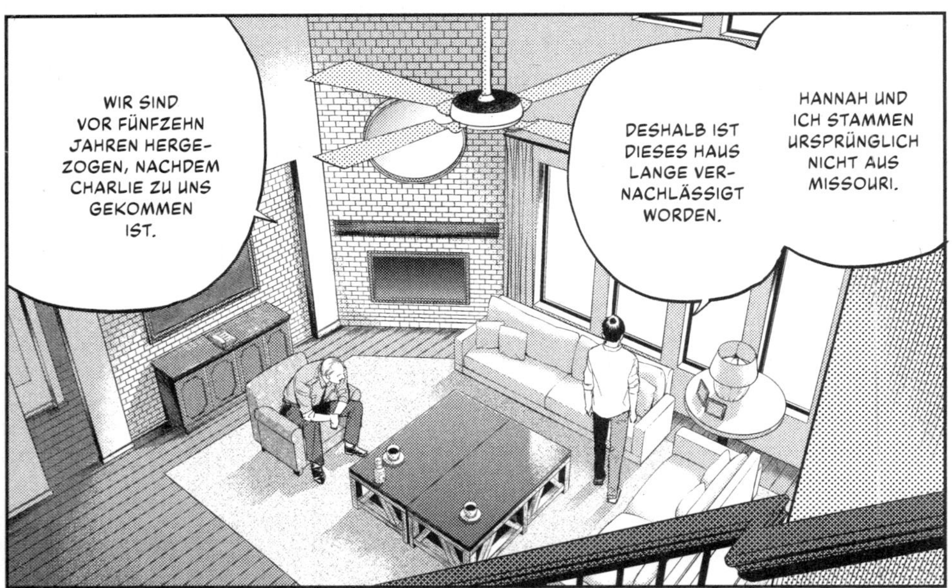
DESHALB IST DIESES HAUS LANGE VERNACHLÄSSIGT WORDEN.
HANNAH UND ICH STAMMEN URSPRÜNGLICH NICHT AUS MISSOURI.
WIR SIND VOR FÜNFZEHN JAHREN HERGEZOGEN, NACHDEM CHARLIE ZU UNS GEKOMMEN IST.

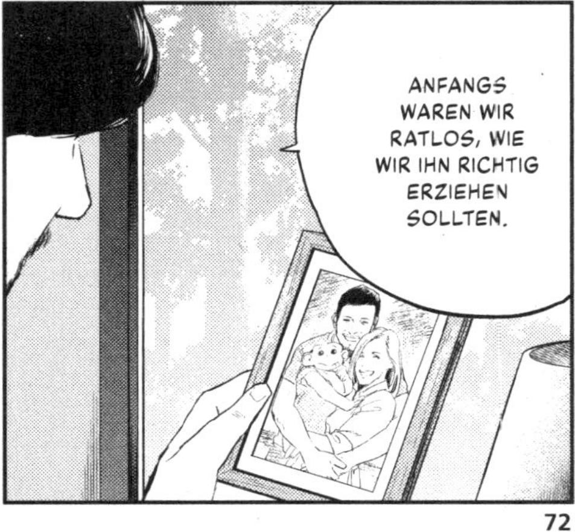
ANFANGS WAREN WIR RATLOS, WIE WIR IHN RICHTIG ERZIEHEN SOLLTEN.

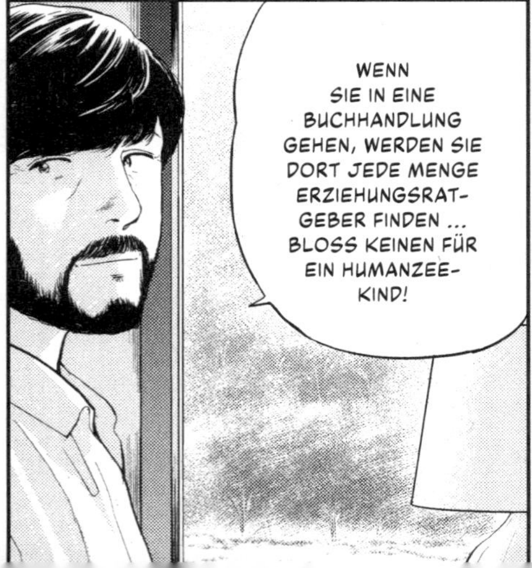
WENN SIE IN EINE BUCHHANDLUNG GEHEN, WERDEN SIE DORT JEDE MENGE ERZIEHUNGSRATGEBER FINDEN ... BLOSS KEINEN FÜR EIN HUMANZEE-KIND!

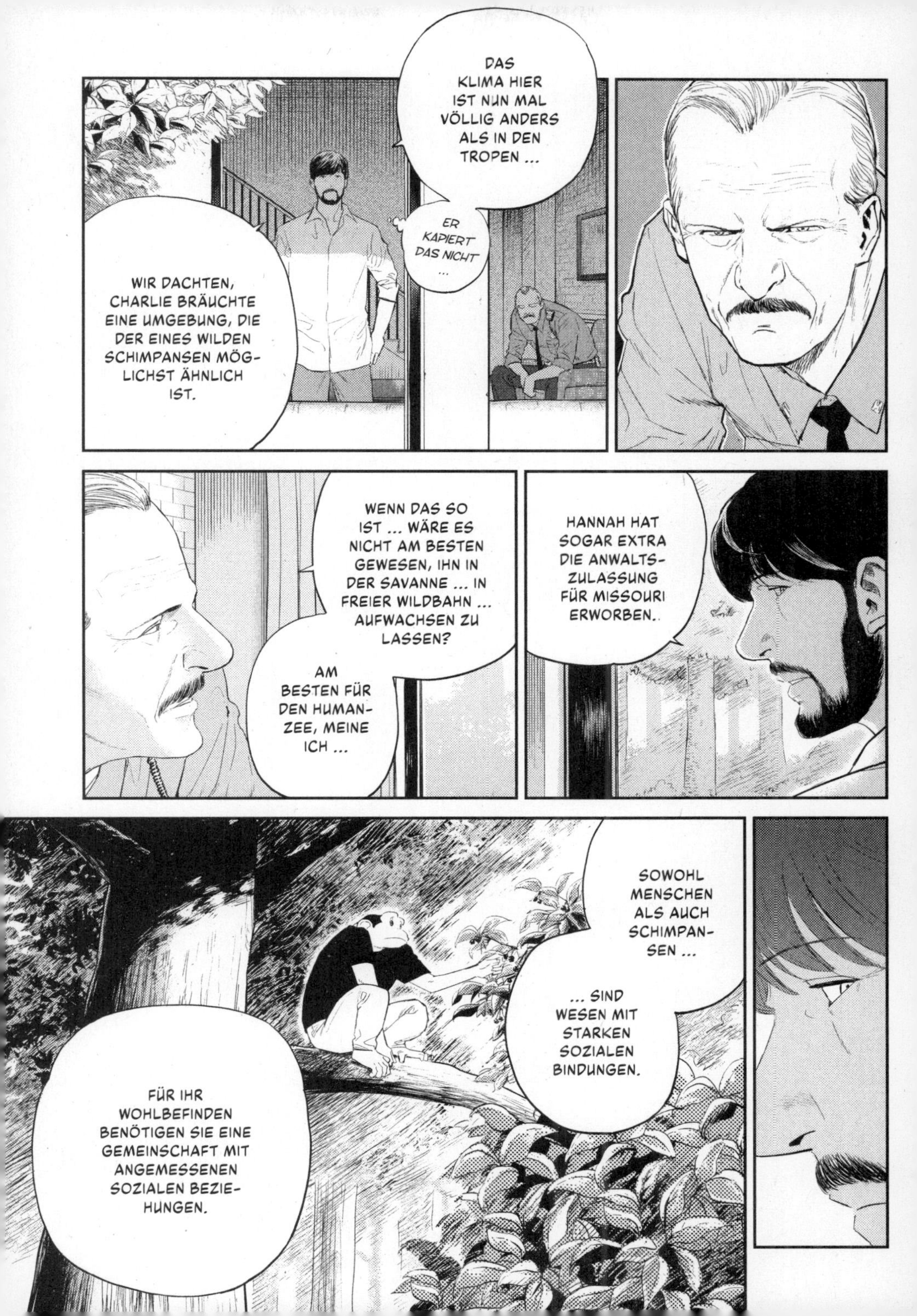

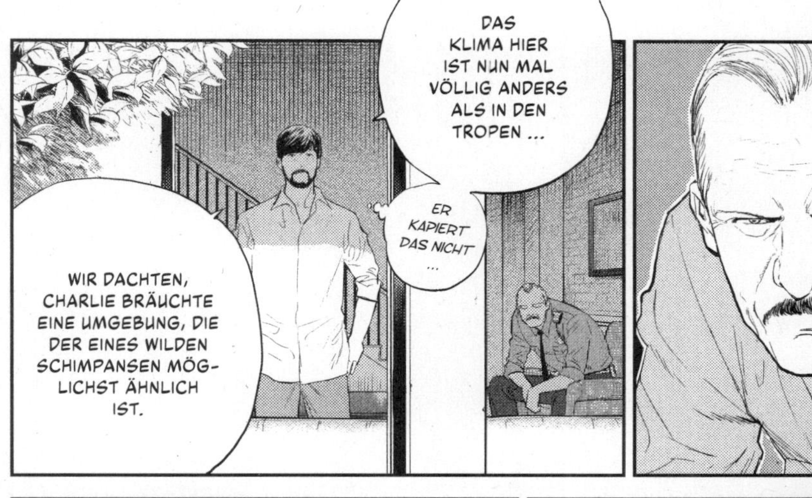

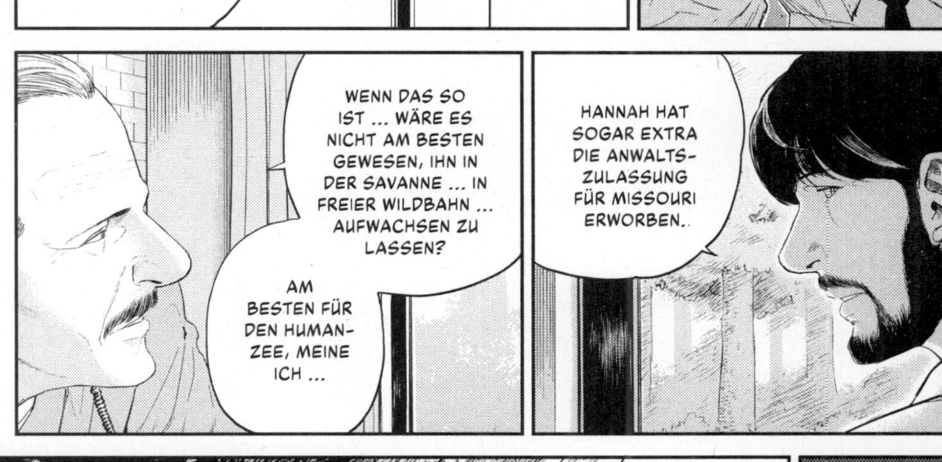

SOWOHL MENSCHEN ALS AUCH SCHIMPAN-SEN ...
... SIND WESEN MIT STARKEN SOZIALEN BINDUNGEN.
FÜR IHR WOHLBEFINDEN BENÖTIGEN SIE EINE GEMEINSCHAFT MIT ANGEMESSENEN SOZIALEN BEZIE-HUNGEN.

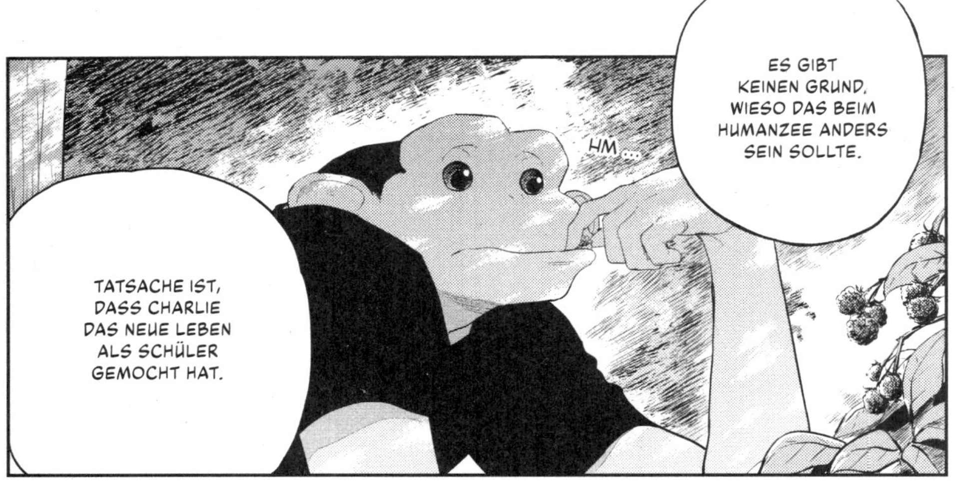
ES GIBT KEINEN GRUND, WIESO DAS BEIM HUMANZEE ANDERS SEIN SOLLTE.
HM ...
TATSACHE IST, DASS CHARLIE DAS NEUE LEBEN ALS SCHÜLER GEMOCHT HAT.

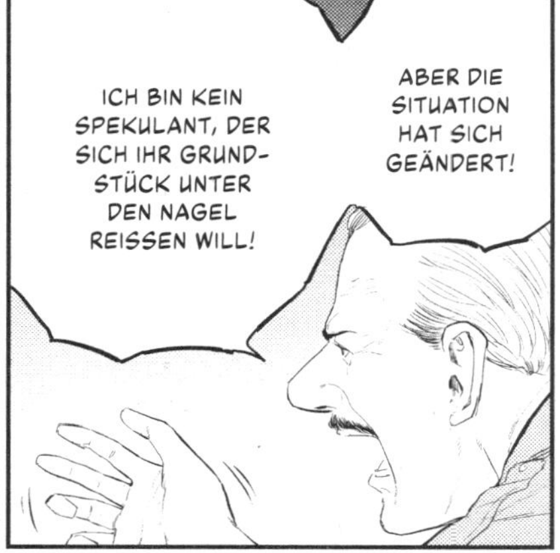
ICH BIN KEIN SPEKULANT, DER SICH IHR GRUNDSTÜCK UNTER DEN NAGEL REISSEN WILL!
ABER DIE SITUATION HAT SICH GEÄNDERT!

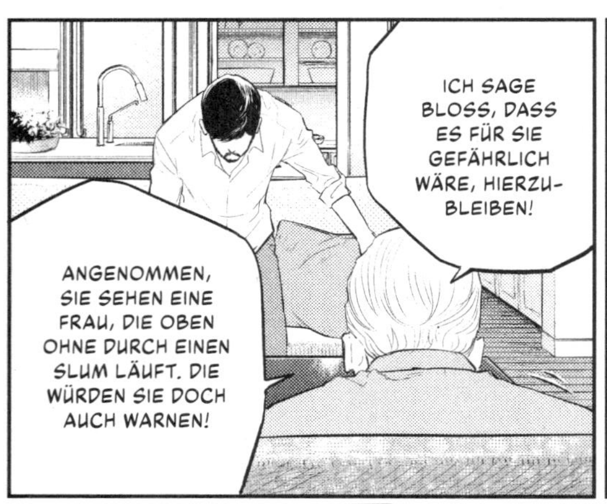
ICH SAGE BLOSS, DASS ES FÜR SIE GEFÄHRLICH WÄRE, HIERZUBLEIBEN!
ANGENOMMEN, SIE SEHEN EINE FRAU, DIE OBEN OHNE DURCH EINEN SLUM LÄUFT. DIE WÜRDEN SIE DOCH AUCH WARNEN!

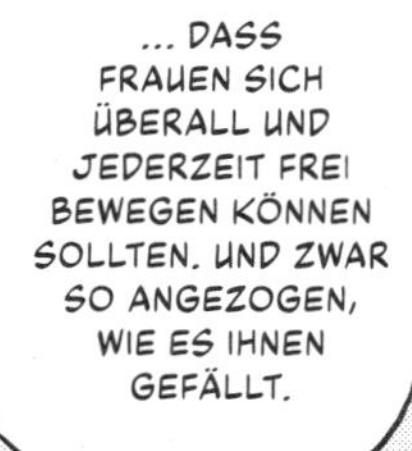
ICH FÜR MEINEN TEIL GLAUBE, ...
... DASS FRAUEN SICH ÜBERALL UND JEDERZEIT FREI BEWEGEN KÖNNEN SOLLTEN. UND ZWAR SO ANGEZOGEN, WIE ES IHNEN GEFÄLLT.

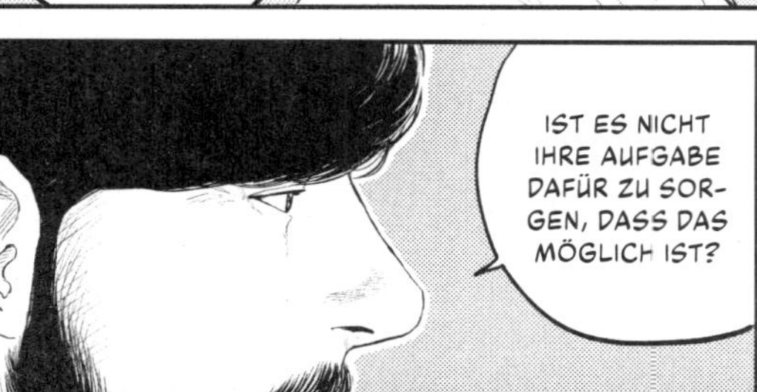
IST ES NICHT IHRE AUFGABE DAFÜR ZU SORGEN, DASS DAS MÖGLICH IST?

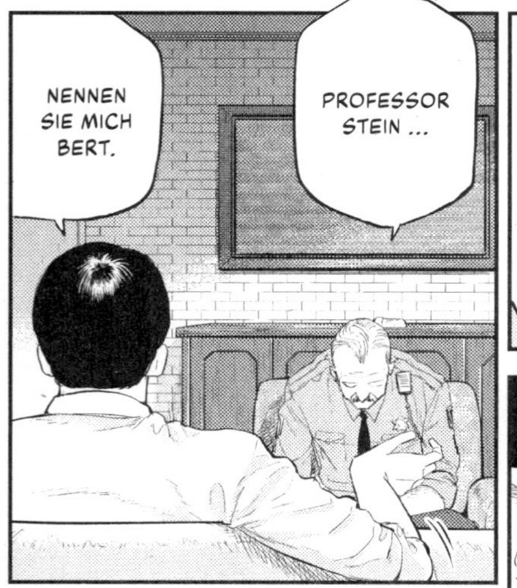
PROFESSOR STEIN ...
NENNEN SIE MICH BERT.

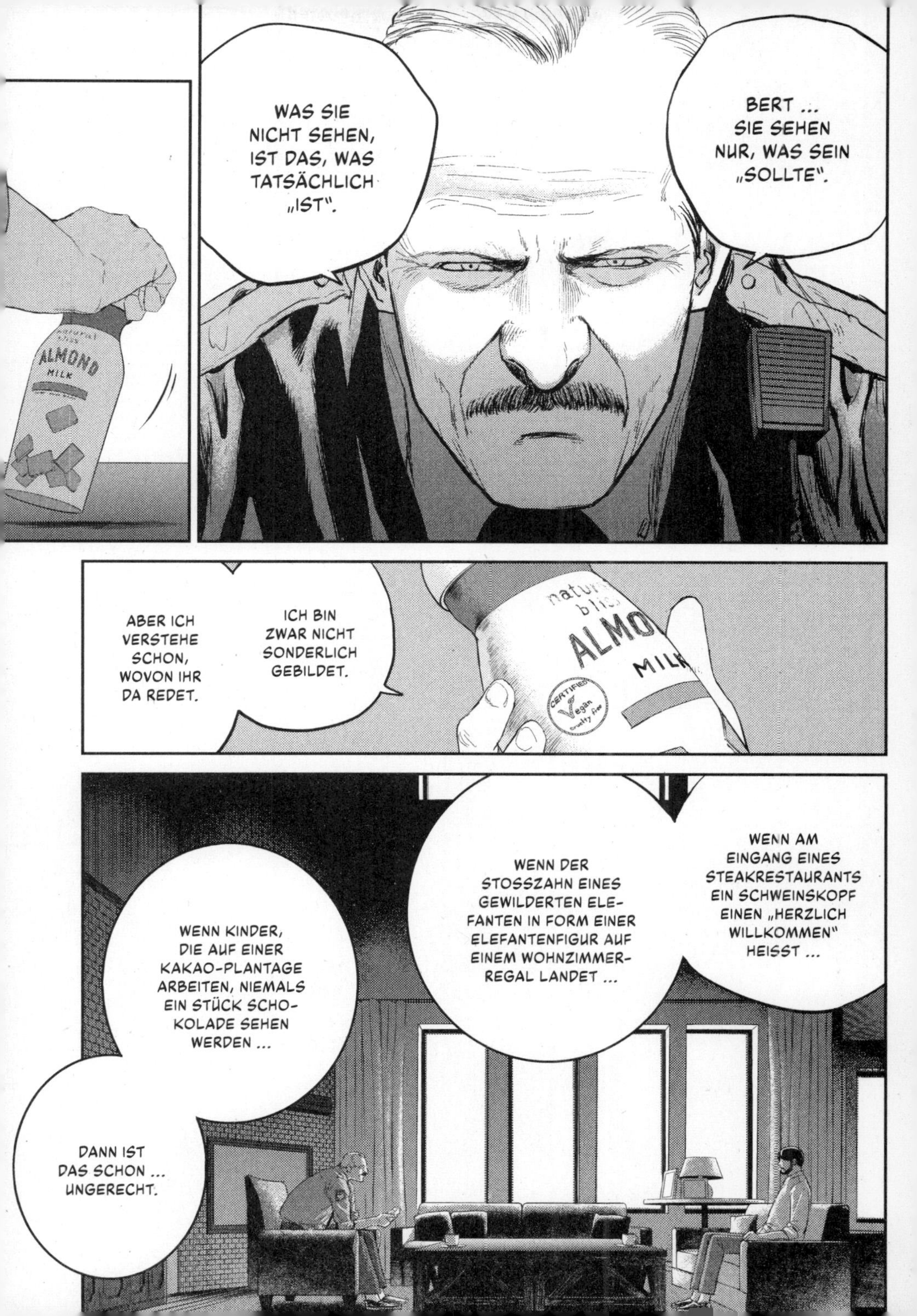

BERT ... SIE SEHEN NUR, WAS SEIN „SOLLTE“.

WAS SIE NICHT SEHEN, IST DAS, WAS TATSÄCHLICH „IST“.

ICH BIN ZWAR NICHT SONDERLICH GEBILDET.

ABER ICH VERSTEHE SCHON, WOVON IHR DA REDET.

WENN AM EINGANG EINES STEAKRESTAURANTS EIN SCHWEINSKOPF EINEN „HERZLICH WILLKOMMEN“ HEISST ...

WENN DER STOSSZAHN EINES GEWILDERTEN ELE-FANTEN IN FORM EINER ELEFANTENFIGUR AUF EINEM WOHNZIMMER-REGAL LANDET ...

WENN KINDER, DIE AUF EINER KAKAO-PLANTAGE ARBEITEN, NIEMALS EIN STÜCK SCHO-KOLADE SEHEN WERDEN ...

DANN IST DAS SCHON ... UNGERECHT.

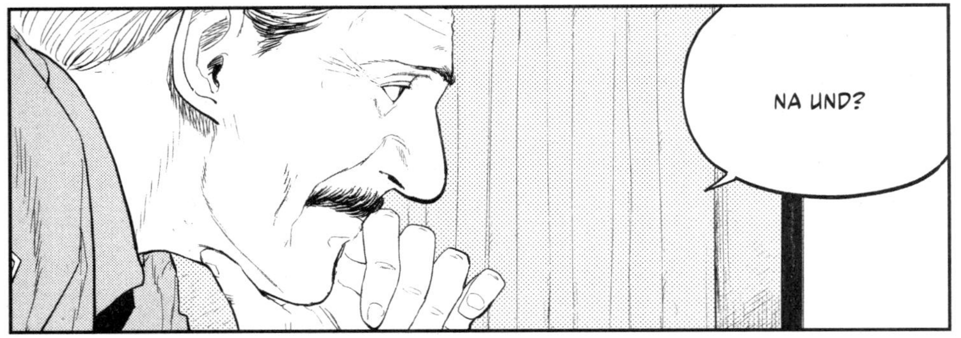
NA UND?

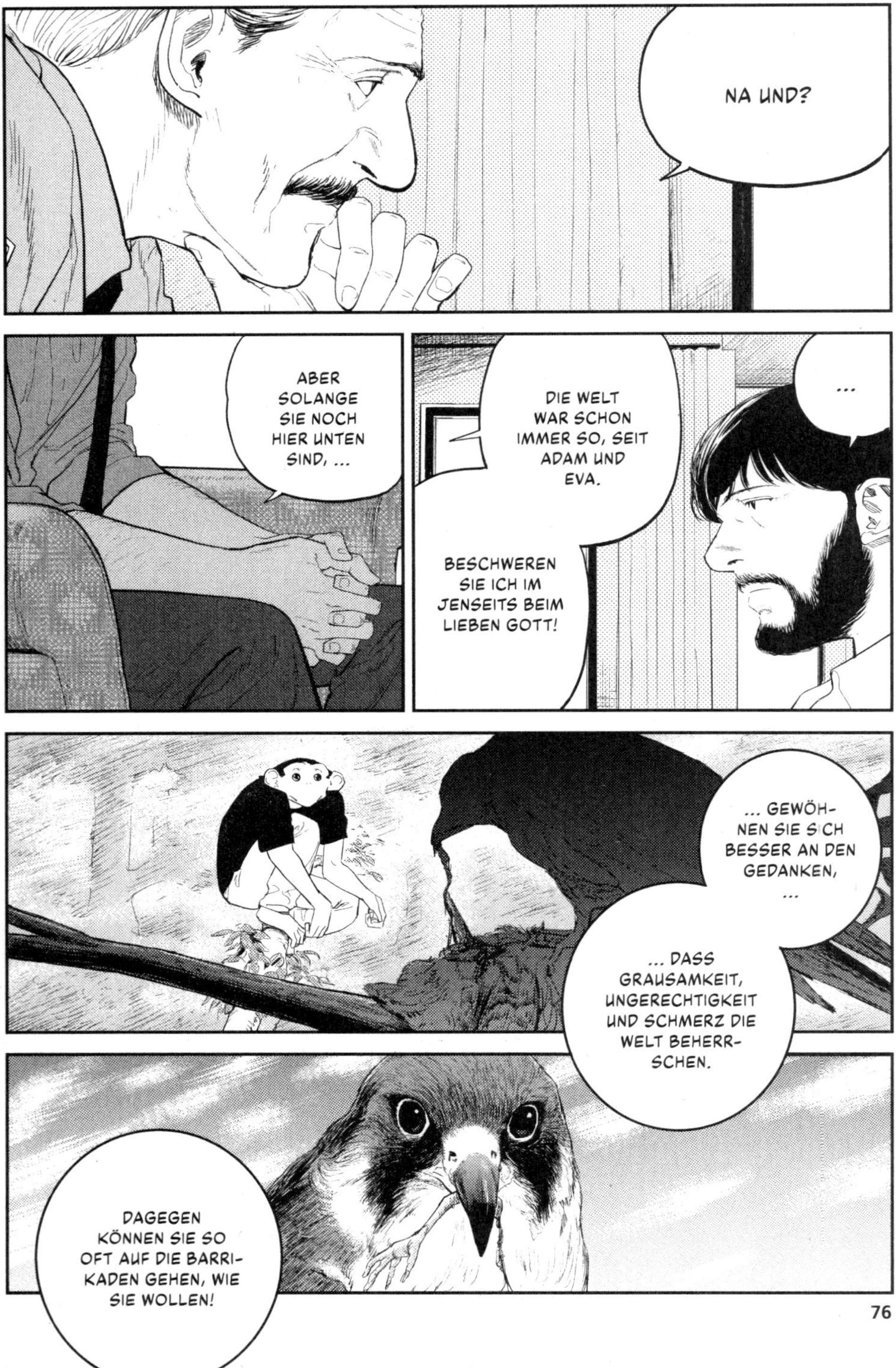

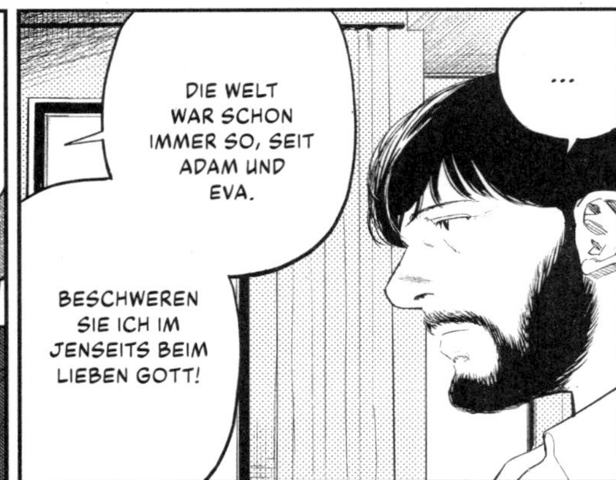
...
DIE WELT WAR SCHON IMMER SO, SEIT ADAM UND EVA.
BESCHWEREN SIE ICH IM JENSEITS BEIM LIEBEN GOTT!

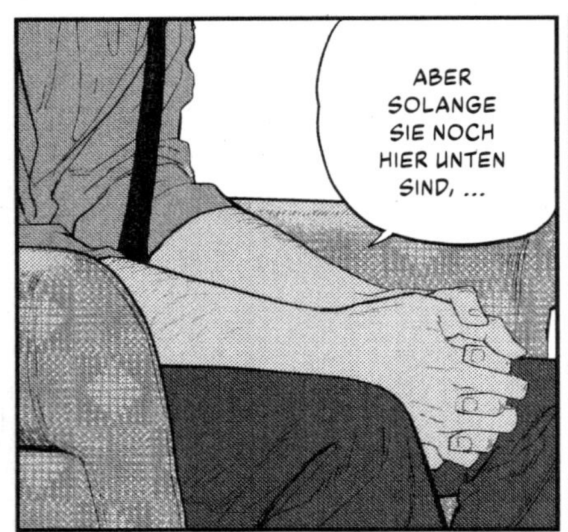
ABER SOLANGE SIE NOCH HIER UNTEN SIND, ...

... GEWÖHNEN SIE SICH BESSER AN DEN GEDANKEN, ...
... DASS GRAUSAMKEIT, UNGERECHTIGKEIT UND SCHMERZ DIE WELT BEHERRSCHEN.
DAGEGEN KÖNNEN SIE SO OFT AUF DIE BARRIKADEN GEHEN, WIE SIE WOLLEN!

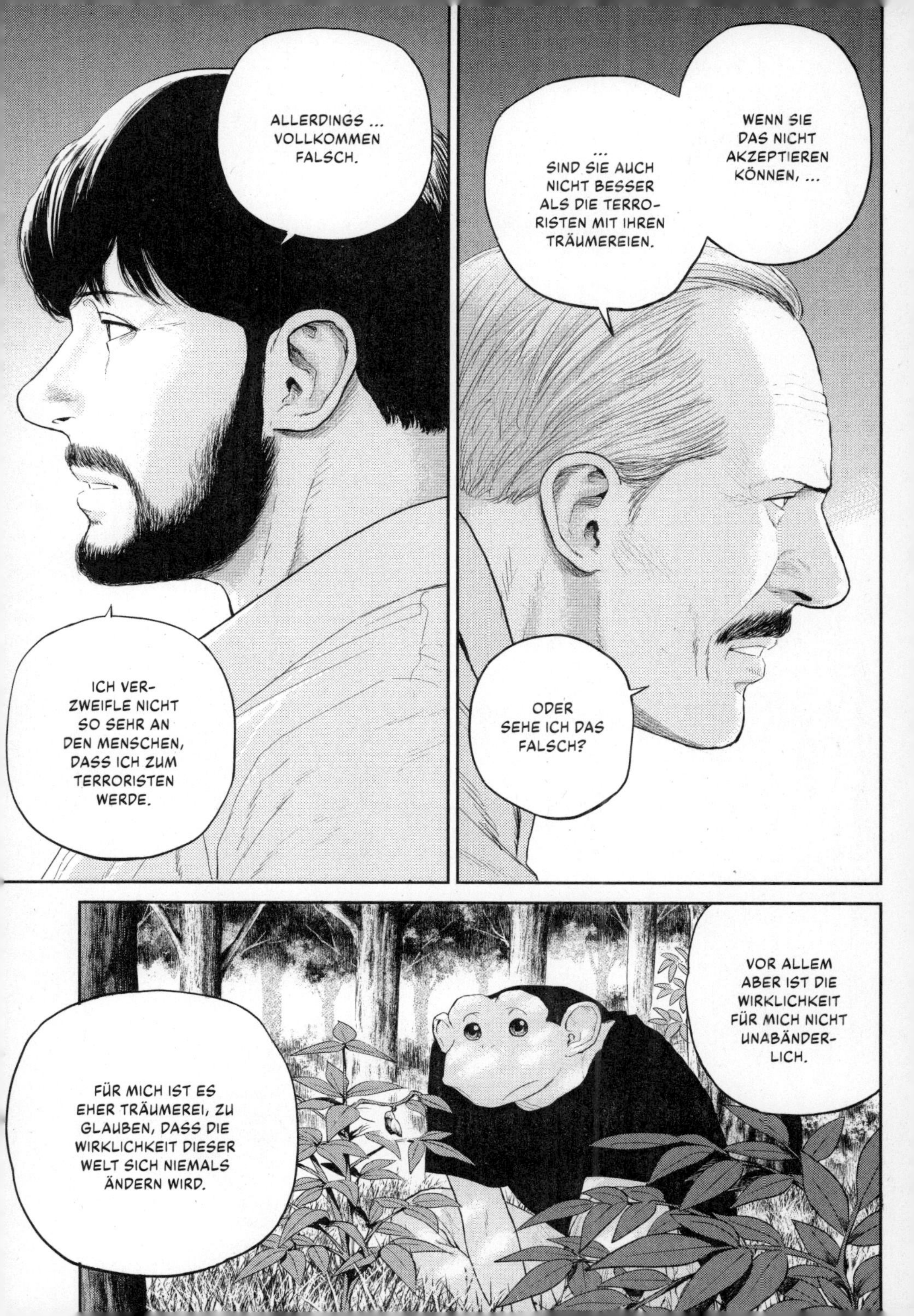

WENN SIE DAS NICHT AKZEPTIEREN KÖNNEN, ...

... SIND SIE AUCH NICHT BESSER ALS DIE TERRO-RISTEN MIT IHREN TRÄUMEREIEN.

ODER SEHE ICH DAS FALSCH?

ALLERDINGS ... VOLLKOMMEN FALSCH.

ICH VER-ZWEIFLE NICHT SO SEHR AN DEN MENSCHEN, DASS ICH ZUM TERRORISTEN WERDE.

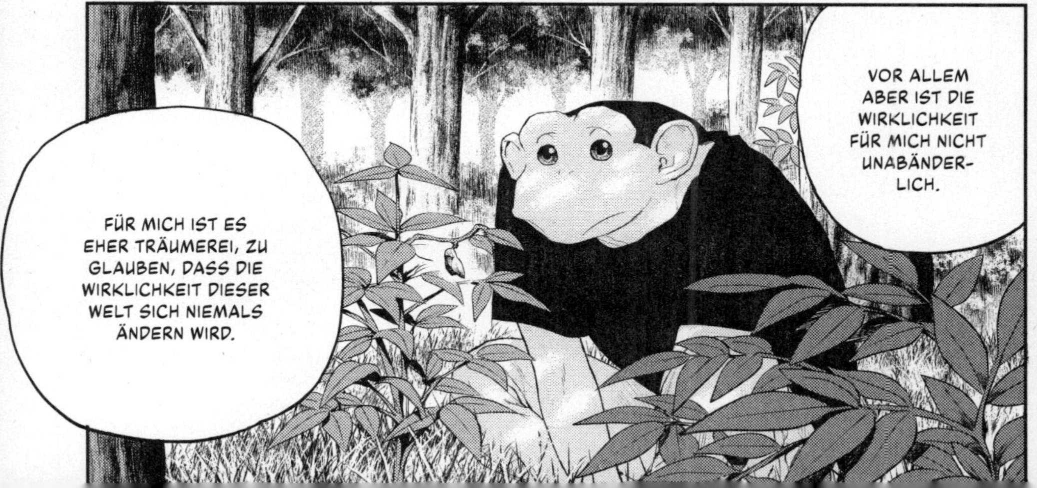

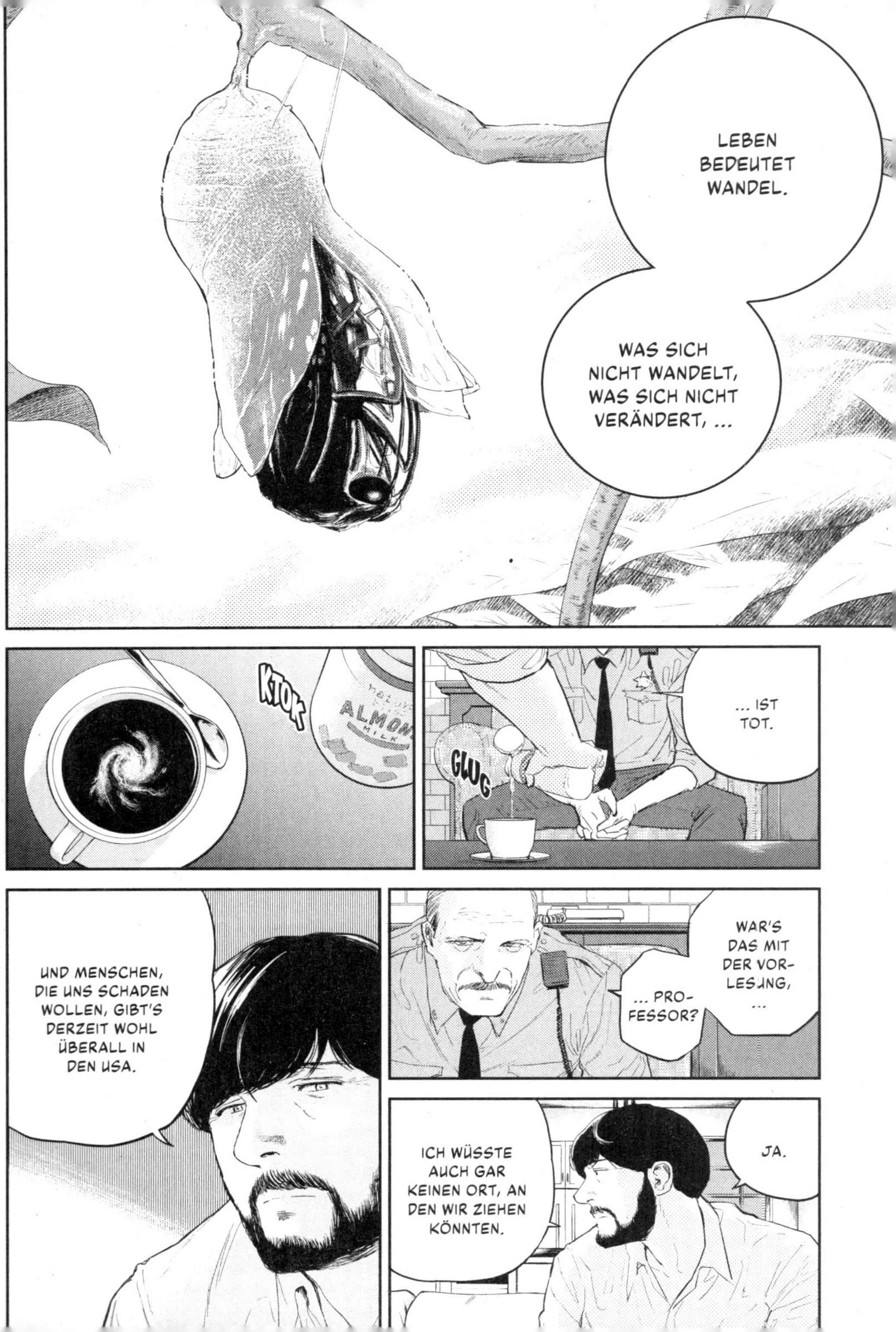

LEBEN BEDEUTET WANDEL.

WAS SICH NICHT WANDELT, WAS SICH NICHT VERÄNDERT, ...

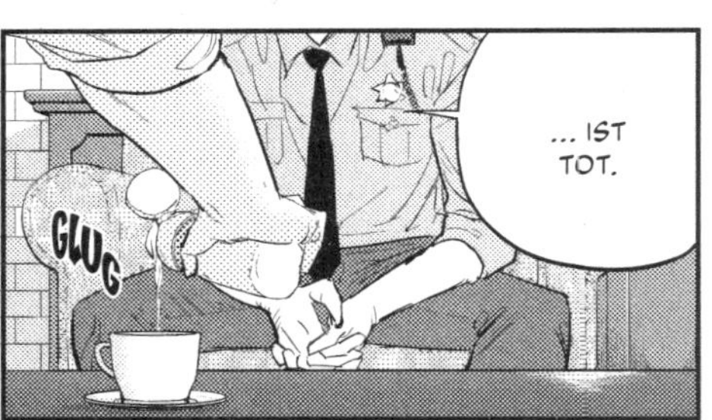

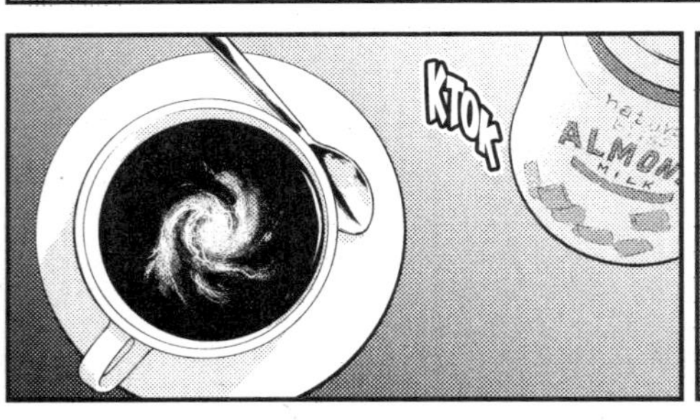

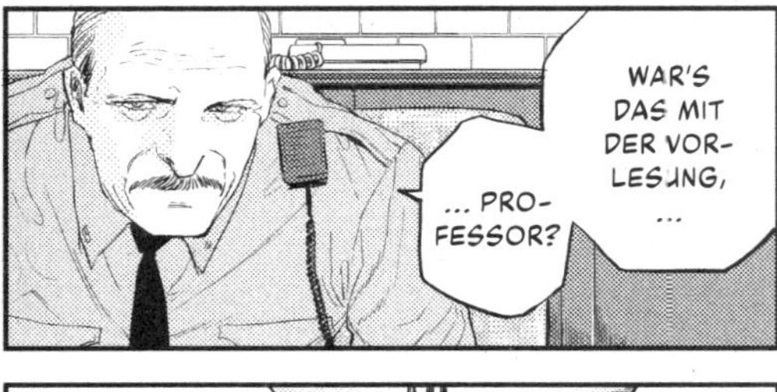

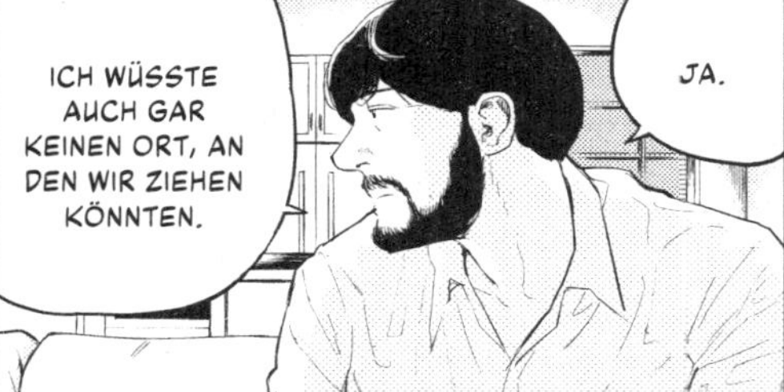

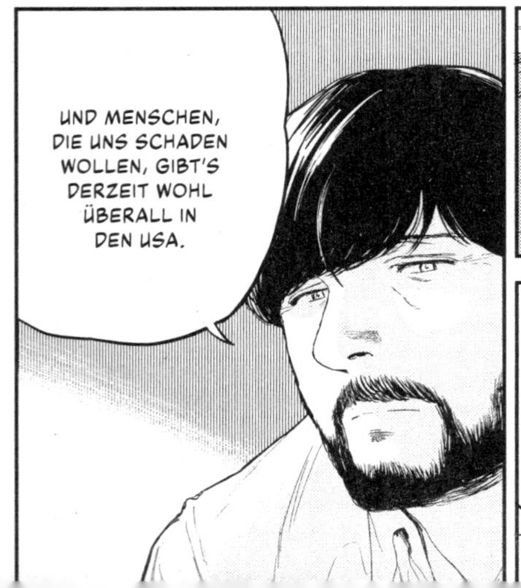

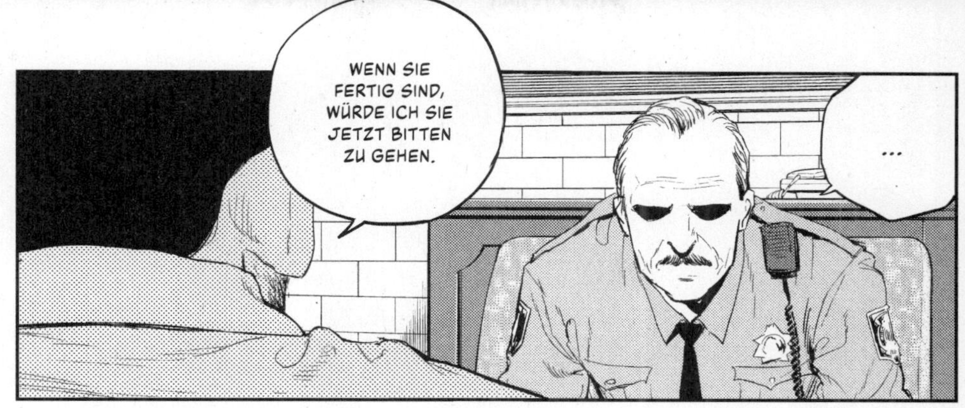
WENN SIE FERTIG SIND, WÜRDE ICH SIE JETZT BITTEN ZU GEHEN.
...

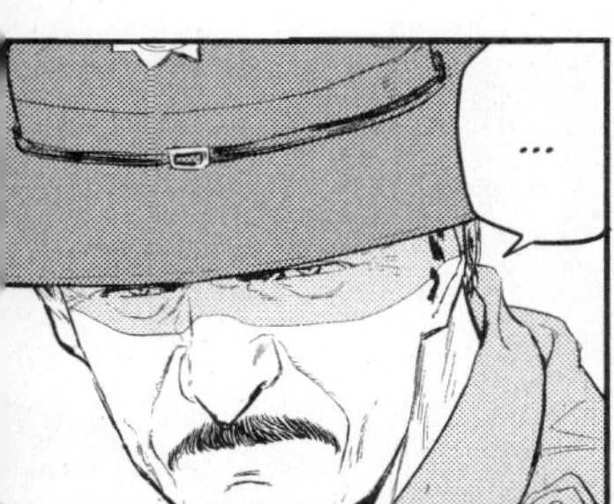
...

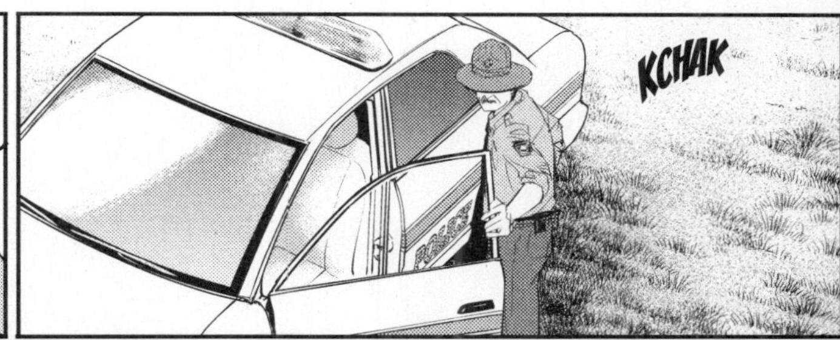
KCHAK

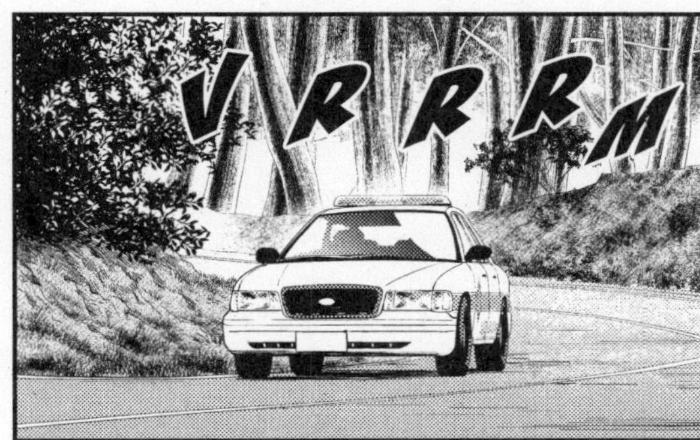
VRRRM

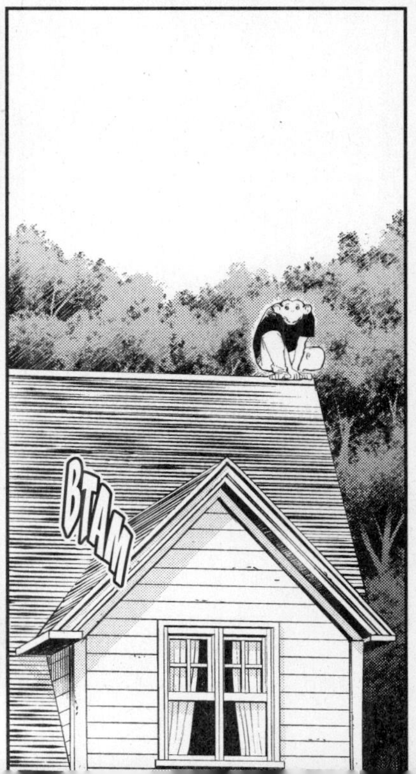
BTAM

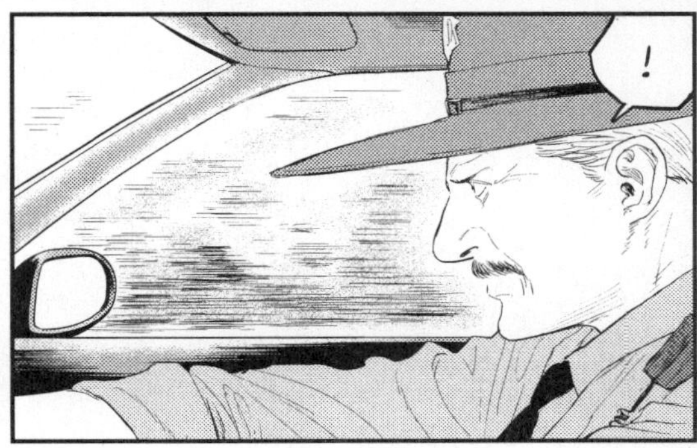
!

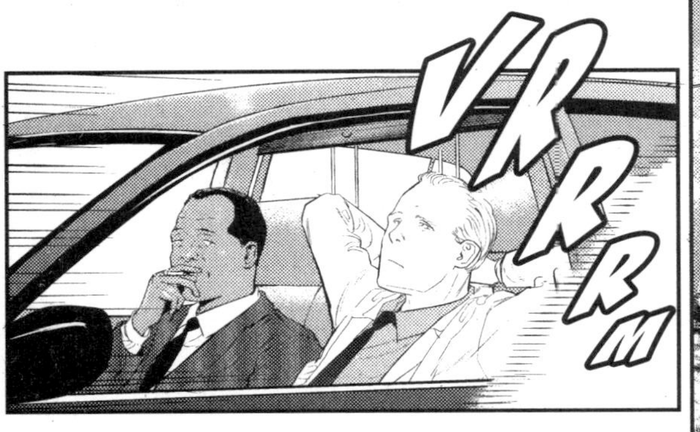
VRRRRM
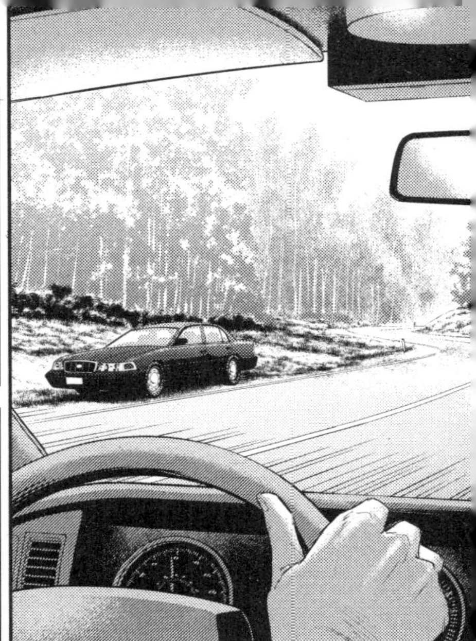
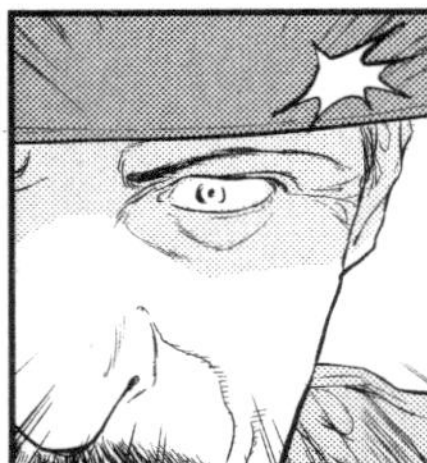
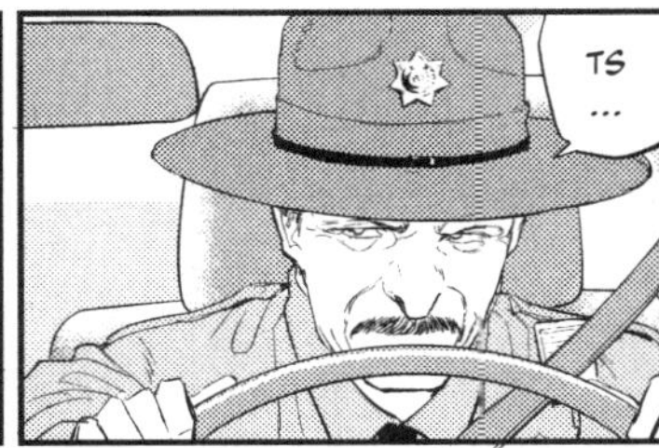
TS
...
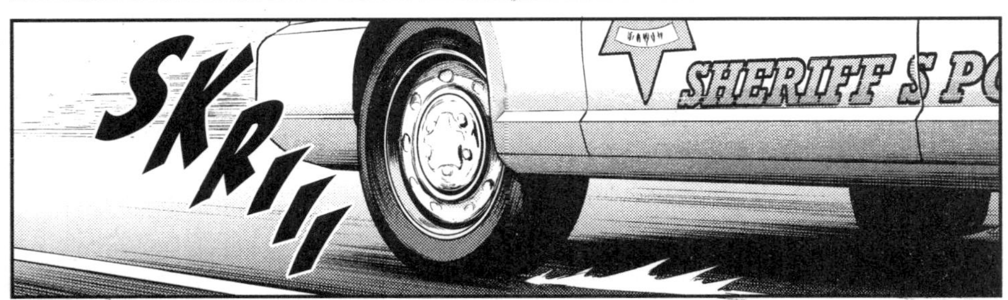
SKRIII
SHERIFF S PO
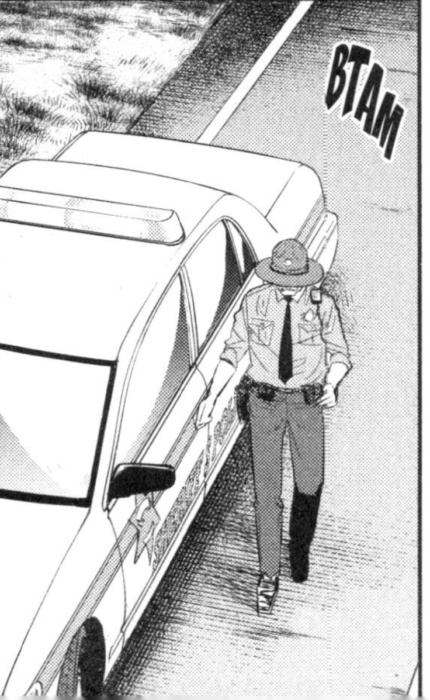
BTAM
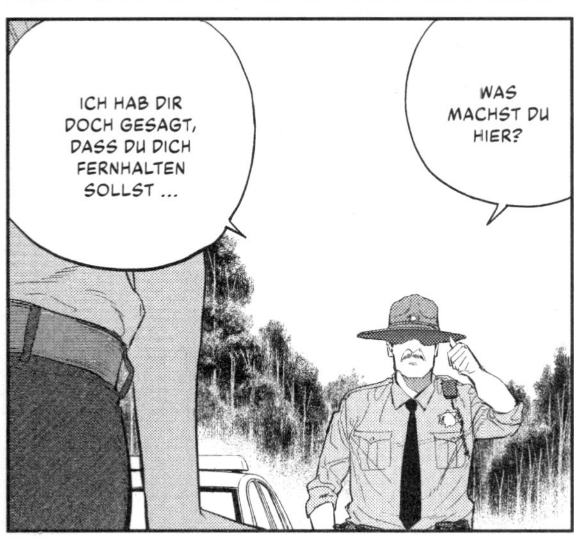
WAS MACHST DU HIER?
ICH HAB DIR DOCH GESAGT, DASS DU DICH FERNHALTEN SOLLST ...

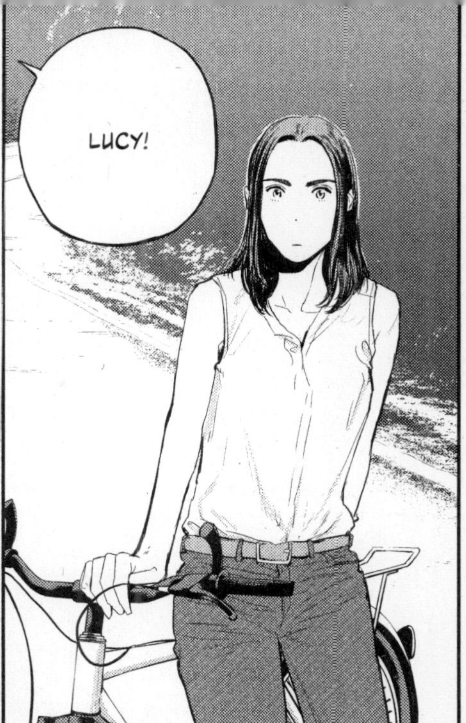
LUCY!

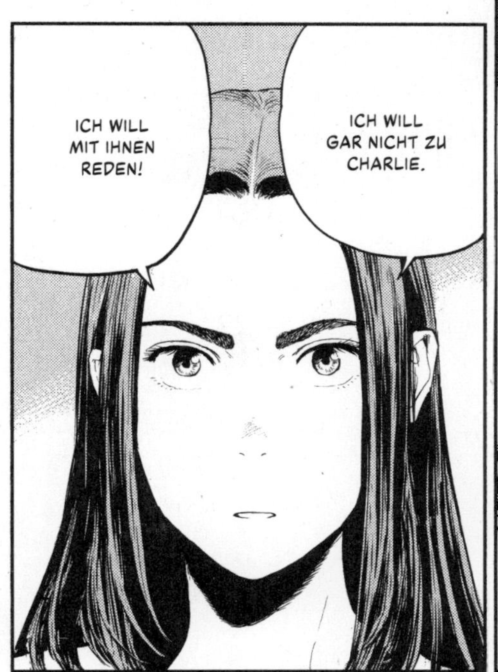
ICH WILL GAR NICHT ZU CHARLIE.
ICH WILL MIT IHNEN REDEN!

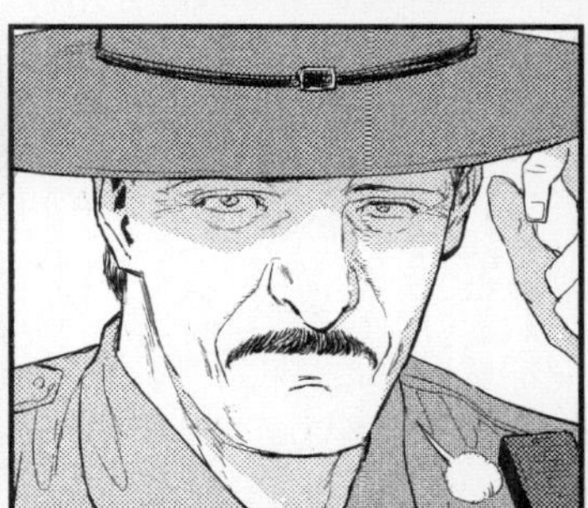

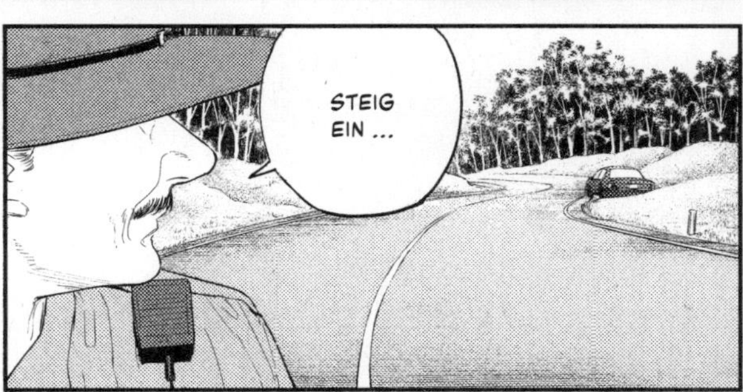
STEIG EIN ...

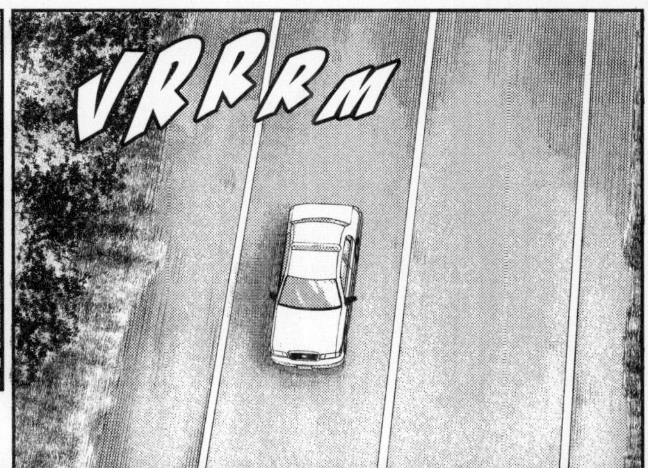
VRRRM

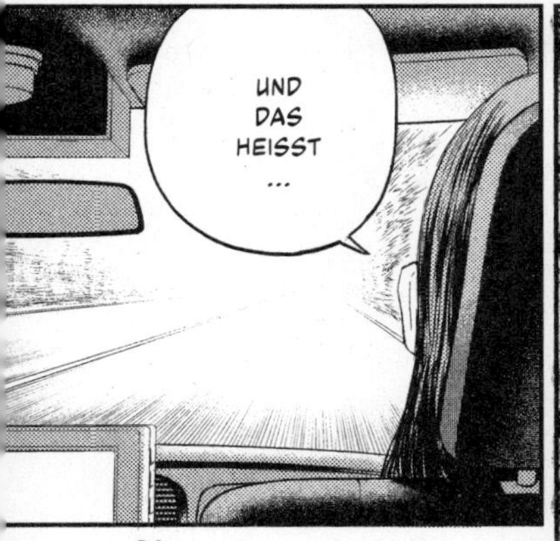
UND DAS HEISST ...

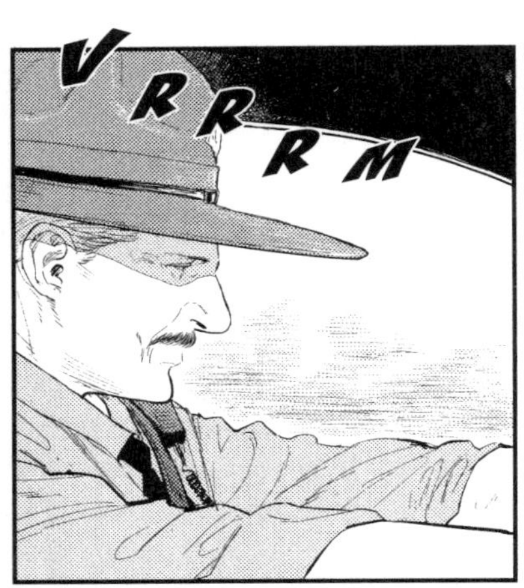
VRRRM

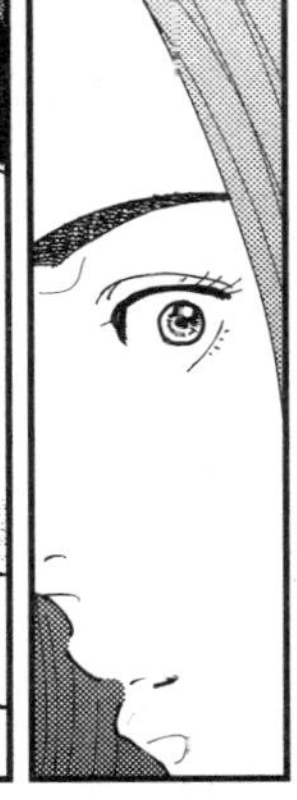

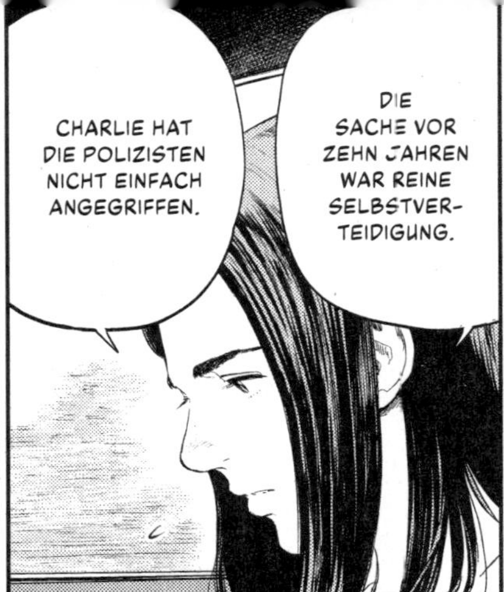
DIE SACHE VOR ZEHN JAHREN WAR REINE SELBSTVERTEIDIGUNG.
CHARLIE HAT DIE POLIZISTEN NICHT EINFACH ANGEGRIFFEN.

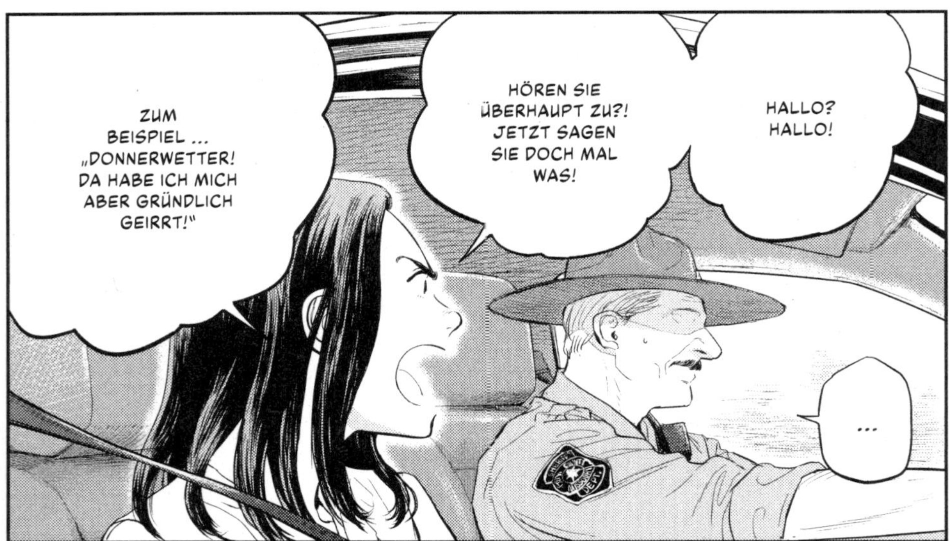
HALLO? HALLO!
HÖREN SIE ÜBERHAUPT ZU?! JETZT SAGEN SIE DOCH MAL WAS!
ZUM BEISPIEL ... „DONNERWETTER! DA HABE ICH MICH ABER GRÜNDLICH GEIRRT!“
...

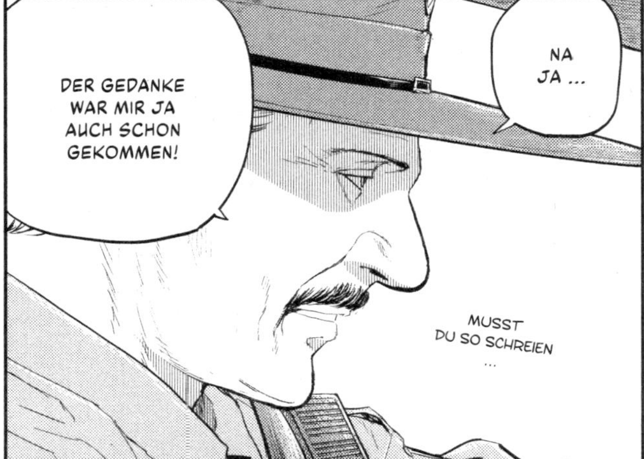
NA JA ...
DER GEDANKE WAR MIR JA AUCH SCHON GEKOMMEN!
MUSST DU SO SCHREIEN ...

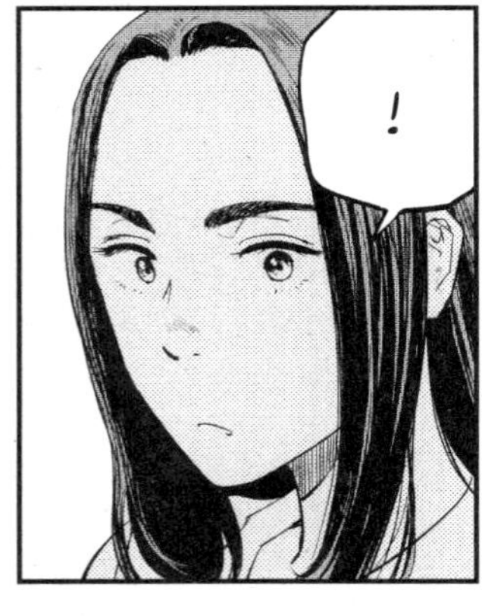
!

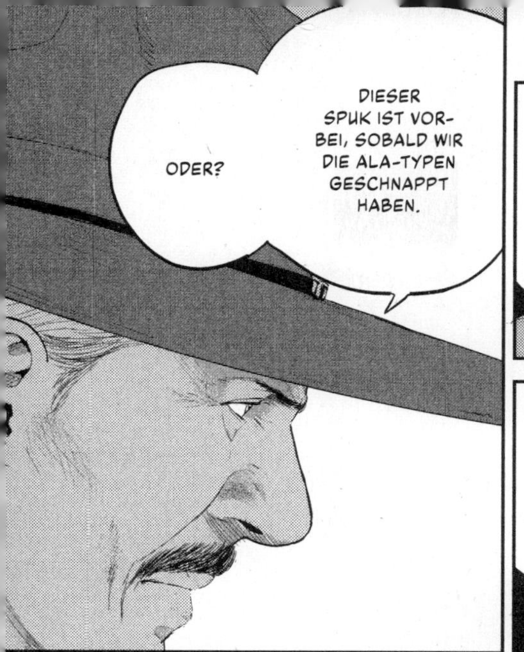
DIESER SPUK IST VORBEI, SOBALD WIR DIE ALA-TYPEN GESCHNAPPT HABEN.
ODER?

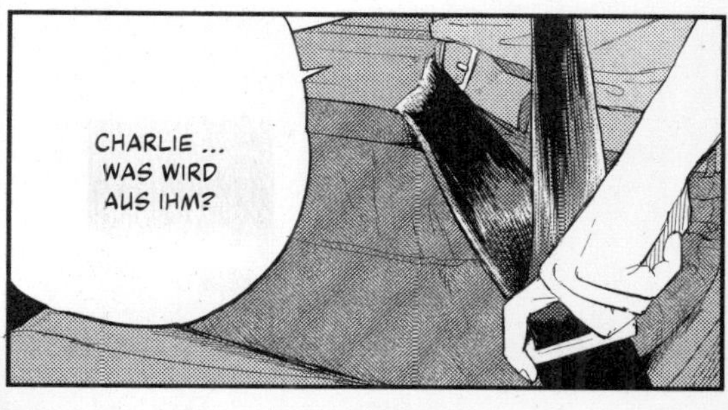
CHARLIE ... WAS WIRD AUS IHM?

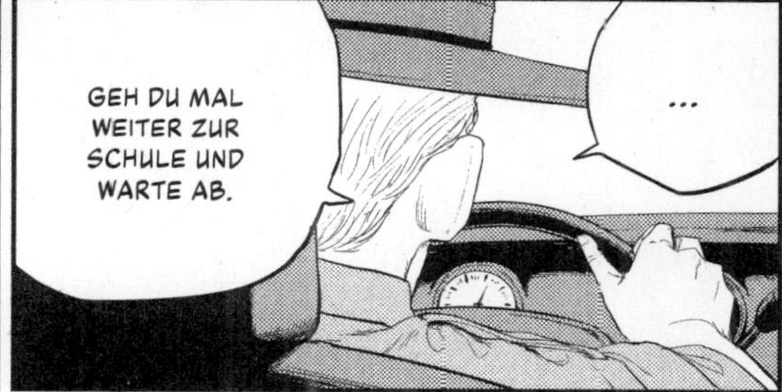
...
GEH DU MAL WEITER ZUR SCHULE UND WARTE AB.

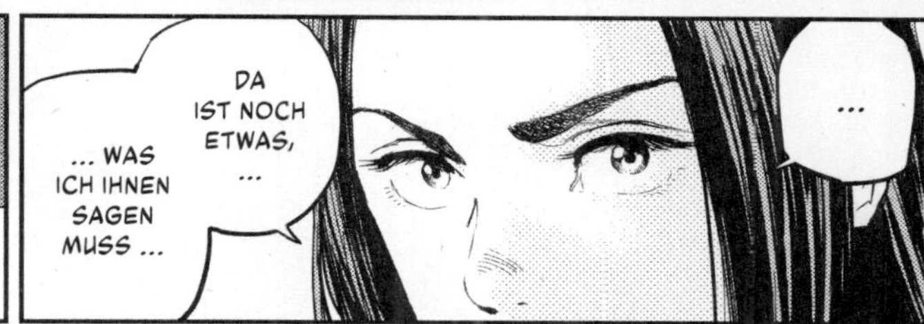
...
DA IST NOCH ETWAS, ...
... WAS ICH IHNEN SAGEN MUSS ...

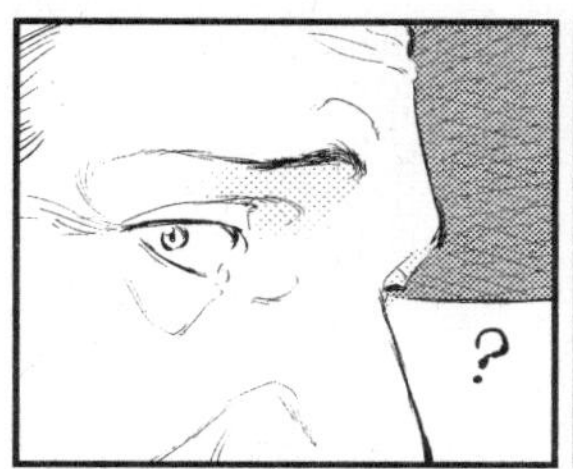
?

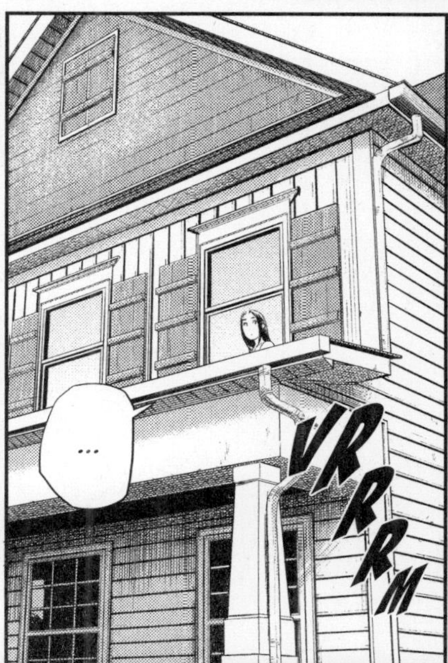
VRRRRM
...

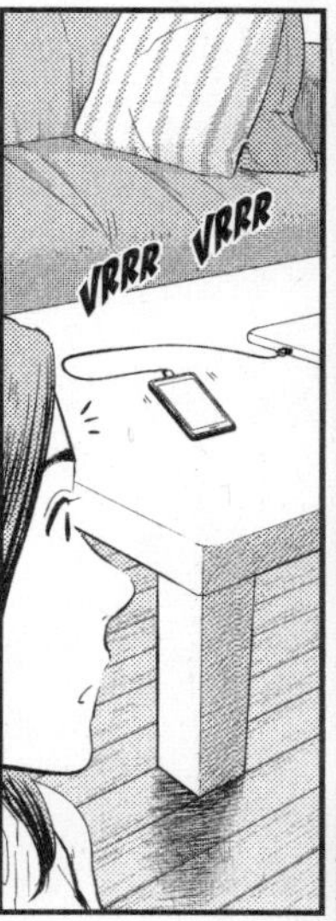
VRRR VRRR

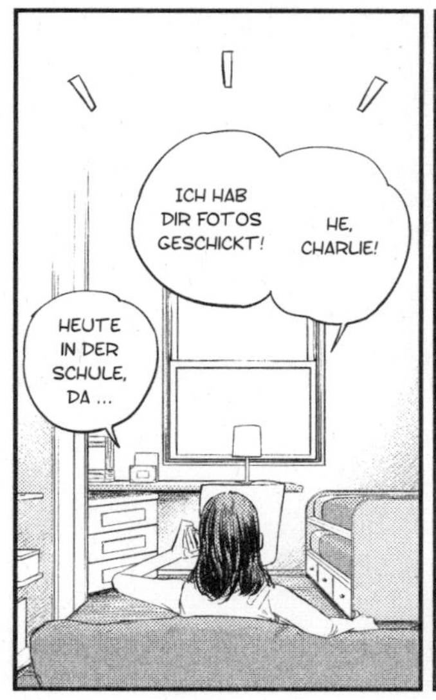
HE, CHARLIE!
ICH HAB DIR FOTOS GESCHICKT!
HEUTE IN DER SCHULE, DA ...

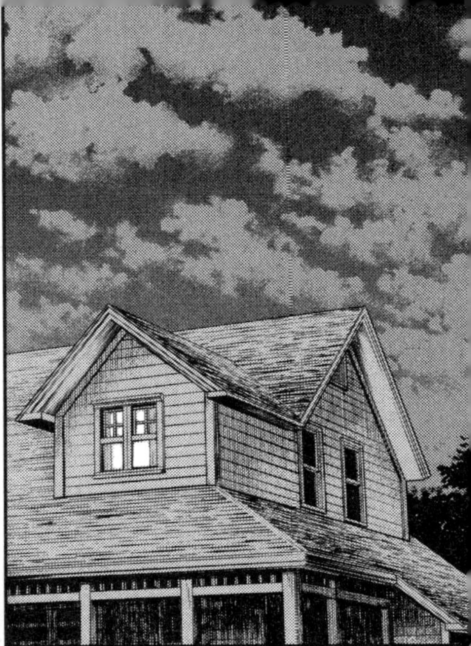

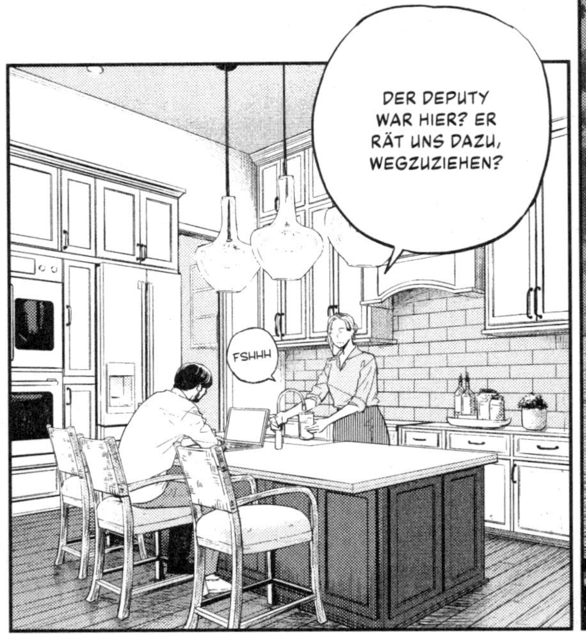
DER DEPUTY WAR HIER? ER RÄT UNS DAZU, WEGZUZIEHEN?
FSHHH

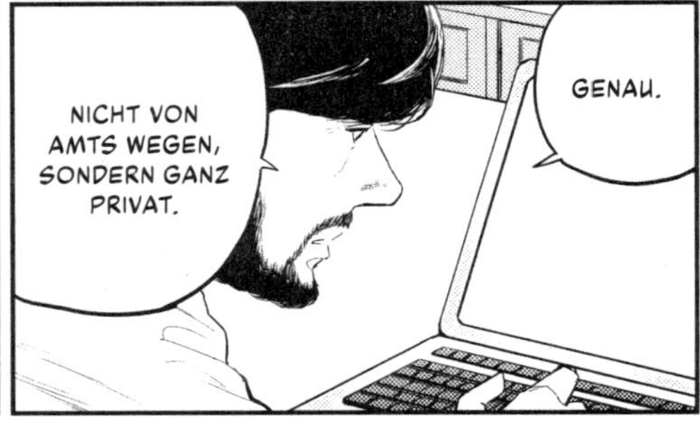
GENAU.
NICHT VON AMTS WEGEN, SONDERN GANZ PRIVAT.

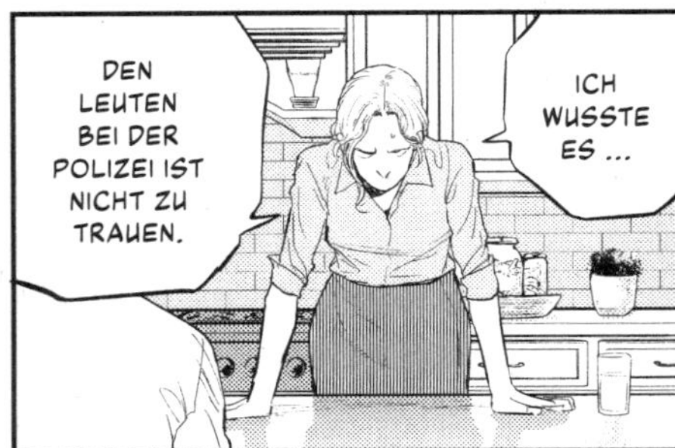
ICH WUSSTE ES ...
DEN LEUTEN BEI DER POLIZEI IST NICHT ZU TRAUEN.

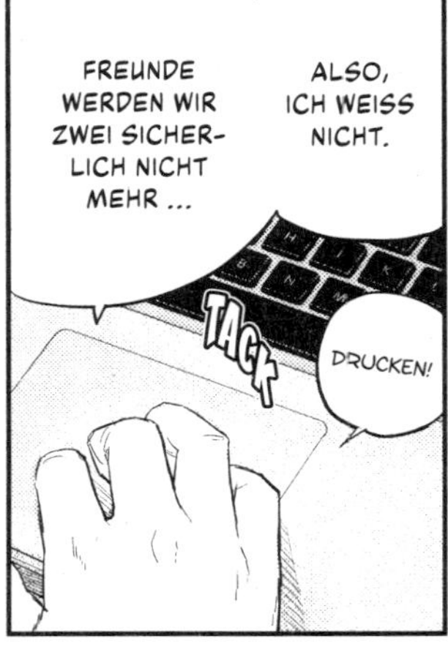
ALSO, ICH WEISS NICHT.
FREUNDE WERDEN WIR ZWEI SICHERLICH NICHT MEHR ...
TACK
DRUCKEN!

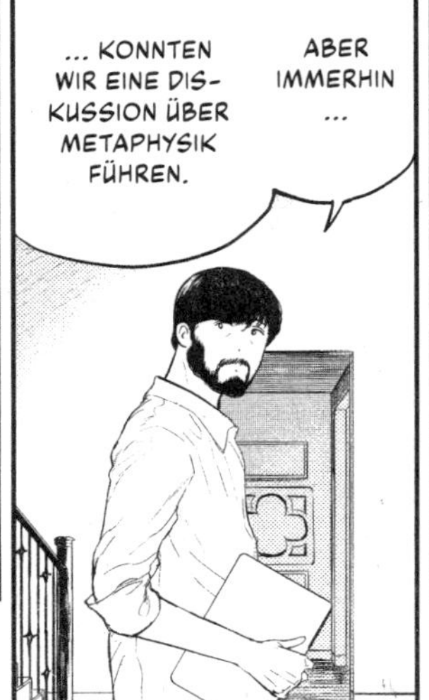
ABER IMMERHIN ...
... KONNTEN WIR EINE DISKUSSION ÜBER METAPHYSIK FÜHREN.

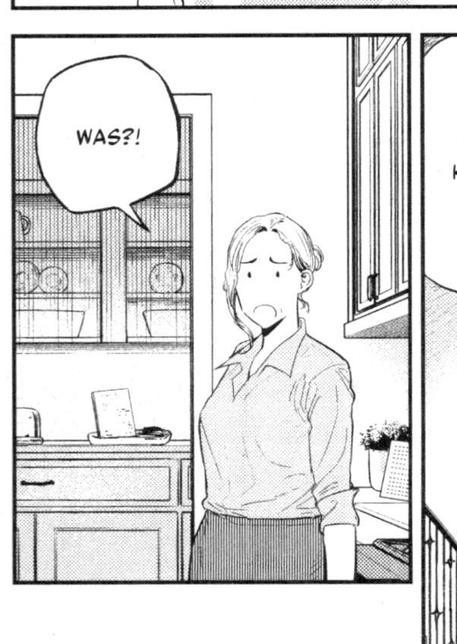
WAS?!

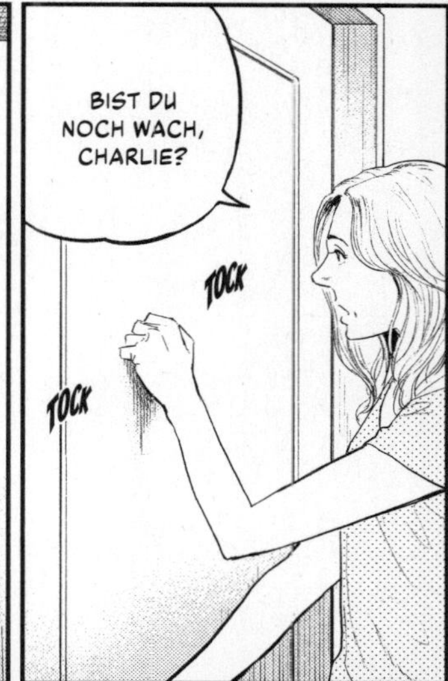

BIST DU NOCH WACH, CHARLIE?
TOCK
TOCK

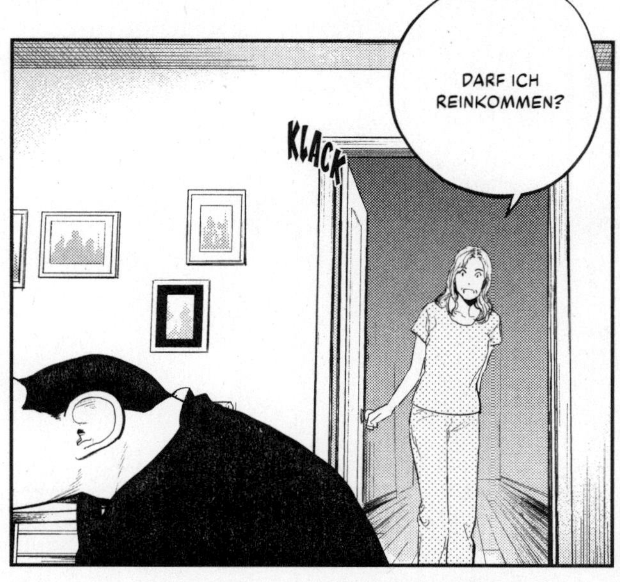

KLACK
DARF ICH REINKOMMEN?

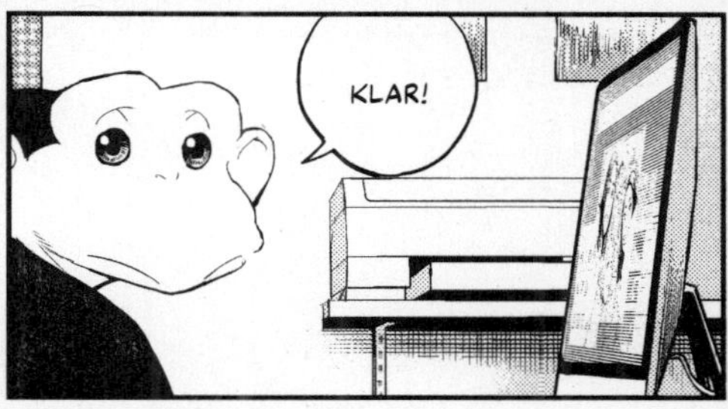

KLAR!

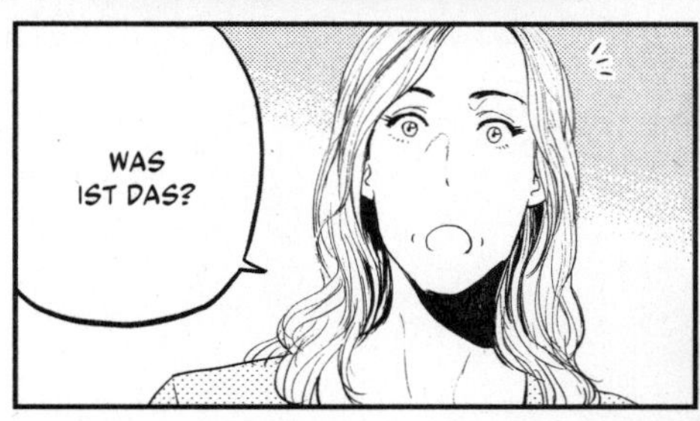

WAS IST DAS?

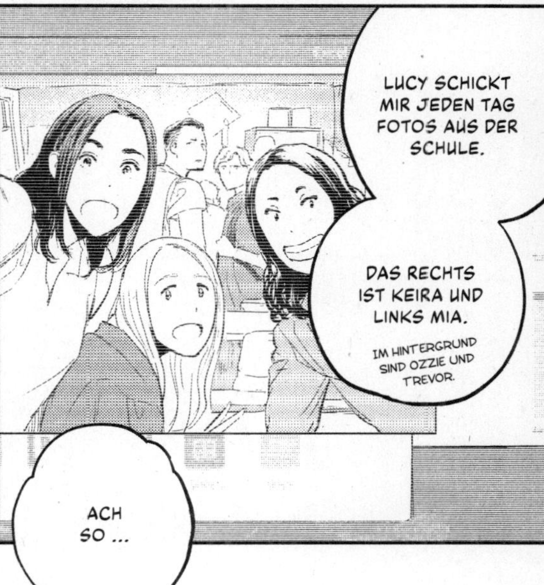

LUCY SCHICKT MIR JEDEN TAG FOTOS AUS DER SCHULE.
DAS RECHTS IST KEIRA UND LINKS MIA.
IM HINTERGRUND SIND OZZIE UND TREVOR.
ACH SO ...

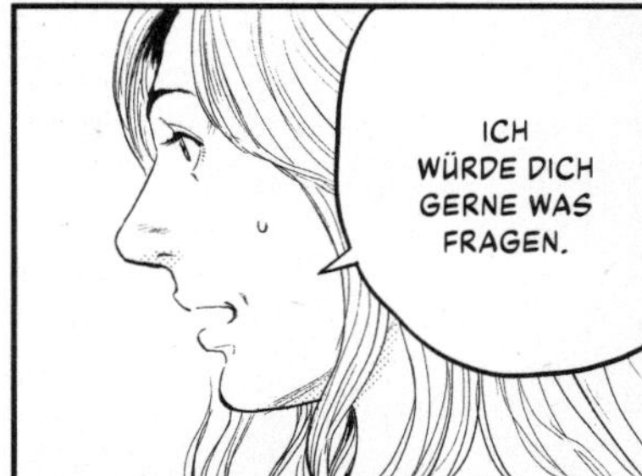

ICH WÜRDE DICH GERNE WAS FRAGEN.

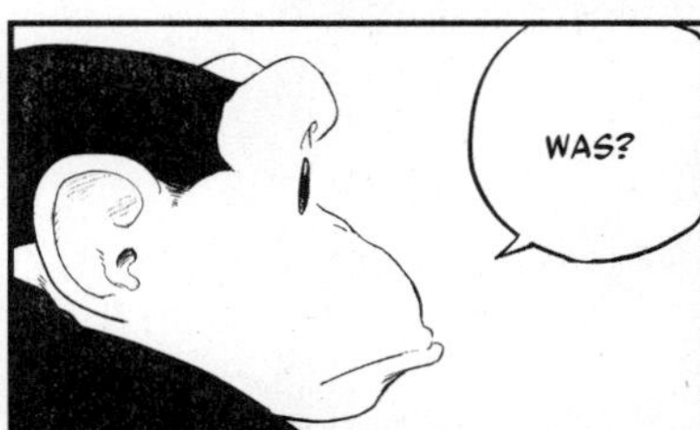

WAS?

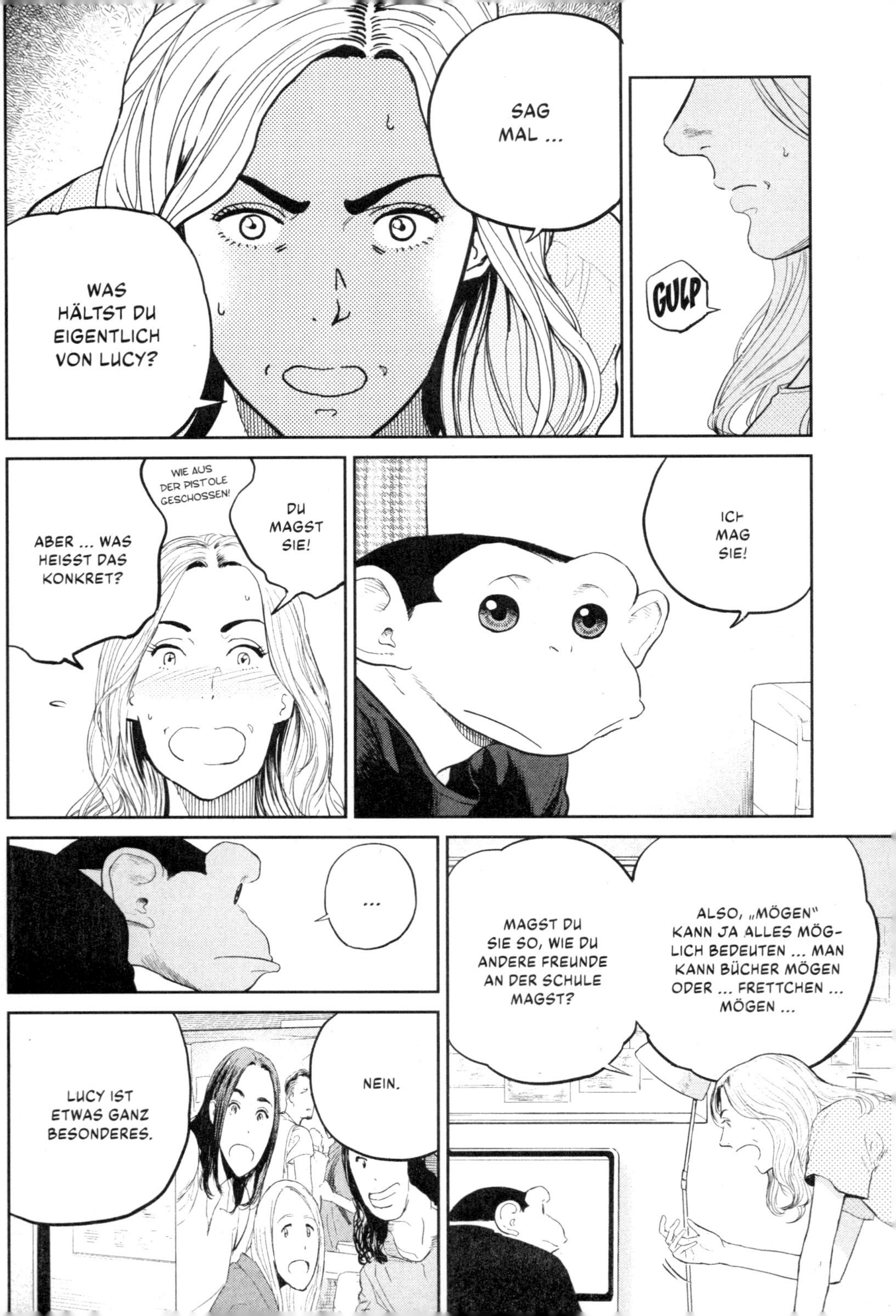

GULP

SAG MAL ...

WAS HÄLTST DU EIGENTLICH VON LUCY?

ICH MAG SIE!

DU MAGST SIE!

WIE AUS DER PISTOLE GESCHOSSEN!

ABER ... WAS HEISST DAS KONKRET?

ALSO, „MÖGEN" KANN JA ALLES MÖGLICH BEDEUTEN ... MAN KANN BÜCHER MÖGEN ODER ... FRETTCHEN ... MÖGEN ...

MAGST DU SIE SO, WIE DU ANDERE FREUNDE AN DER SCHULE MAGST?

...

NEIN.

LUCY IST ETWAS GANZ BESONDERES.

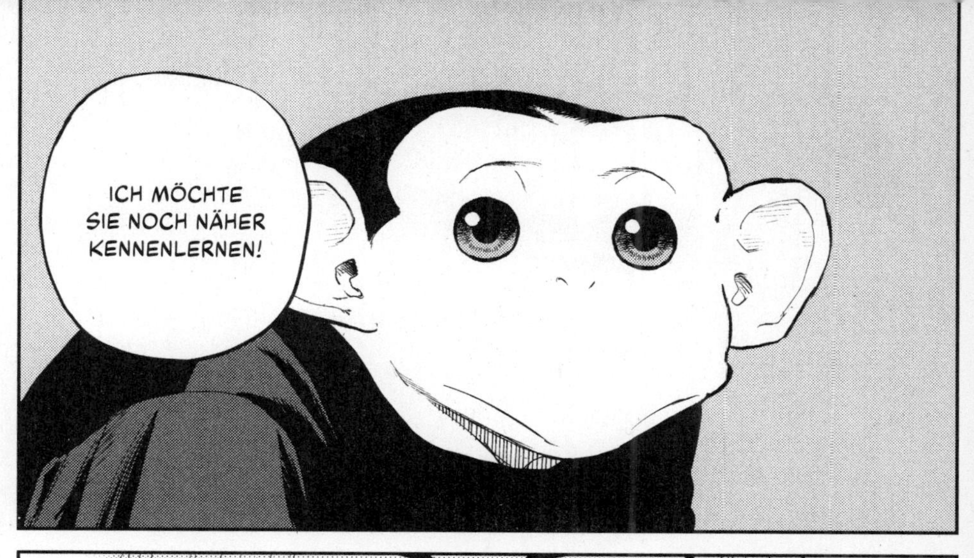
ICH MÖCHTE SIE NOCH NÄHER KENNENLERNEN!

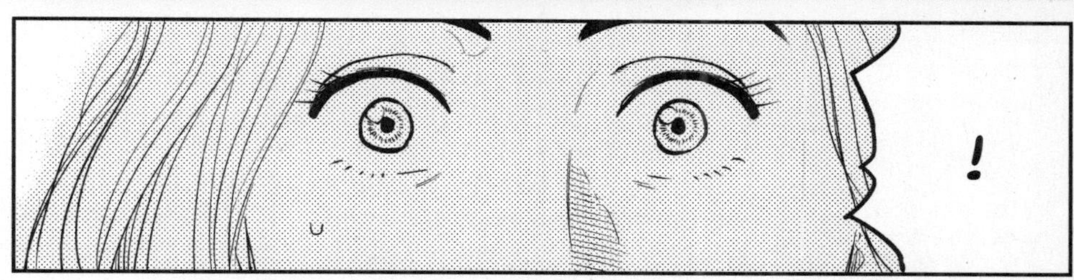
!

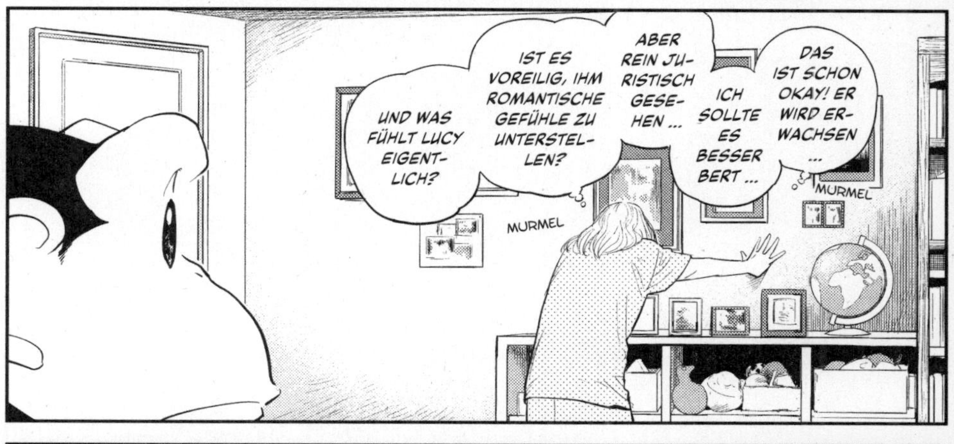
DAS IST SCHON OKAY! ER WIRD ER-WACHSEN ...
MURMEL
ICH SOLLTE ES BESSER BERT ...
ABER REIN JU-RISTISCH GESE-HEN ...
IST ES VOREILIG, IHM ROMANTISCHE GEFÜHLE ZU UNTERSTEL-LEN?
MURMEL
UND WAS FÜHLT LUCY EIGENT-LICH?

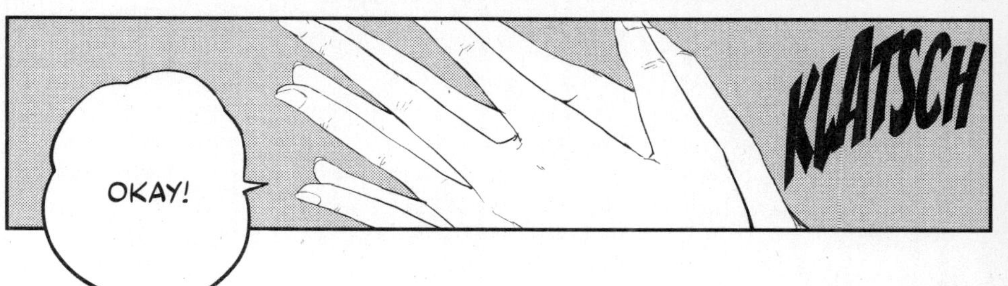
KLATSCH
OKAY!

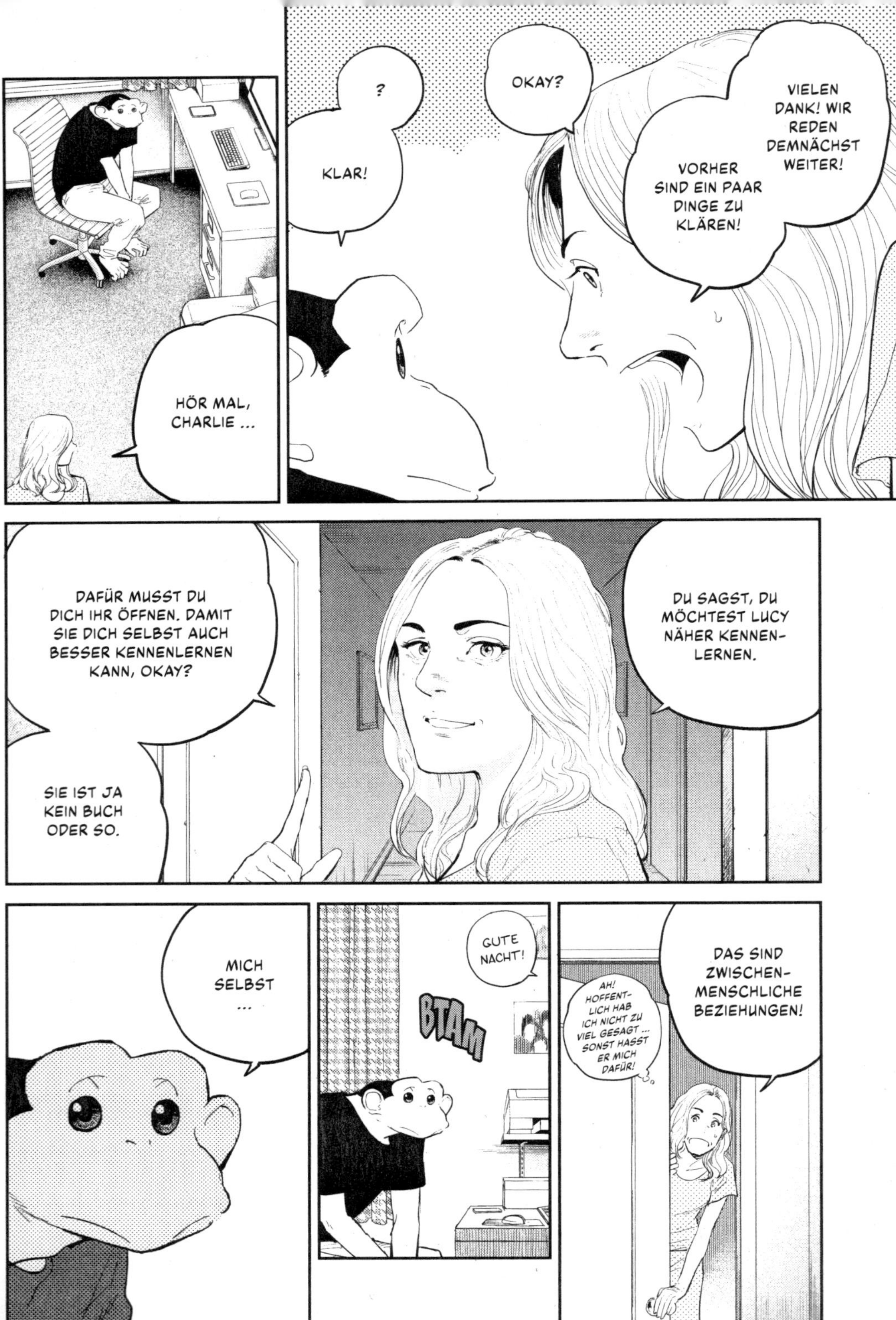

VIELEN DANK! WIR REDEN DEMNÄCHST WEITER!
VORHER SIND EIN PAAR DINGE ZU KLÄREN!
OKAY?
?
KLAR!
HÖR MAL, CHARLIE ...

DU SAGST, DU MÖCHTEST LUCY NÄHER KENNEN-LERNEN.
DAFÜR MUSST DU DICH IHR ÖFFNEN. DAMIT SIE DICH SELBST AUCH BESSER KENNENLERNEN KANN, OKAY?
SIE IST JA KEIN BUCH ODER SO.

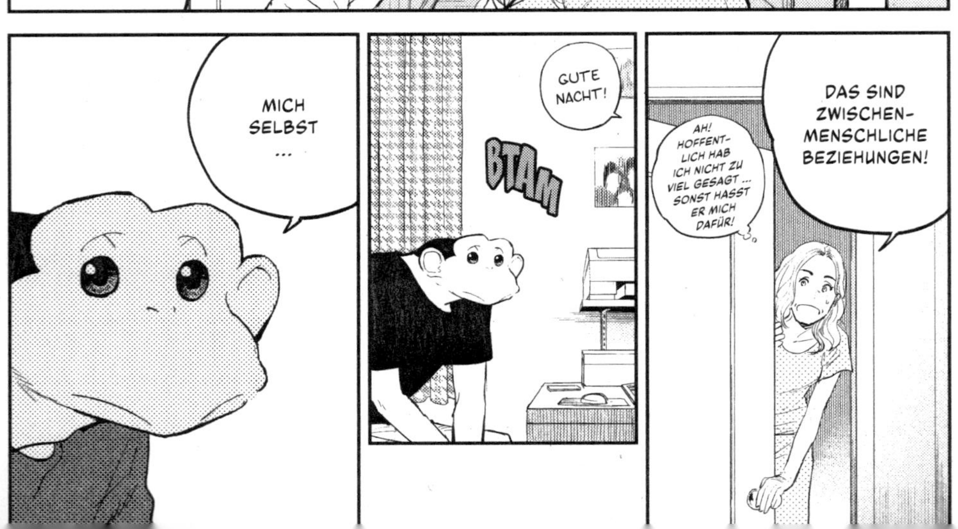

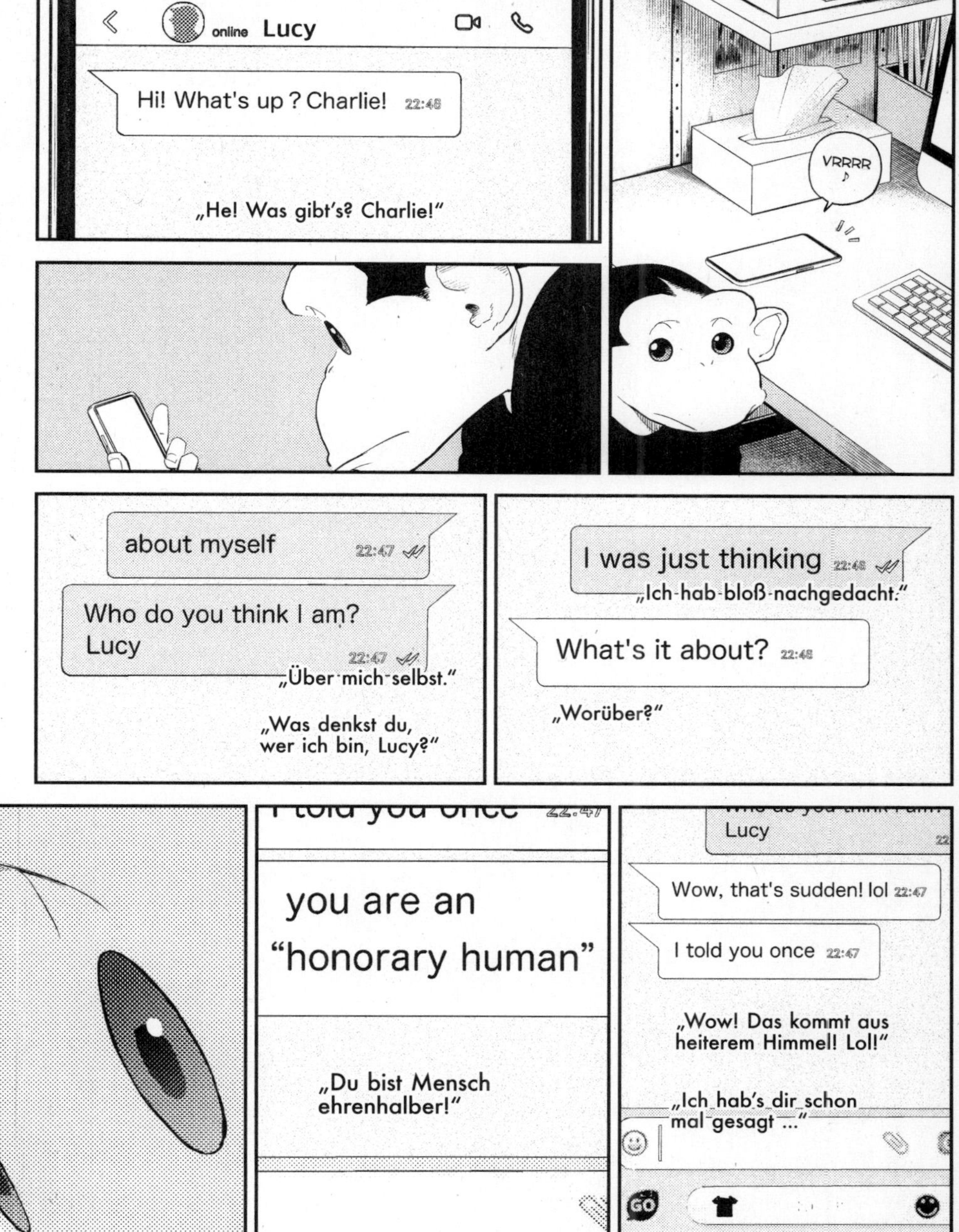

VRRRR ♪
online Lucy
Hi! What's up ? Charlie! 22:46
„He! Was gibt's? Charlie!"
I was just thinking 22:46
„Ich hab bloß nachgedacht."
What's it about? 22:46
„Worüber?"
about myself 22:47
Who do you think I am? Lucy 22:47
„Über mich selbst."
„Was denkst du, wer ich bin, Lucy?"
Lucy
Wow, that's sudden! lol 22:47
I told you once 22:47
„Wow! Das kommt aus heiterem Himmel! Lol!"
„Ich hab's dir schon mal gesagt ..."
QWERTYUI
you are an "honorary human"
„Du bist Mensch ehrenhalber!"

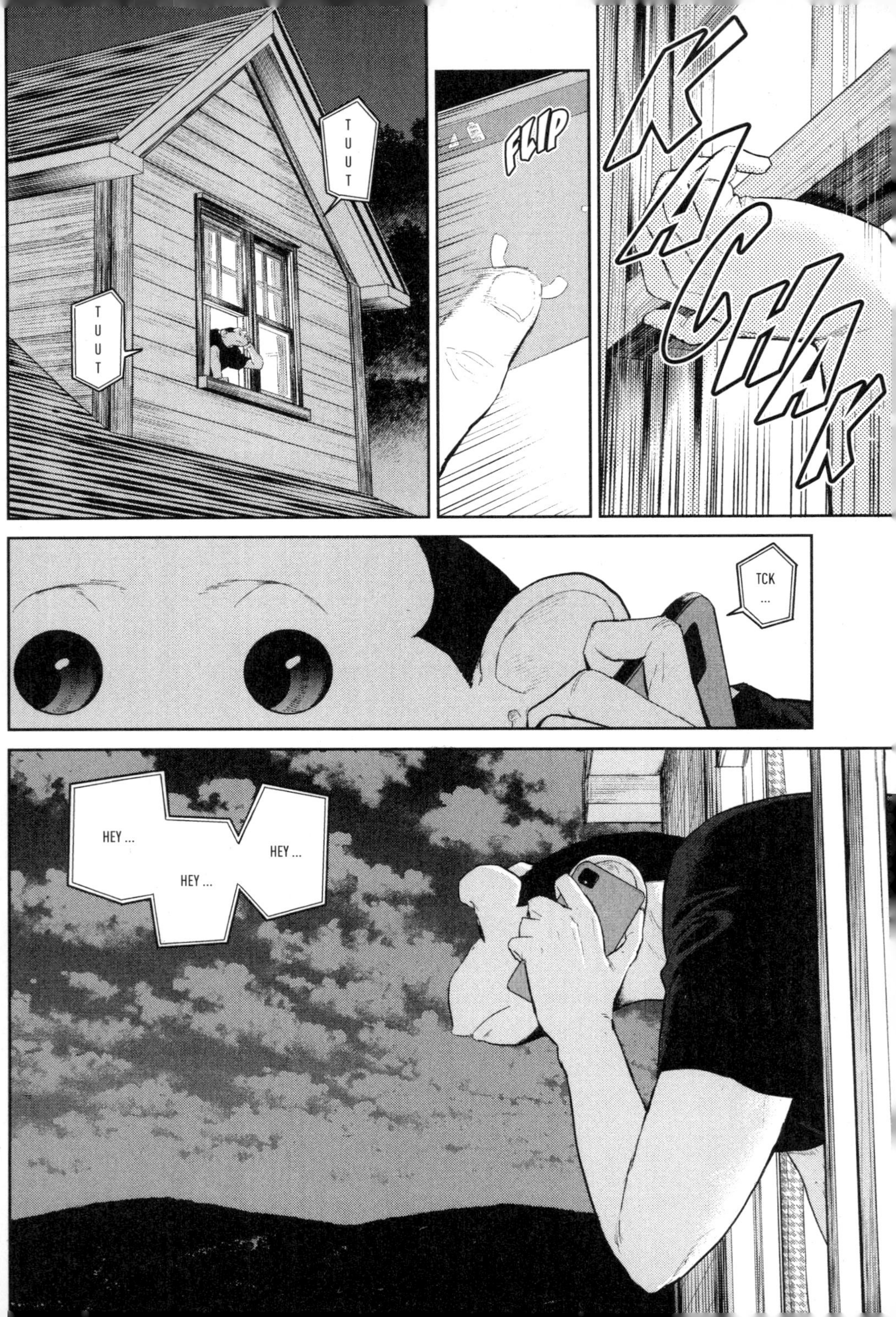

TUUT

TUUT

FLIP

K'ACHAK

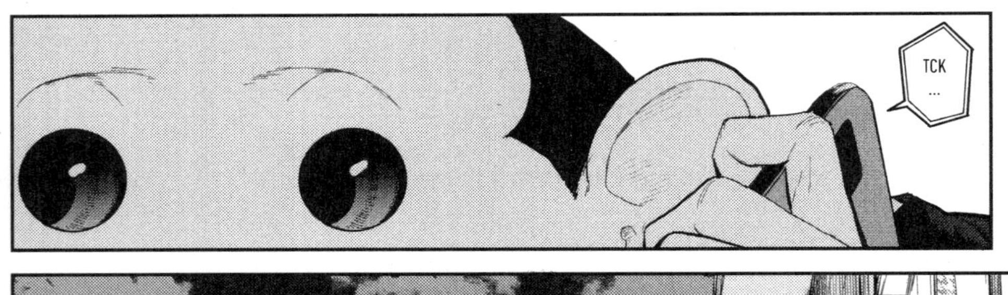

HEY ...

HEY ...

HEY ...

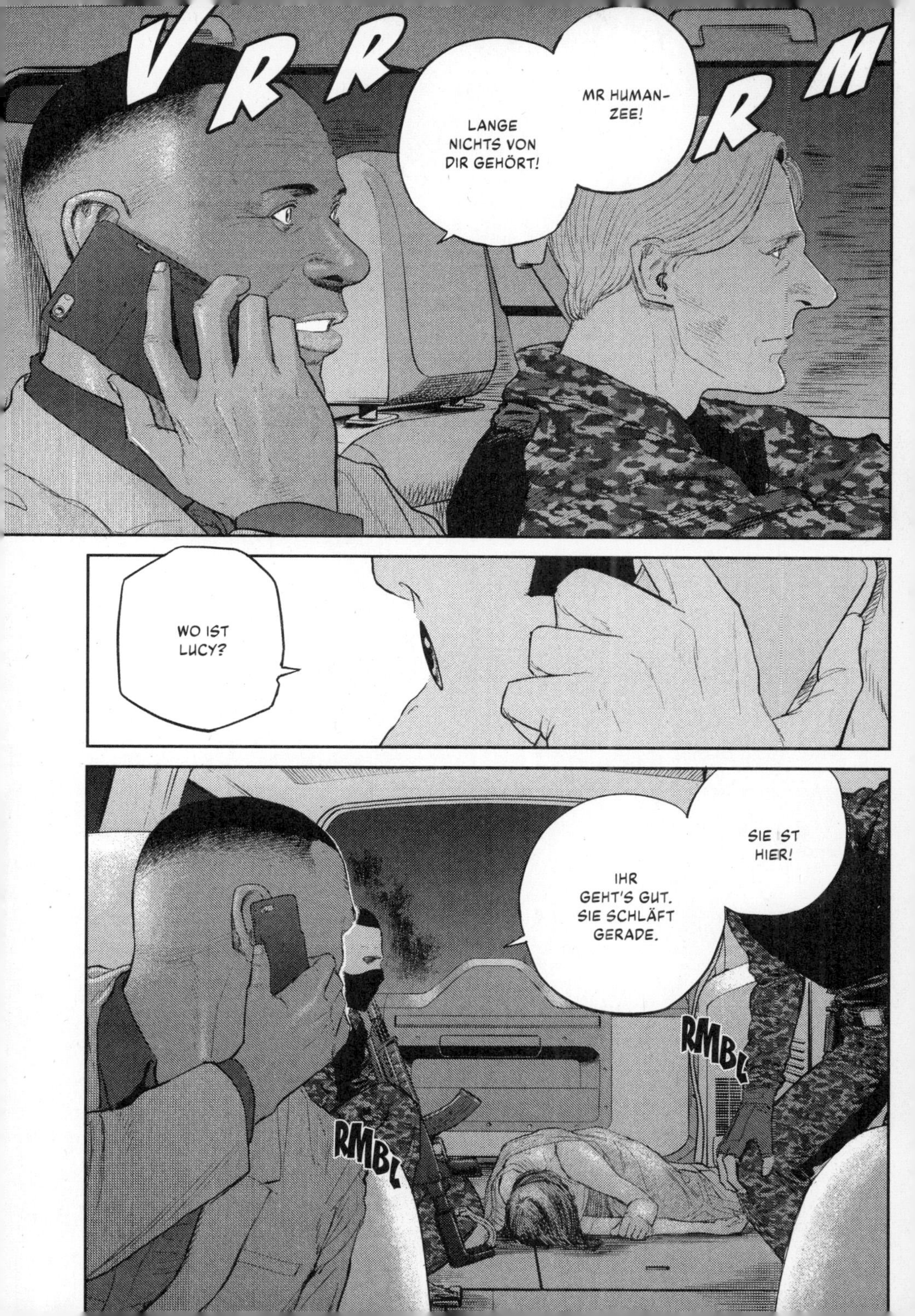

VRRRM

MR HUMAN-ZEE!

LANGE NICHTS VON DIR GEHÖRT!

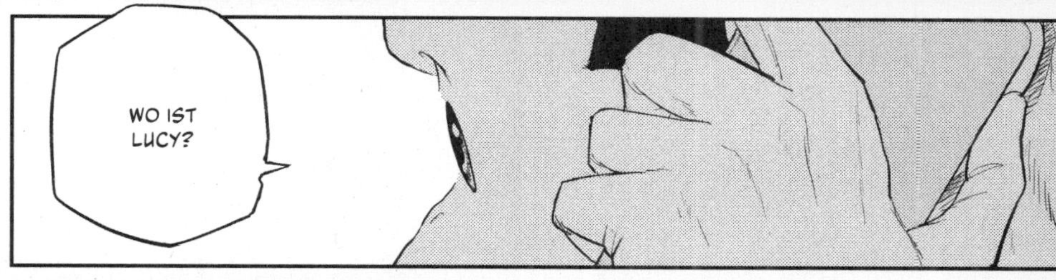

SIE IST HIER!

IHR GEHT'S GUT. SIE SCHLÄFT GERADE.

RMBL

RMBL

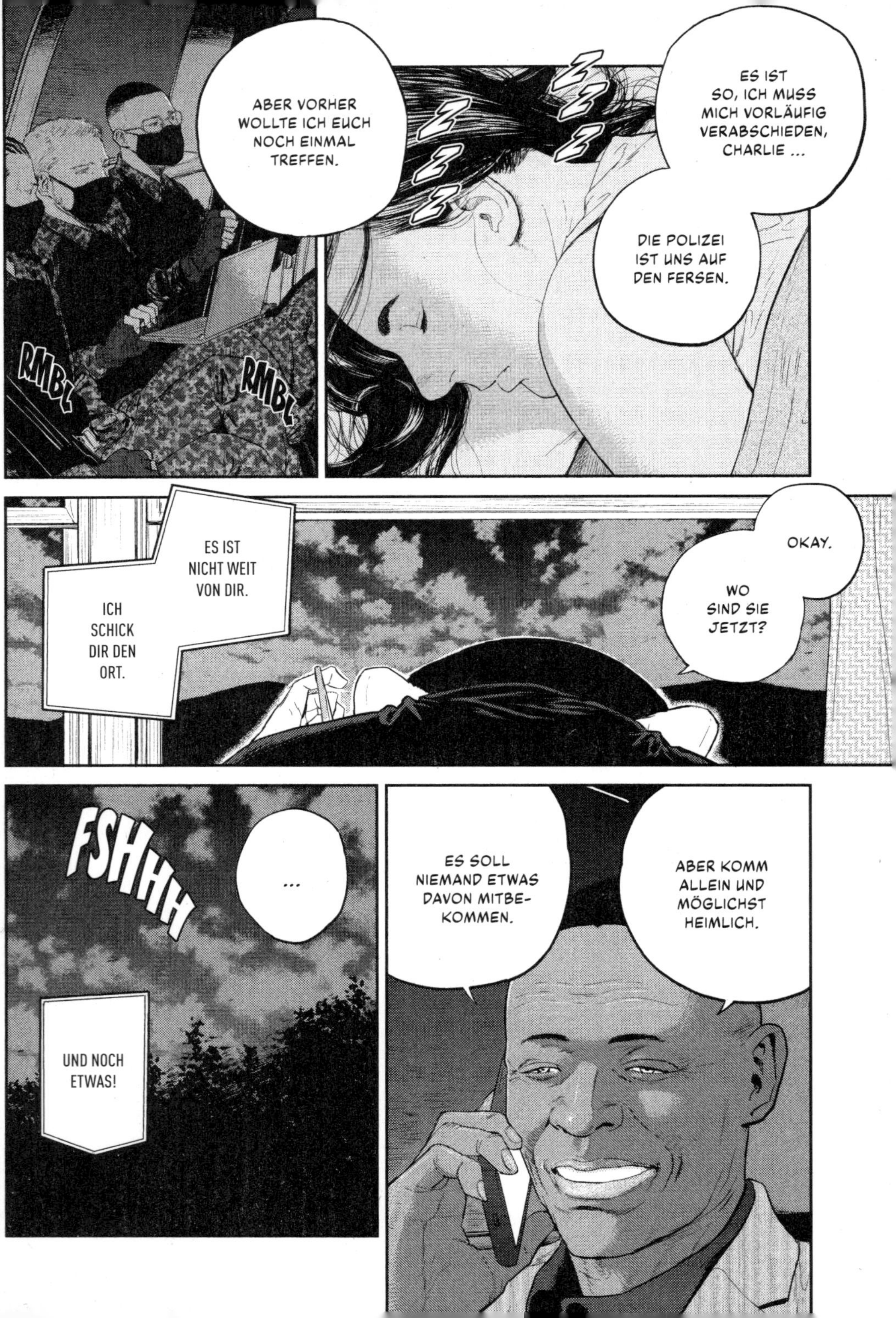

ES IST SO, ICH MUSS MICH VORLÄUFIG VERABSCHIEDEN, CHARLIE ...

DIE POLIZEI IST UNS AUF DEN FERSEN.

ZZZZZ

ABER VORHER WOLLTE ICH EUCH NOCH EINMAL TREFFEN.

RMBL

RMBL

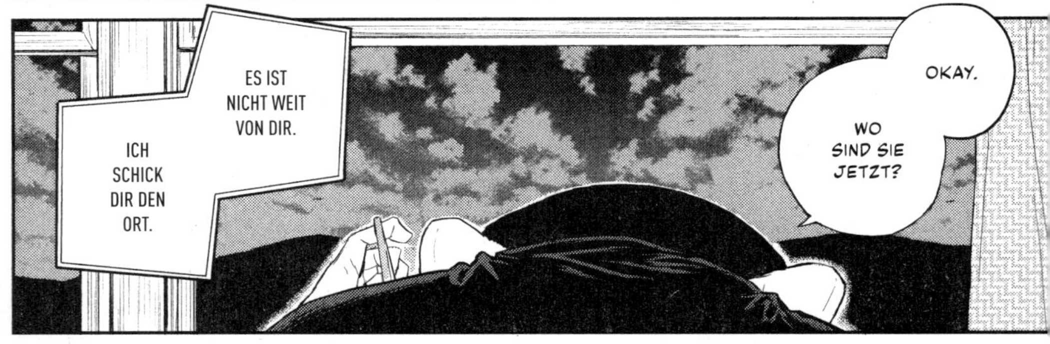

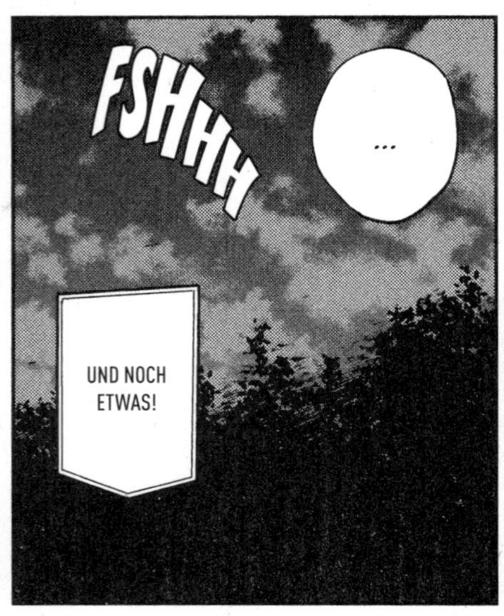

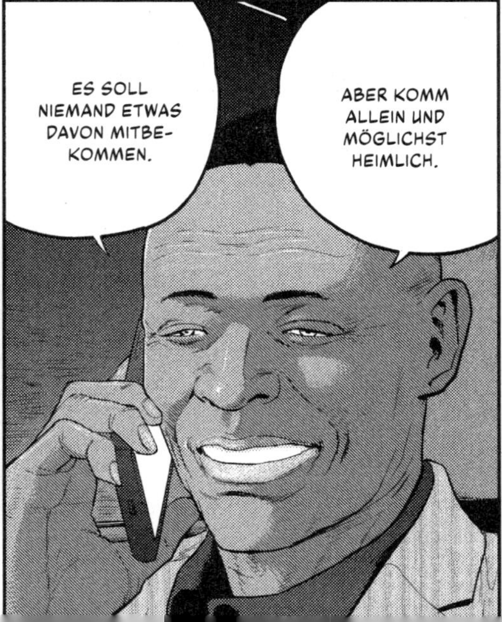

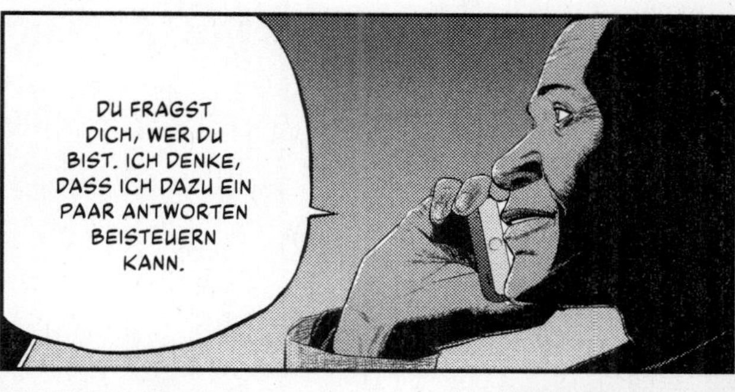
DU FRAGST DICH, WER DU BIST. ICH DENKE, DASS ICH DAZU EIN PAAR ANTWORTEN BEISTEUERN KANN.

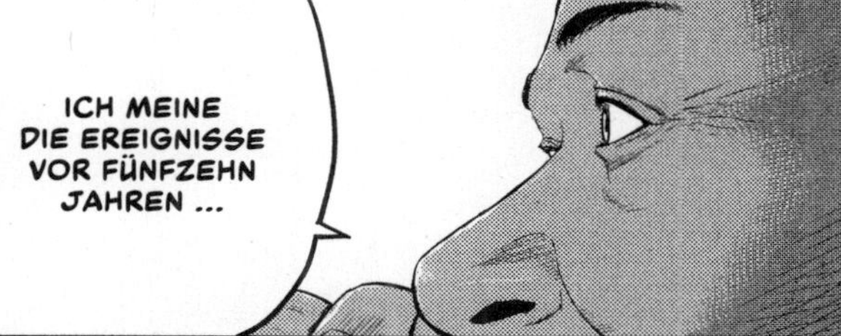
ICH MEINE DIE EREIGNISSE VOR FÜNFZEHN JAHREN ...

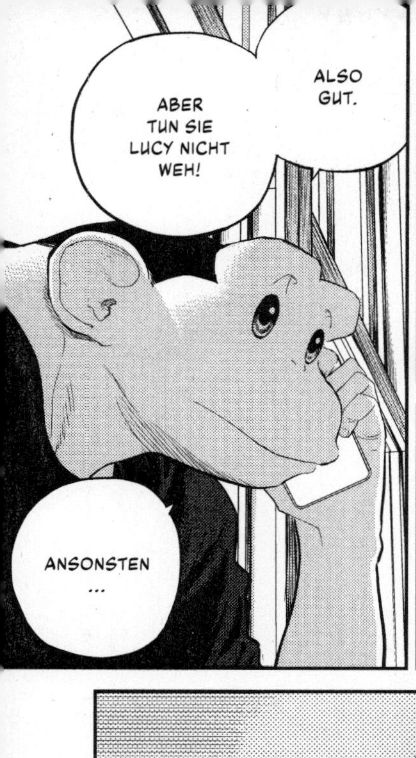
ALSO GUT.
ABER TUN SIE LUCY NICHT WEH!
ANSONSTEN ...

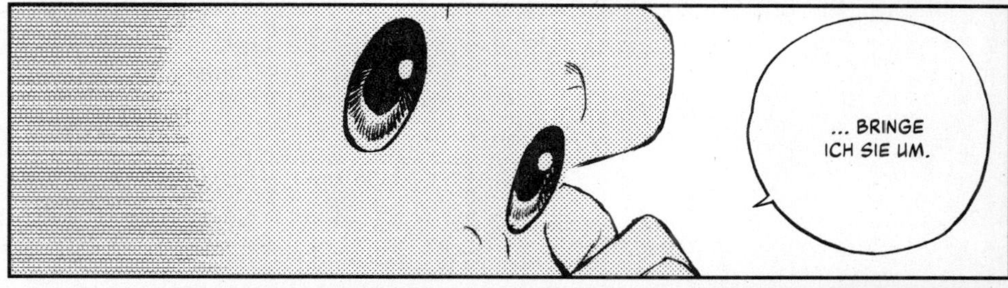
... BRINGE ICH SIE UM.

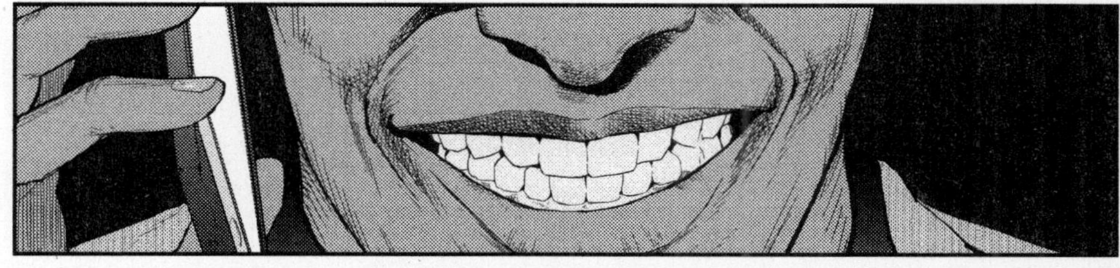

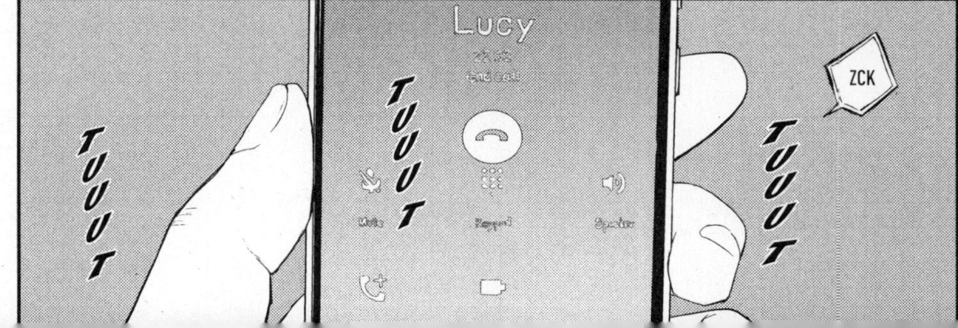
ZCK
TUUUT
Lucy
TUUUT
TUUUT

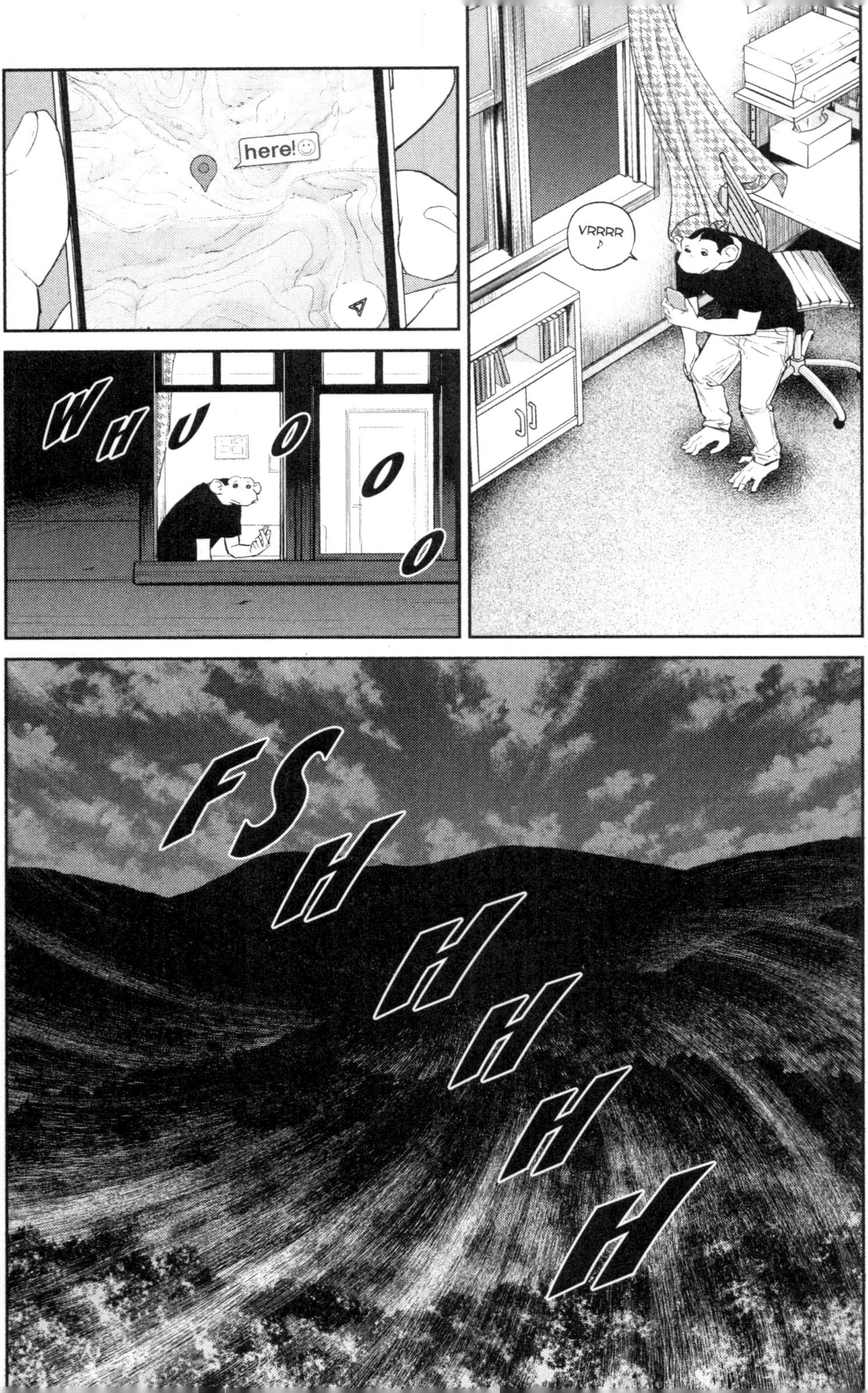

VRRRR ♪

here!☺

WHUOOO

FSHHHHH

KAPITEL 14 – ENDE

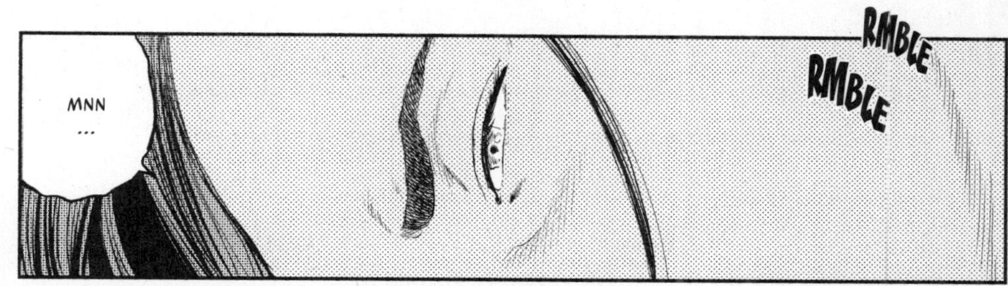
MNN
...
RMBLE
RMBLE

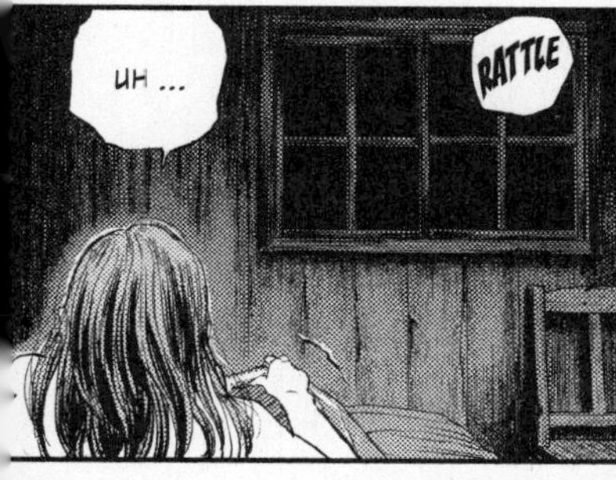
UH ...
RATTLE

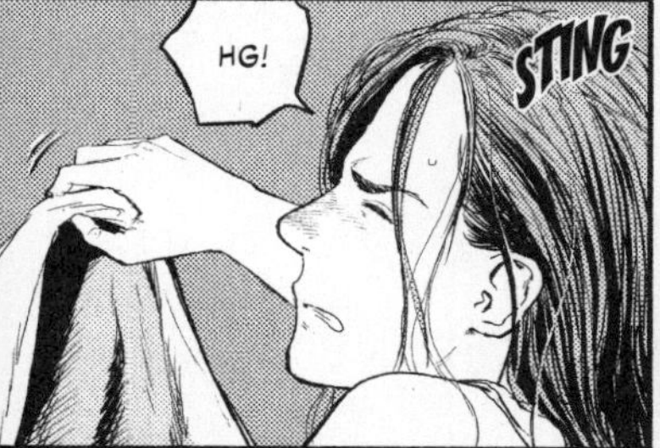
HG!
STING

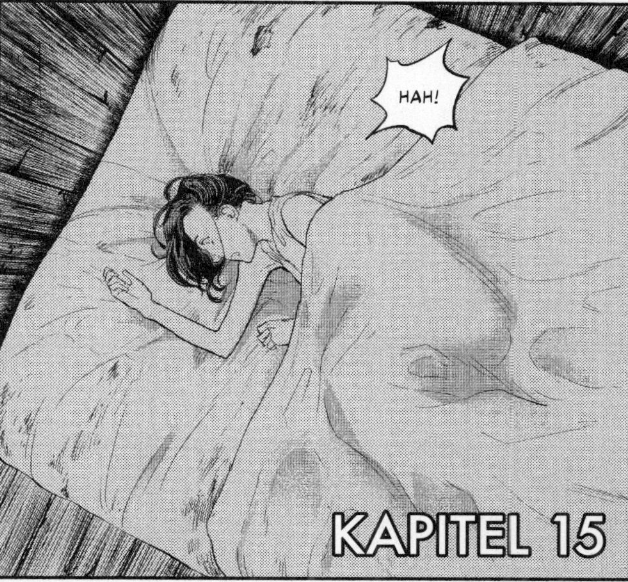
HAH!
KAPITEL 15

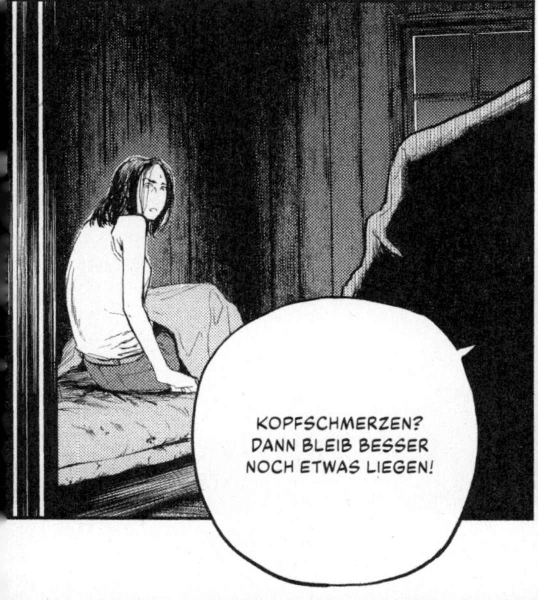
KOPFSCHMERZEN? DANN BLEIB BESSER NOCH ETWAS LIEGEN!

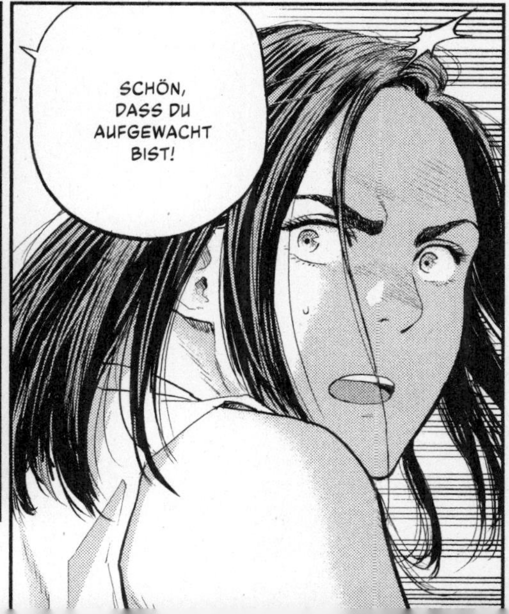
SCHÖN, DASS DU AUFGEWACHT BIST!

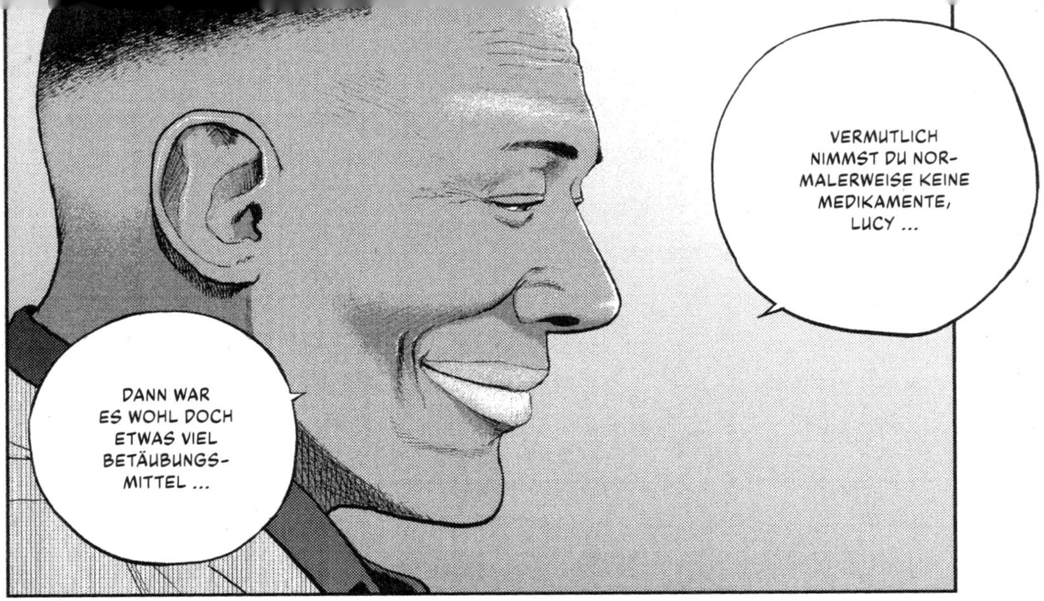

VERMUTLICH NIMMST DU NOR-MALERWEISE KEINE MEDIKAMENTE, LUCY ...

DANN WAR ES WOHL DOCH ETWAS VIEL BETÄUBUNGS-MITTEL ...

KAPITEL 15 / IN BLAUBARTS BURG ①

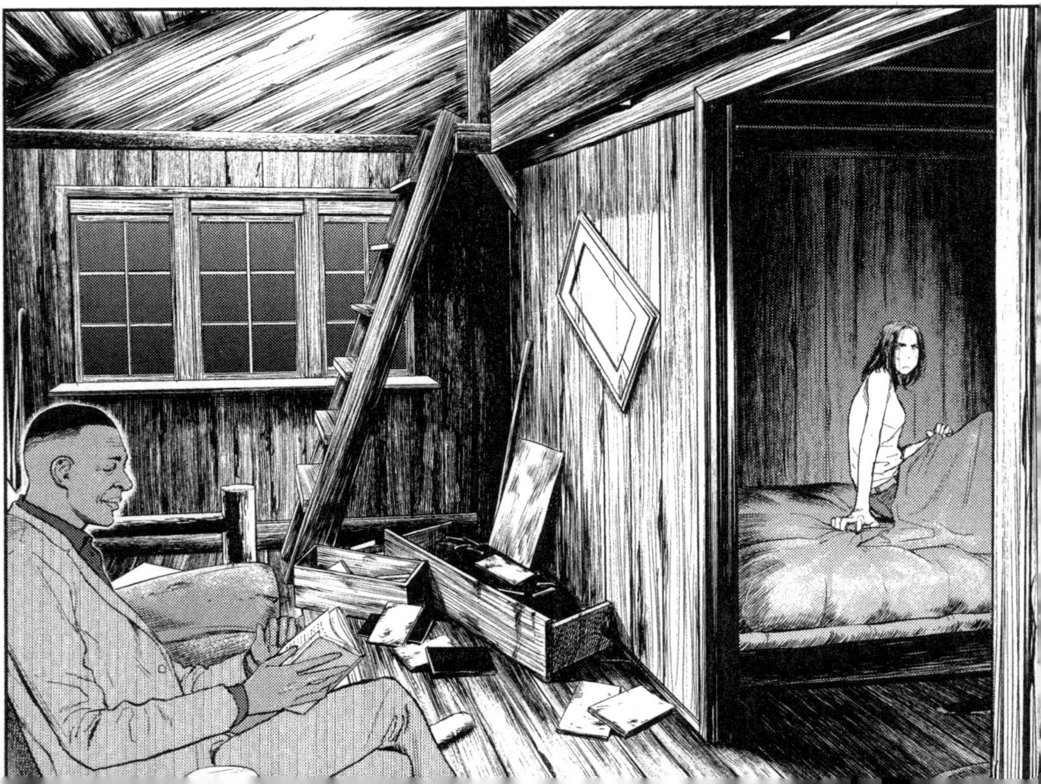

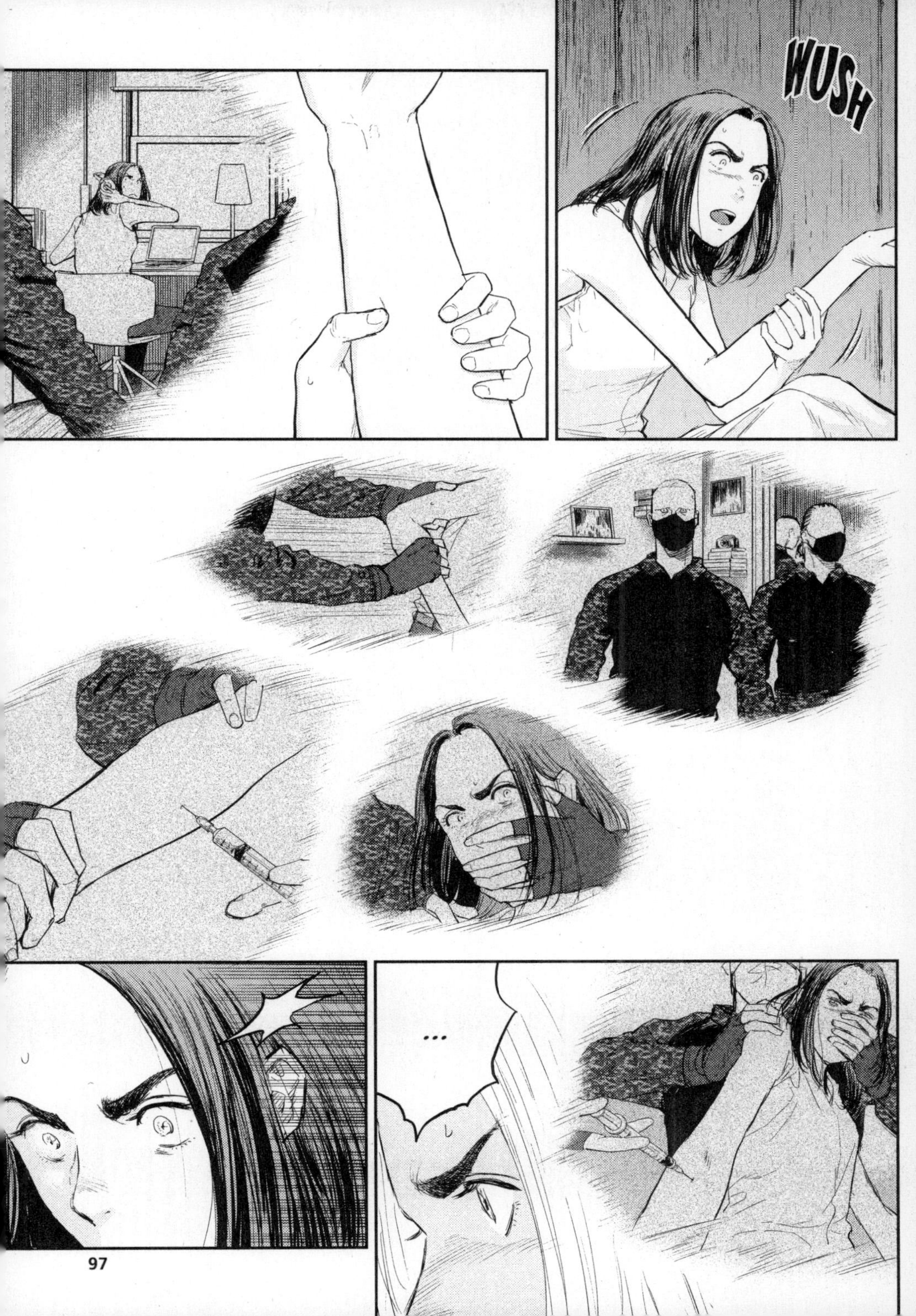
WUSH
...

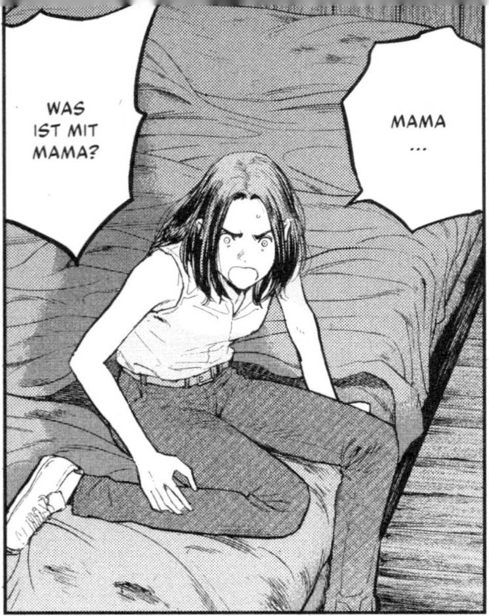
MAMA ...
WAS IST MIT MAMA?

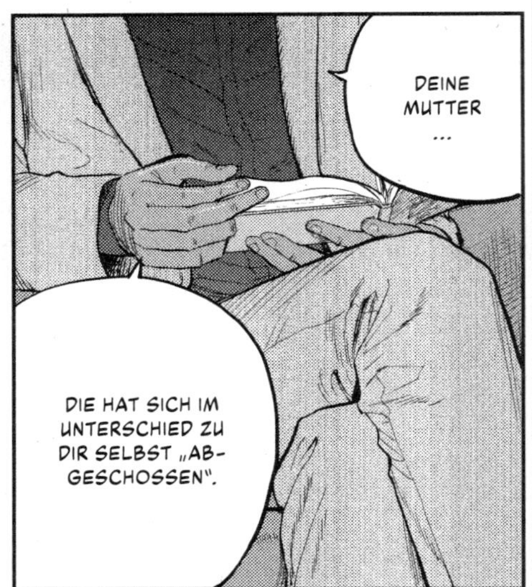
DEINE MUTTER ...
DIE HAT SICH IM UNTERSCHIED ZU DIR SELBST „ABGESCHOSSEN".

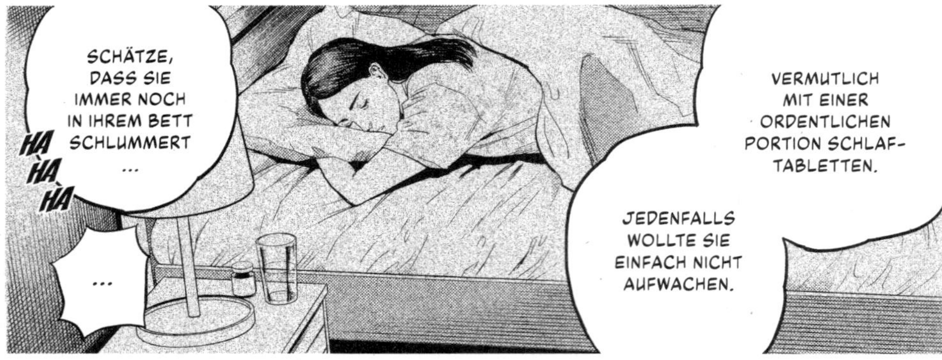
SCHÄTZE, DASS SIE IMMER NOCH IN IHREM BETT SCHLUMMERT ...
HA HA HA
VERMUTLICH MIT EINER ORDENTLICHEN PORTION SCHLAFTABLETTEN.
JEDENFALLS WOLLTE SIE EINFACH NICHT AUFWACHEN.
...

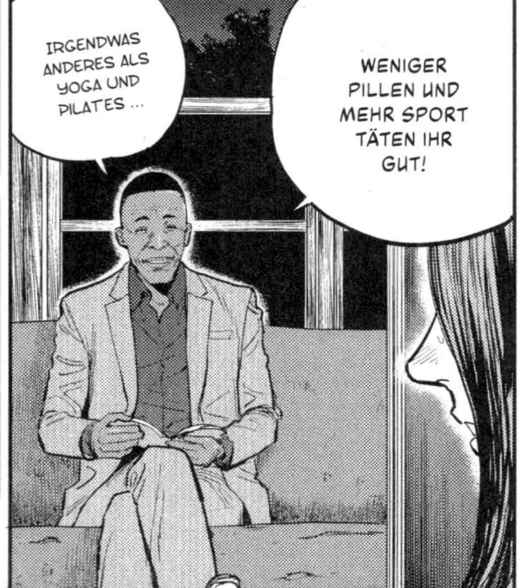
WENIGER PILLEN UND MEHR SPORT TÄTEN IHR GUT!
IRGENDWAS ANDERES ALS YOGA UND PILATES ...

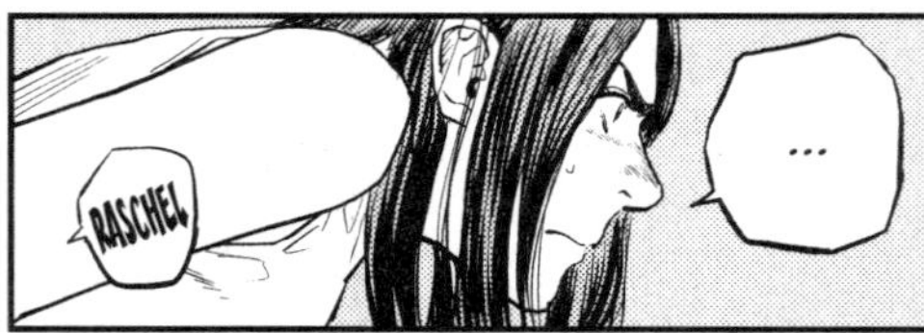
...
RASCHEL

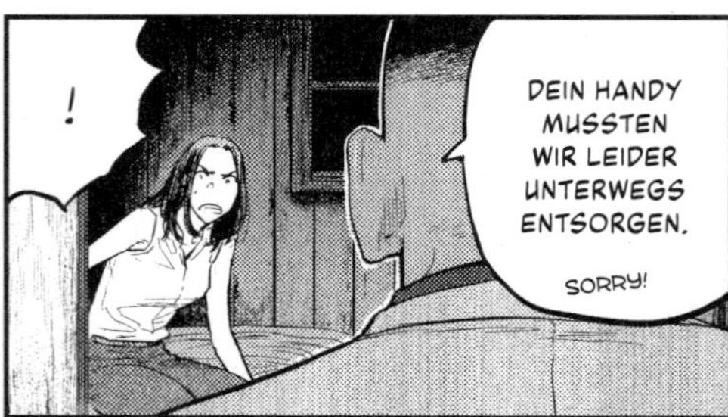
DEIN HANDY MUSSTEN WIR LEIDER UNTERWEGS ENTSORGEN.
SORRY!
!

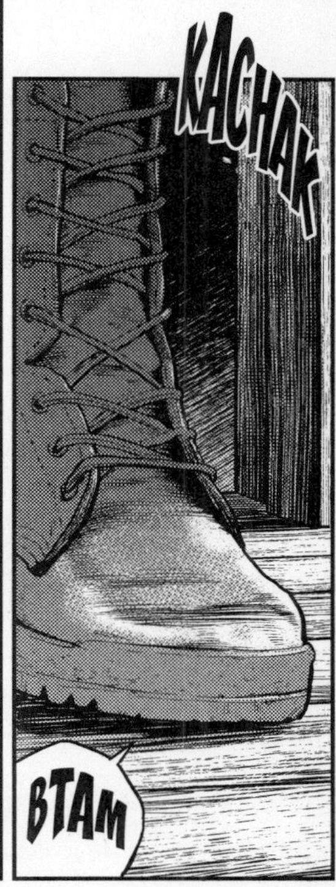
KACHAK
BTAM

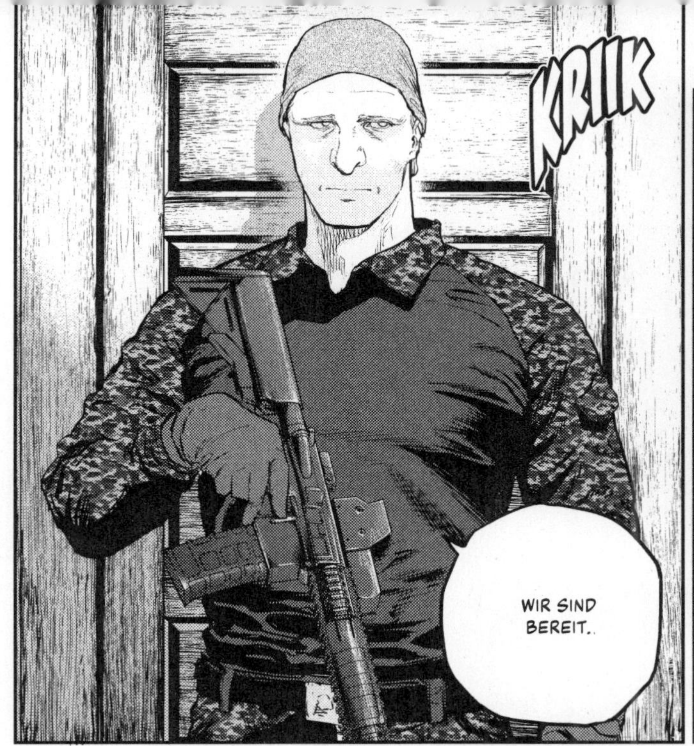
KRIIK
WIR SIND BEREIT.

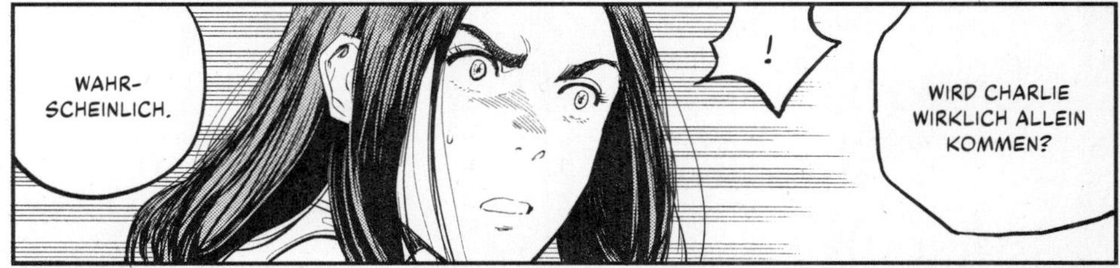
WIRD CHARLIE WIRKLICH ALLEIN KOMMEN?
!
WAHR-SCHEINLICH.

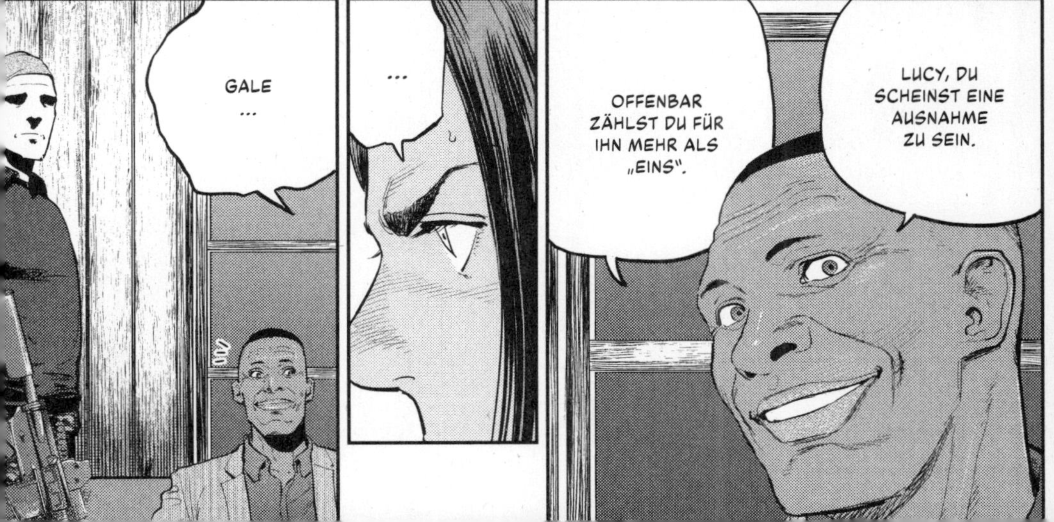
LUCY, DU SCHEINST EINE AUSNAHME ZU SEIN.
OFFENBAR ZÄHLST DU FÜR IHN MEHR ALS „EINS“.
...
GALE ...

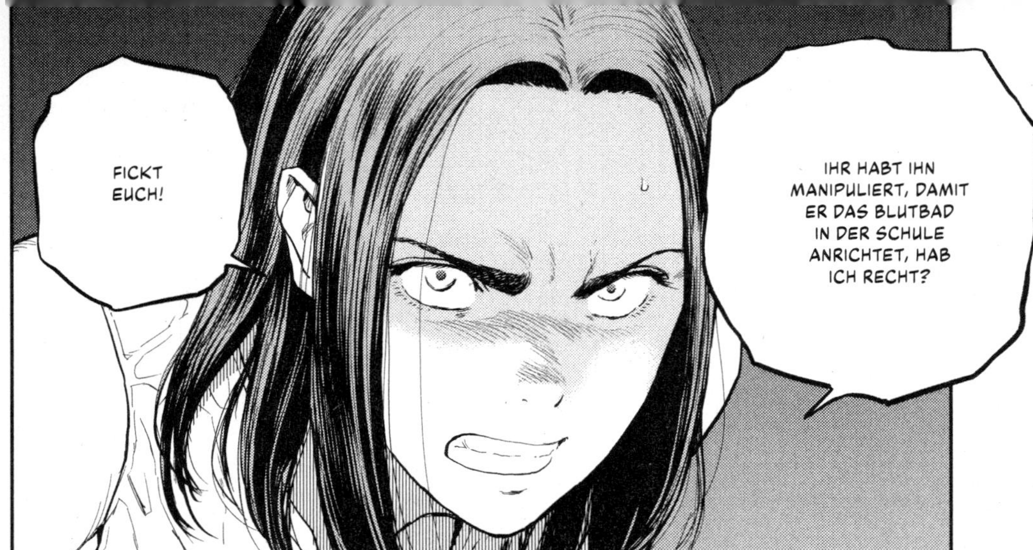
IHR HABT IHN MANIPULIERT, DAMIT ER DAS BLUTBAD IN DER SCHULE ANRICHTET, HAB ICH RECHT?
FICKT EUCH!

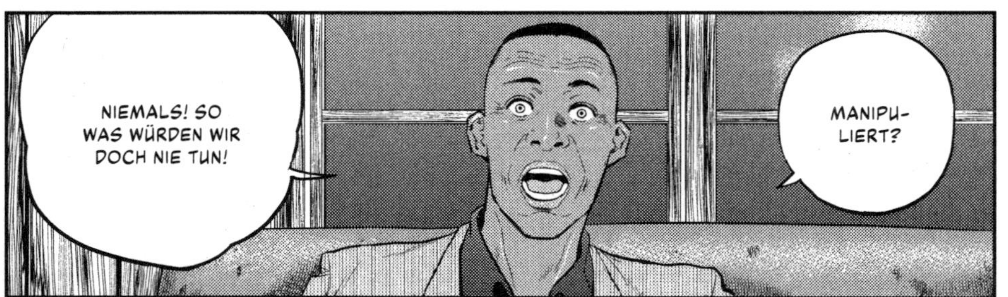
MANIPU-LIERT?
NIEMALS! SO WAS WÜRDEN WIR DOCH NIE TUN!

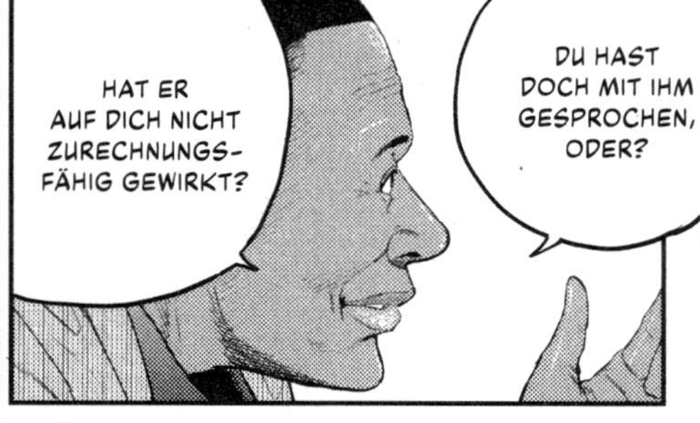
DU HAST DOCH MIT IHM GESPROCHEN, ODER?
HAT ER AUF DICH NICHT ZURECHNUNGS-FÄHIG GEWIRKT?

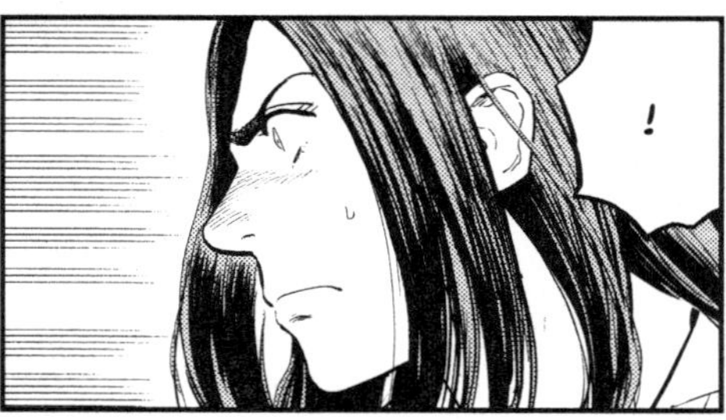
!

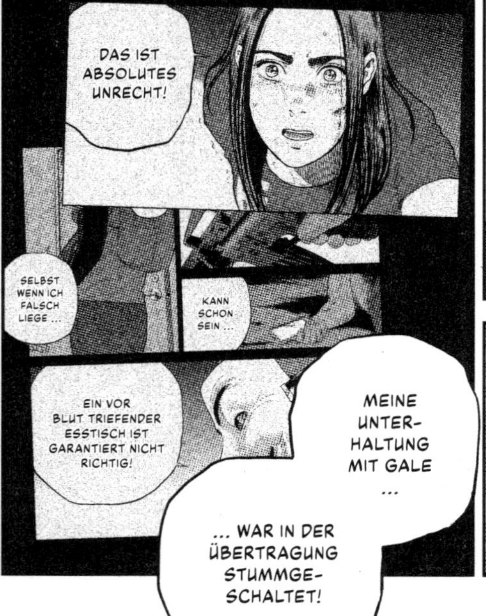
DAS IST ABSOLUTES UNRECHT!
KANN SCHON SEIN ...
SELBST WENN ICH FALSCH LIEGE ...
EIN VOR BLUT TRIEFENDER ESSTISCH IST GARANTIERT NICHT RICHTIG!
MEINE UNTER-HALTUNG MIT GALE ...
... WAR IN DER ÜBERTRAGUNG STUMMGE-SCHALTET!

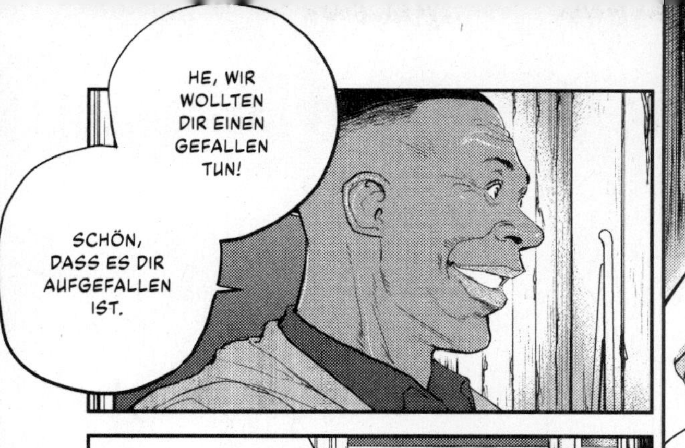
HE, WIR WOLLTEN DIR EINEN GEFALLEN TUN!
SCHÖN, DASS ES DIR AUFGEFALLEN IST.

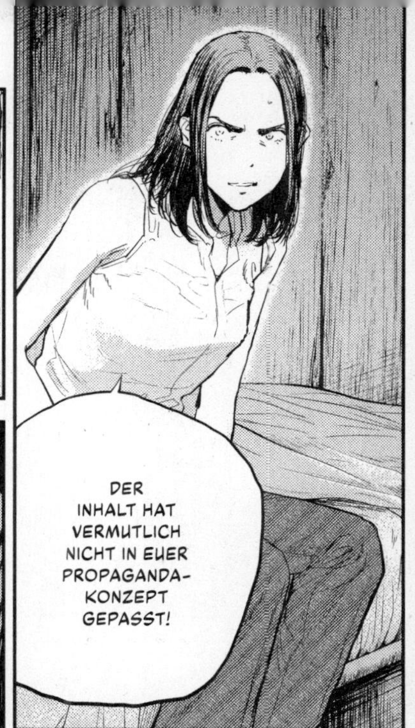
DER INHALT HAT VERMUTLICH NICHT IN EUER PROPAGANDA-KONZEPT GEPASST!

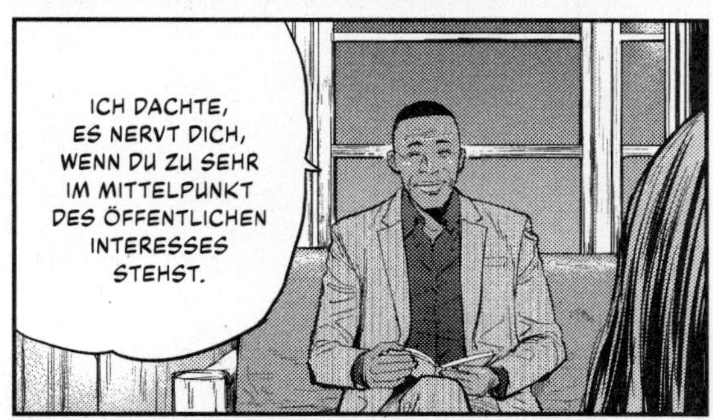
ICH DACHTE, ES NERVT DICH, WENN DU ZU SEHR IM MITTELPUNKT DES ÖFFENTLICHEN INTERESSES STEHST.

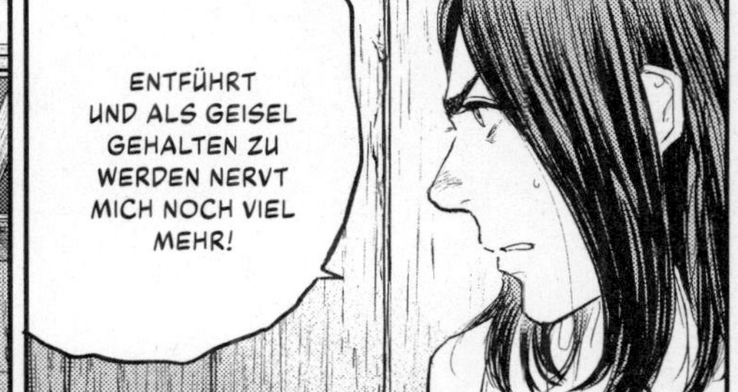
ENTFÜHRT UND ALS GEISEL GEHALTEN ZU WERDEN NERVT MICH NOCH VIEL MEHR!

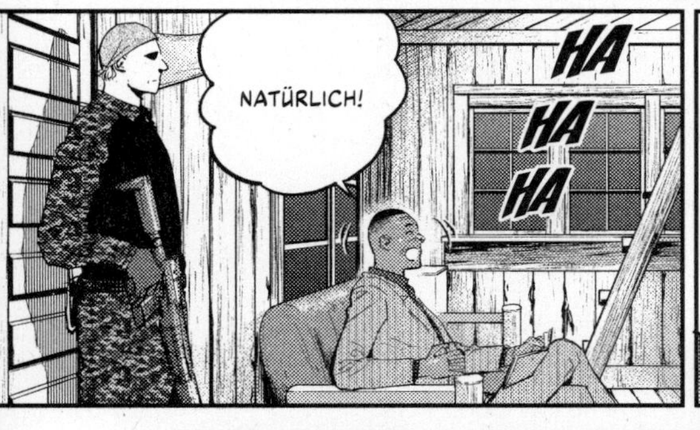
HA
HA
HA
NATÜRLICH!

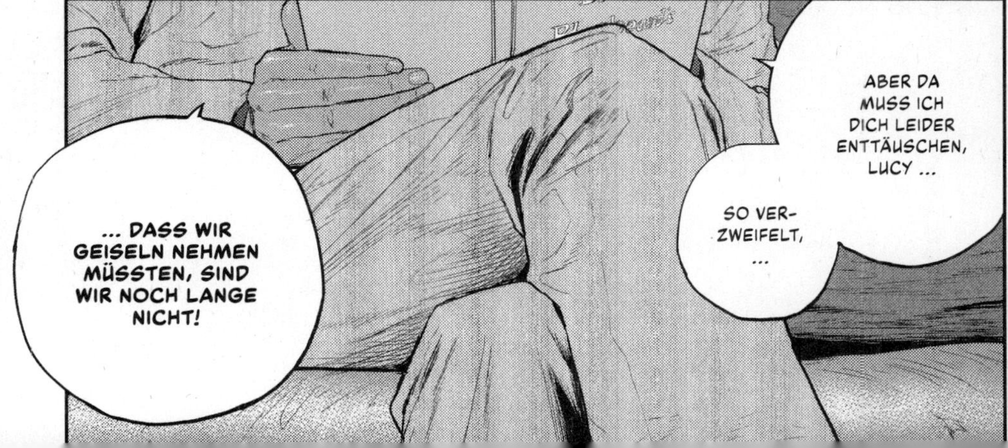
ABER DA MUSS ICH DICH LEIDER ENTTÄUSCHEN, LUCY ...
SO VER-ZWEIFELT, ...
... DASS WIR GEISELN NEHMEN MÜSSTEN, SIND WIR NOCH LANGE NICHT!

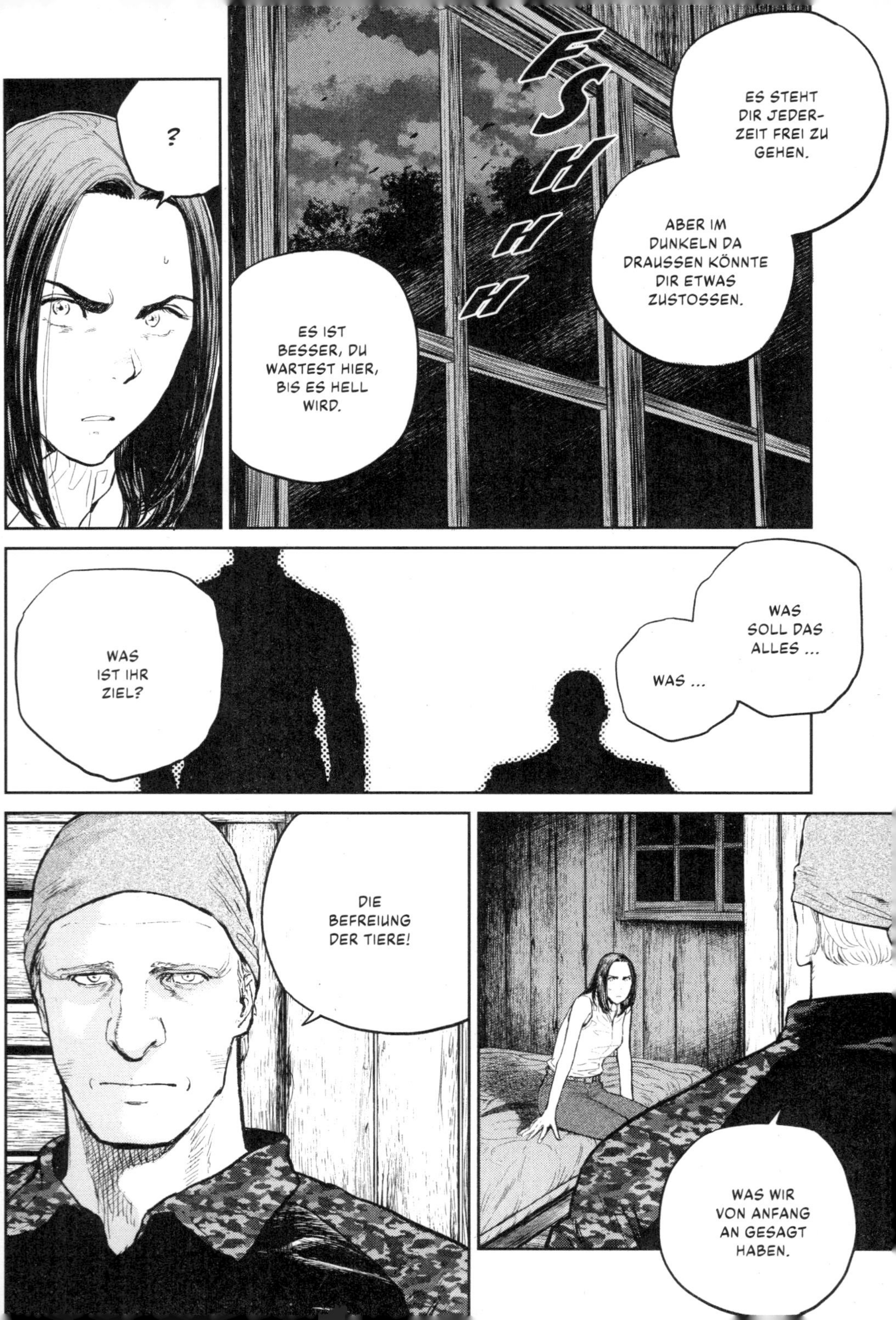

ES STEHT DIR JEDER-ZEIT FREI ZU GEHEN.
ABER IM DUNKELN DA DRAUSSEN KÖNNTE DIR ETWAS ZUSTOSSEN.
FSHHHH
ES IST BESSER, DU WARTEST HIER, BIS ES HELL WIRD.
?

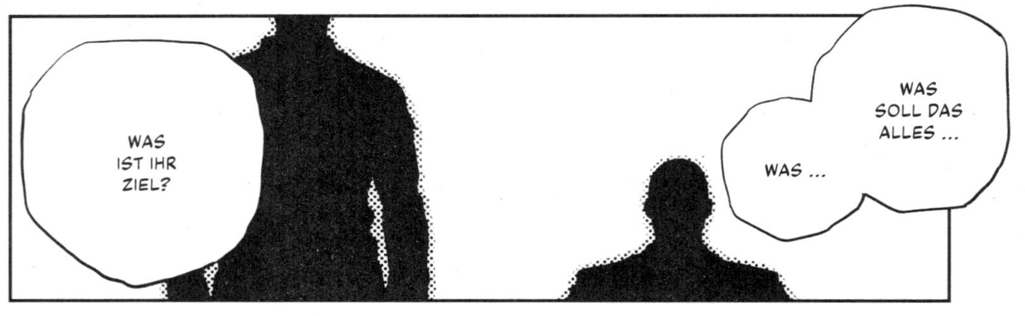
WAS SOLL DAS ALLES ...
WAS ...
WAS IST IHR ZIEL?

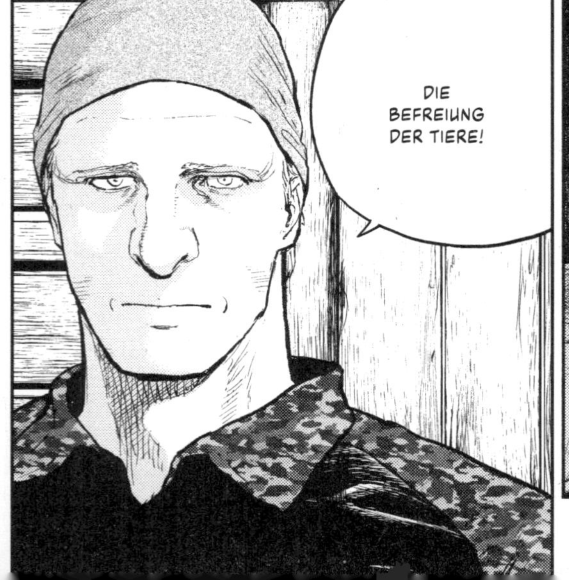
DIE BEFREIUNG DER TIERE!

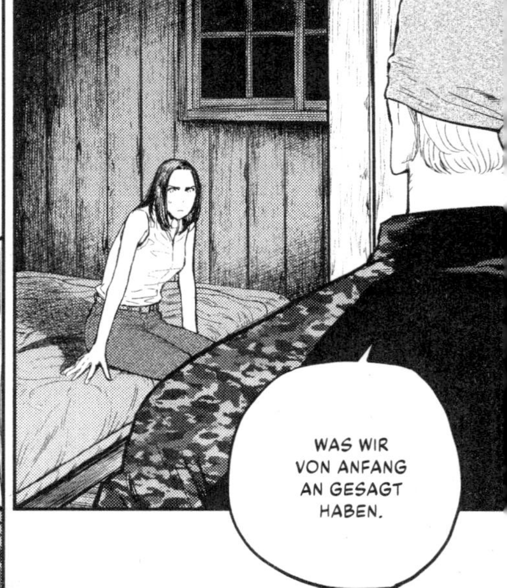
WAS WIR VON ANFANG AN GESAGT HABEN.

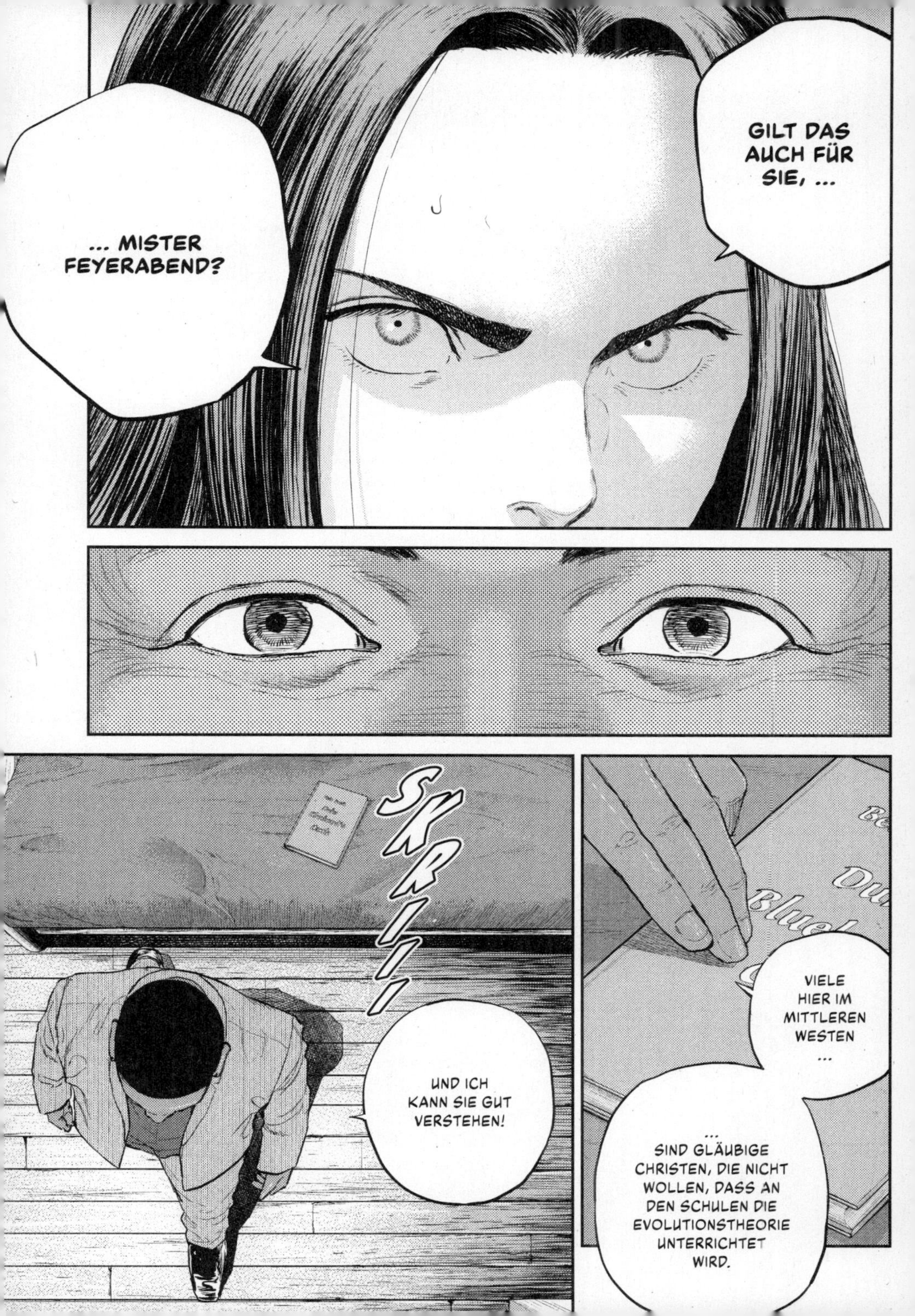

GILT DAS AUCH FÜR SIE, ...

... MISTER FEYERABEND?

VIELE HIER IM MITTLEREN WESTEN ...

... SIND GLÄUBIGE CHRISTEN, DIE NICHT WOLLEN, DASS AN DEN SCHULEN DIE EVOLUTIONSTHEORIE UNTERRICHTET WIRD.

SKRIII

UND ICH KANN SIE GUT VERSTEHEN!

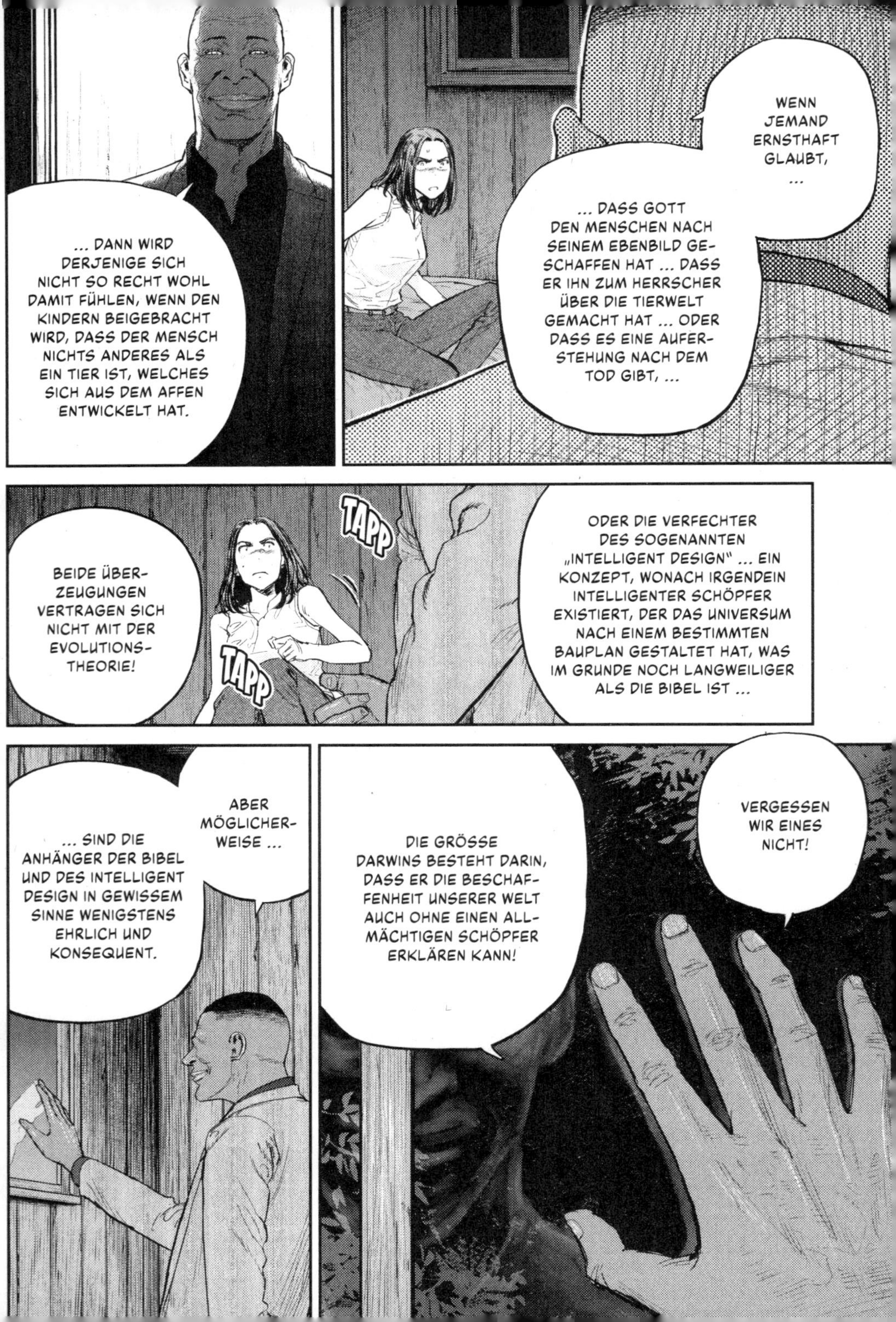

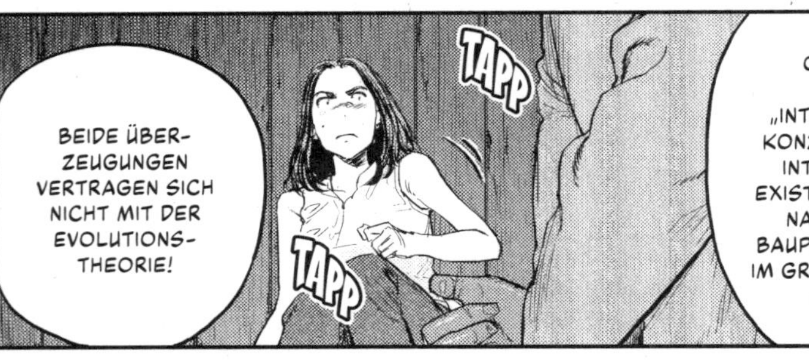

WENN JEMAND ERNSTHAFT GLAUBT, ...
... DASS GOTT DEN MENSCHEN NACH SEINEM EBENBILD GESCHAFFEN HAT ... DASS ER IHN ZUM HERRSCHER ÜBER DIE TIERWELT GEMACHT HAT ... ODER DASS ES EINE AUFERSTEHUNG NACH DEM TOD GIBT, ...
... DANN WIRD DERJENIGE SICH NICHT SO RECHT WOHL DAMIT FÜHLEN, WENN DEN KINDERN BEIGEBRACHT WIRD, DASS DER MENSCH NICHTS ANDERES ALS EIN TIER IST, WELCHES SICH AUS DEM AFFEN ENTWICKELT HAT.
ODER DIE VERFECHTER DES SOGENANNTEN „INTELLIGENT DESIGN“ ... EIN KONZEPT, WONACH IRGENDEIN INTELLIGENTER SCHÖPFER EXISTIERT, DER DAS UNIVERSUM NACH EINEM BESTIMMTEN BAUPLAN GESTALTET HAT, WAS IM GRUNDE NOCH LANGWEILIGER ALS DIE BIBEL IST ...
TAPP
TAPP
BEIDE ÜBERZEUGUNGEN VERTRAGEN SICH NICHT MIT DER EVOLUTIONSTHEORIE!
VERGESSEN WIR EINES NICHT!
DIE GRÖSSE DARWINS BESTEHT DARIN, DASS ER DIE BESCHAFFENHEIT UNSERER WELT AUCH OHNE EINEN ALLMÄCHTIGEN SCHÖPFER ERKLÄREN KANN!
ABER MÖGLICHERWEISE ...
... SIND DIE ANHÄNGER DER BIBEL UND DES INTELLIGENT DESIGN IN GEWISSEM SINNE WENIGSTENS EHRLICH UND KONSEQUENT.

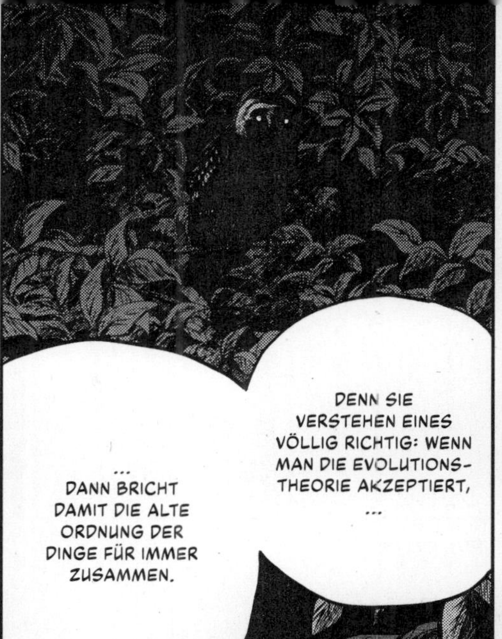
DENN SIE VERSTEHEN EINES VÖLLIG RICHTIG: WENN MAN DIE EVOLUTIONS-THEORIE AKZEPTIERT, ...
... DANN BRICHT DAMIT DIE ALTE ORDNUNG DER DINGE FÜR IMMER ZUSAMMEN.

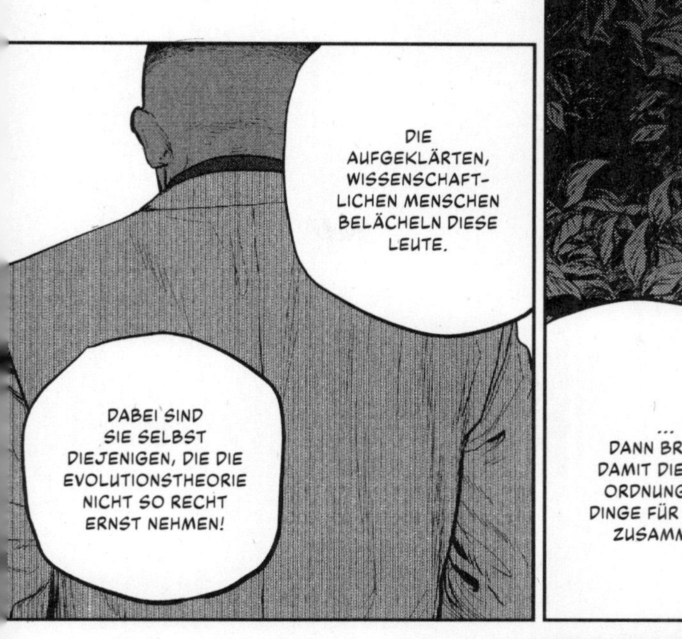
DIE AUFGEKLÄRTEN, WISSENSCHAFT-LICHEN MENSCHEN BELÄCHELN DIESE LEUTE.
DABEI SIND SIE SELBST DIEJENIGEN, DIE DIE EVOLUTIONSTHEORIE NICHT SO RECHT ERNST NEHMEN!

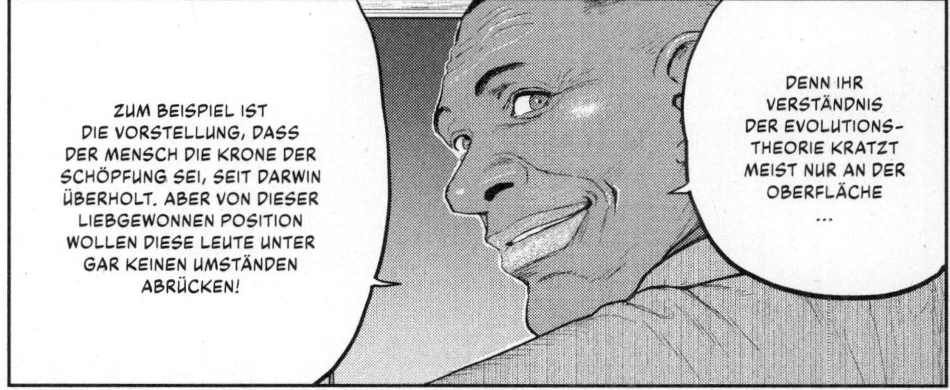
DENN IHR VERSTÄNDNIS DER EVOLUTIONS-THEORIE KRATZT MEIST NUR AN DER OBERFLÄCHE ...
ZUM BEISPIEL IST DIE VORSTELLUNG, DASS DER MENSCH DIE KRONE DER SCHÖPFUNG SEI, SEIT DARWIN ÜBERHOLT. ABER VON DIESER LIEBGEWONNEN POSITION WOLLEN DIESE LEUTE UNTER GAR KEINEN UMSTÄNDEN ABRÜCKEN!

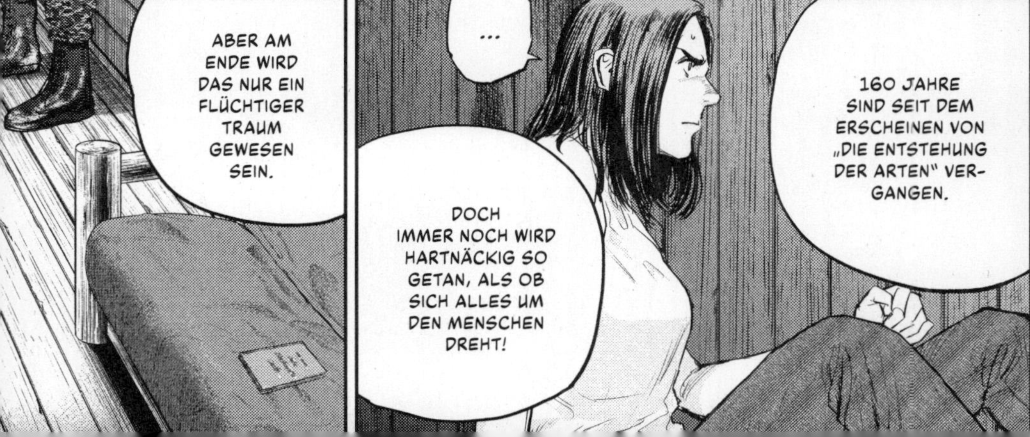
160 JAHRE SIND SEIT DEM ERSCHEINEN VON „DIE ENTSTEHUNG DER ARTEN" VER-GANGEN.
DOCH IMMER NOCH WIRD HARTNÄCKIG SO GETAN, ALS OB SICH ALLES UM DEN MENSCHEN DREHT!
...
ABER AM ENDE WIRD DAS NUR EIN FLÜCHTIGER TRAUM GEWESEN SEIN.

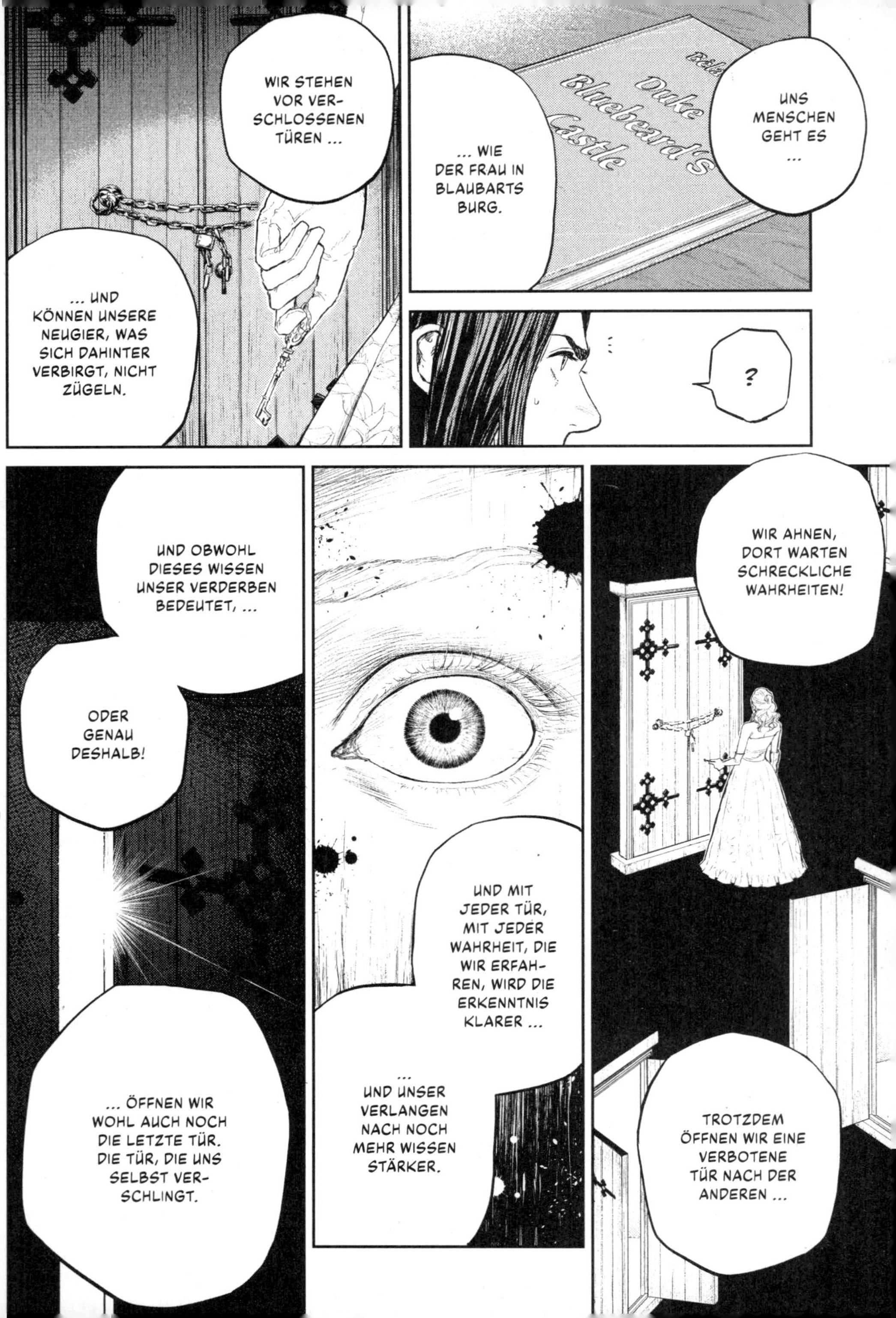

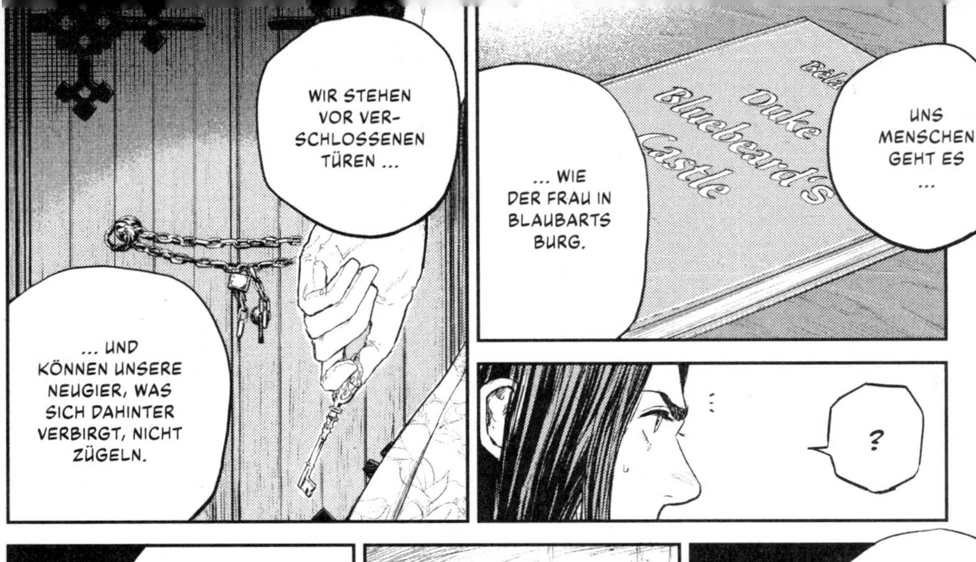

WIR AHNEN, DORT WARTEN SCHRECKLICHE WAHRHEITEN!

TROTZDEM ÖFFNEN WIR EINE VERBOTENE TÜR NACH DER ANDEREN ...

UND MIT JEDER TÜR, MIT JEDER WAHRHEIT, DIE WIR ERFAHREN, WIRD DIE ERKENNTNIS KLARER ...

... UND UNSER VERLANGEN NACH NOCH MEHR WISSEN STÄRKER.

UND OBWOHL DIESES WISSEN UNSER VERDERBEN BEDEUTET, ...

ODER GENAU DESHALB!

... ÖFFNEN WIR WOHL AUCH NOCH DIE LETZTE TÜR. DIE TÜR, DIE UNS SELBST VERSCHLINGT.

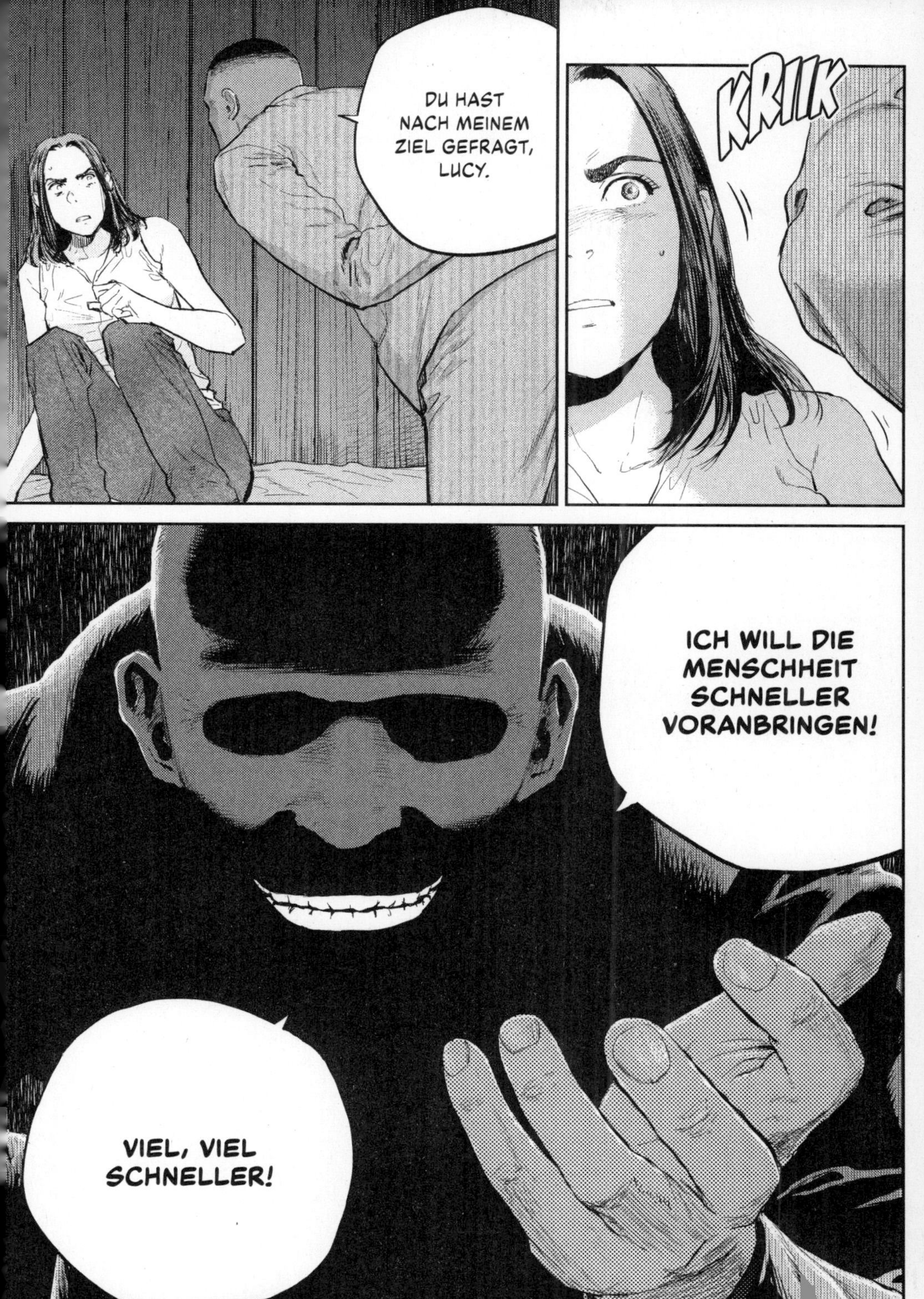
DU HAST NACH MEINEM ZIEL GEFRAGT, LUCY.
KRIIK
ICH WILL DIE MENSCHHEIT SCHNELLER VORANBRINGEN!
VIEL, VIEL SCHNELLER!

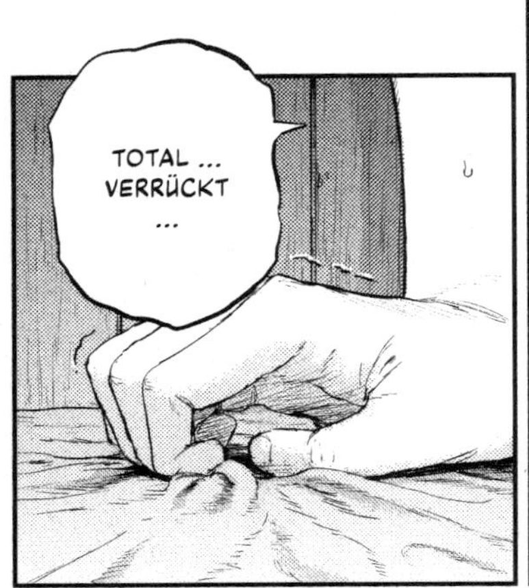
TOTAL ... VERRÜCKT ...
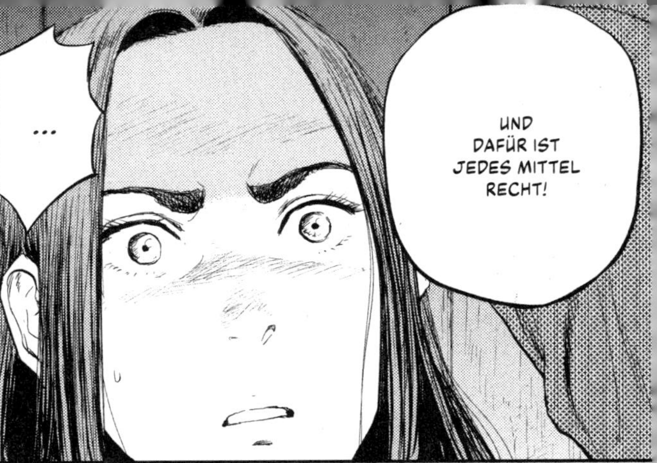
UND DAFÜR IST JEDES MITTEL RECHT!
...
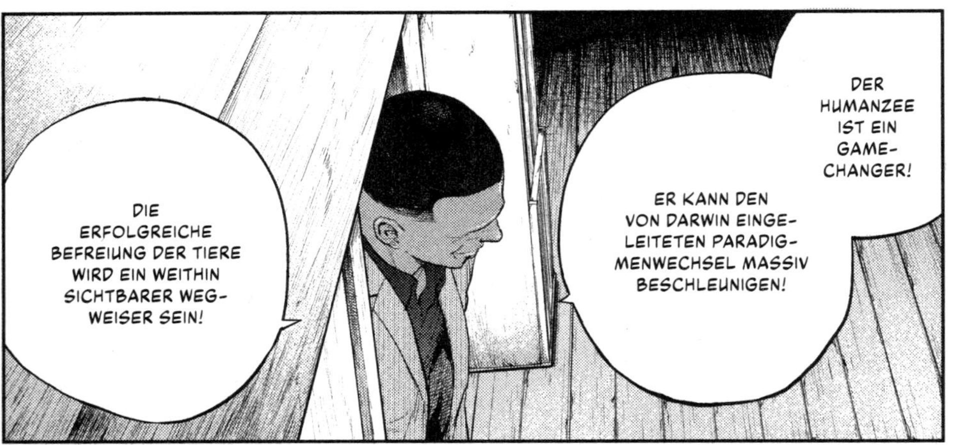
DER HUMANZEE IST EIN GAME-CHANGER!
ER KANN DEN VON DARWIN EINGE-LEITETEN PARADIG-MENWECHSEL MASSIV BESCHLEUNIGEN!
DIE ERFOLGREICHE BEFREIUNG DER TIERE WIRD EIN WEITHIN SICHTBARER WEG-WEISER SEIN!
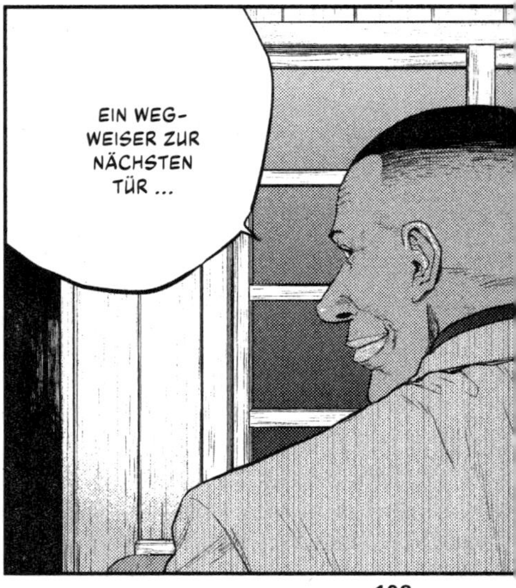
EIN WEG-WEISER ZUR NÄCHSTEN TÜR ...
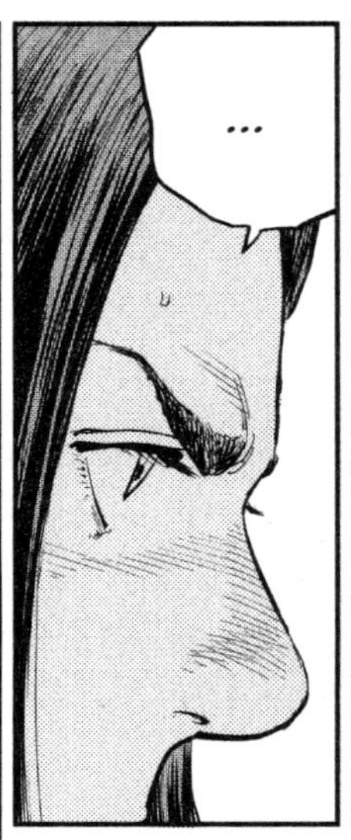
...
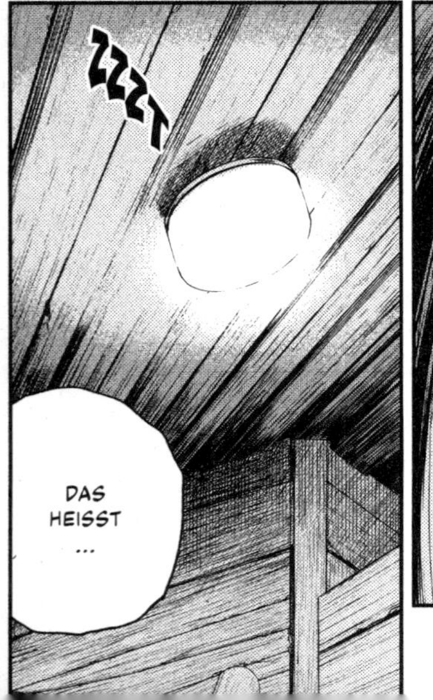
ZZZT
DAS HEISST ...

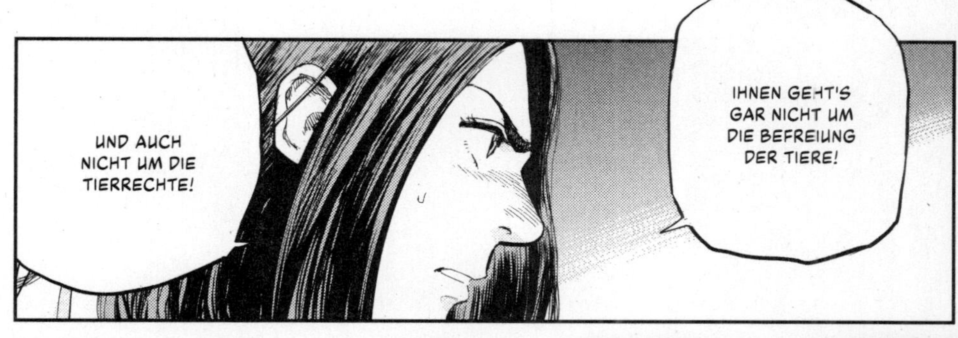
IHNEN GEHT'S GAR NICHT UM DIE BEFREIUNG DER TIERE!
UND AUCH NICHT UM DIE TIERRECHTE!

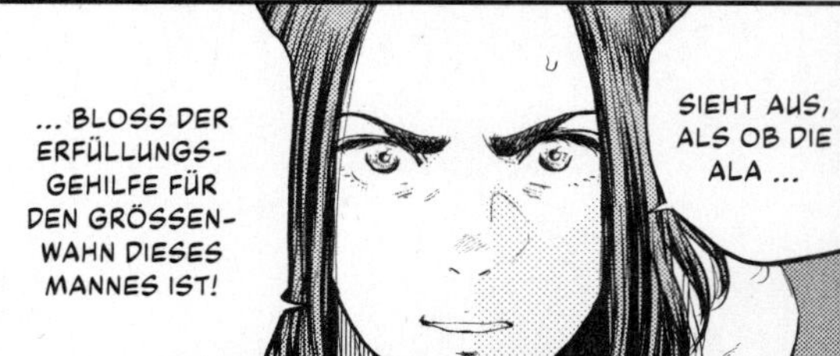
SIEHT AUS, ALS OB DIE ALA ...
... BLOSS DER ERFÜLLUNGSGEHILFE FÜR DEN GRÖSSENWAHN DIESES MANNES IST!

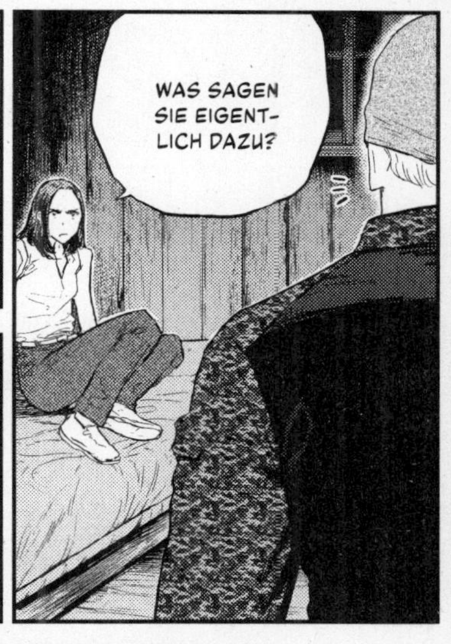
WAS SAGEN SIE EIGENTLICH DAZU?

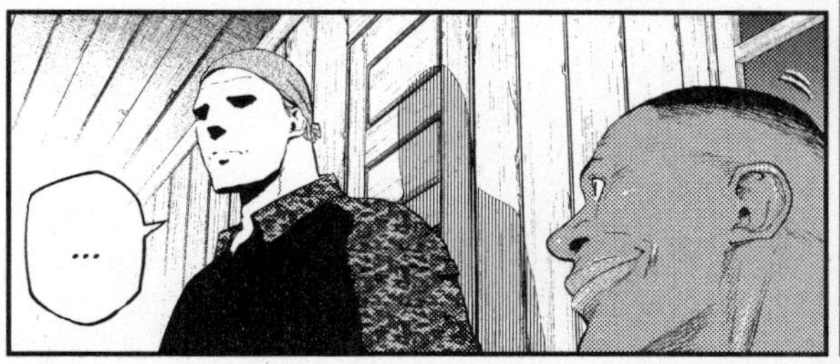
...

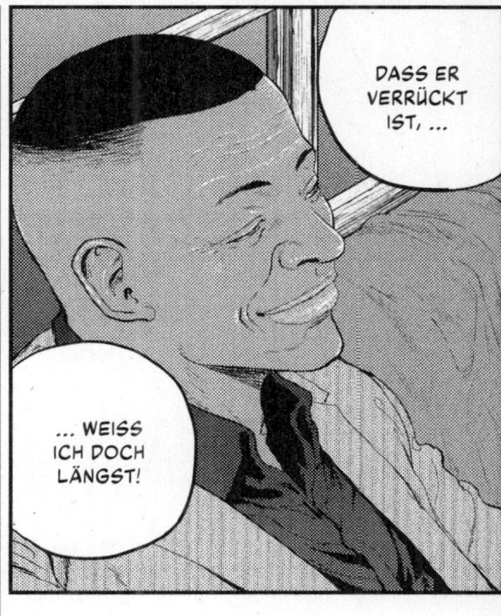
DASS ER VERRÜCKT IST, ...
... WEISS ICH DOCH LÄNGST!

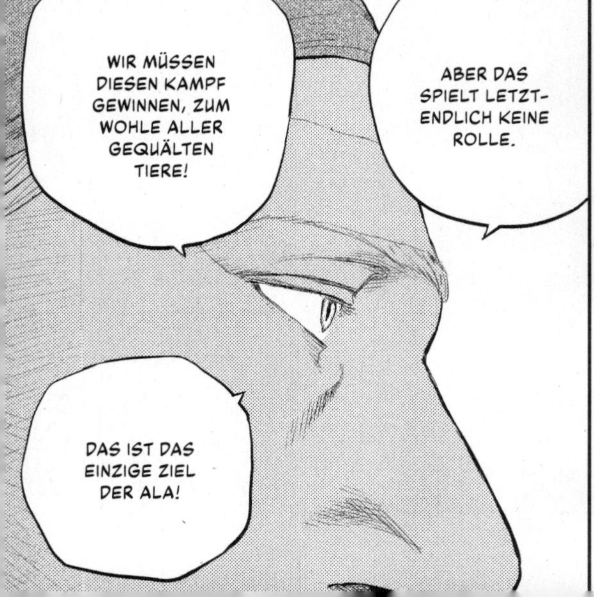
ABER DAS SPIELT LETZTENDLICH KEINE ROLLE.
WIR MÜSSEN DIESEN KAMPF GEWINNEN, ZUM WOHLE ALLER GEQUÄLTEN TIERE!
DAS IST DAS EINZIGE ZIEL DER ALA!

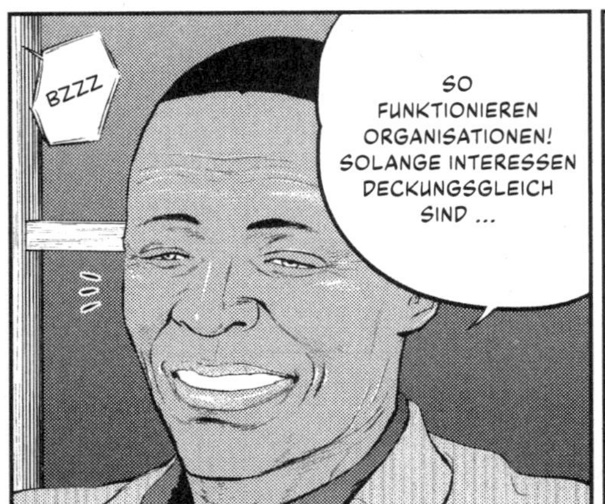
BZZZ
SO FUNKTIONIEREN ORGANISATIONEN! SOLANGE INTERESSEN DECKUNGSGLEICH SIND ...

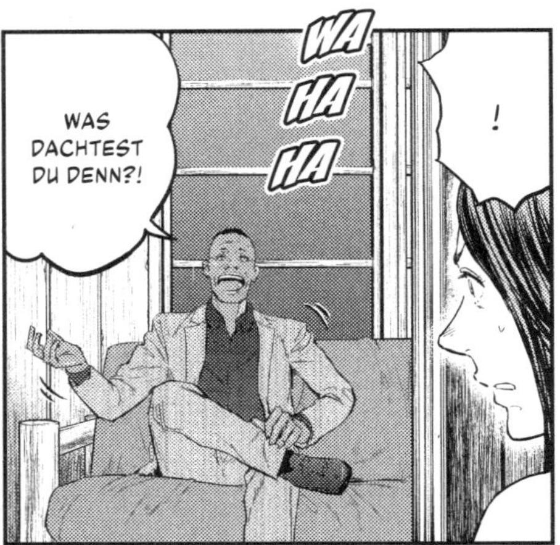
WA HA HA
WAS DACHTEST DU DENN?!
!

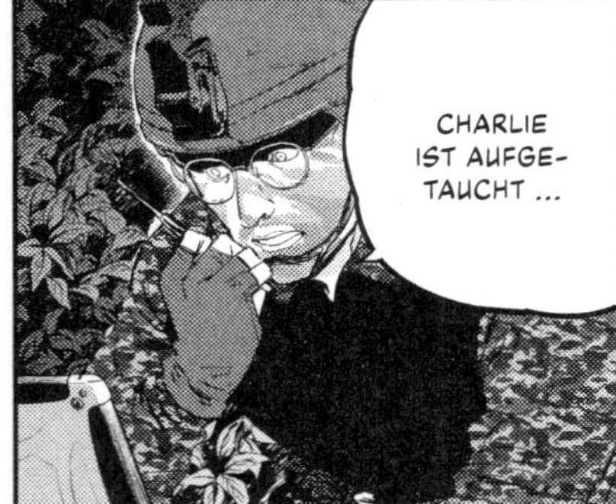
CHARLIE IST AUFGE- TAUCHT ...

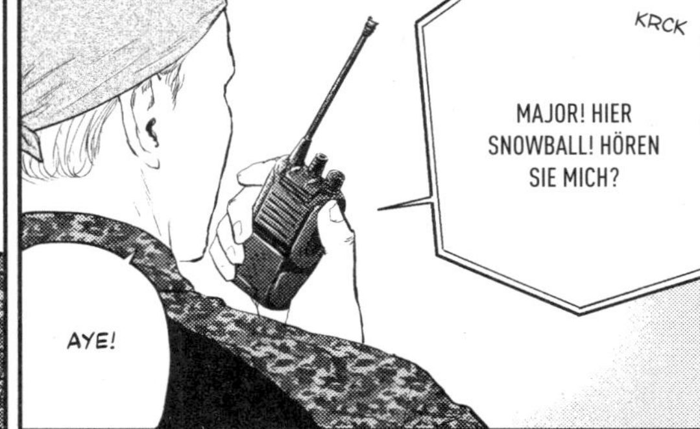
KRCK
MAJOR! HIER SNOWBALL! HÖREN SIE MICH?
AYE!

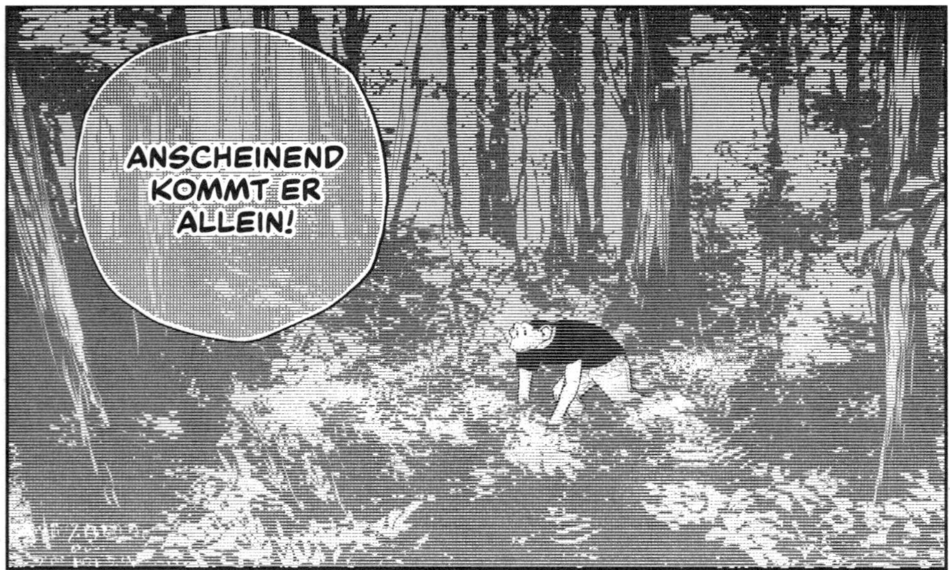
ANSCHEINEND KOMMT ER ALLEIN!

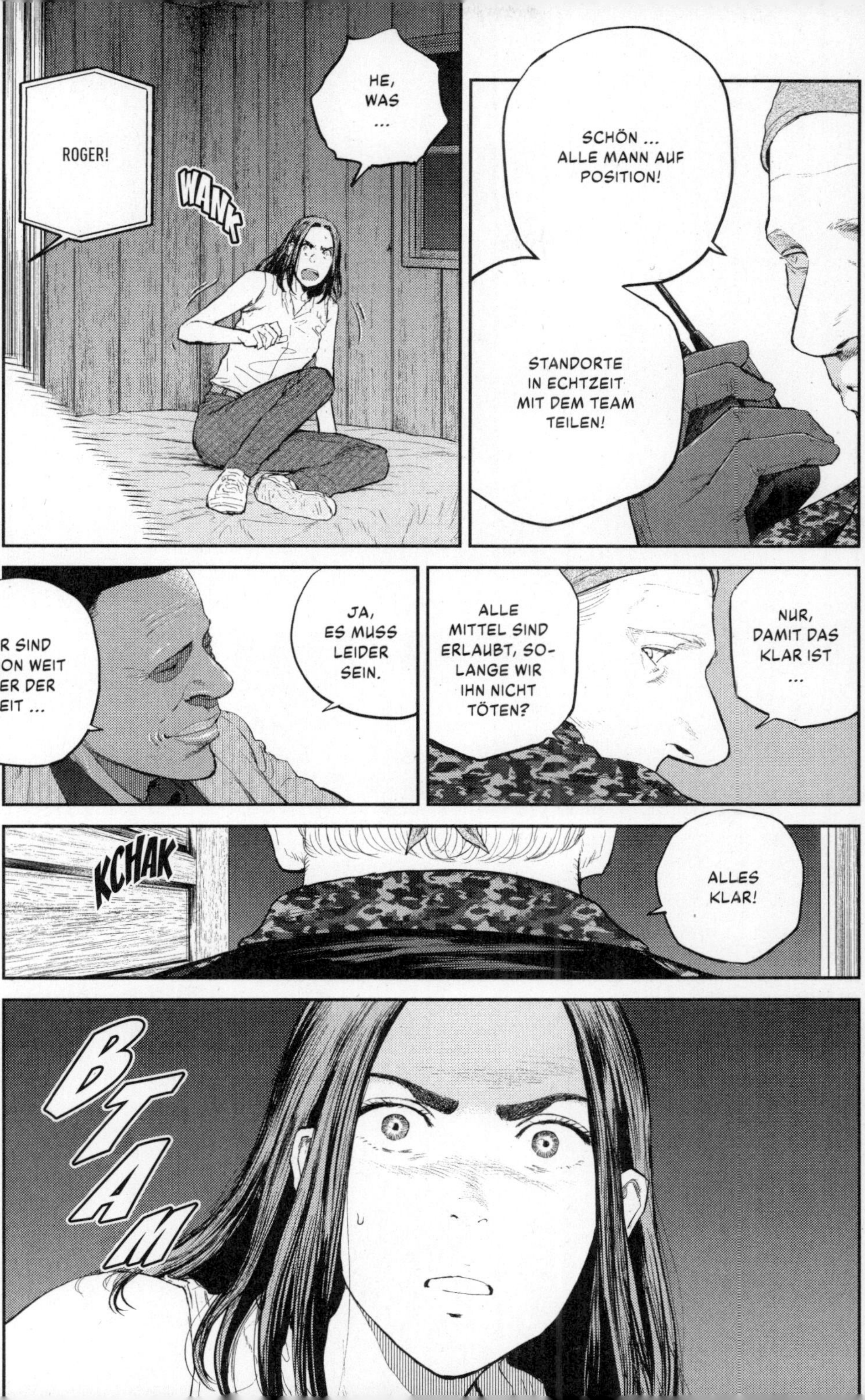

SCHÖN ... ALLE MANN AUF POSITION!

STANDORTE IN ECHTZEIT MIT DEM TEAM TEILEN!

HE, WAS ...

WANK

ROGER!

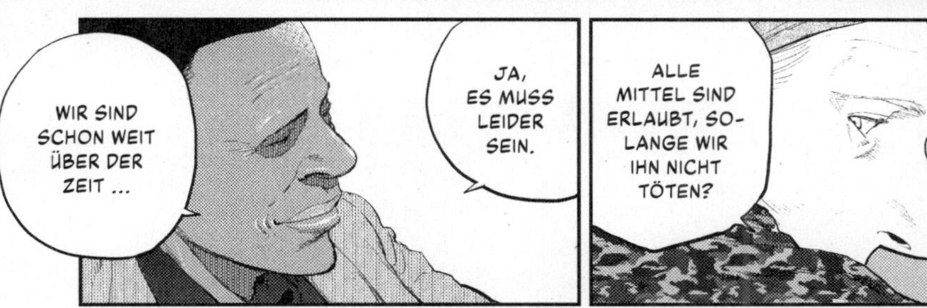

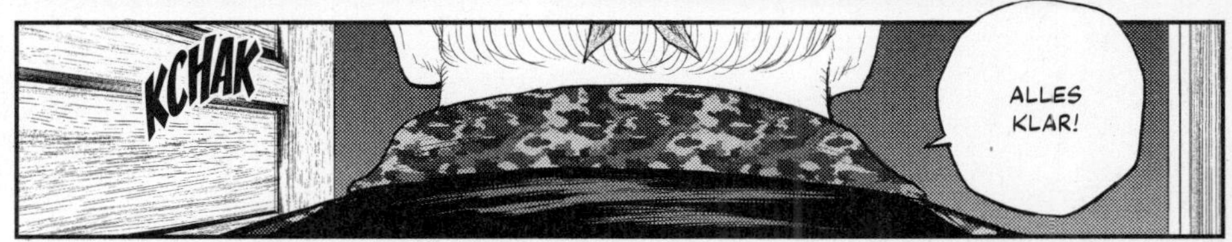

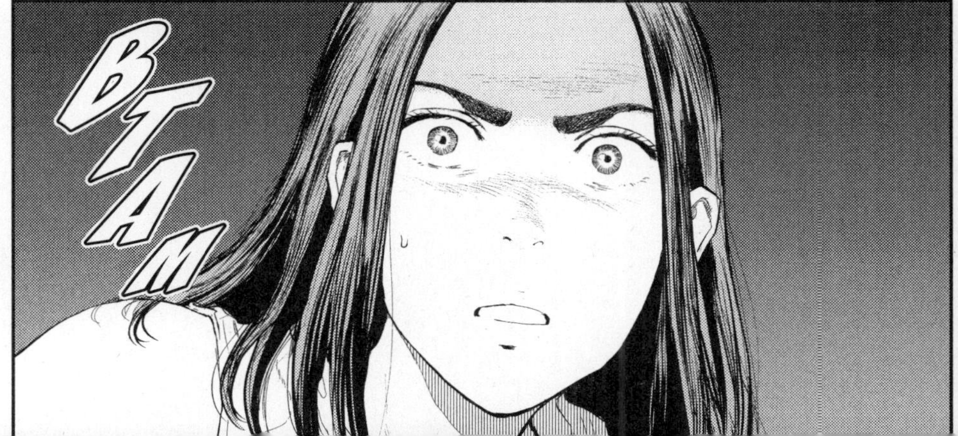

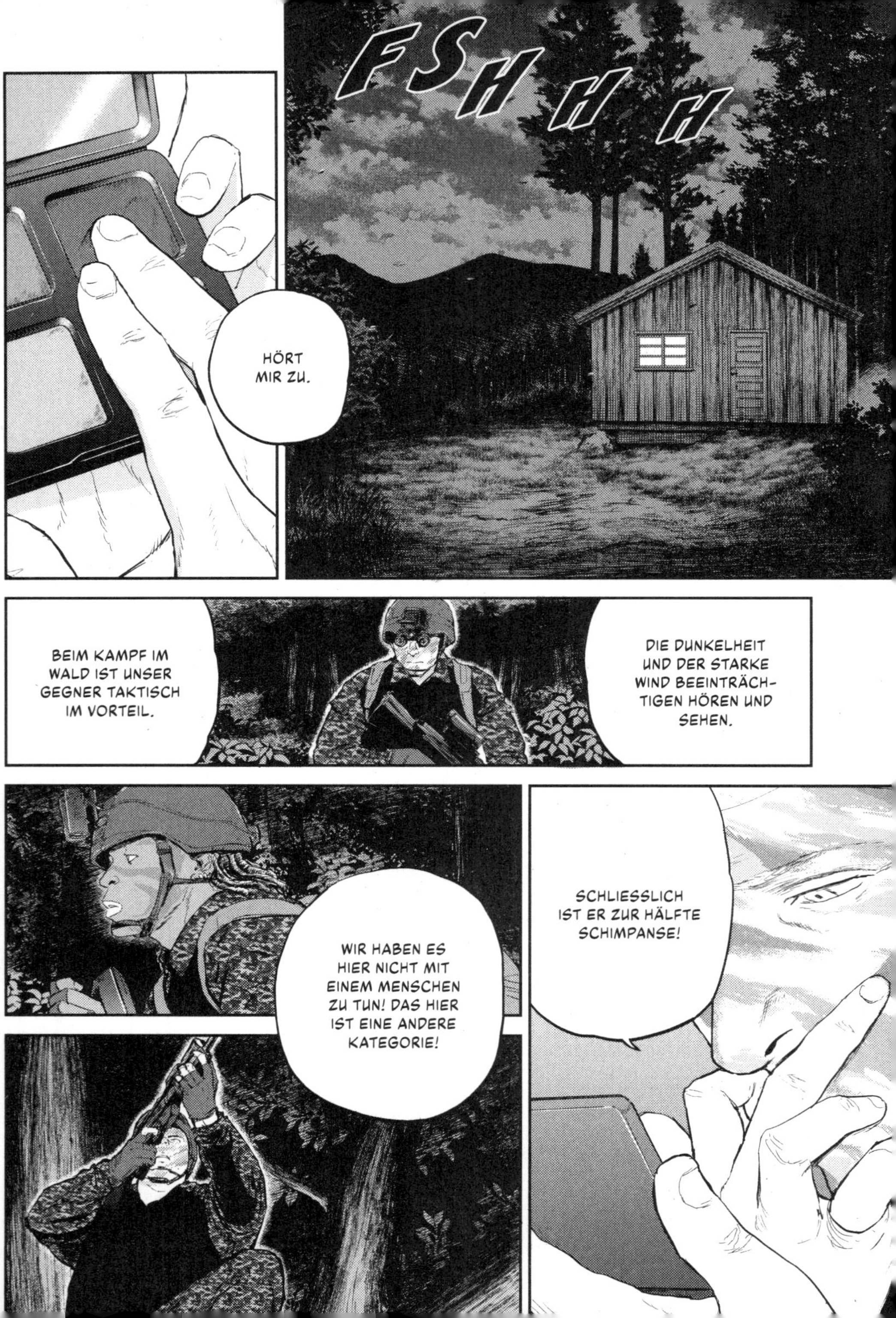

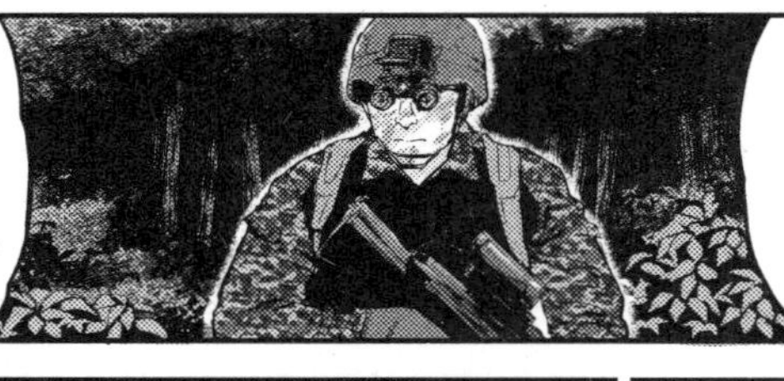
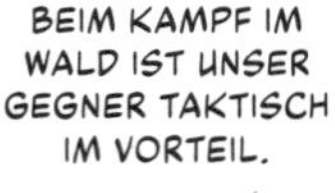
FSHHH
HÖRT MIR ZU.
DIE DUNKELHEIT UND DER STARKE WIND BEEINTRÄCHTIGEN HÖREN UND SEHEN.
BEIM KAMPF IM WALD IST UNSER GEGNER TAKTISCH IM VORTEIL.
SCHLIESSLICH IST ER ZUR HÄLFTE SCHIMPANSE!
WIR HABEN ES HIER NICHT MIT EINEM MENSCHEN ZU TUN! DAS HIER IST EINE ANDERE KATEGORIE!

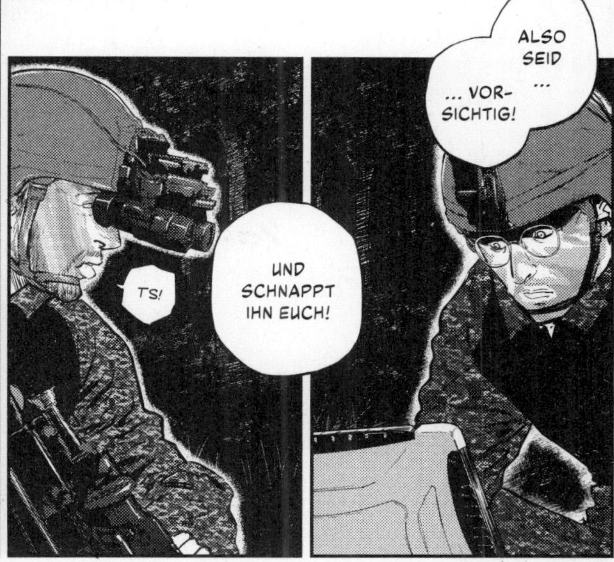
ALSO SEID ...
... VOR-SICHTIG!
UND SCHNAPPT IHN EUCH!
TS!

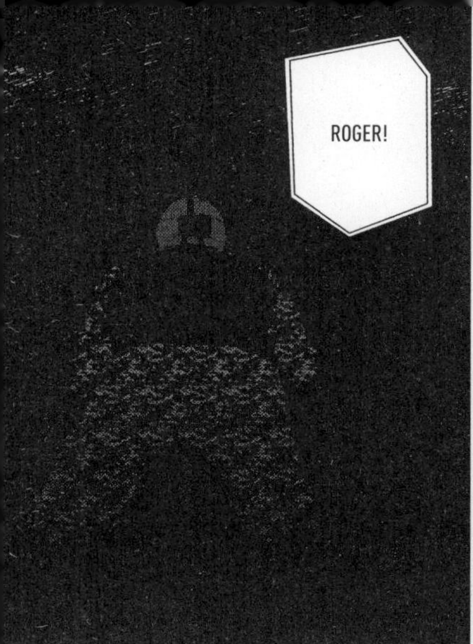
ROGER!

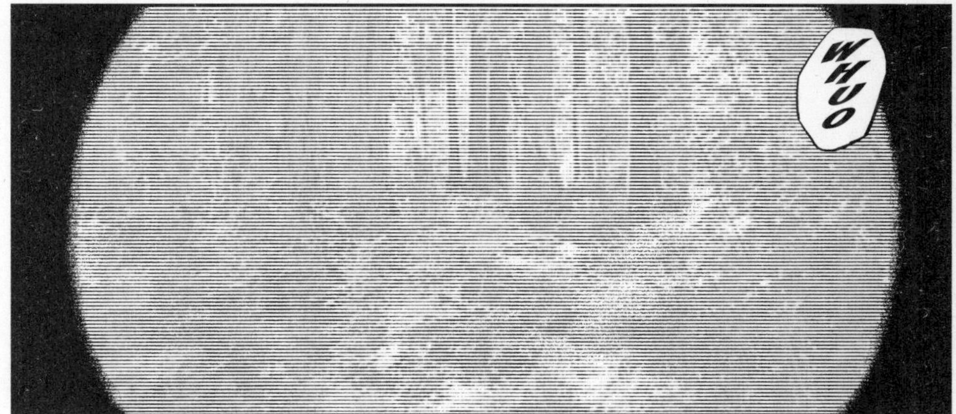
WHUO

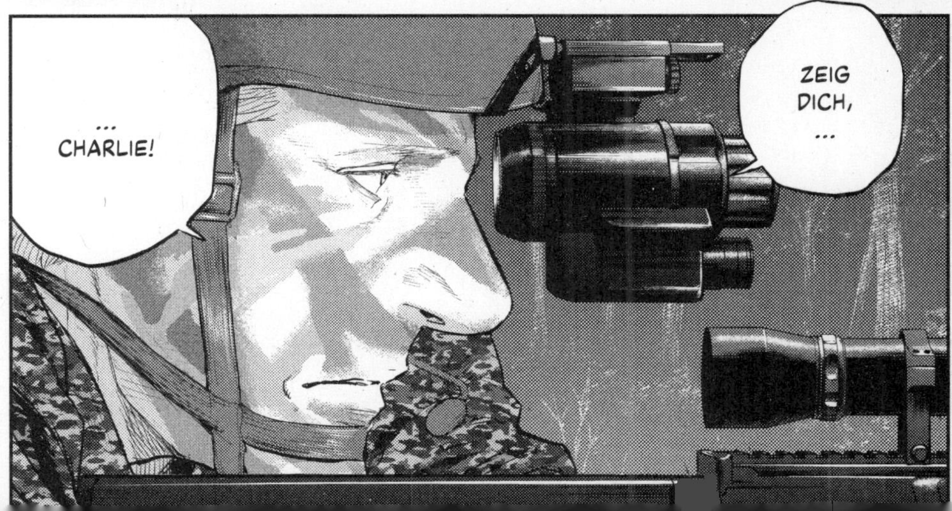
ZEIG DICH, ...
... CHARLIE!

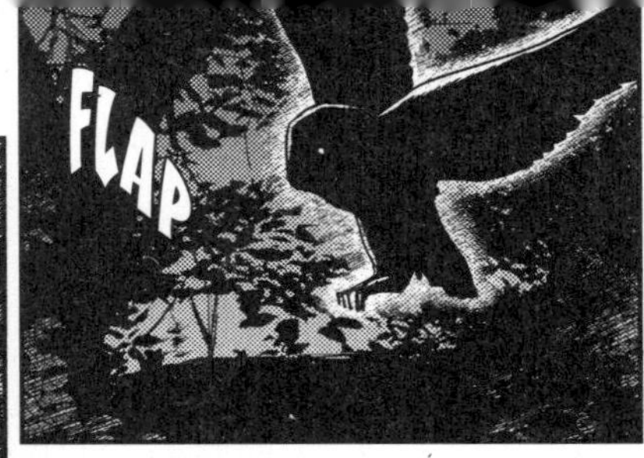
FLAP

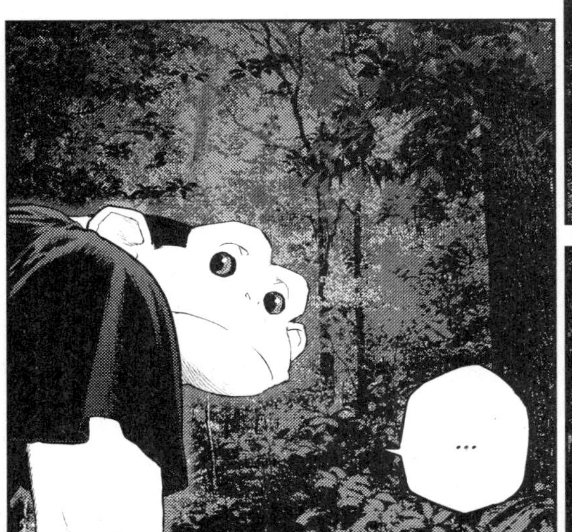
...

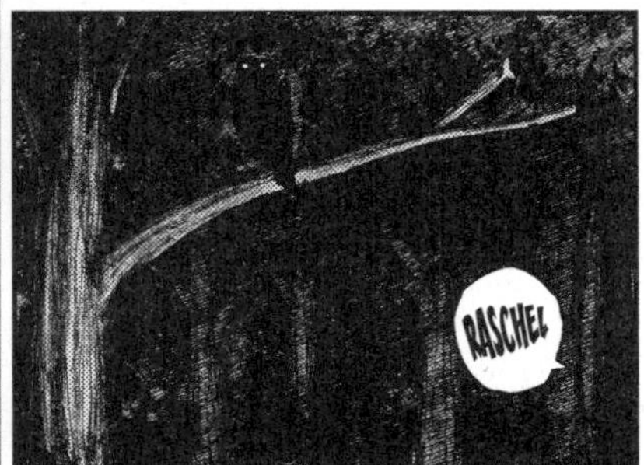
RASCHEL

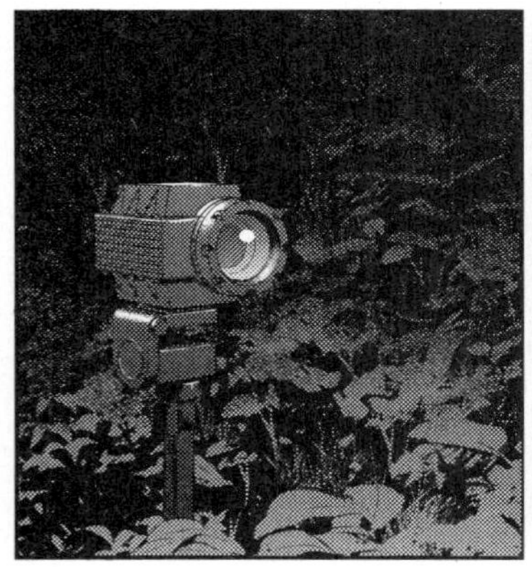

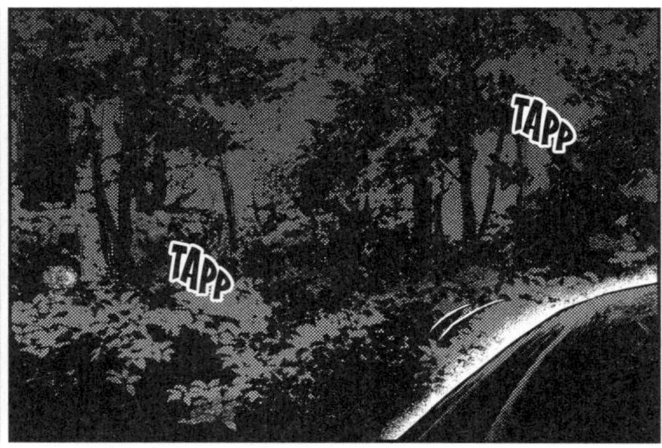
TAPP
TAPP

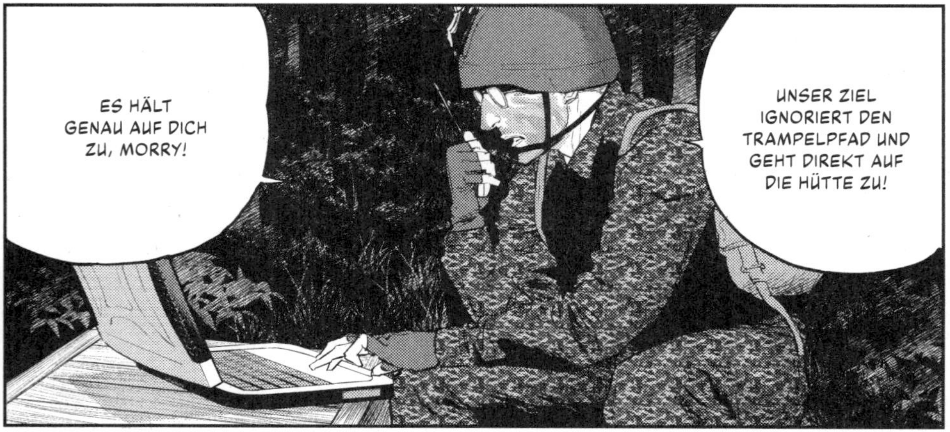
UNSER ZIEL IGNORIERT DEN TRAMPELPFAD UND GEHT DIREKT AUF DIE HÜTTE ZU!
ES HÄLT GENAU AUF DICH ZU, MORRY!

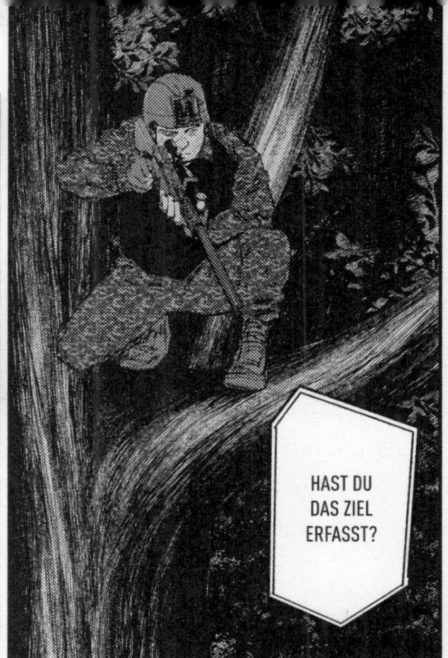
HAST DU DAS ZIEL ERFASST?

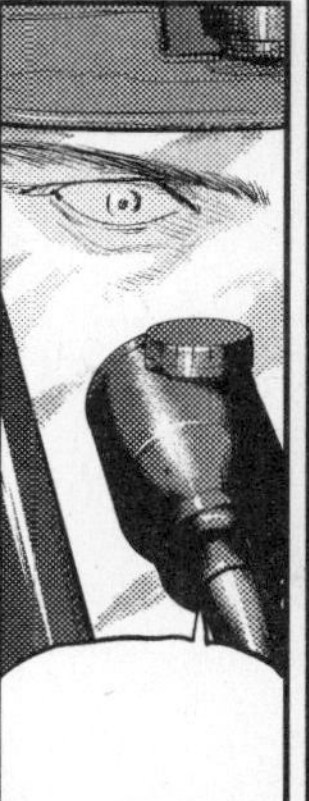

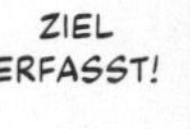
ZIEL ERFASST!

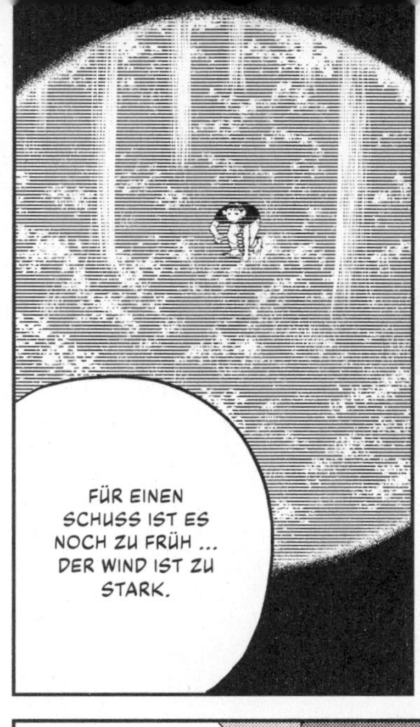
FÜR EINEN SCHUSS IST ES NOCH ZU FRÜH ... DER WIND IST ZU STARK.

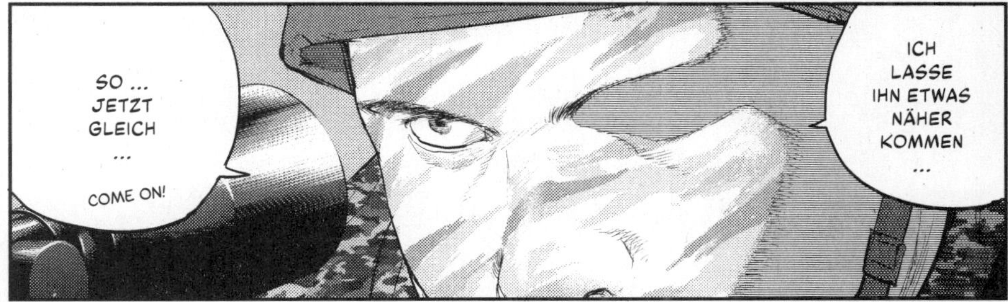
ICH LASSE IHN ETWAS NÄHER KOMMEN ...
SO ... JETZT GLEICH ...
COME ON!

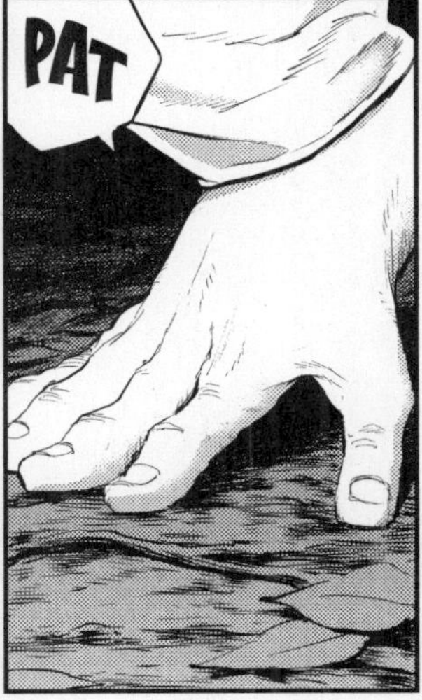
PAT

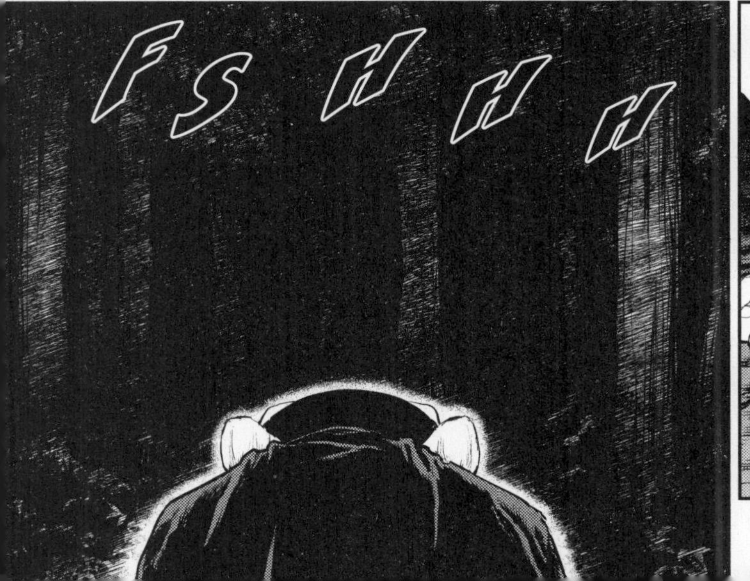
FSHHH

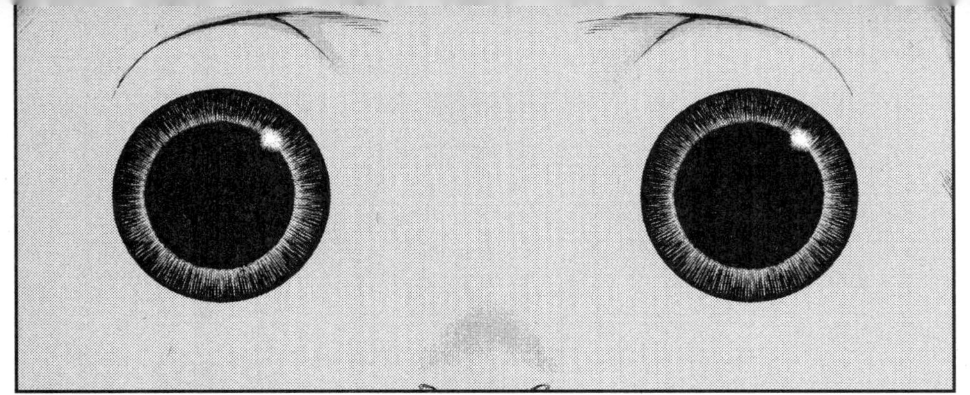

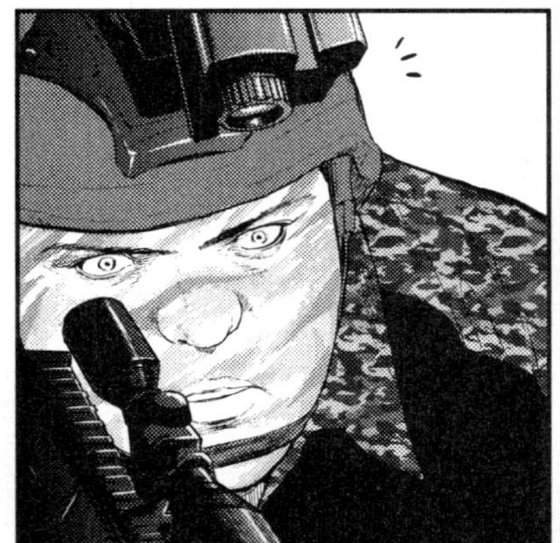

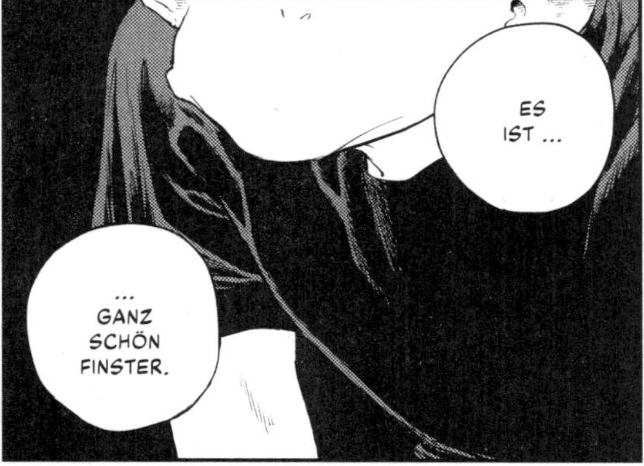
ES IST ...
... GANZ SCHÖN FINSTER.

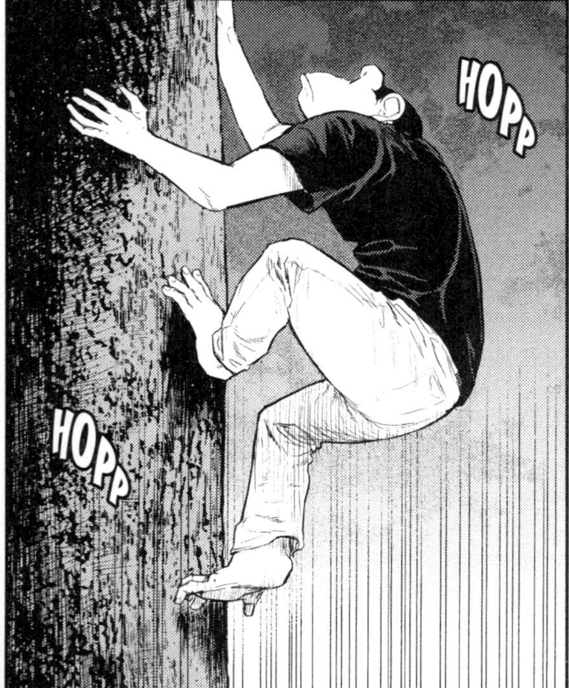
HOPP
HOPP

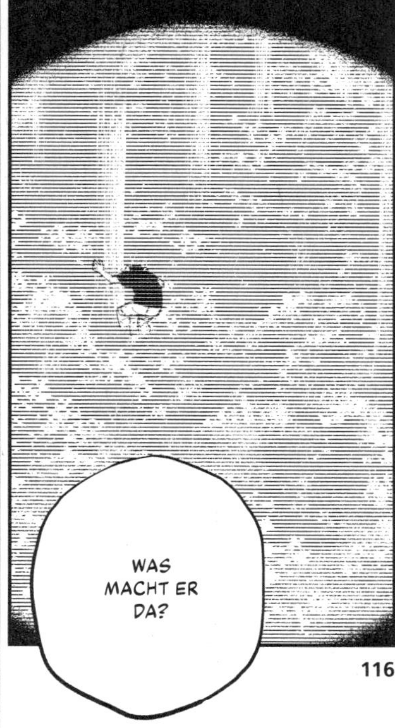
WAS MACHT ER DA?

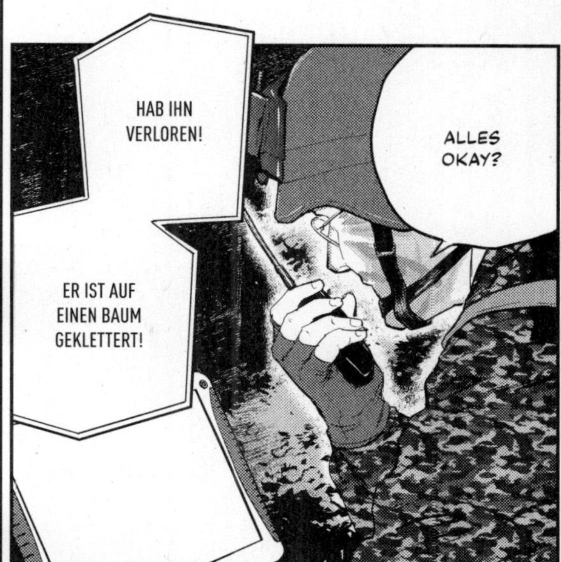
ALLES OKAY?
HAB IHN VERLOREN!
ER IST AUF EINEN BAUM GEKLETTERT!

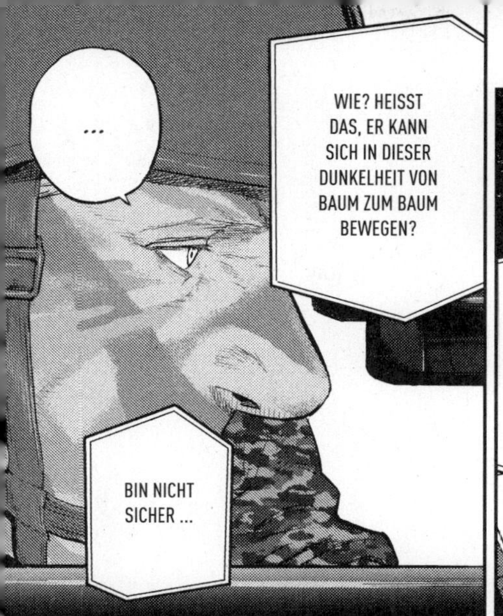
WIE? HEISST DAS, ER KANN SICH IN DIESER DUNKELHEIT VON BAUM ZUM BAUM BEWEGEN?
...
BIN NICHT SICHER ...

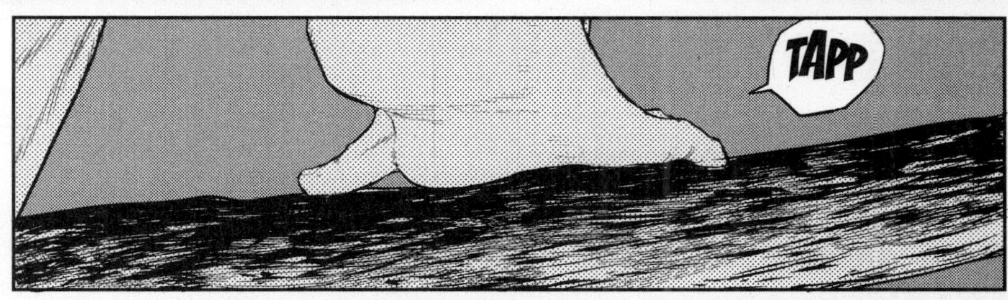
TAPP

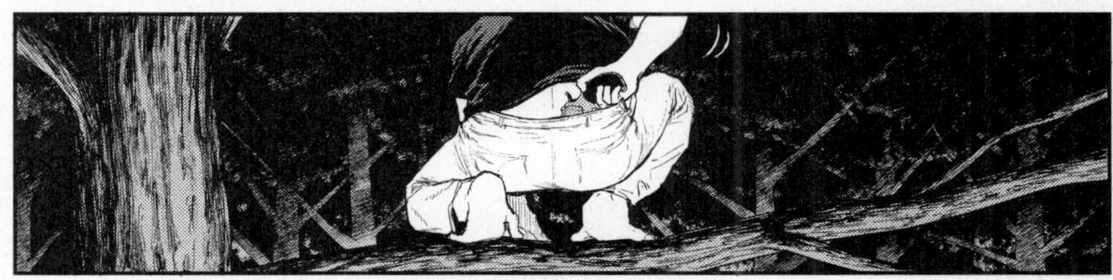

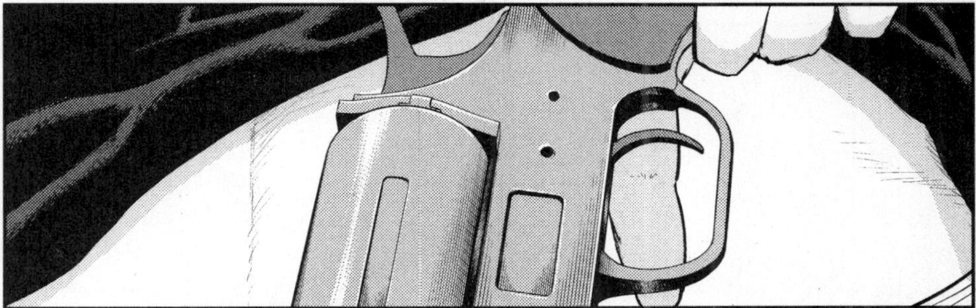

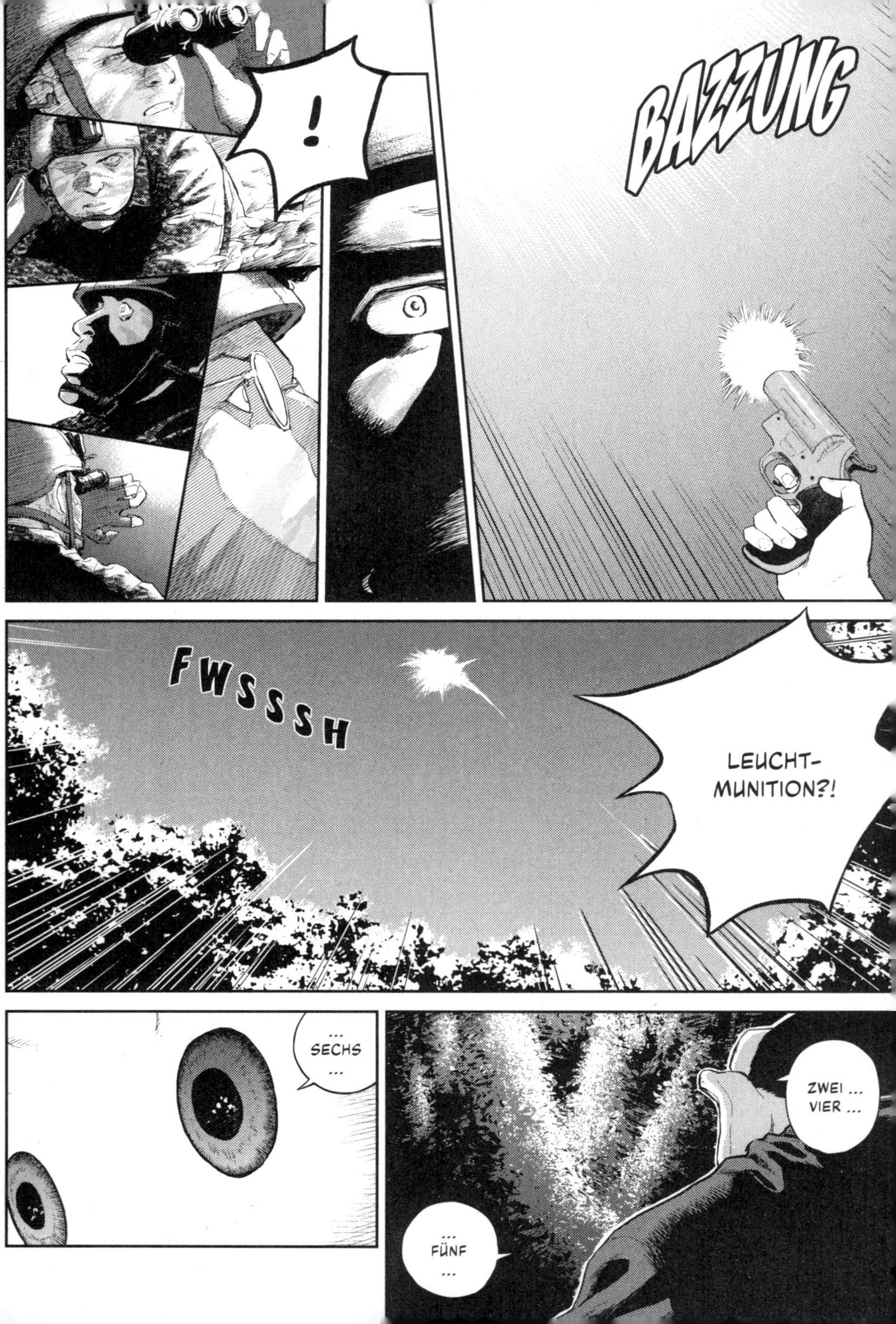

!

BAZZUNG

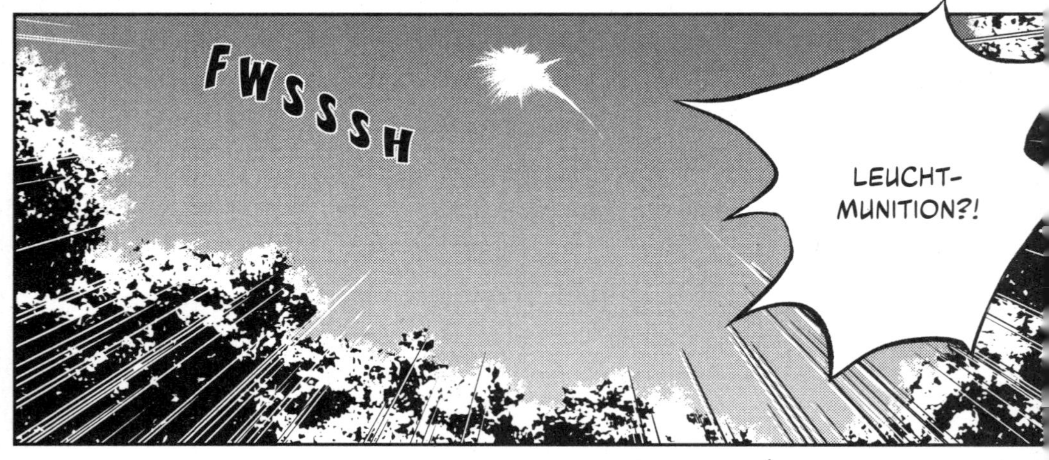

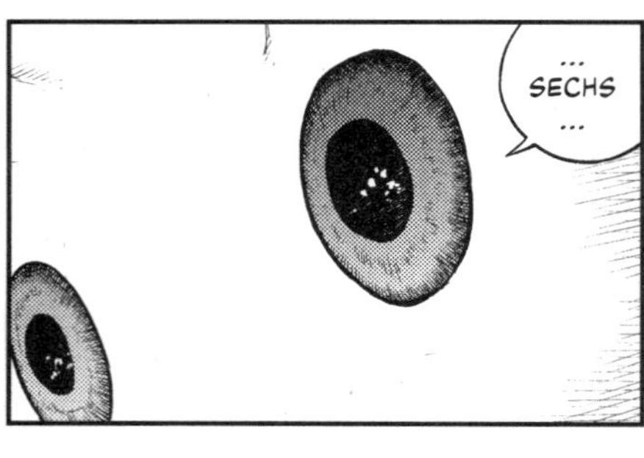

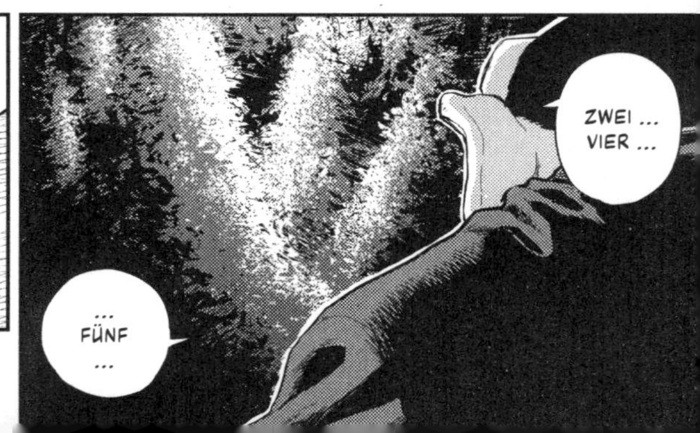

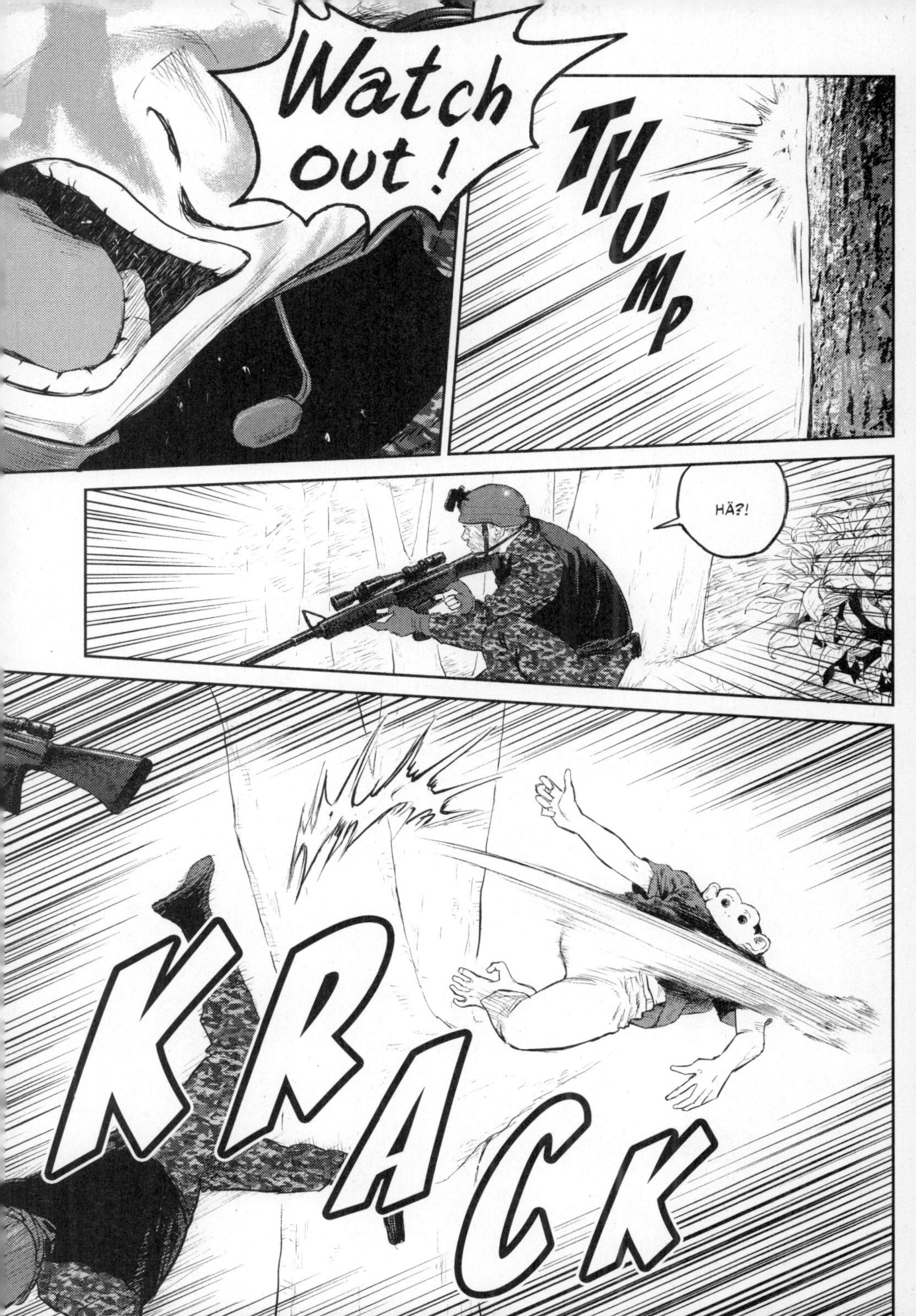
Watch out!
THUMP
HÄ?!
KRACK

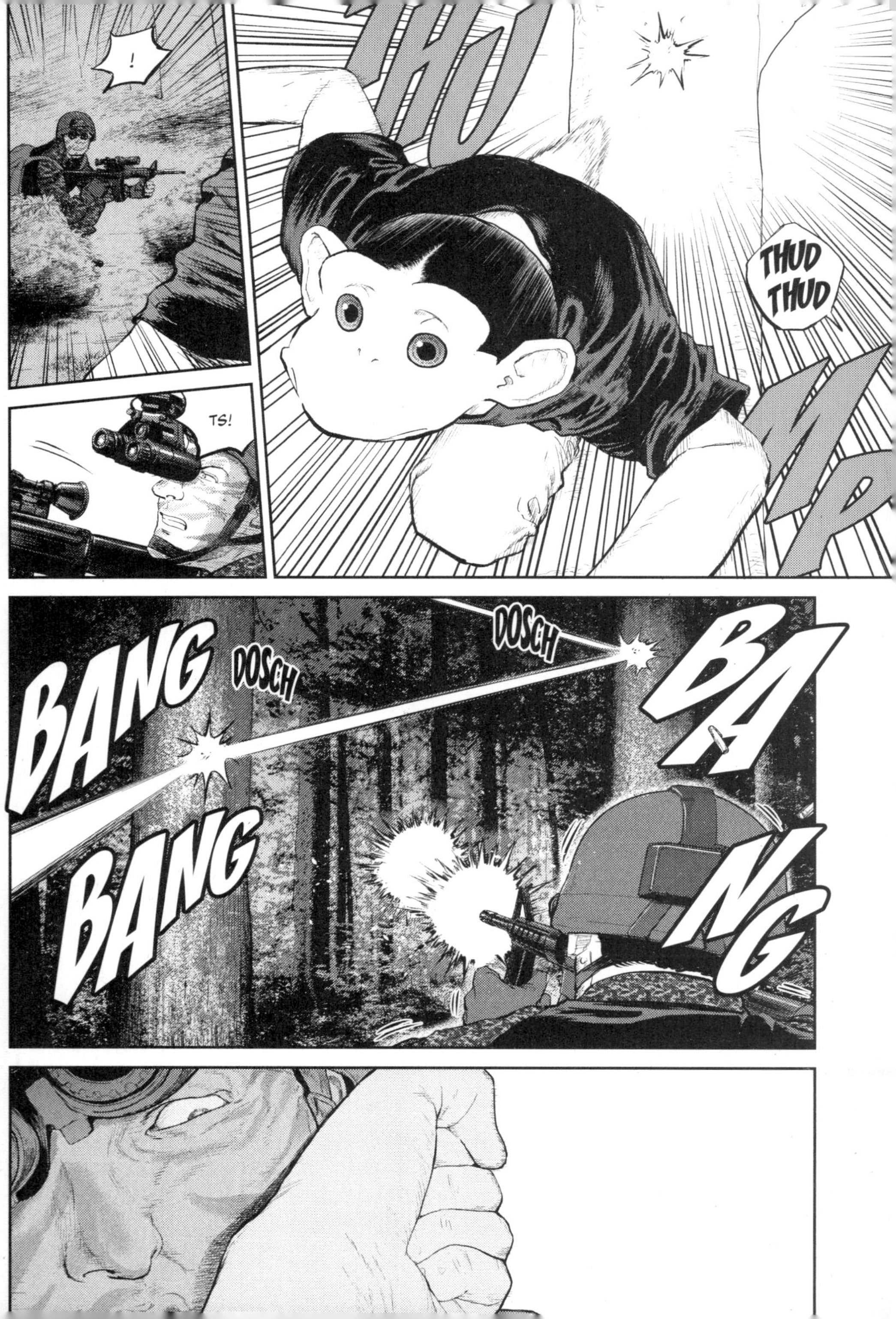

!

TS!

THU

THUD THUD

MP

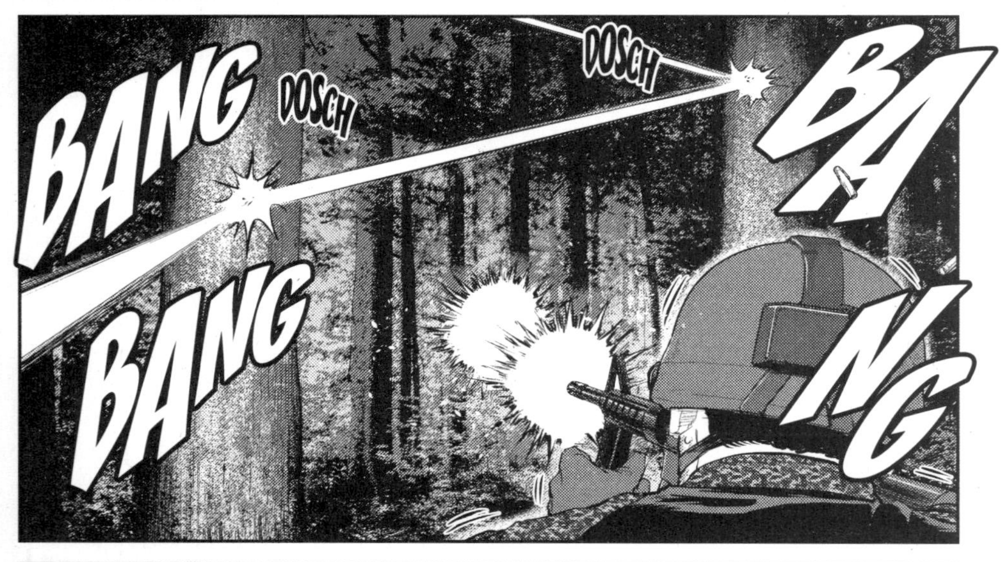

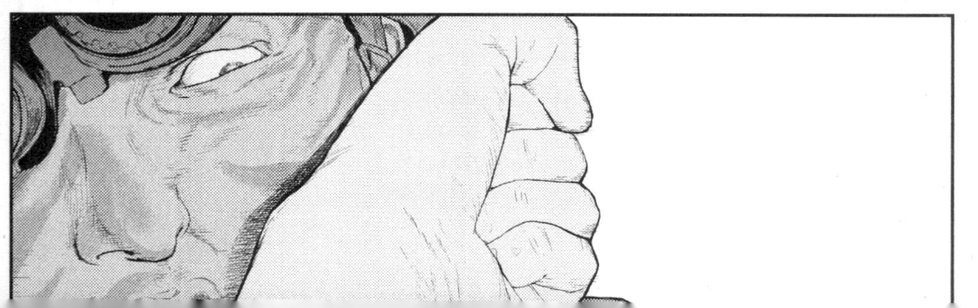

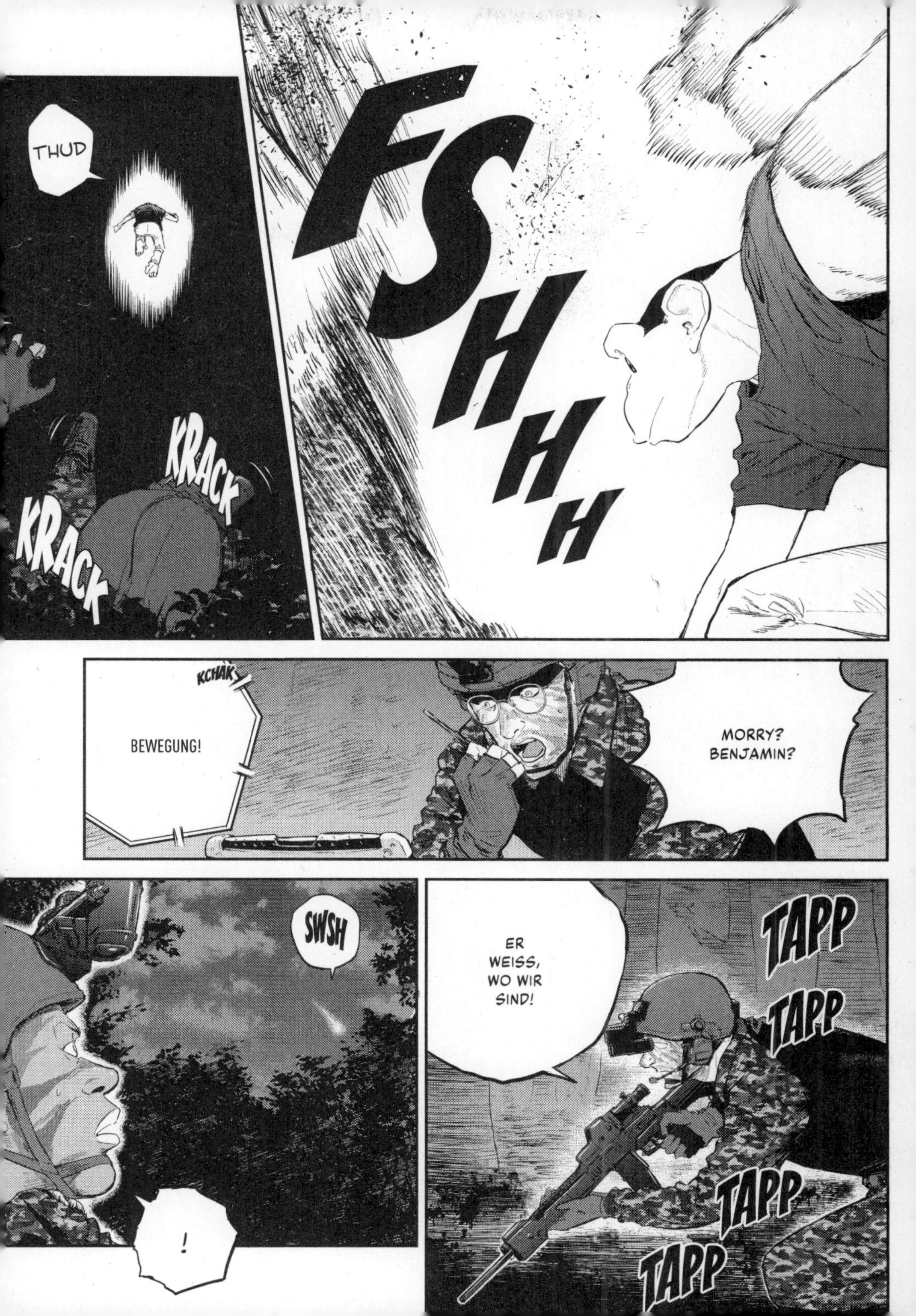

FSHHHH
THUD
KRACK
KRACK

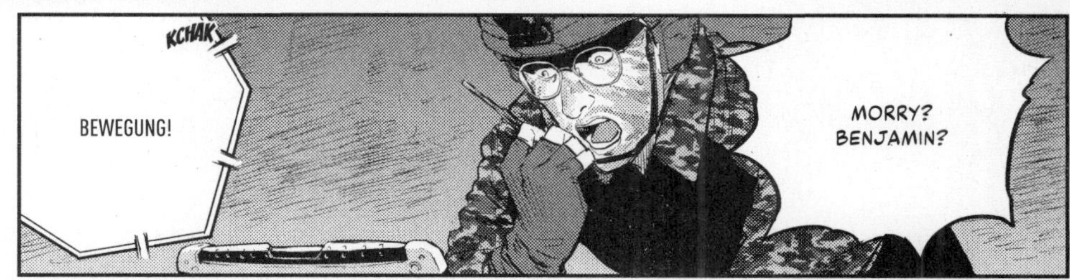
MORRY? BENJAMIN?
KCHAK
BEWEGUNG!

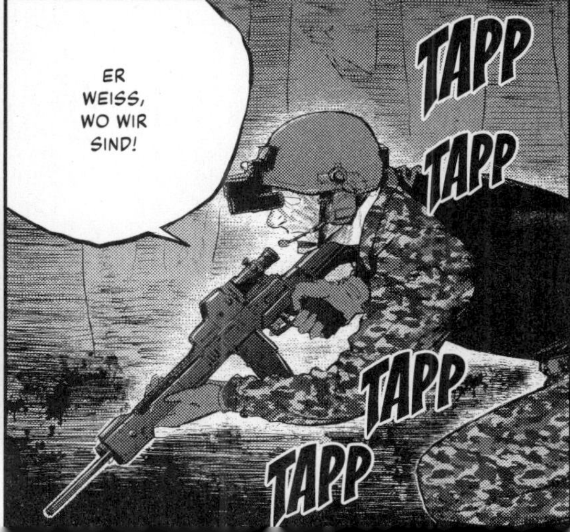
ER WEISS, WO WIR SIND!
TAPP
TAPP
TAPP
TAPP

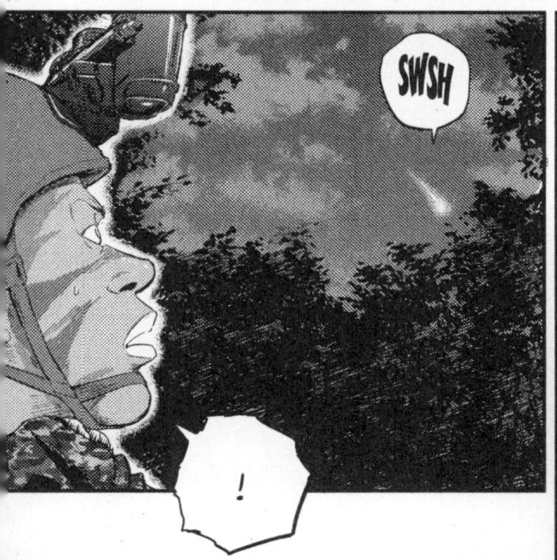
SWSH
!

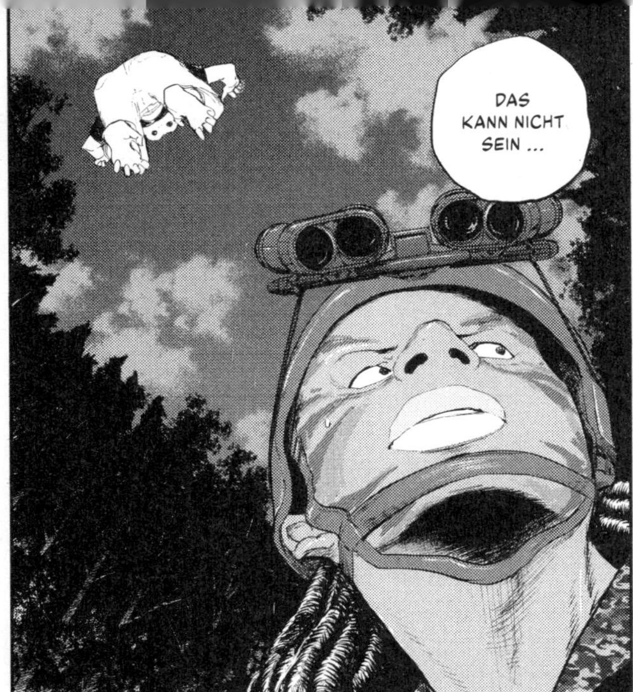
DAS KANN NICHT SEIN ...
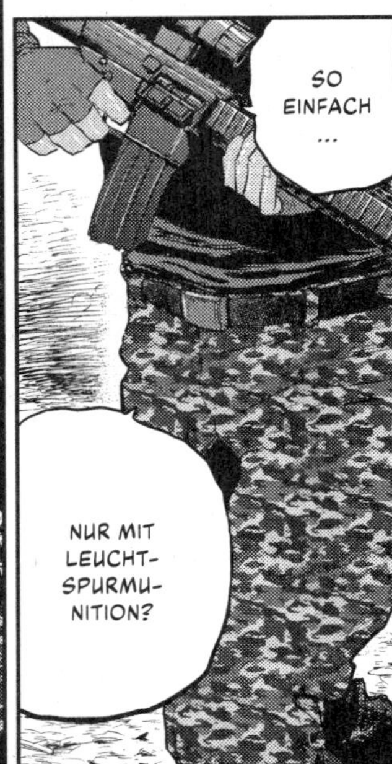
SO EINFACH ...
NUR MIT LEUCHT-SPURMU-NITION?
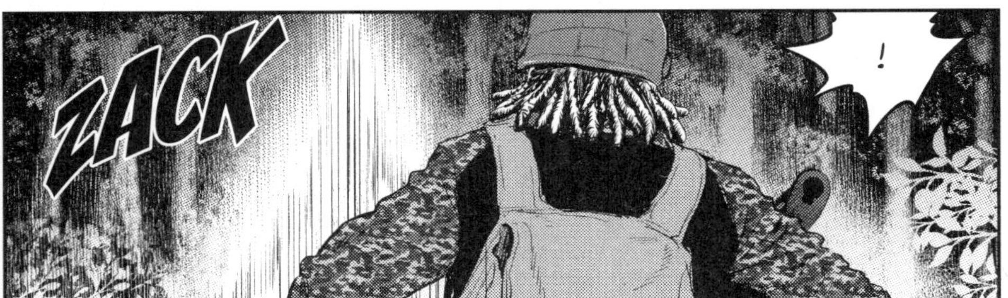
ZACK
!
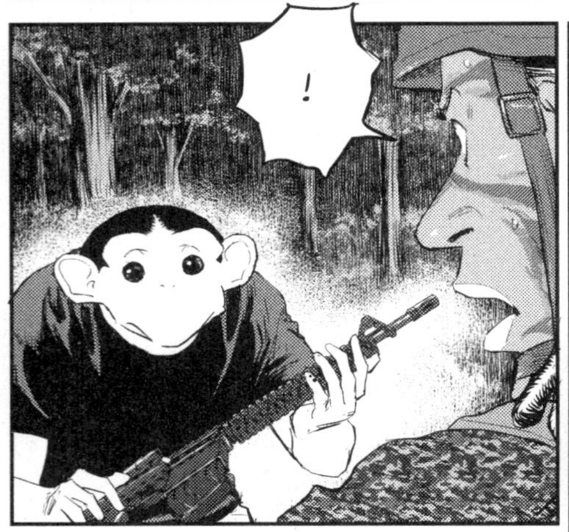
!
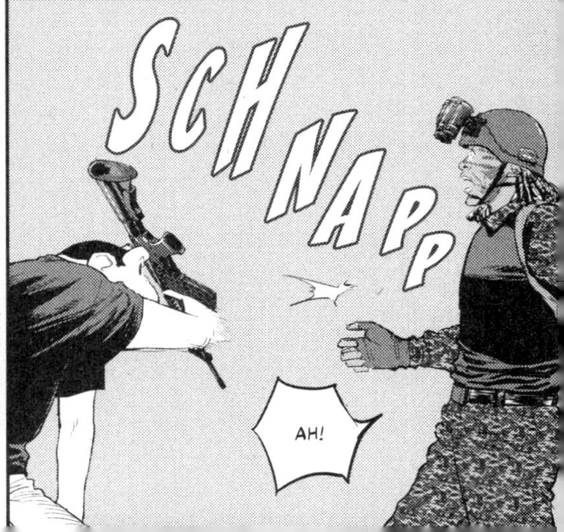
SCHNAPP
AH!

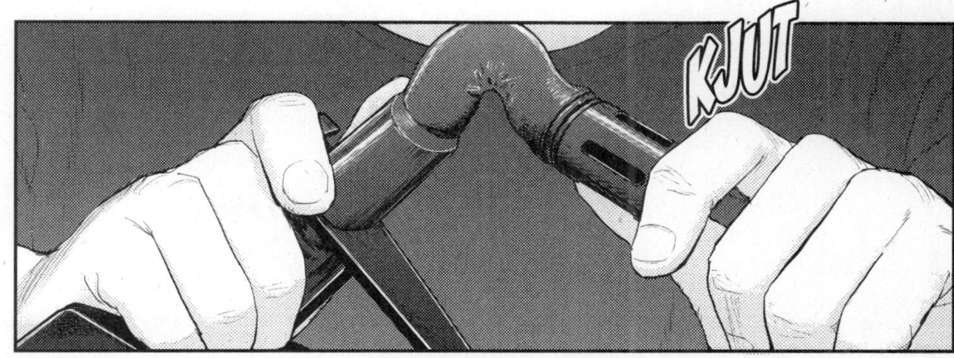
KJUT

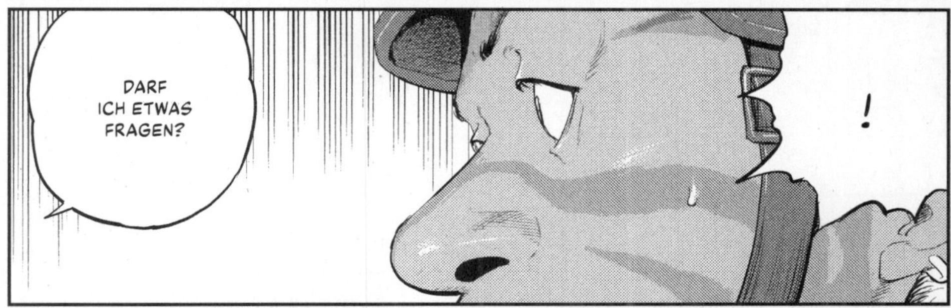
!
DARF ICH ETWAS FRAGEN?

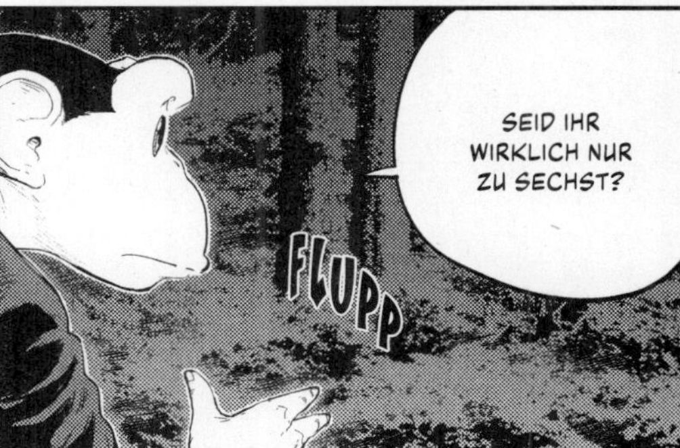
SEID IHR WIRKLICH NUR ZU SECHST?
FLUPP

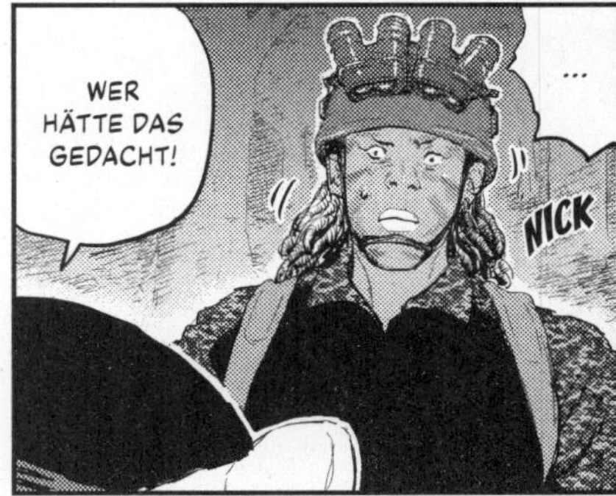
...
WER HÄTTE DAS GEDACHT!
NICK

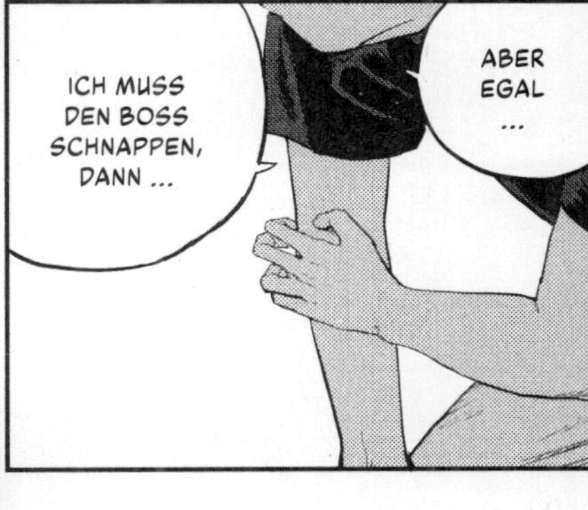
ABER EGAL ...
ICH MUSS DEN BOSS SCHNAPPEN, DANN ...

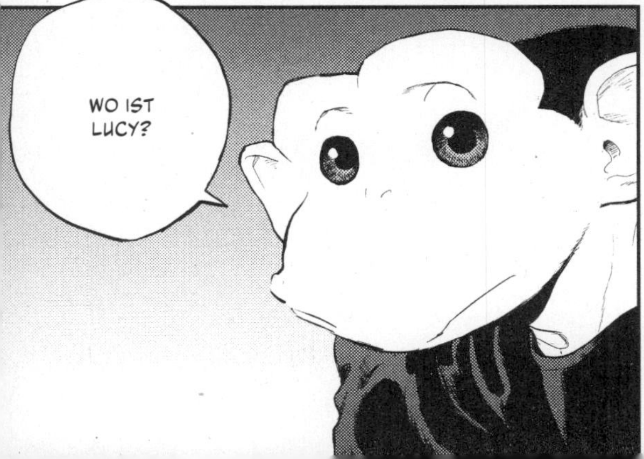
WO IST LUCY?

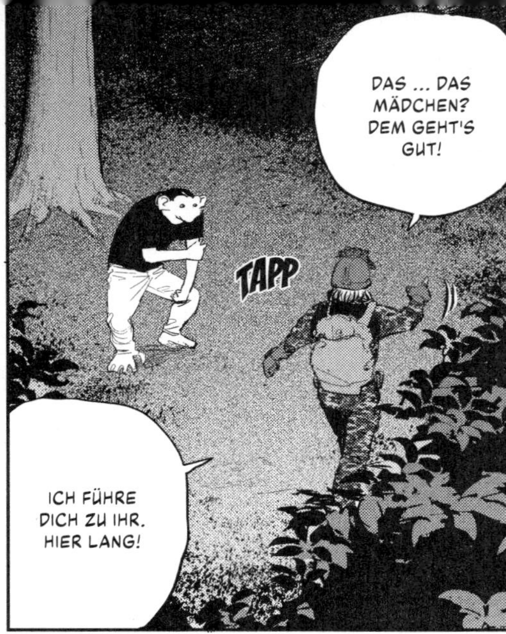
DAS ... DAS MÄDCHEN? DEM GEHT'S GUT!
TAPP
ICH FÜHRE DICH ZU IHR. HIER LANG!

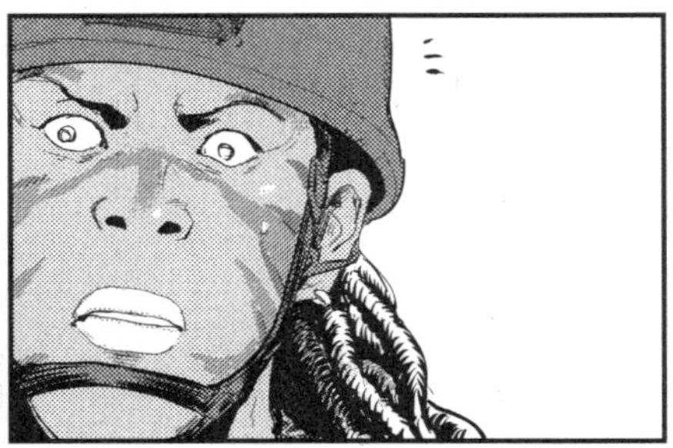

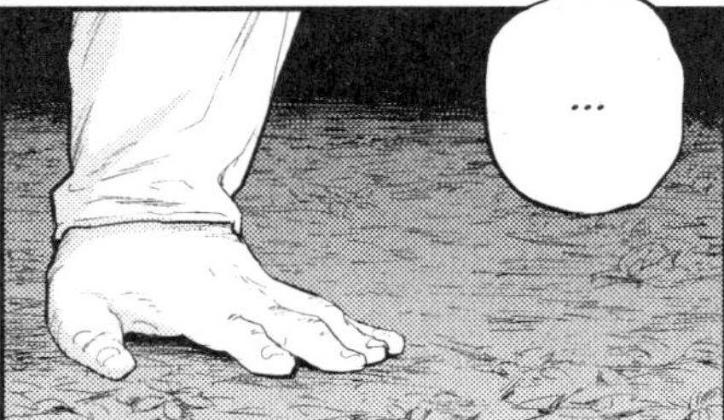
...

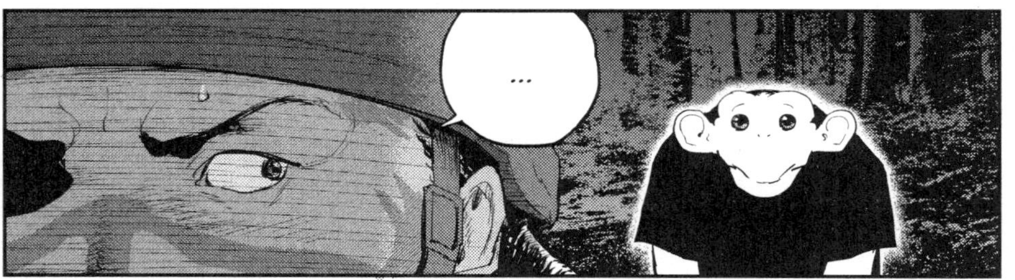
...

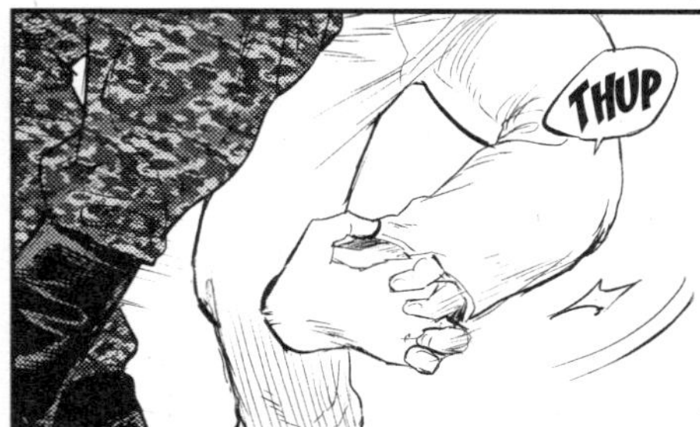
THUP

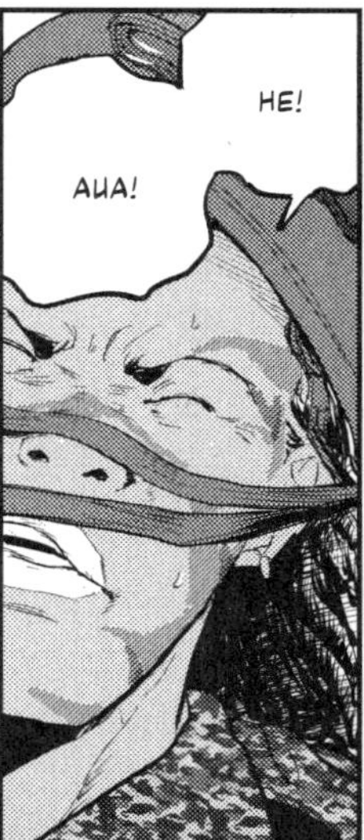
HE!
AUA!

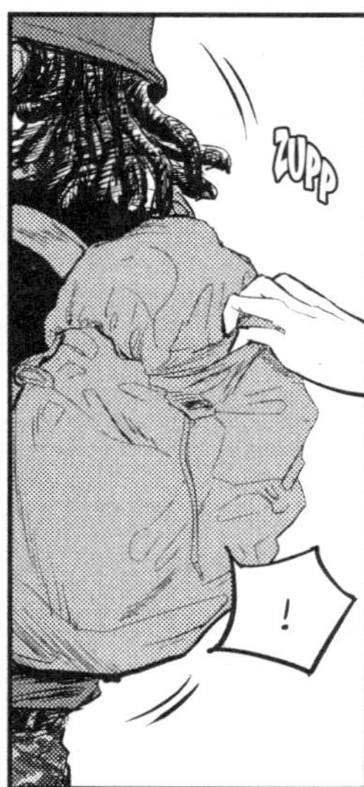
ZUPP
!

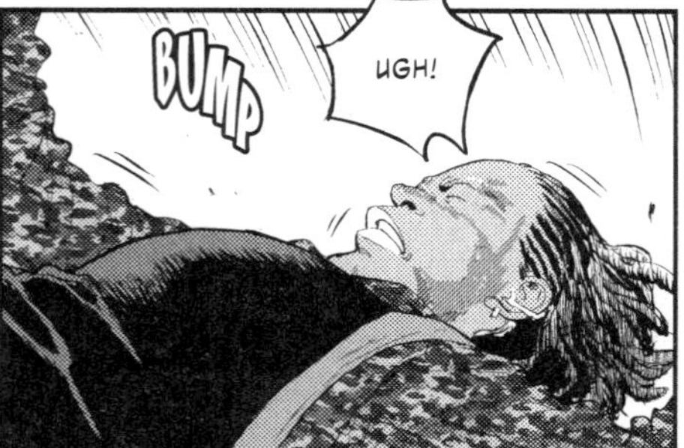
BUMP
UGH!

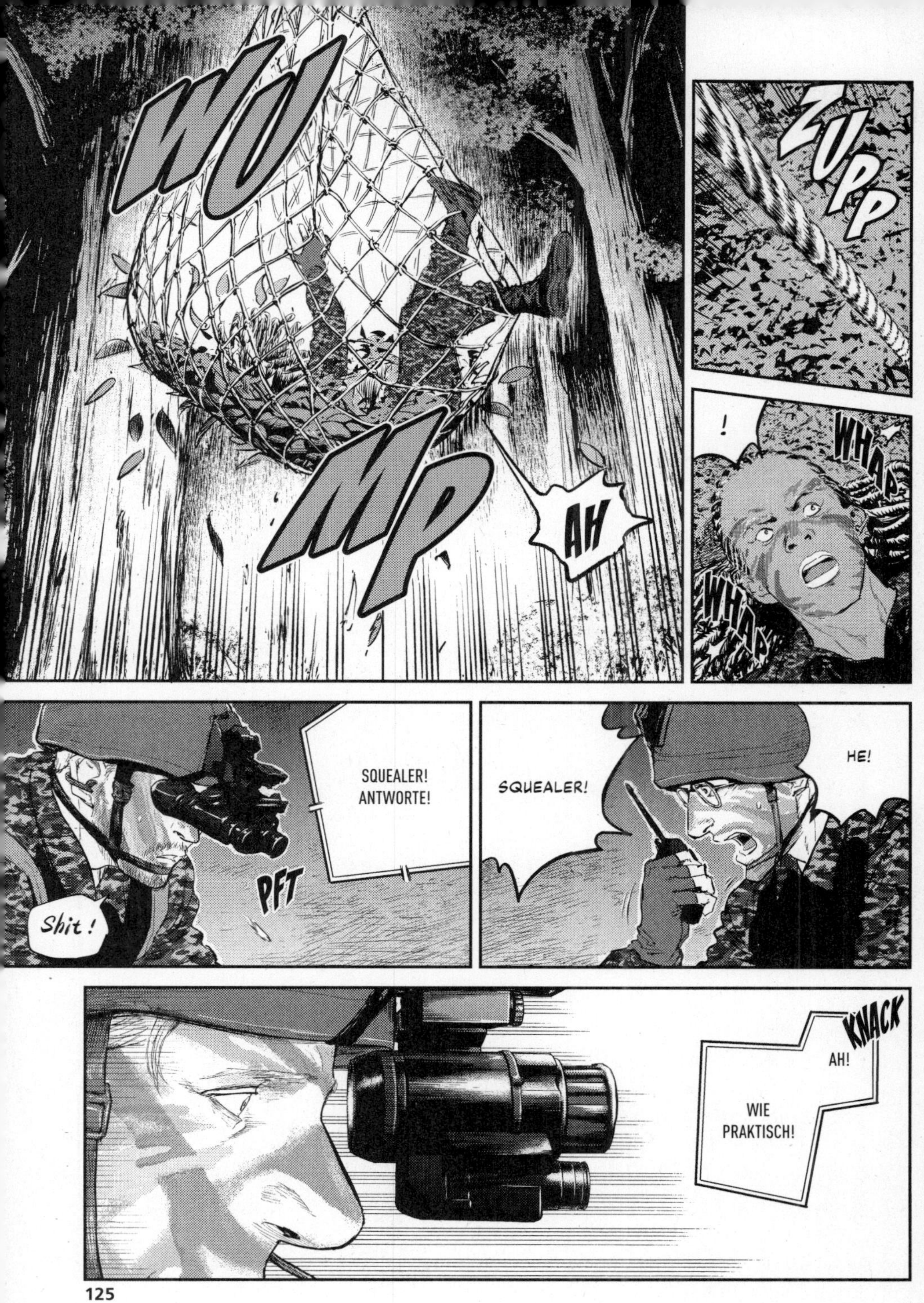

WUMP
AH

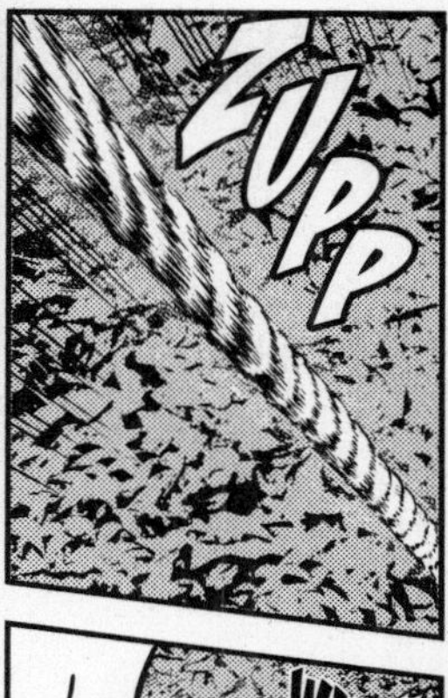
ZUPP

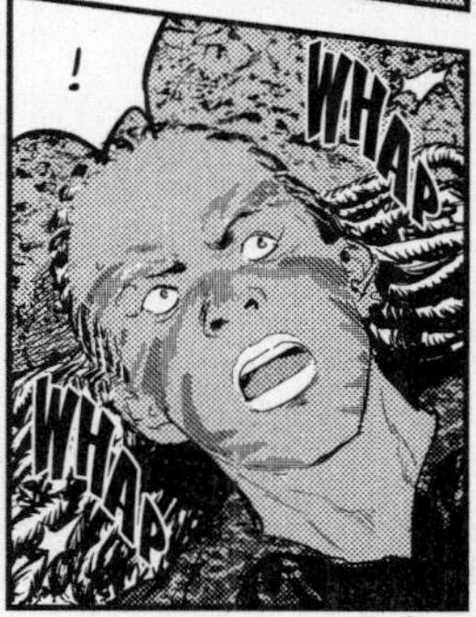
!
WHAP
WHAP

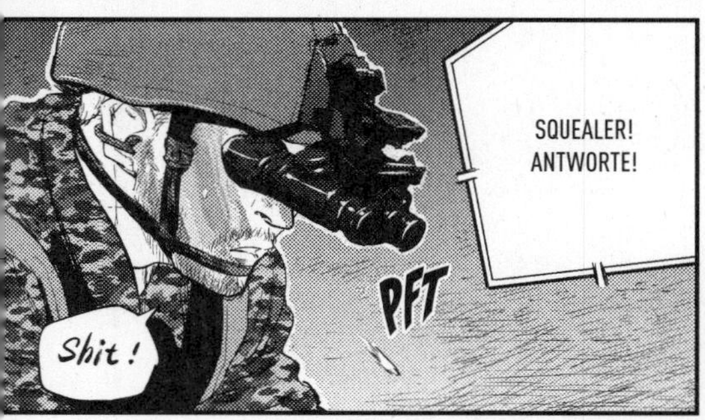
SQUEALER! ANTWORTE!
PFT
Shit!

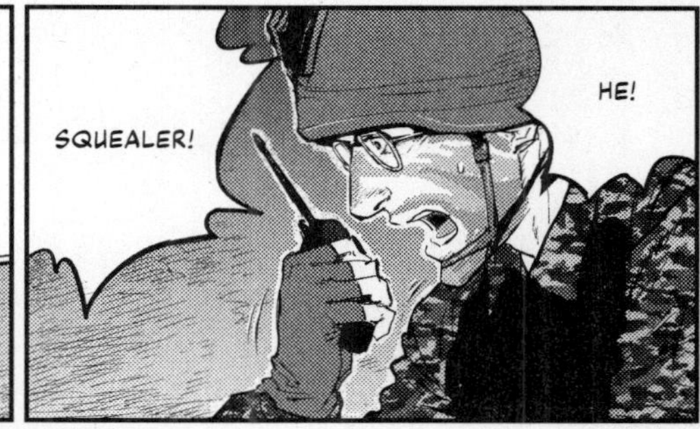
SQUEALER!
HE!

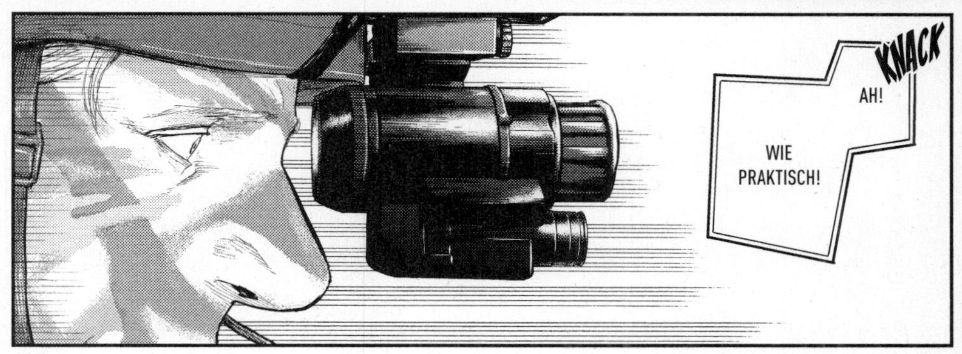
KNACK
AH!
WIE PRAKTISCH!

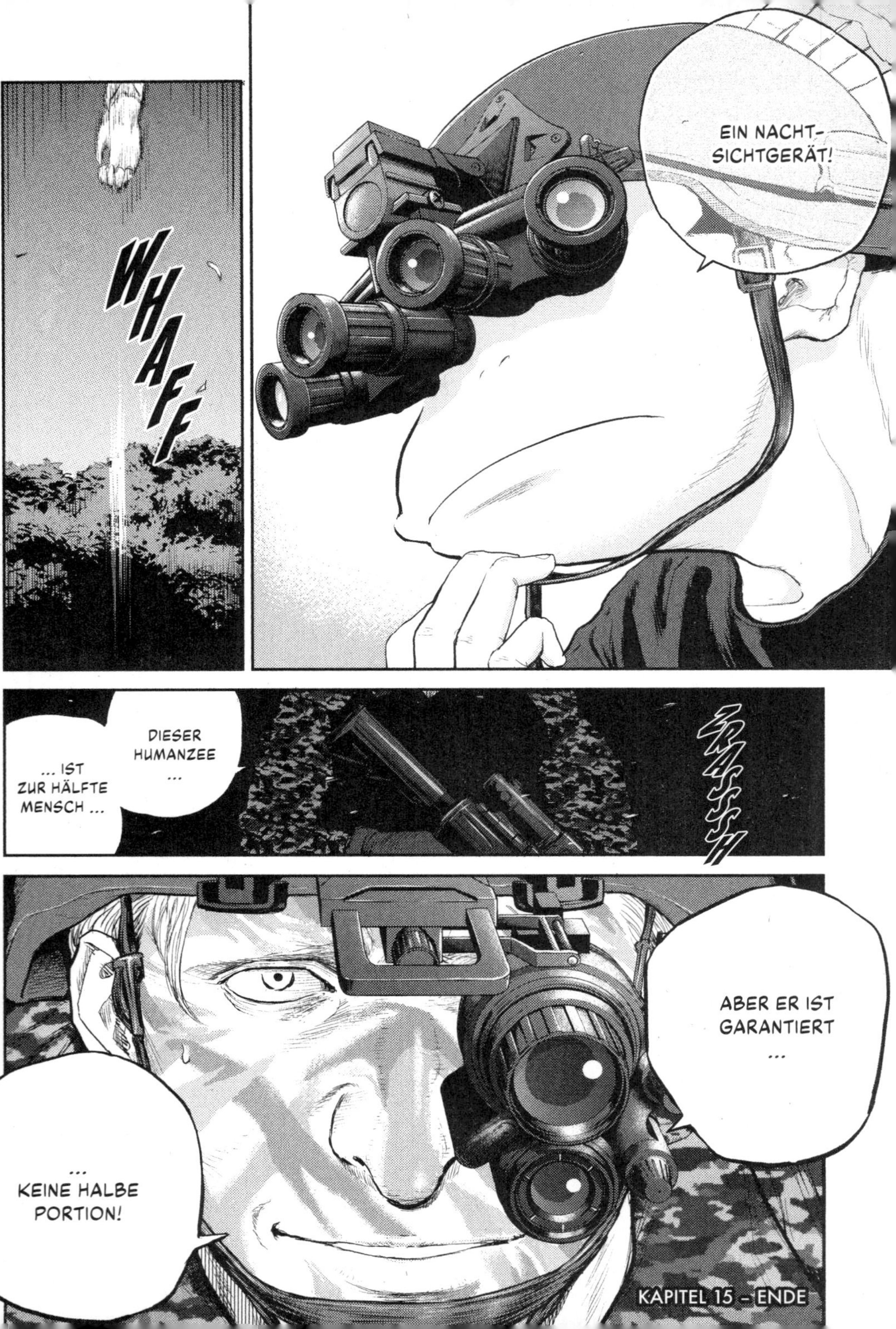

EIN NACHT-
SICHTGERÄT!

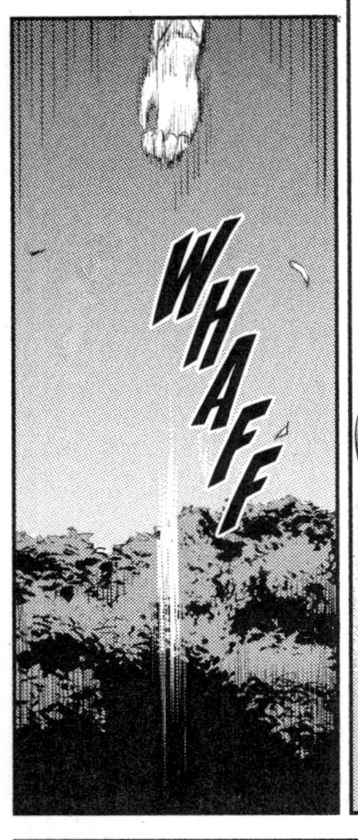

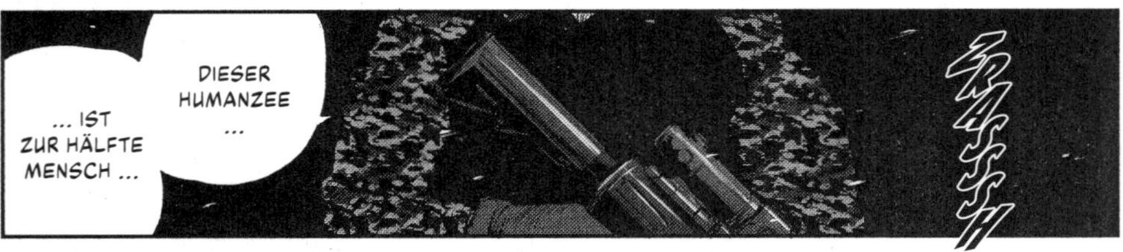

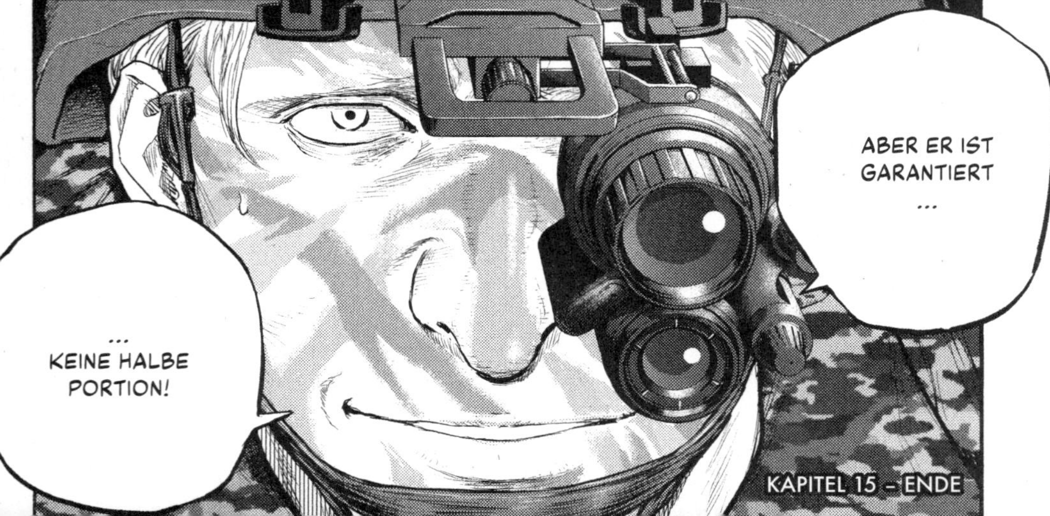

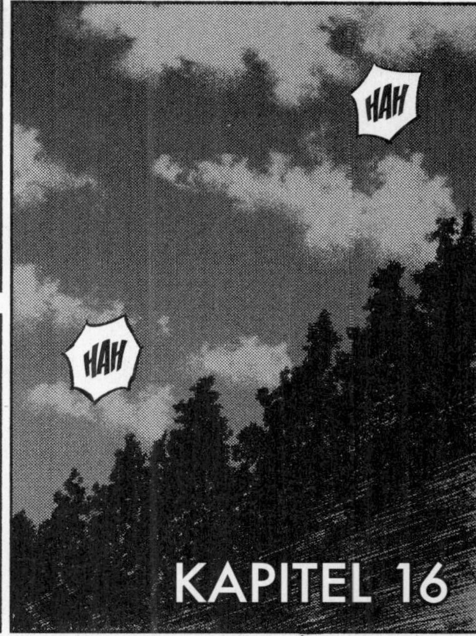
HAH
HAH
KAPITEL 16

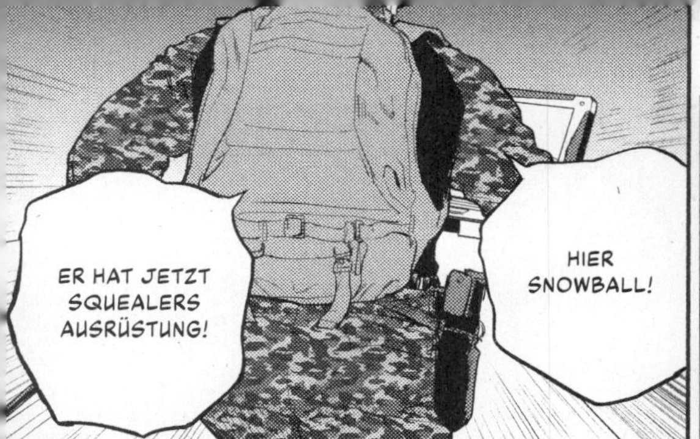
HIER SNOWBALL!
ER HAT JETZT SQUEALERS AUSRÜSTUNG!

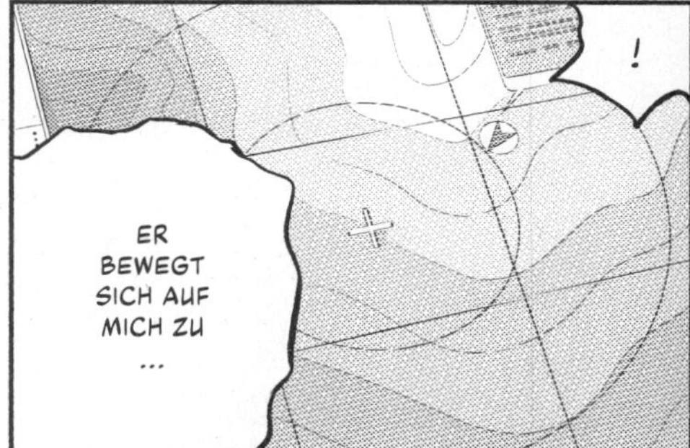
!
ER BEWEGT SICH AUF MICH ZU ...

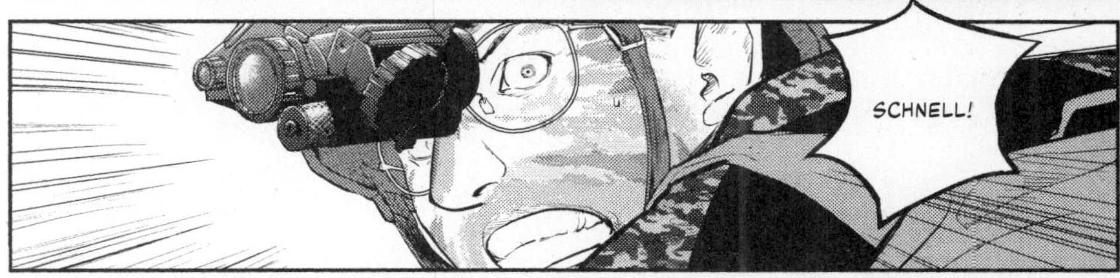
SCHNELL!

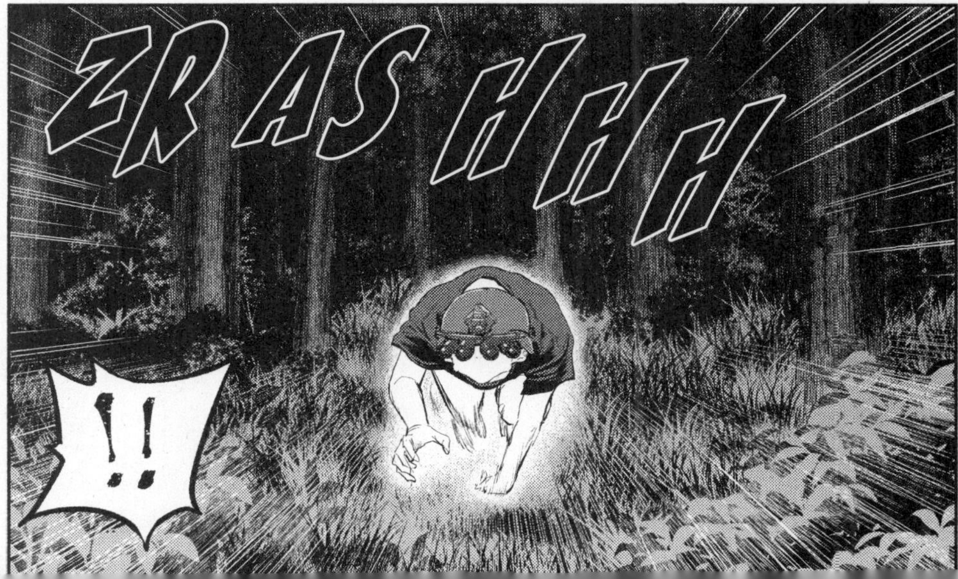
ZRASHHH
!!

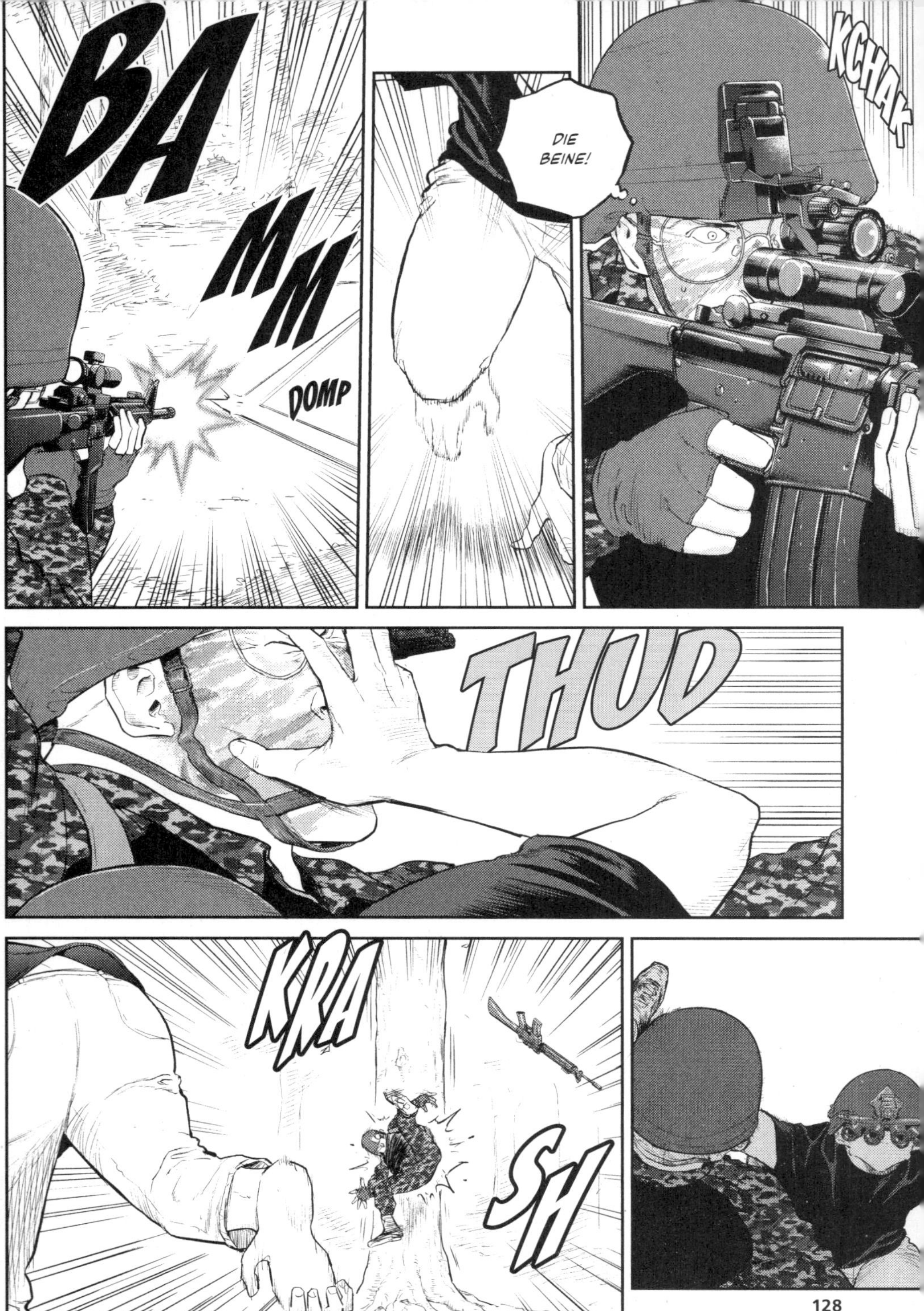

BAMMM
DOMP
DIE BEINE!
KCHAK

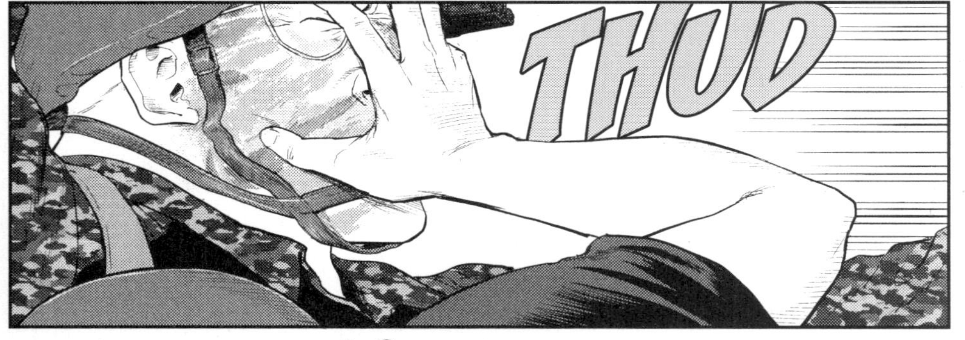

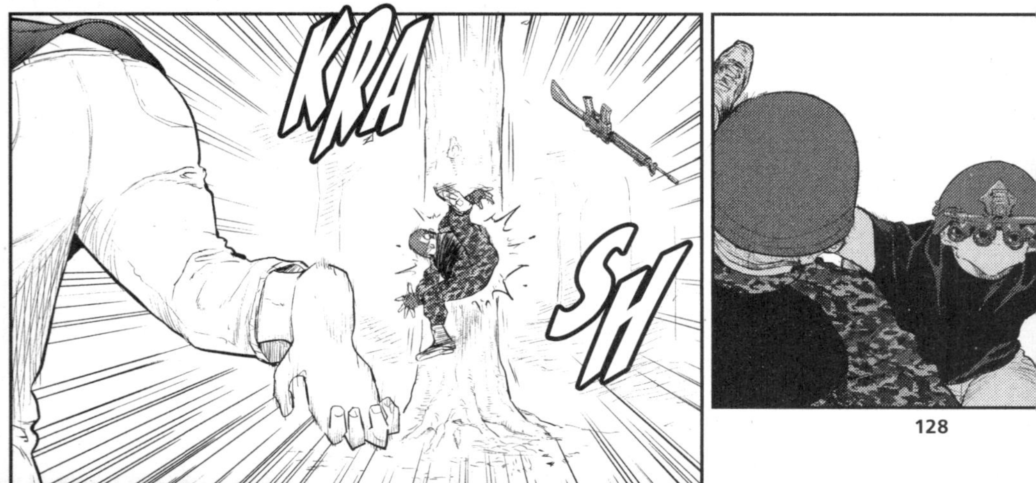

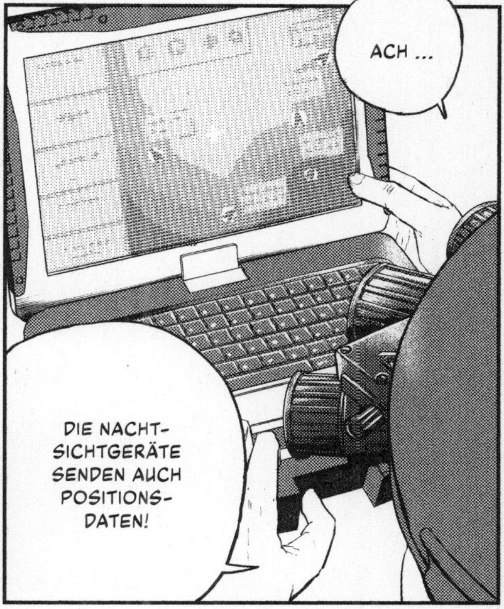

ACH ...

DIE NACHT-SICHTGERÄTE SENDEN AUCH POSITIONS-DATEN!

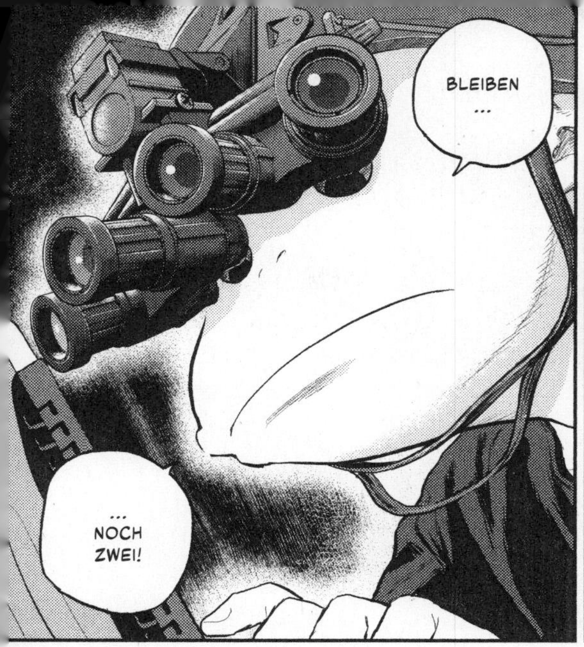

BLEIBEN ...

... NOCH ZWEI!

KAPITEL 16 / IN BLAUBARTS BURG ②

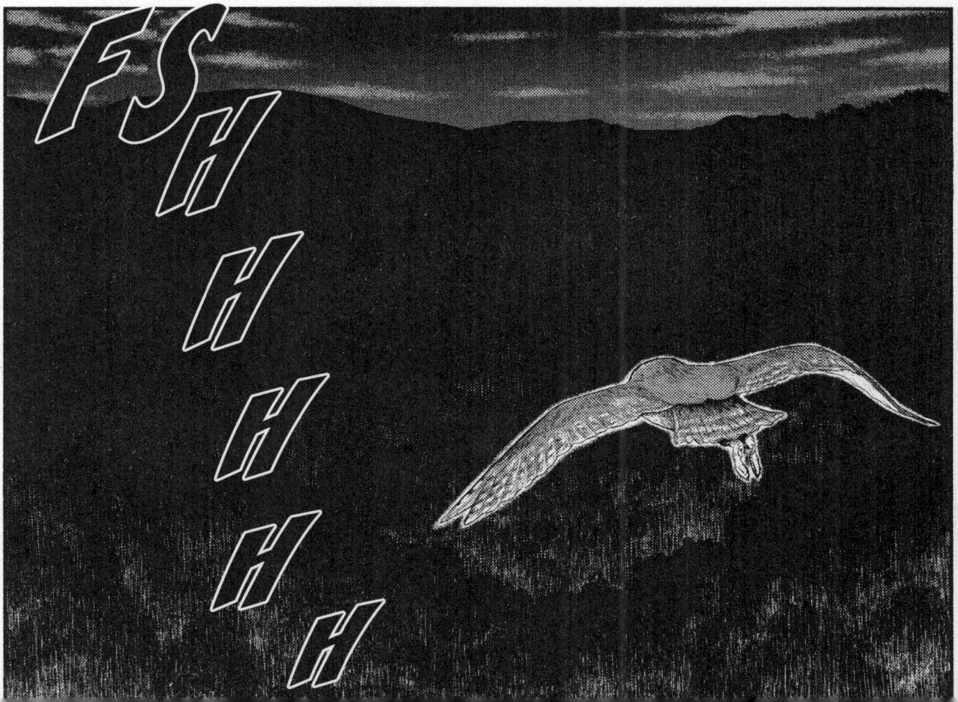

FSHHHHHH

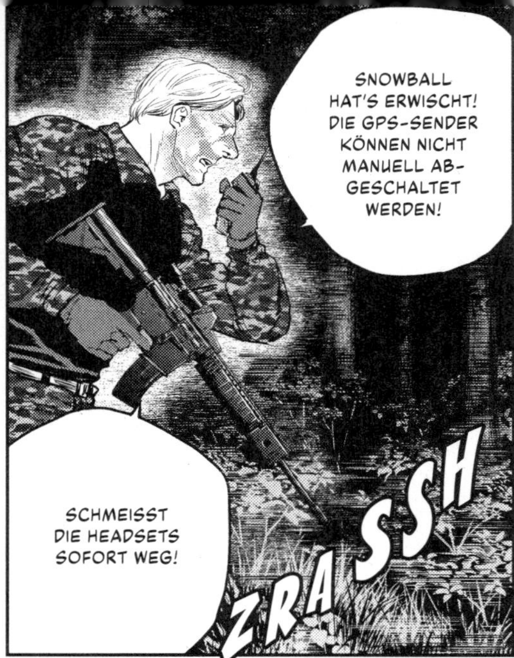
SNOWBALL HAT'S ERWISCHT! DIE GPS-SENDER KÖNNEN NICHT MANUELL AB-GESCHALTET WERDEN!
SCHMEISST DIE HEADSETS SOFORT WEG!
ZRASSH

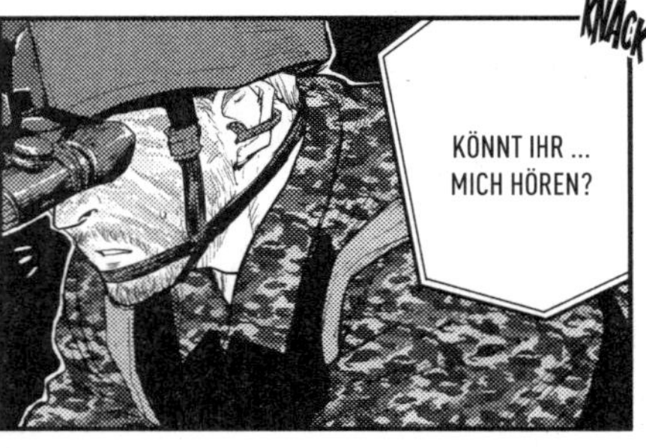
KNACK
KÖNNT IHR ... MICH HÖREN?

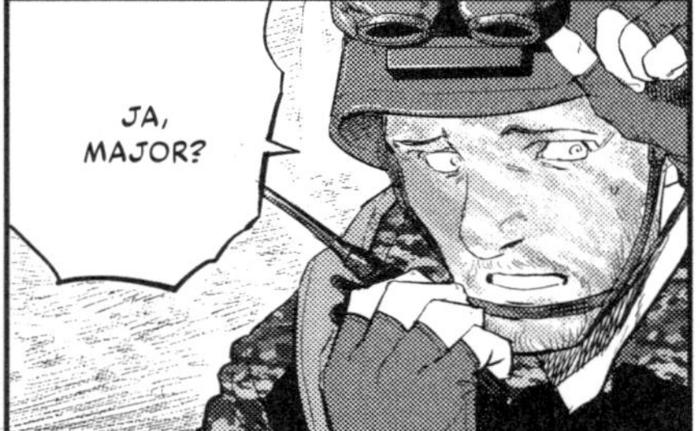
JA, MAJOR?

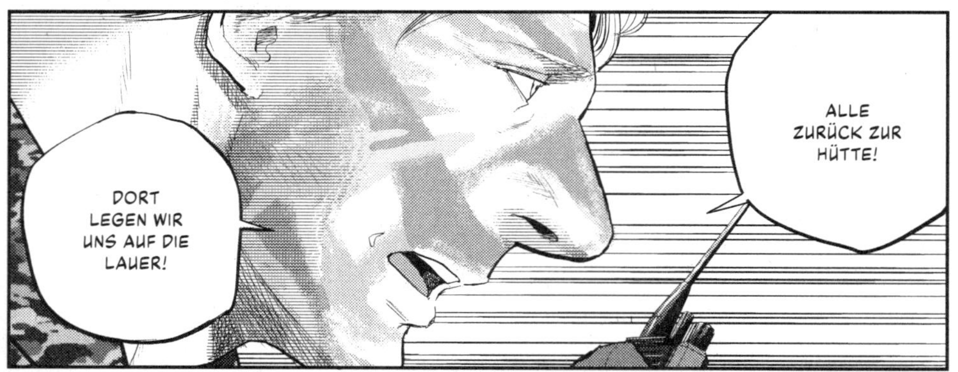
ALLE ZURÜCK ZUR HÜTTE!
DORT LEGEN WIR UNS AUF DIE LAUER!

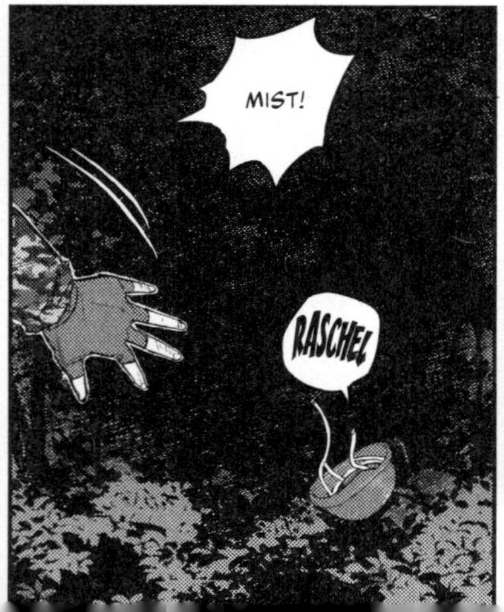
MIST!
RASCHEL

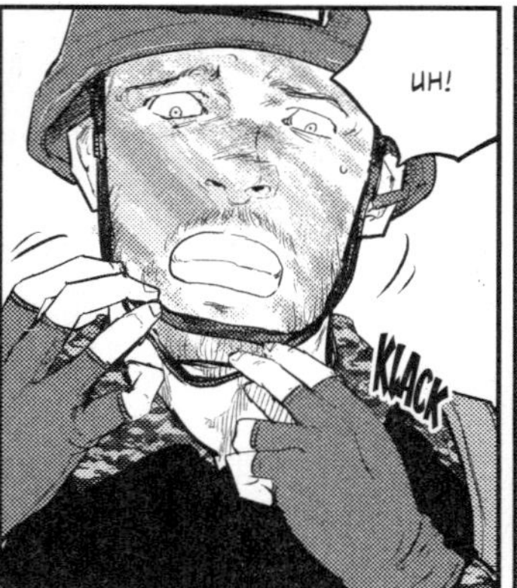
UH!
KLACK

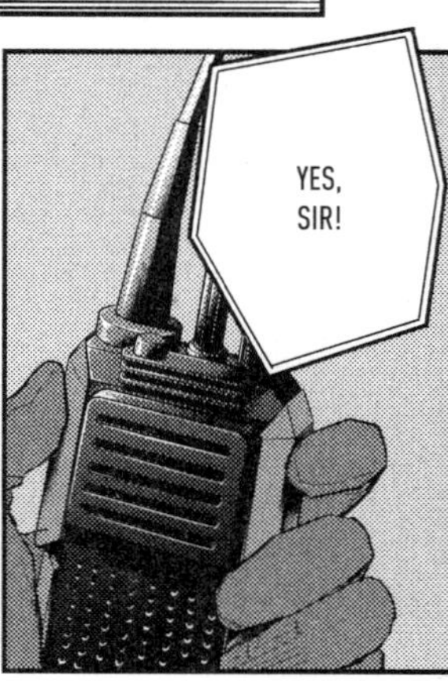
YES, SIR!

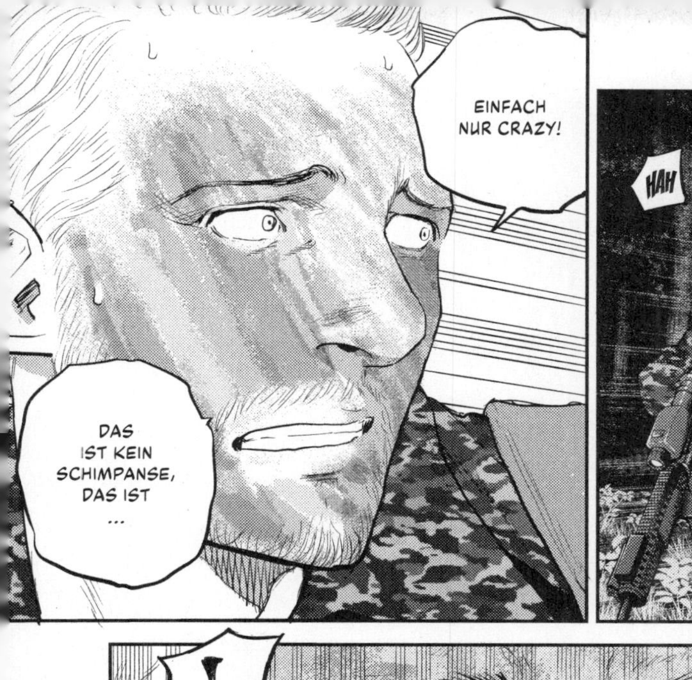
EINFACH NUR CRAZY!
DAS IST KEIN SCHIMPANSE, DAS IST ...
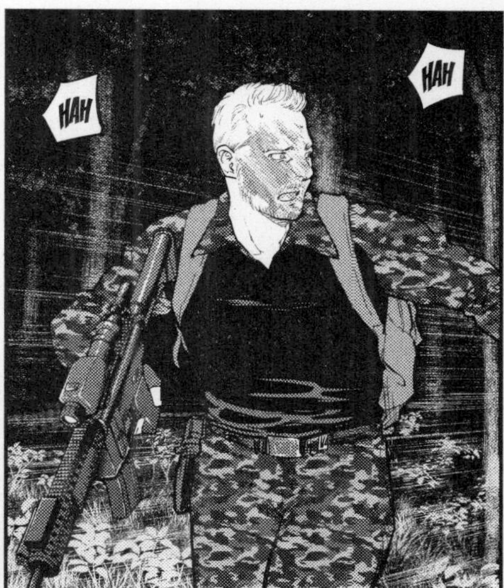
HAH
HAH
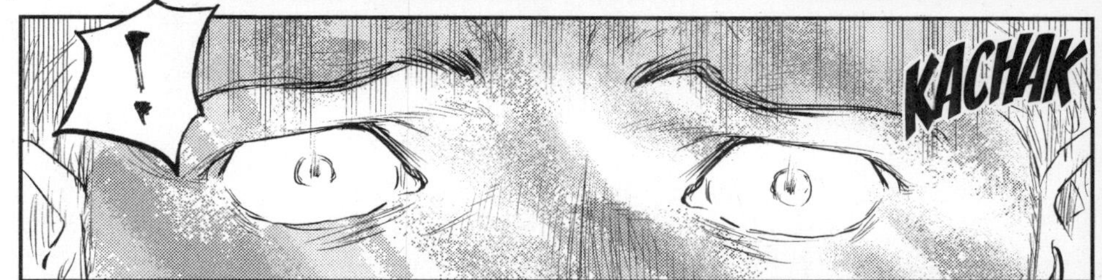
KACHAK
!
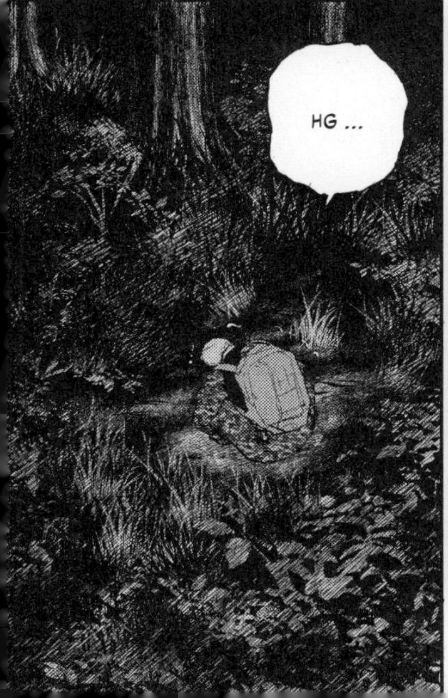
HG ...

UH ...
UH ...
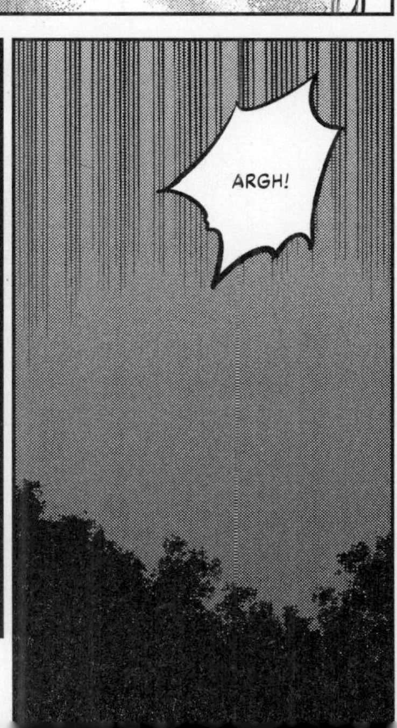
ARGH!

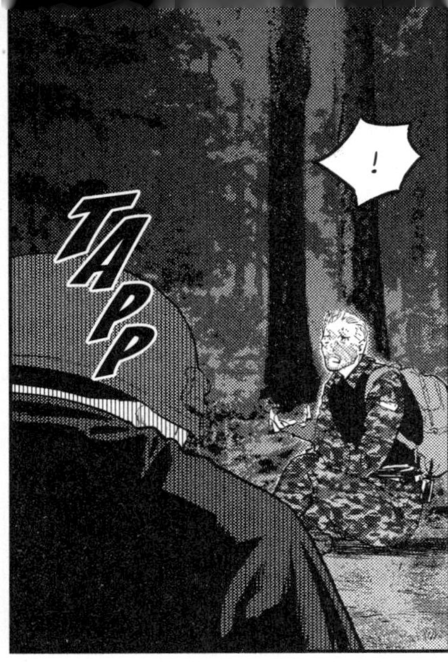
TAPP
!

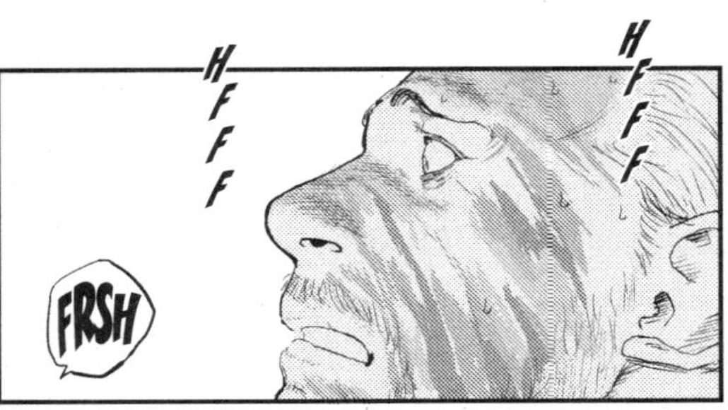
HFFFF
HFFFF
FRSH

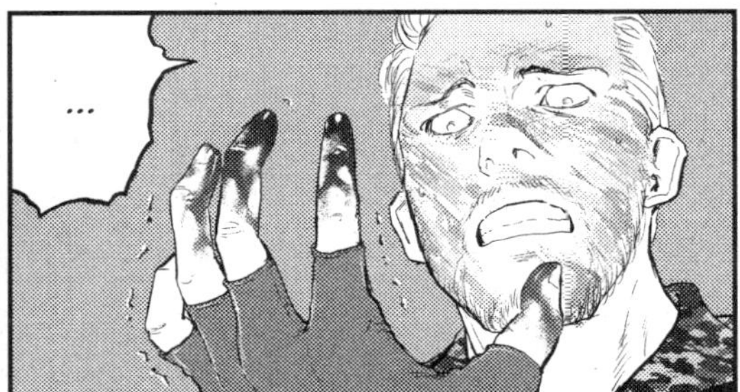
...

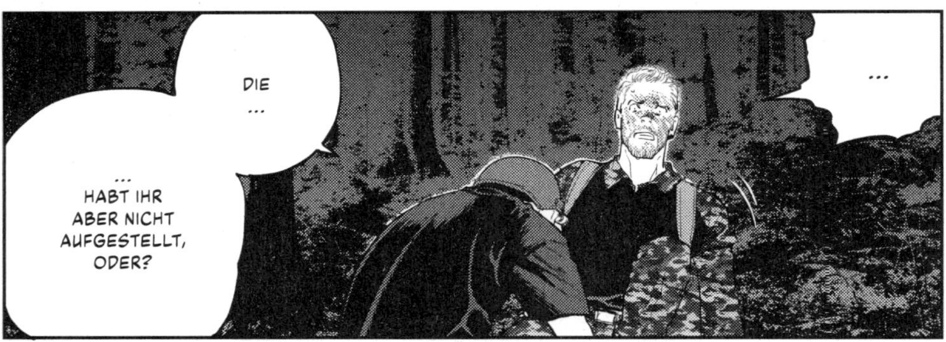
...
DIE ...
... HABT IHR ABER NICHT AUFGESTELLT, ODER?

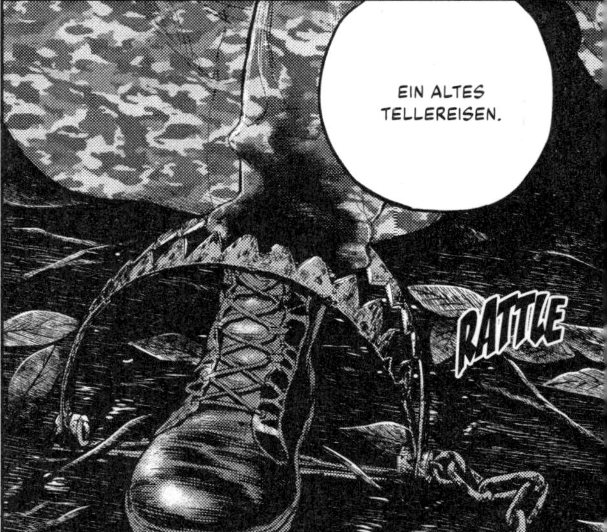
EIN ALTES TELLEREISEN.
RATTLE

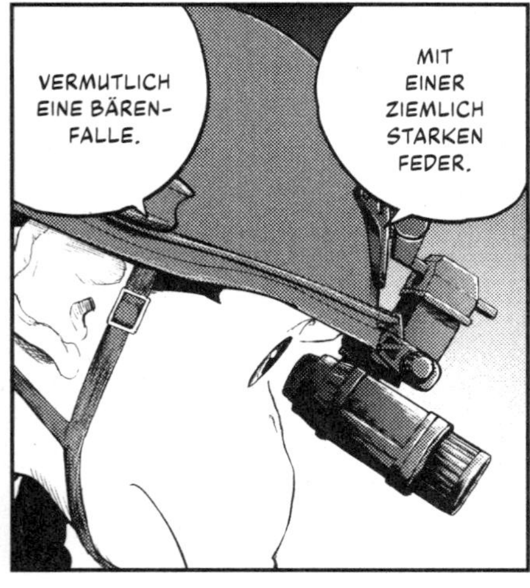
MIT EINER ZIEMLICH STARKEN FEDER.
VERMUTLICH EINE BÄREN-FALLE.

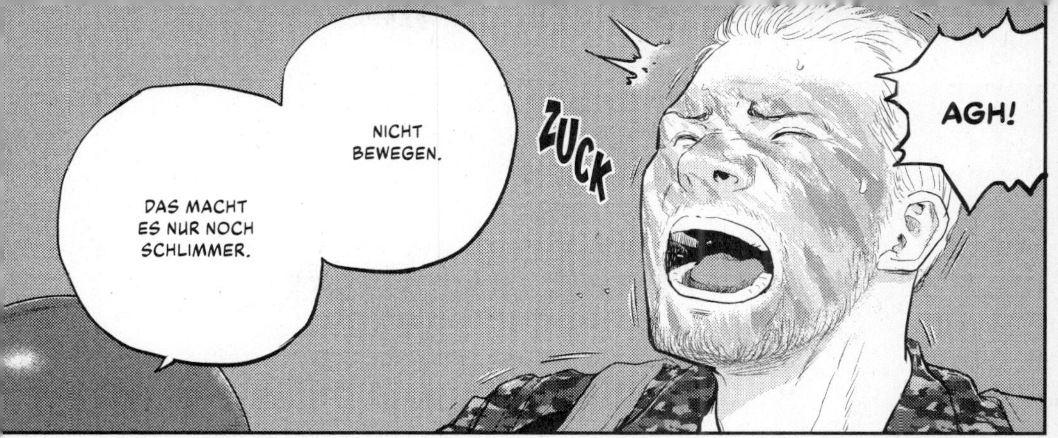
AGH!
ZUCK
NICHT BEWEGEN.
DAS MACHT ES NUR NOCH SCHLIMMER.

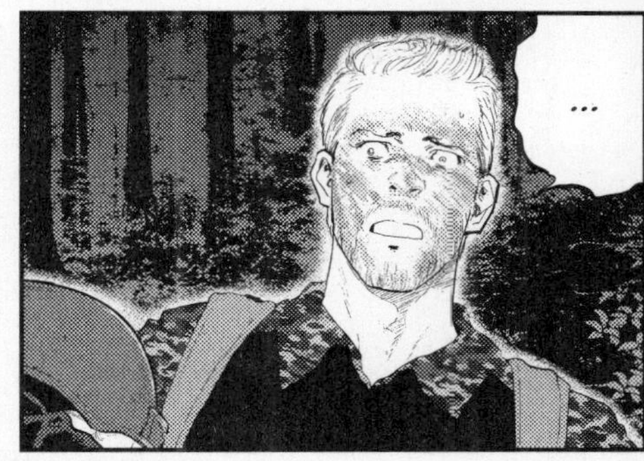
...

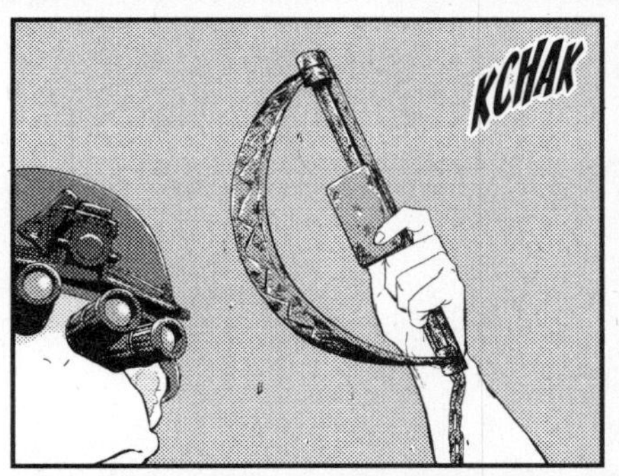
KCHAK

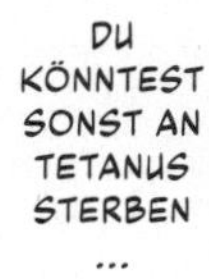

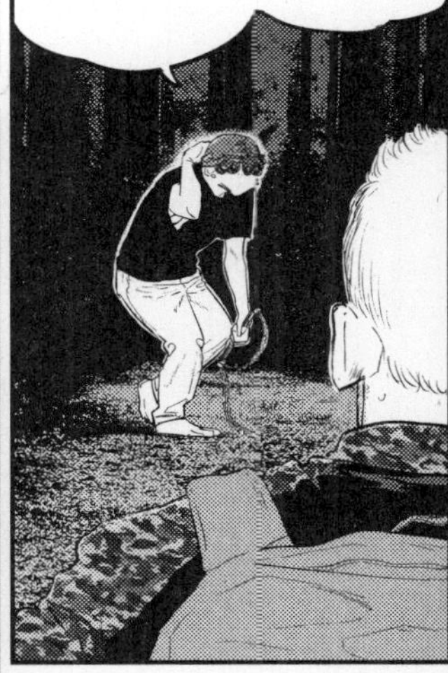
DAS MUSS DRINGEND VERSORGT WERDEN!
DU KÖNNTEST SONST AN TETANUS STERBEN ...

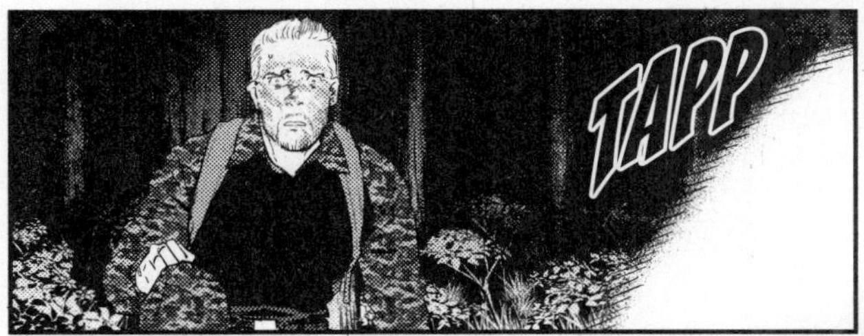
TAPP

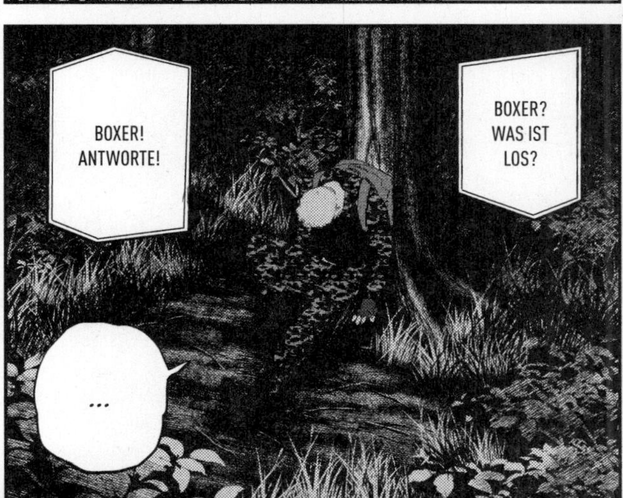
BOXER? WAS IST LOS?
BOXER! ANTWORTE!
...

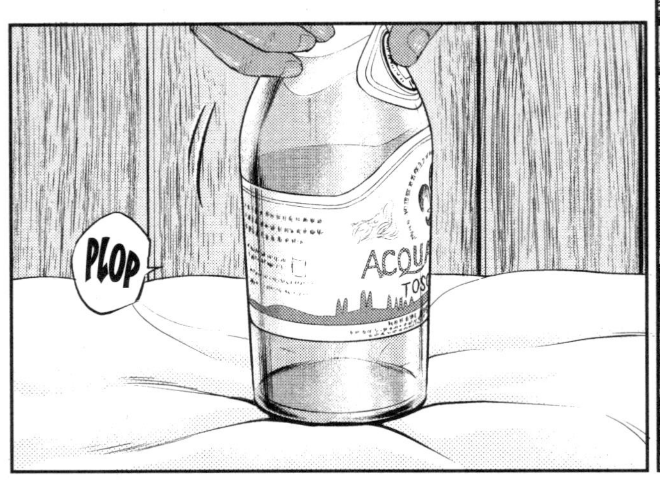
PLOP
ACQUA
TOSC

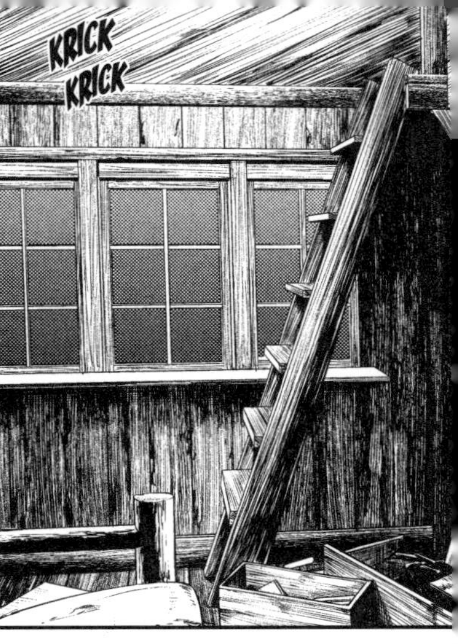
KRICK
KRICK

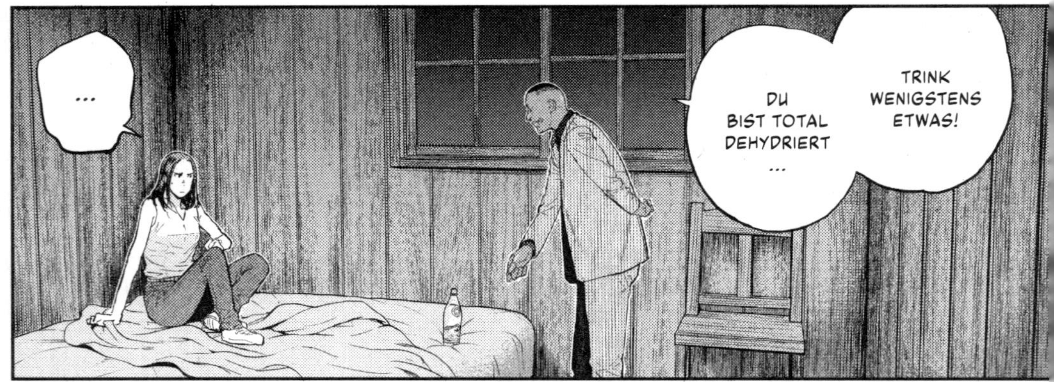
TRINK WENIGSTENS ETWAS!
DU BIST TOTAL DEHYDRIERT ...
...

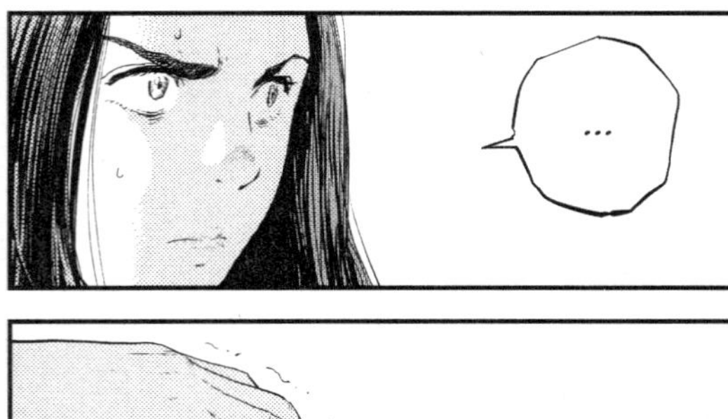
...

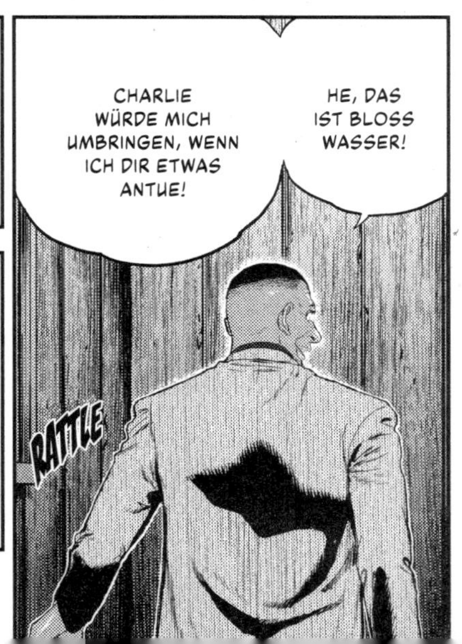
HE, DAS IST BLOSS WASSER!
CHARLIE WÜRDE MICH UMBRINGEN, WENN ICH DIR ETWAS ANTUE!
RATTLE

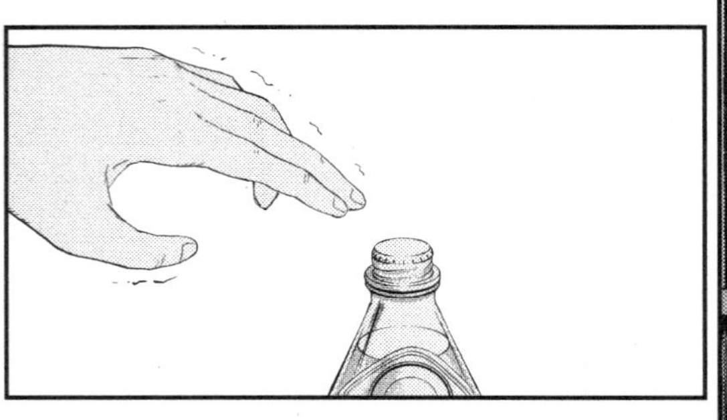

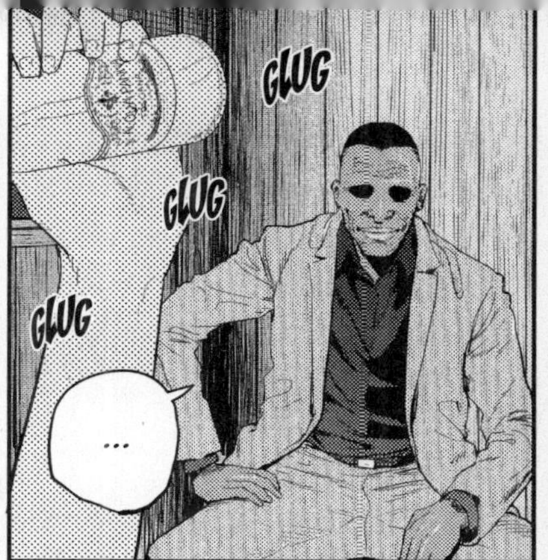
GLUG
GLUG
GLUG
...

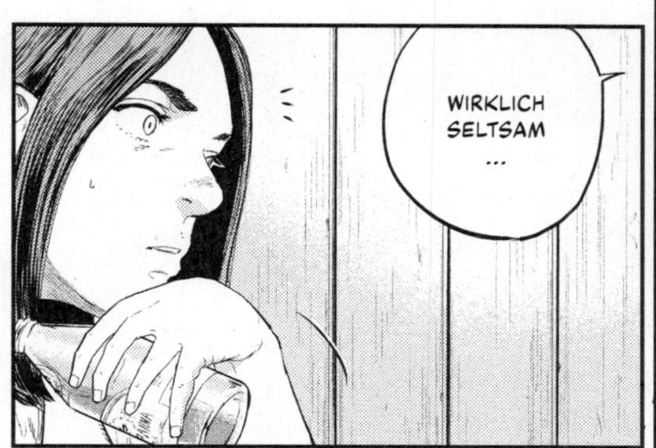
WIRKLICH SELTSAM ...

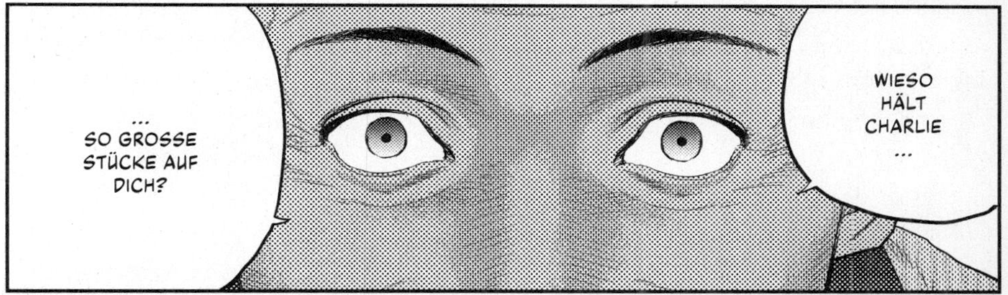
WIESO HÄLT CHARLIE ...
... SO GROSSE STÜCKE AUF DICH?

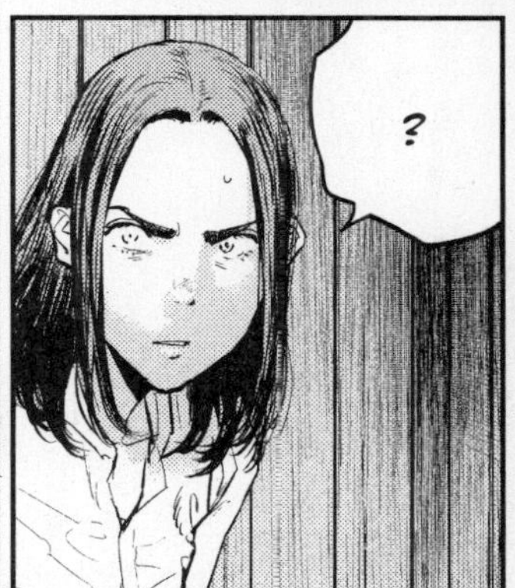
?

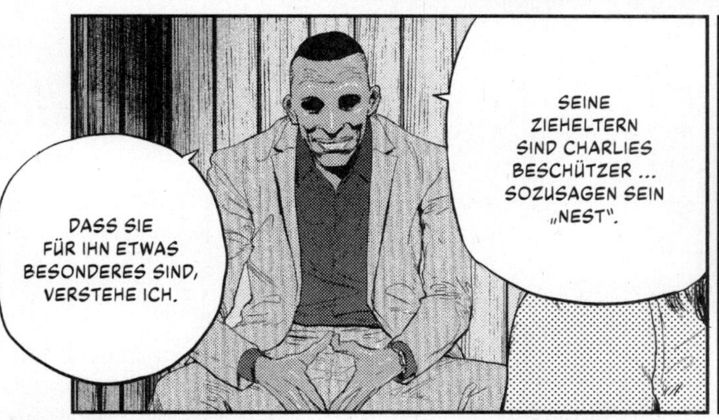
SEINE ZIEHELTERN SIND CHARLIES BESCHÜTZER ... SOZUSAGEN SEIN „NEST".
DASS SIE FÜR IHN ETWAS BESONDERES SIND, VERSTEHE ICH.

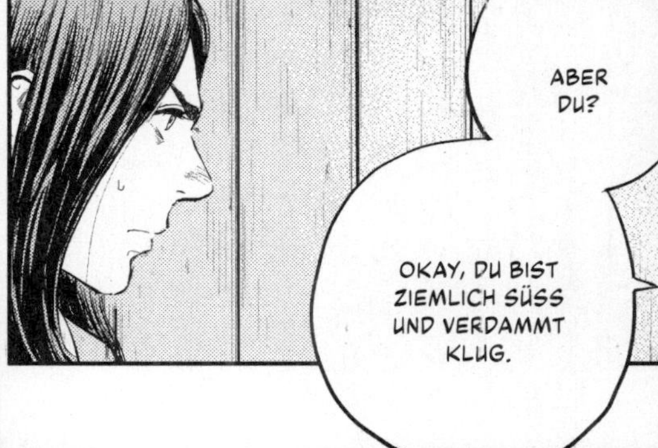
ABER DU?
OKAY, DU BIST ZIEMLICH SÜSS UND VERDAMMT KLUG.

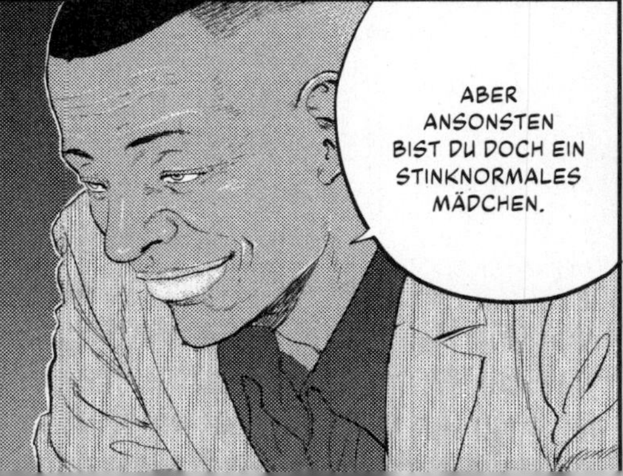
ABER ANSONSTEN BIST DU DOCH EIN STINKNORMALES MÄDCHEN.

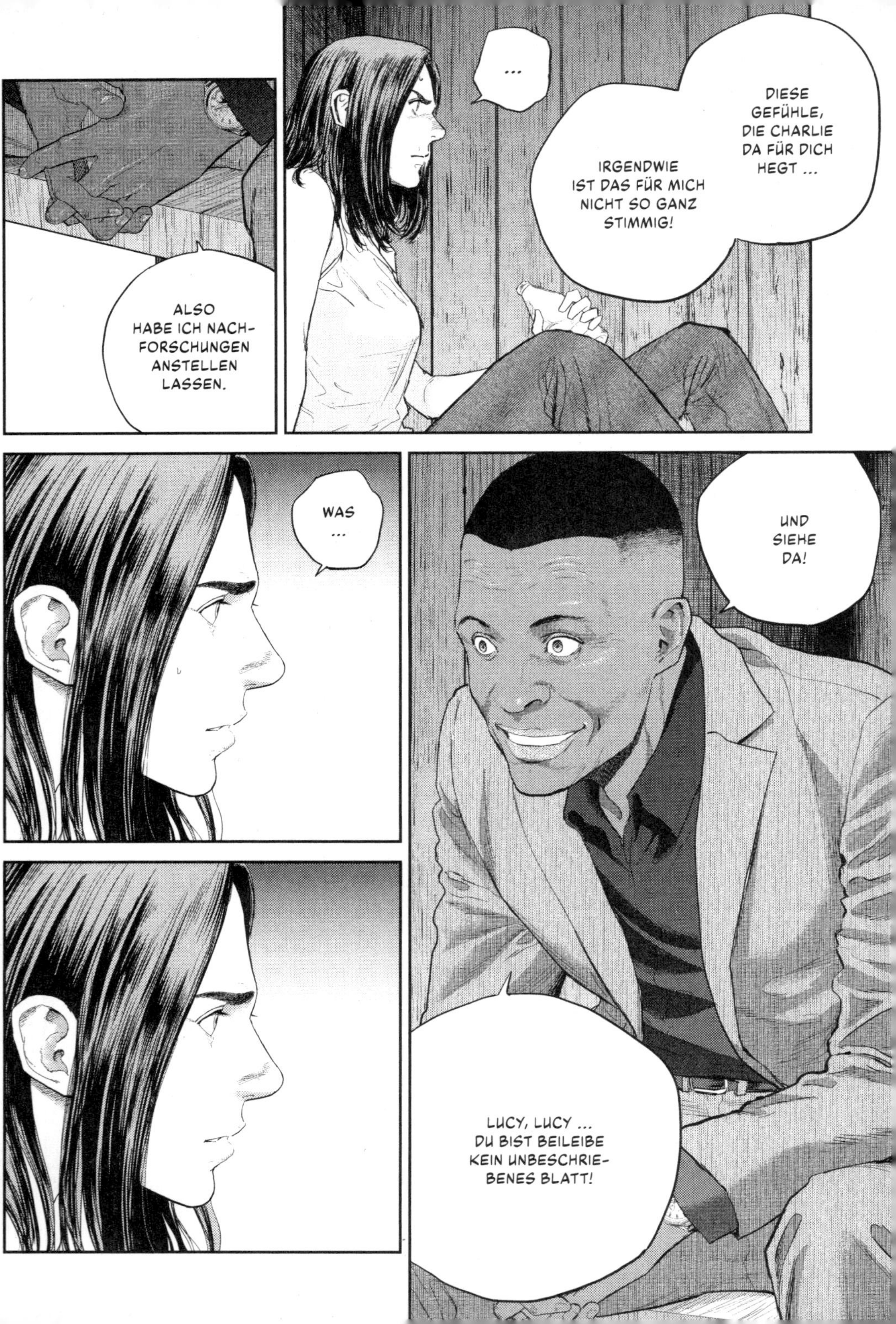

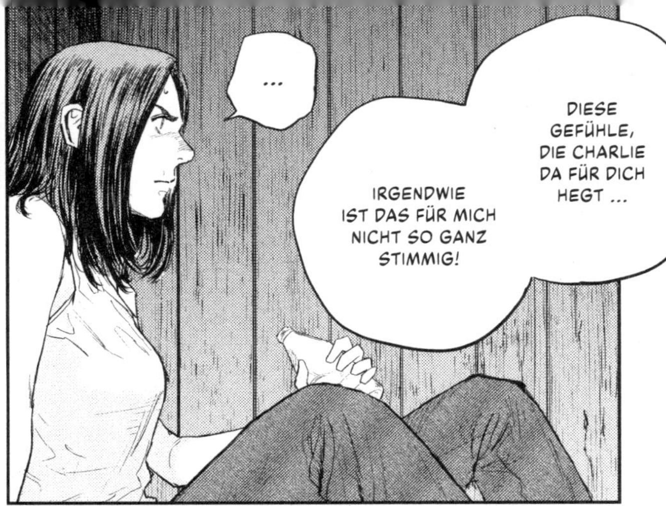

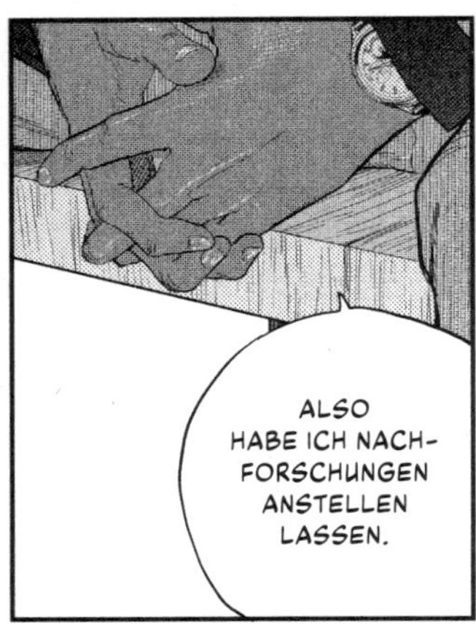

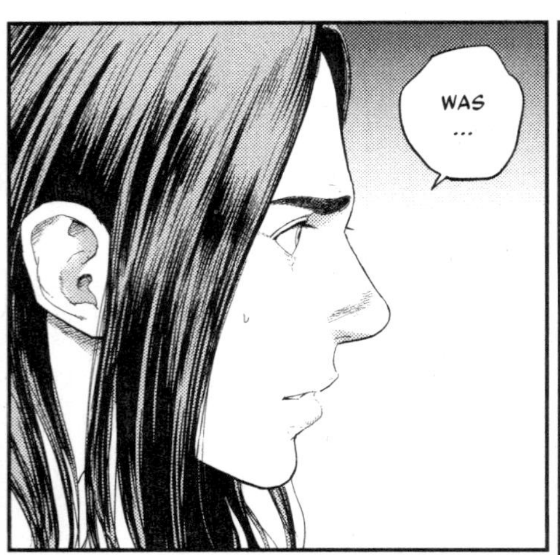

UND SIEHE DA!

LUCY, LUCY ... DU BIST BEILEIBE KEIN UNBESCHRIE-BENES BLATT!

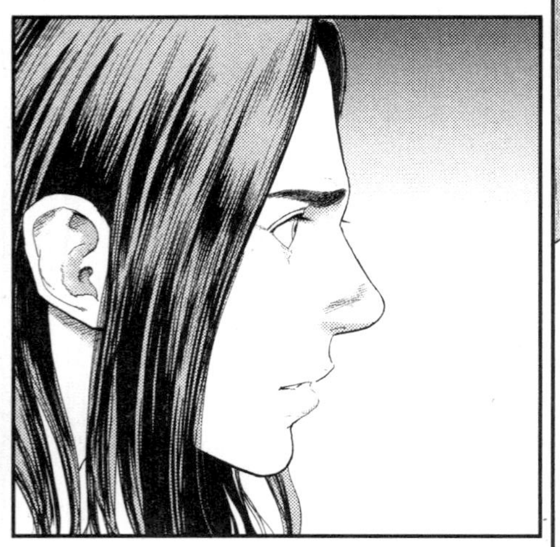

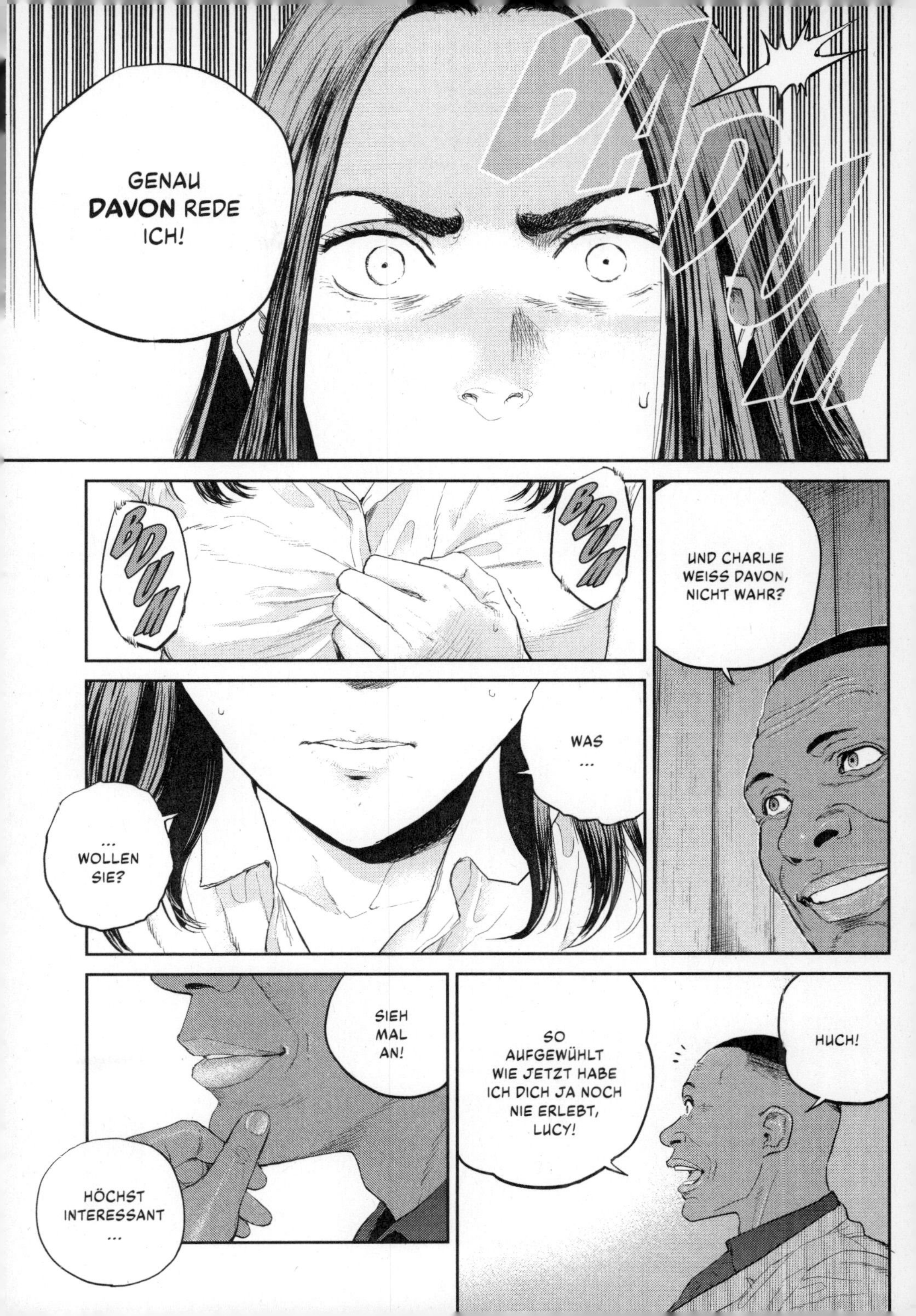

GENAU **DAVON** REDE ICH!

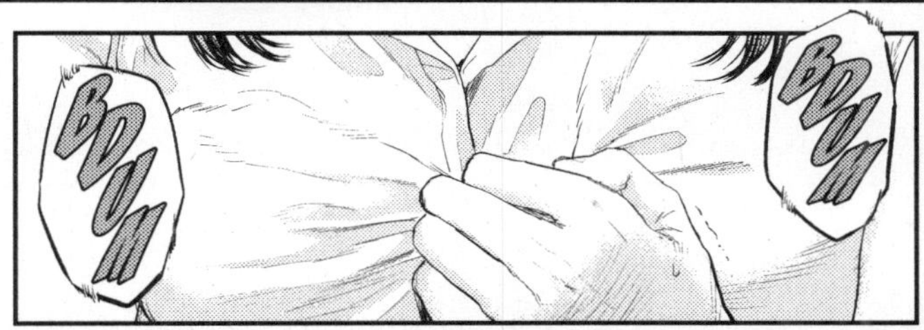

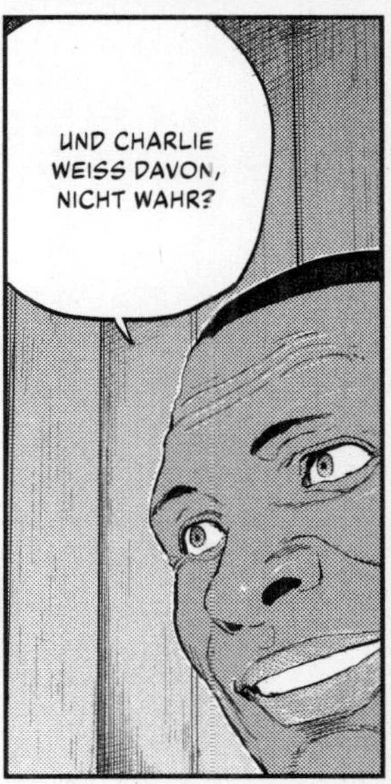

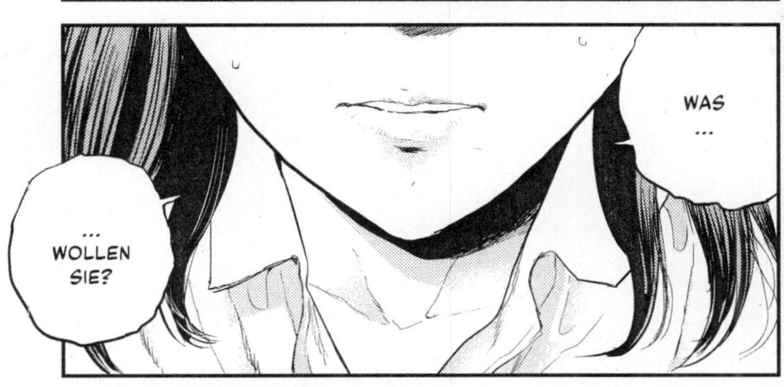

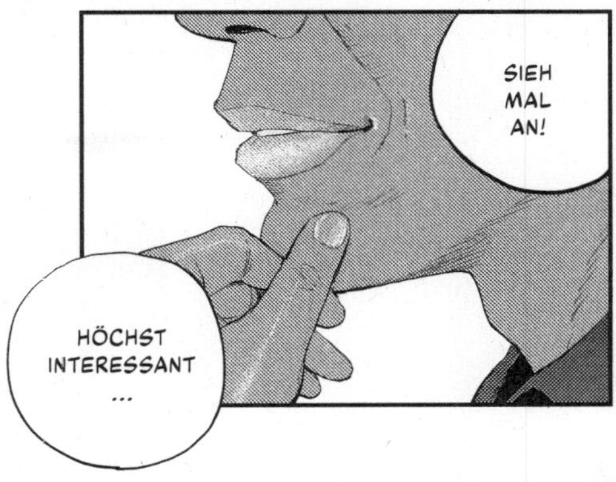

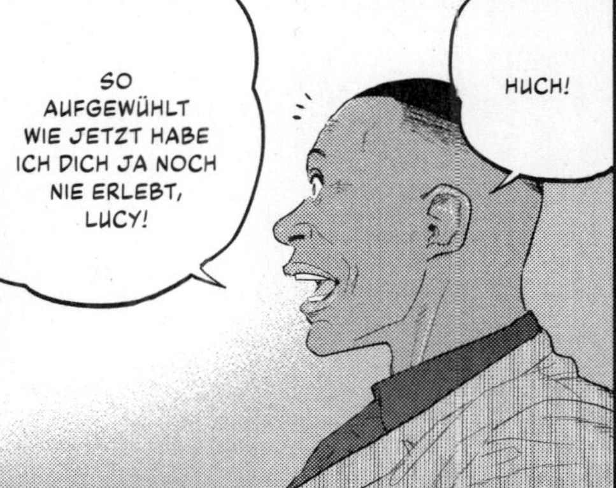

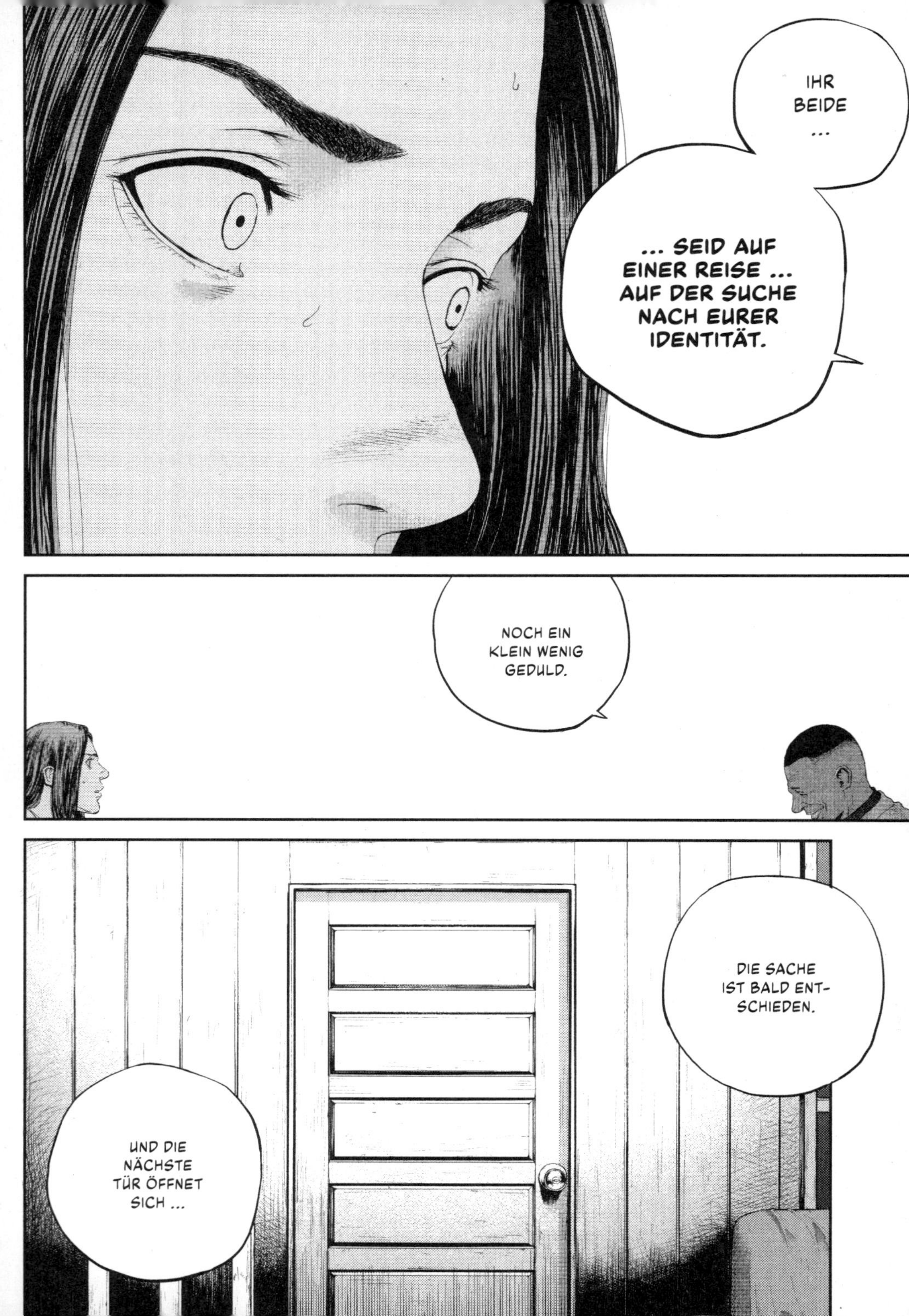
IHR BEIDE ...
... SEID AUF EINER REISE ... AUF DER SUCHE NACH EURER IDENTITÄT.
NOCH EIN KLEIN WENIG GEDULD.
DIE SACHE IST BALD ENT-SCHIEDEN.
UND DIE NÄCHSTE TÜR ÖFFNET SICH ...

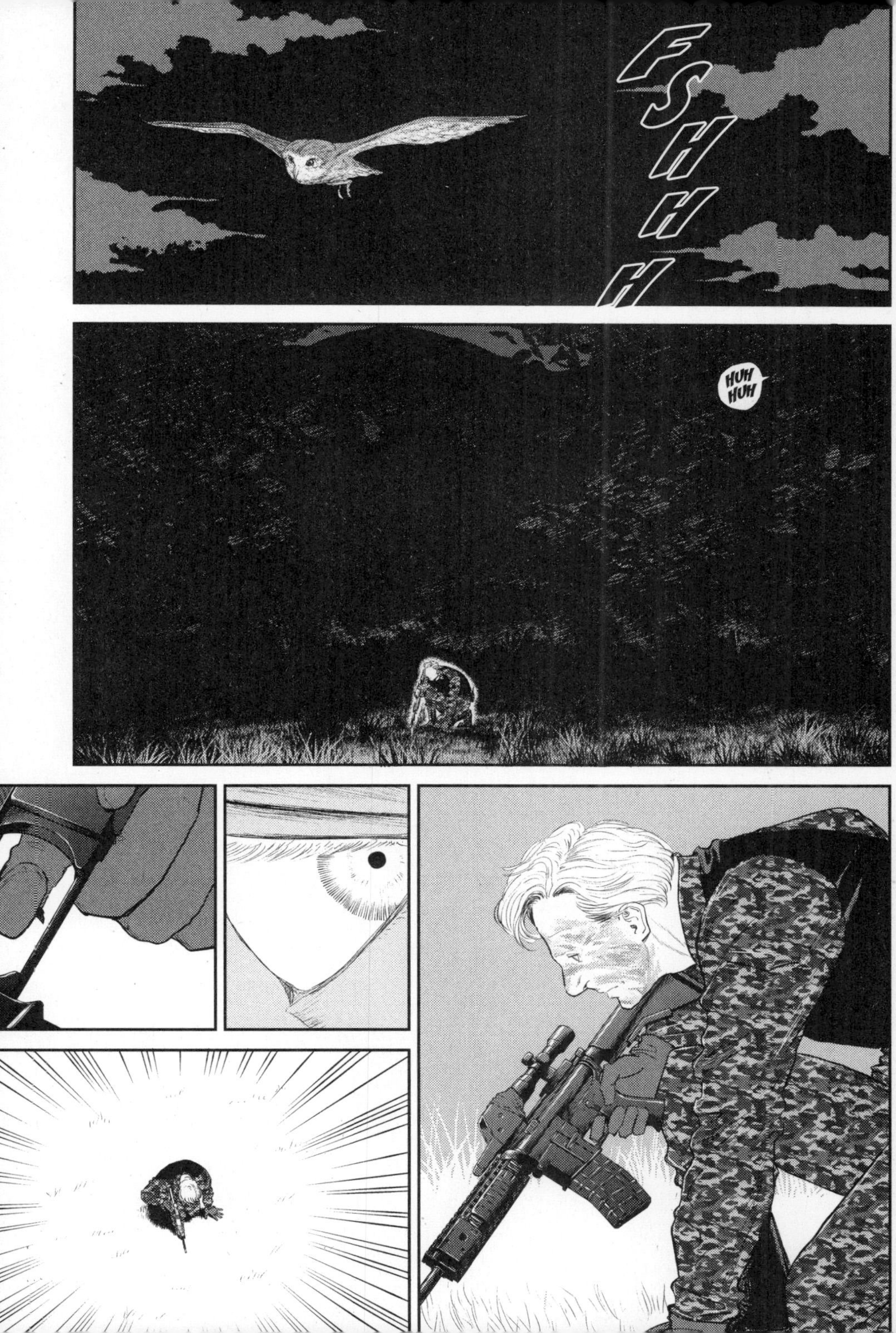
FSHHH
HUH HUH

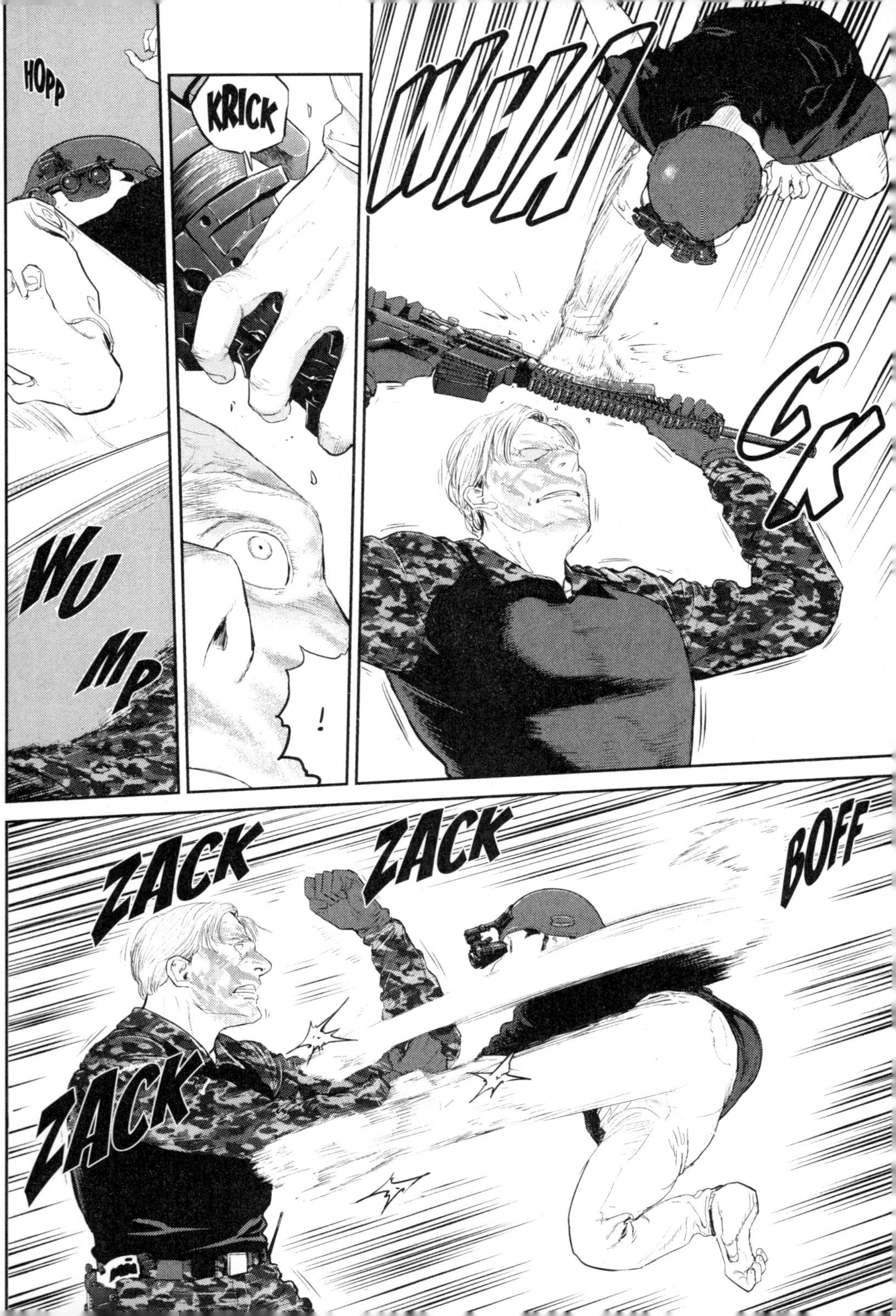

HOPP

KRICK

WUMP

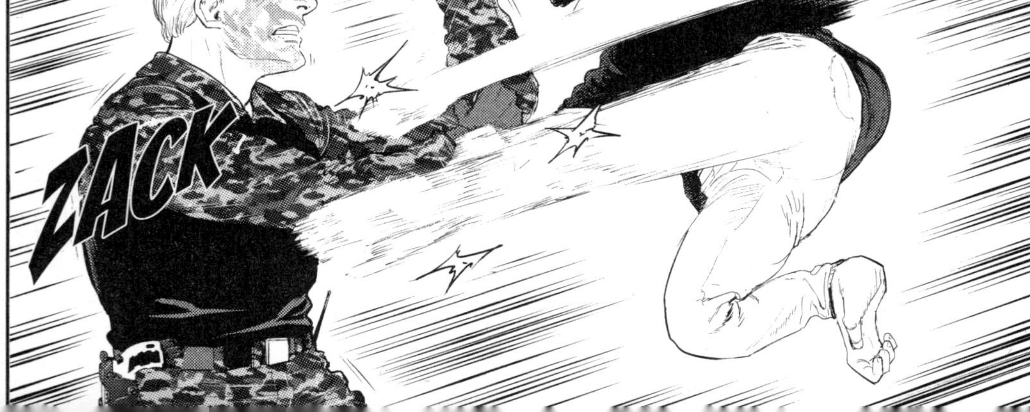

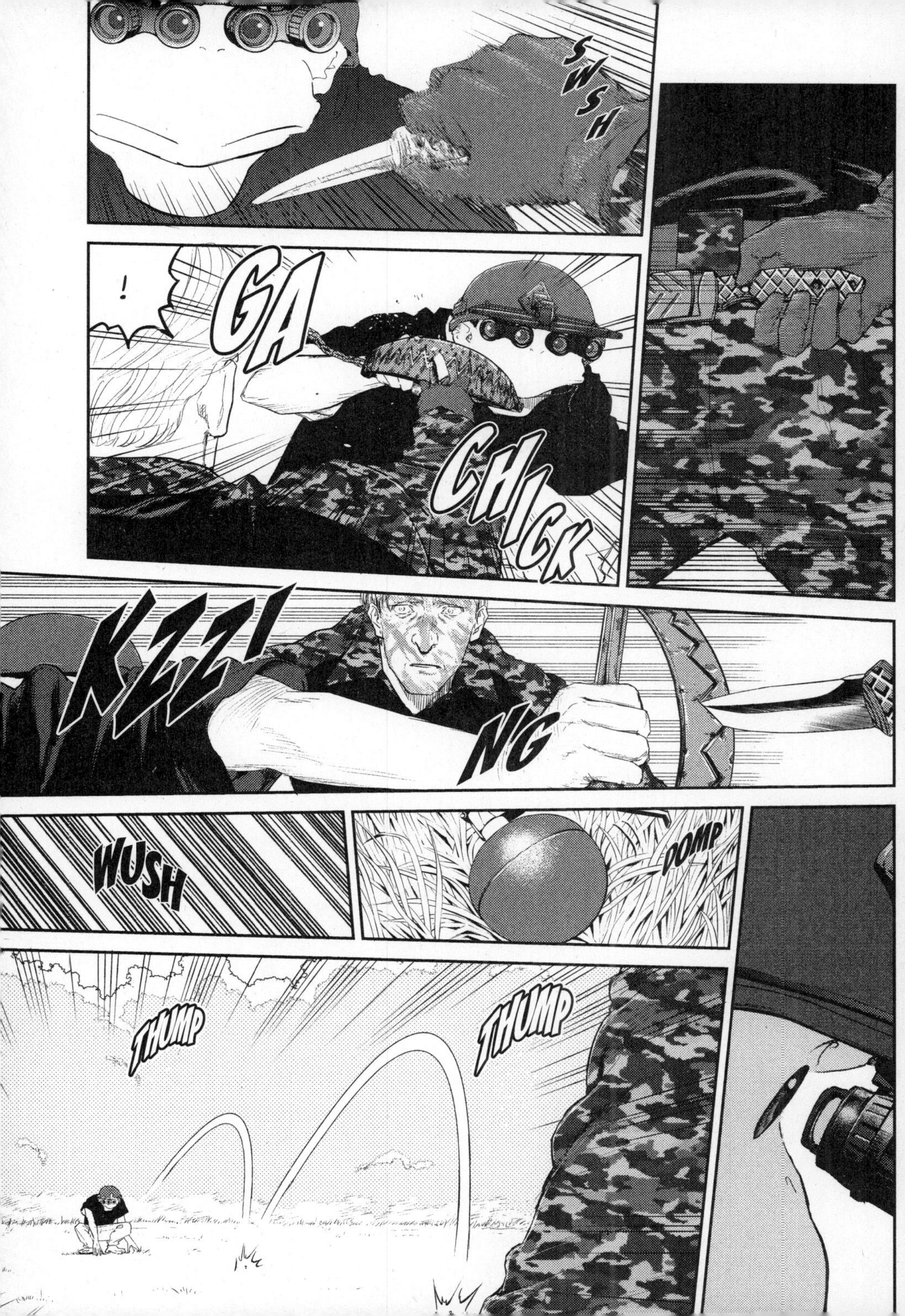
SWSH
!
GA
CHICK
KZZZ'
NG
WUSH
DOMP
THUMP
THUMP

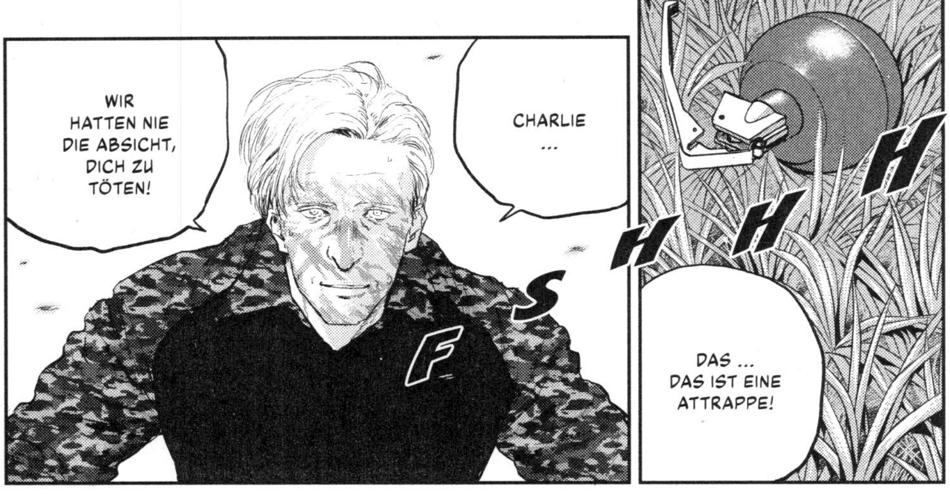
SHHHH
DAS ... DAS IST EINE ATTRAPPE!
CHARLIE ...
WIR HATTEN NIE DIE ABSICHT, DICH ZU TÖTEN!
F

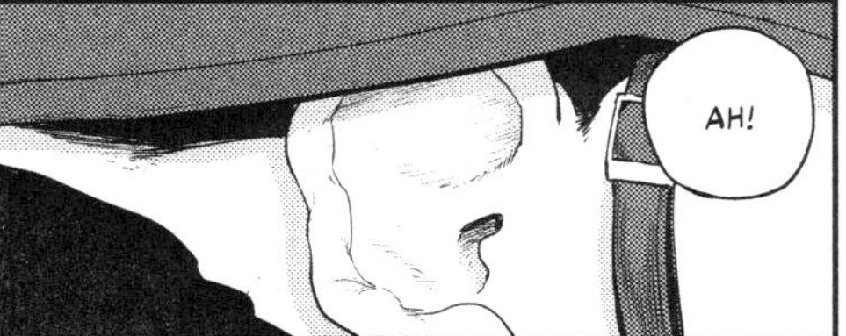
AH!

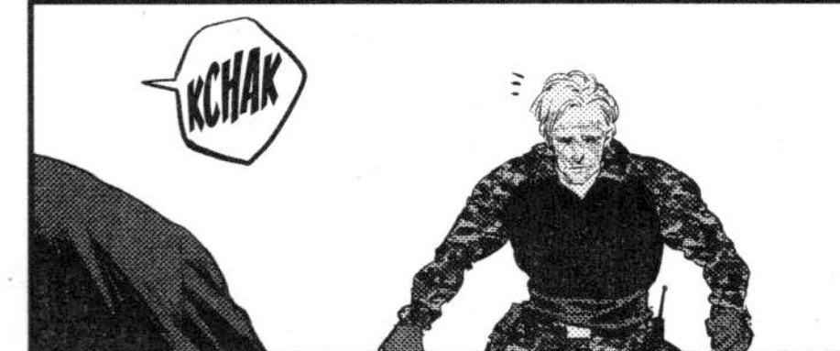
KCHAK

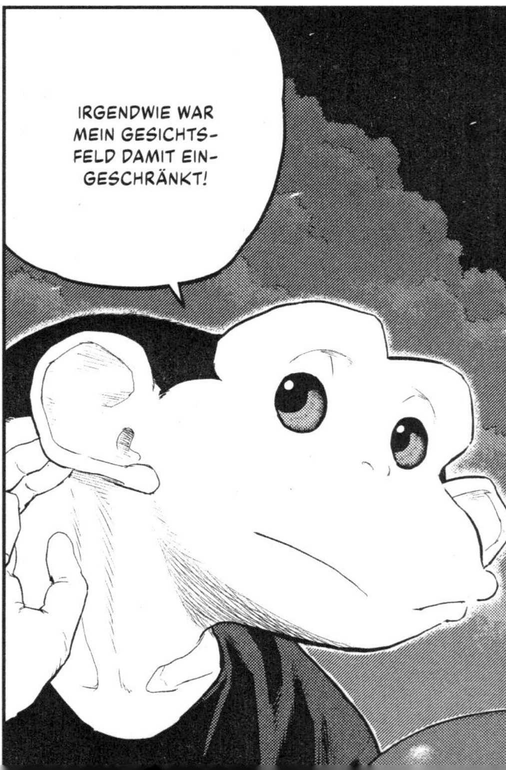
IRGENDWIE WAR MEIN GESICHTS-FELD DAMIT EIN-GESCHRÄNKT!

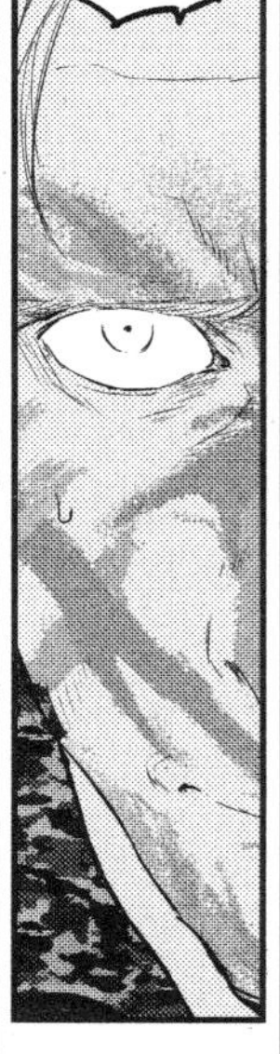
...

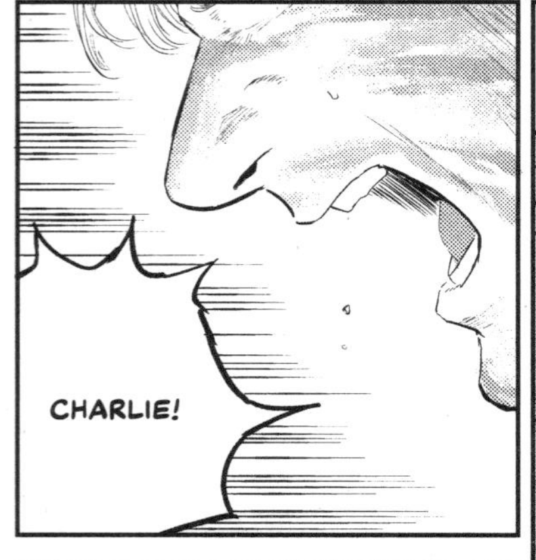
CHARLIE!

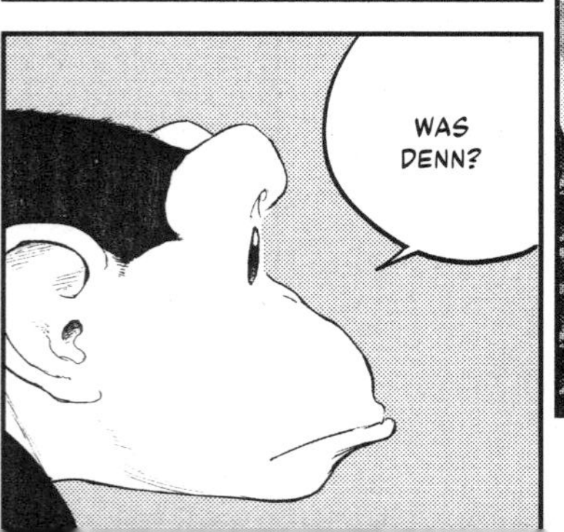
WAS DENN?

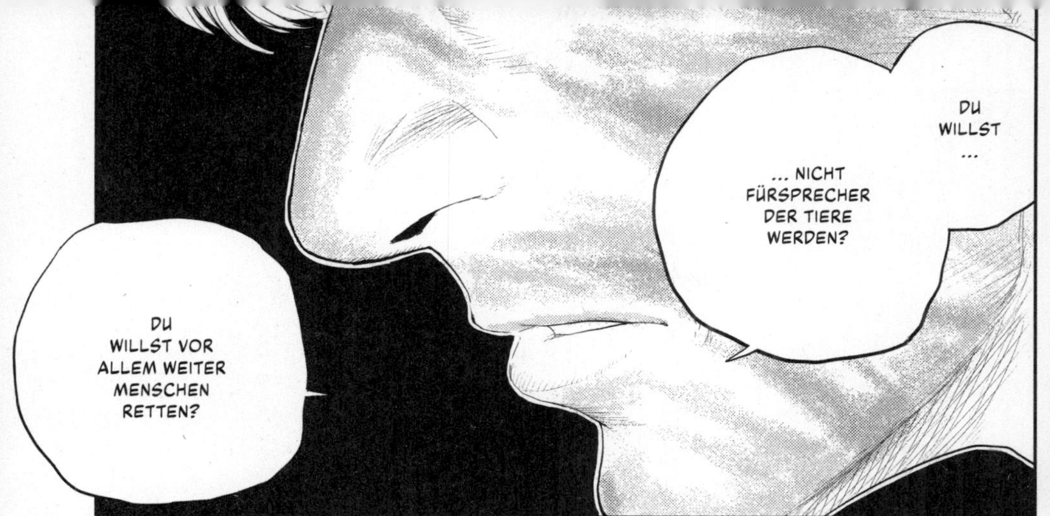
DU WILLST …
… NICHT FÜRSPRECHER DER TIERE WERDEN?
DU WILLST VOR ALLEM WEITER MENSCHEN RETTEN?

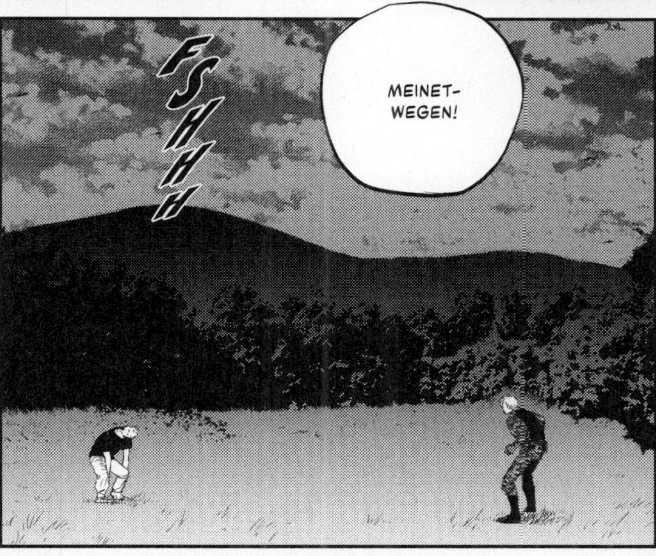
FSHHH
MEINET-WEGEN!

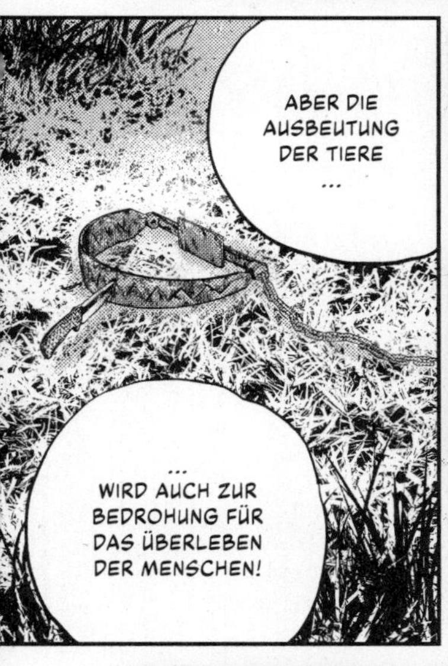
ABER DIE AUSBEUTUNG DER TIERE …
… WIRD AUCH ZUR BEDROHUNG FÜR DAS ÜBERLEBEN DER MENSCHEN!

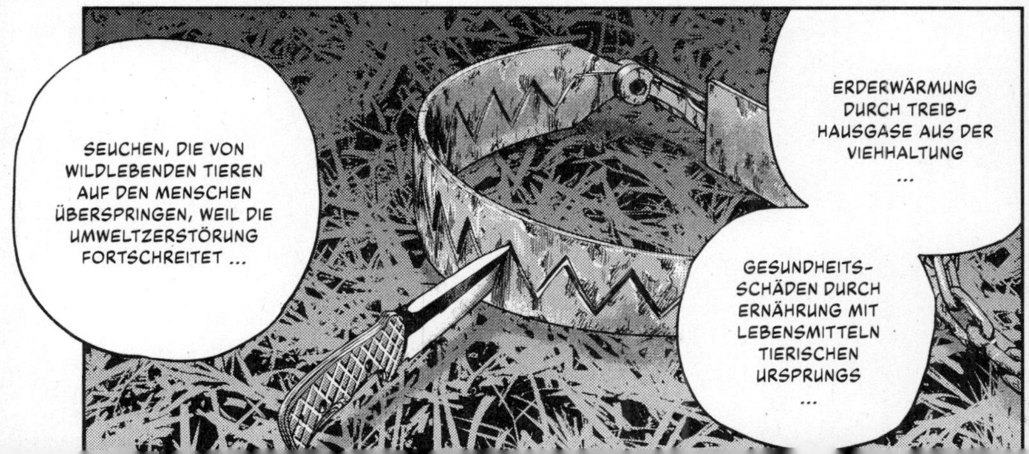
ERDERWÄRMUNG DURCH TREIB-HAUSGASE AUS DER VIEHHALTUNG …
GESUNDHEITS-SCHÄDEN DURCH ERNÄHRUNG MIT LEBENSMITTELN TIERISCHEN URSPRUNGS …
SEUCHEN, DIE VON WILDLEBENDEN TIEREN AUF DEN MENSCHEN ÜBERSPRINGEN, WEIL DIE UMWELTZERSTÖRUNG FORTSCHREITET …

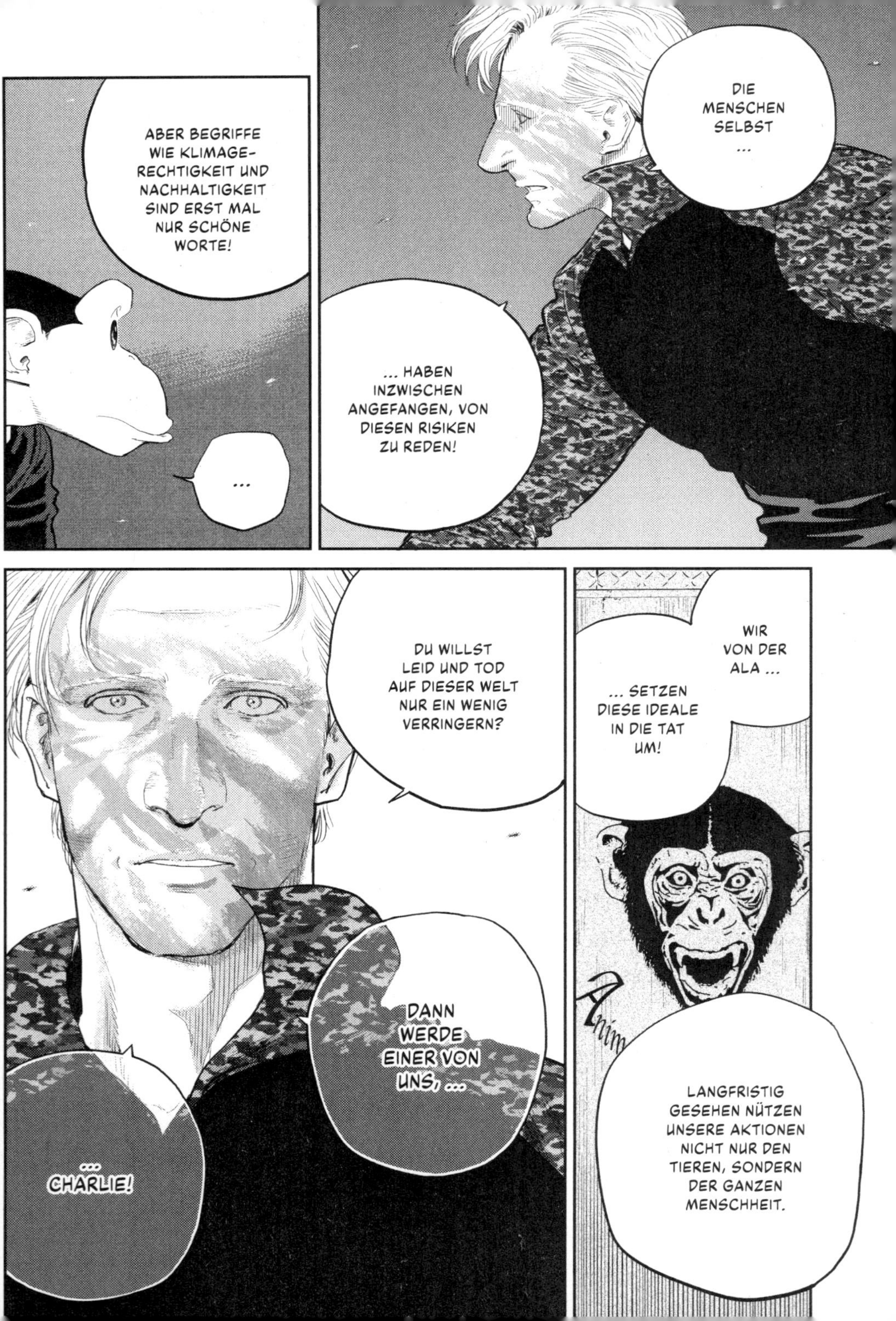

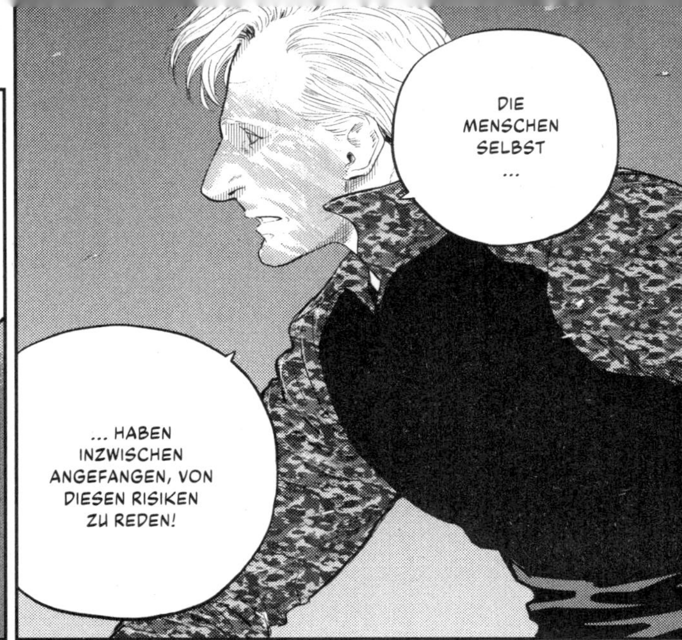

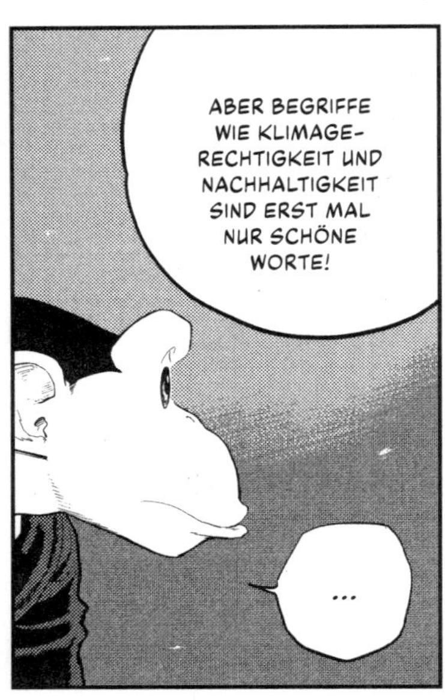

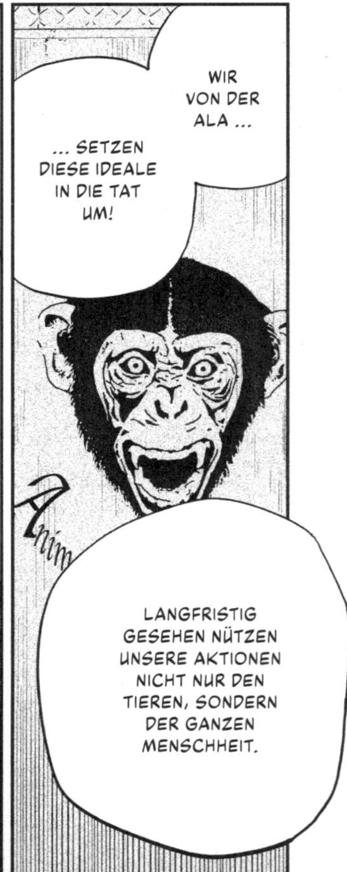

DU WILLST LEID UND TOD AUF DIESER WELT NUR EIN WENIG VERRINGERN?

DANN WERDE EINER VON UNS, ...

... CHARLIE!

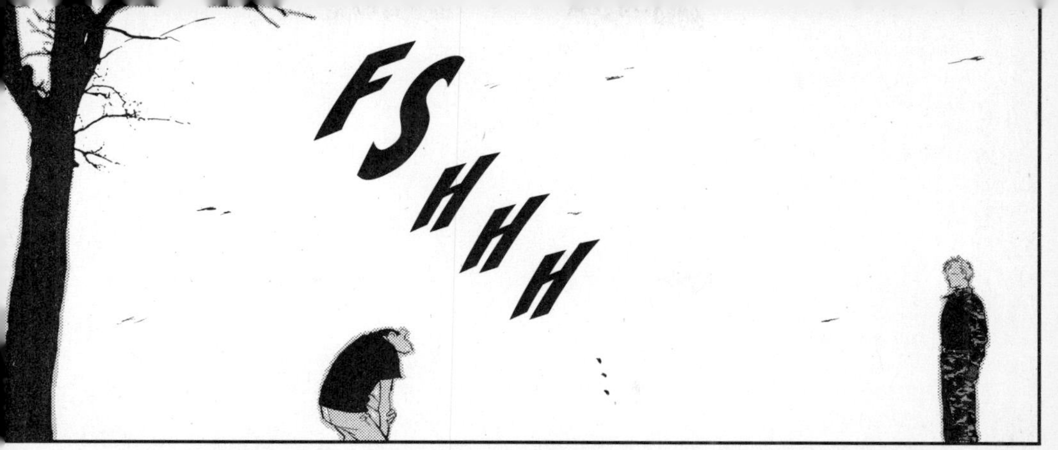
FSHHH
...

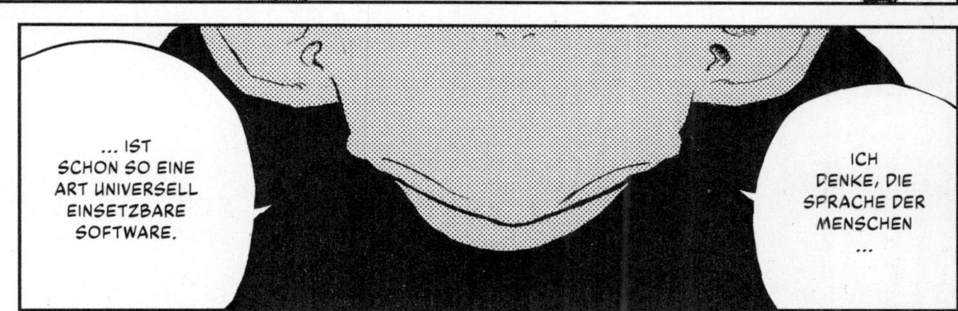
ICH DENKE, DIE SPRACHE DER MENSCHEN ...
... IST SCHON SO EINE ART UNIVERSELL EINSETZBARE SOFTWARE.

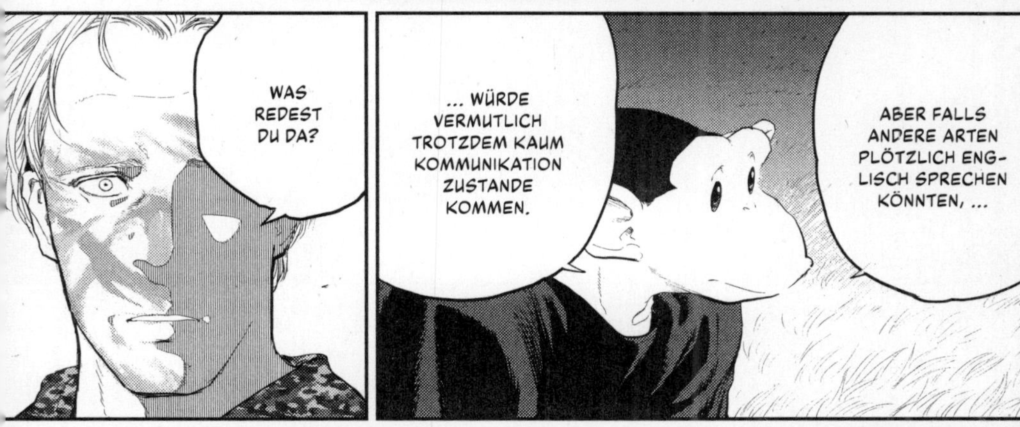
ABER FALLS ANDERE ARTEN PLÖTZLICH ENG-LISCH SPRECHEN KÖNNTEN, ...
... WÜRDE VERMUTLICH TROTZDEM KAUM KOMMUNIKATION ZUSTANDE KOMMEN.
WAS REDEST DU DA?

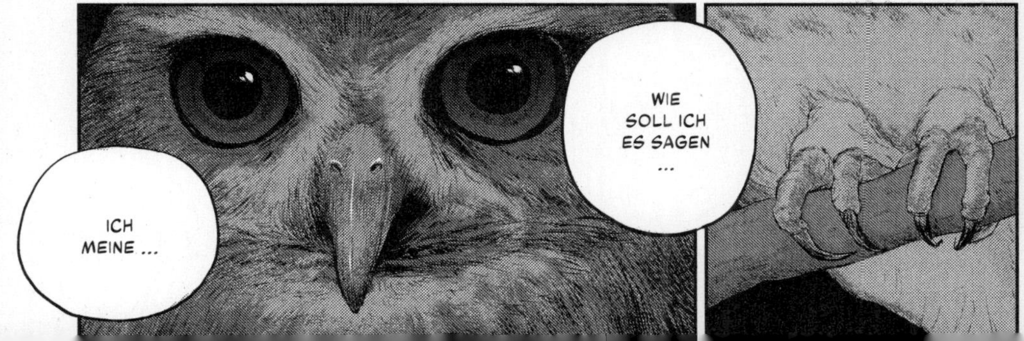
WIE SOLL ICH ES SAGEN ...
ICH MEINE ...

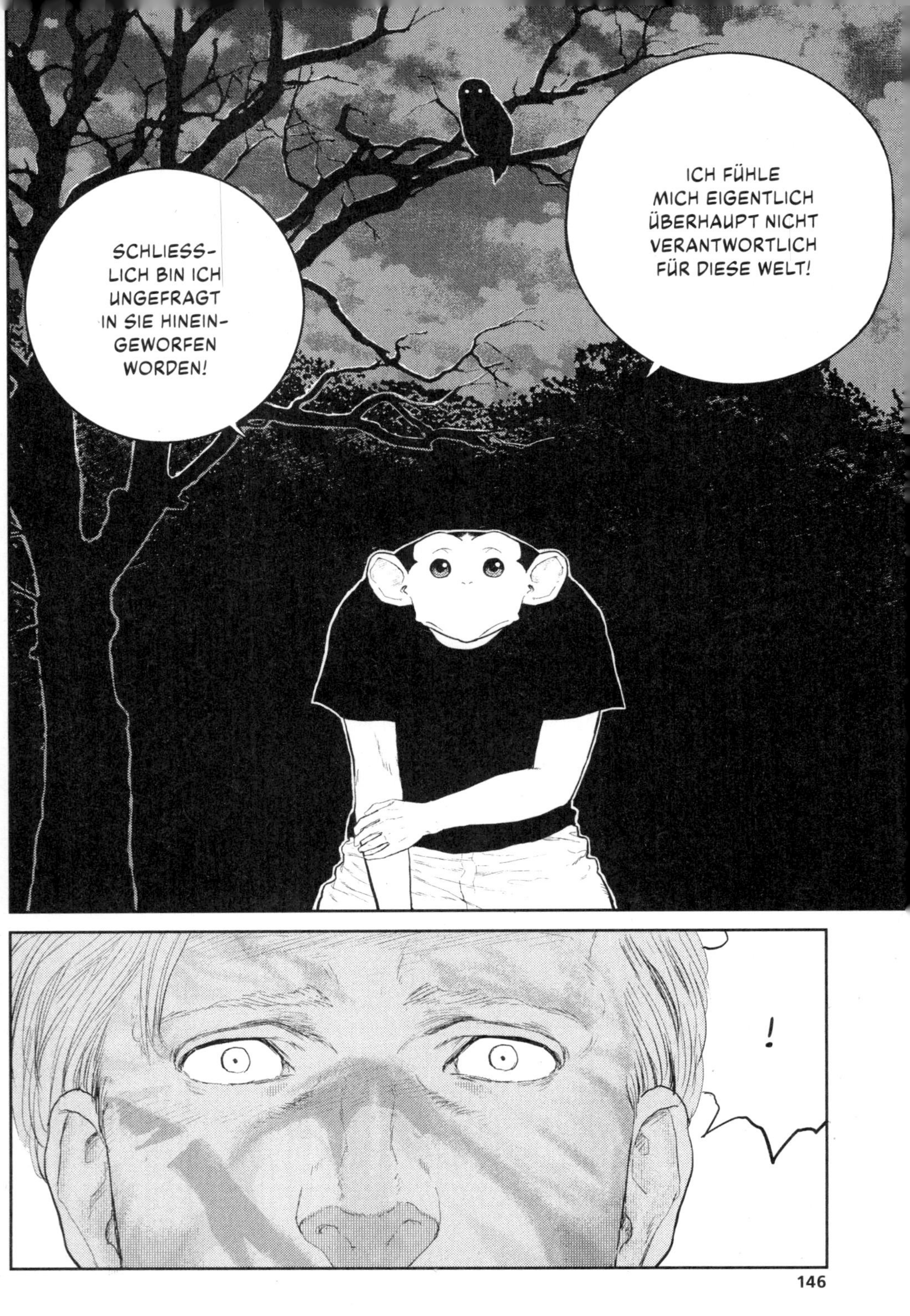

ICH FÜHLE
MICH EIGENTLICH
ÜBERHAUPT NICHT
VERANTWORTLICH
FÜR DIESE WELT!

SCHLIESS-
LICH BIN ICH
UNGEFRAGT
IN SIE HINEIN-
GEWORFEN
WORDEN!

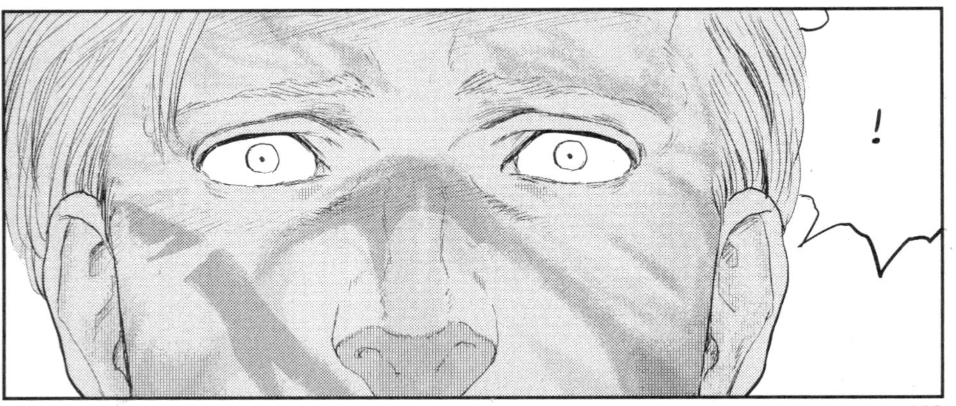

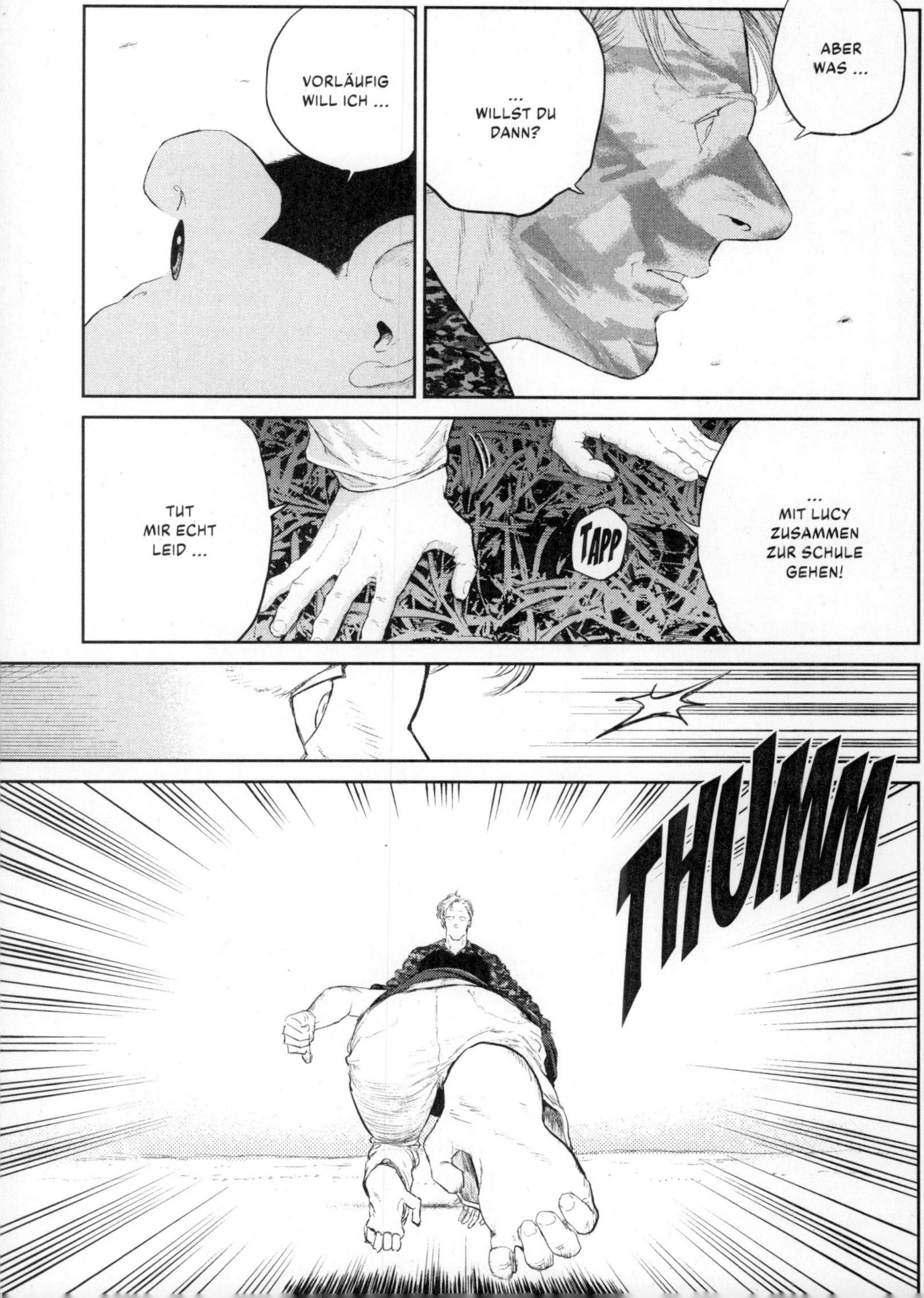

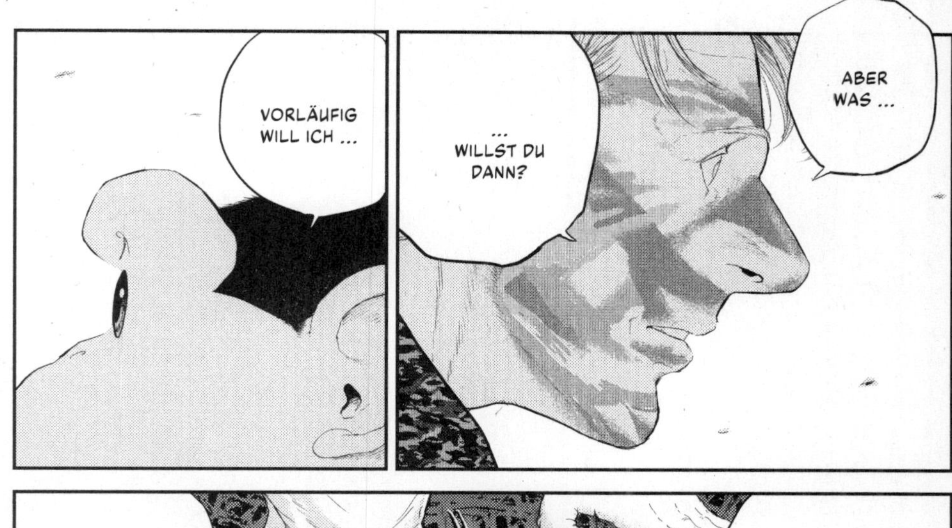
ABER WAS ...
... WILLST DU DANN?
VORLÄUFIG WILL ICH ...

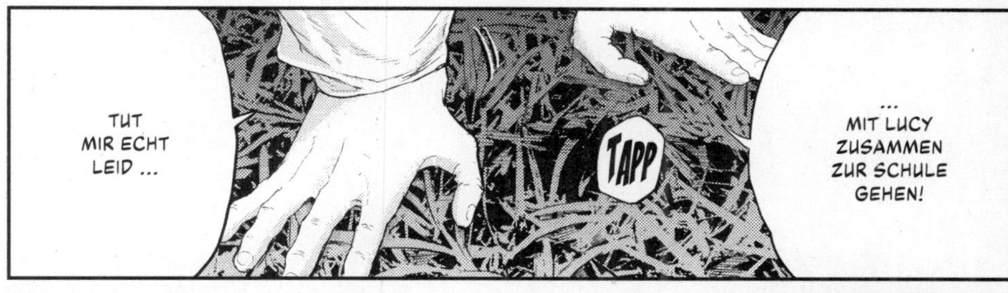
... MIT LUCY ZUSAMMEN ZUR SCHULE GEHEN!
TAPP
TUT MIR ECHT LEID ...

THUMMM

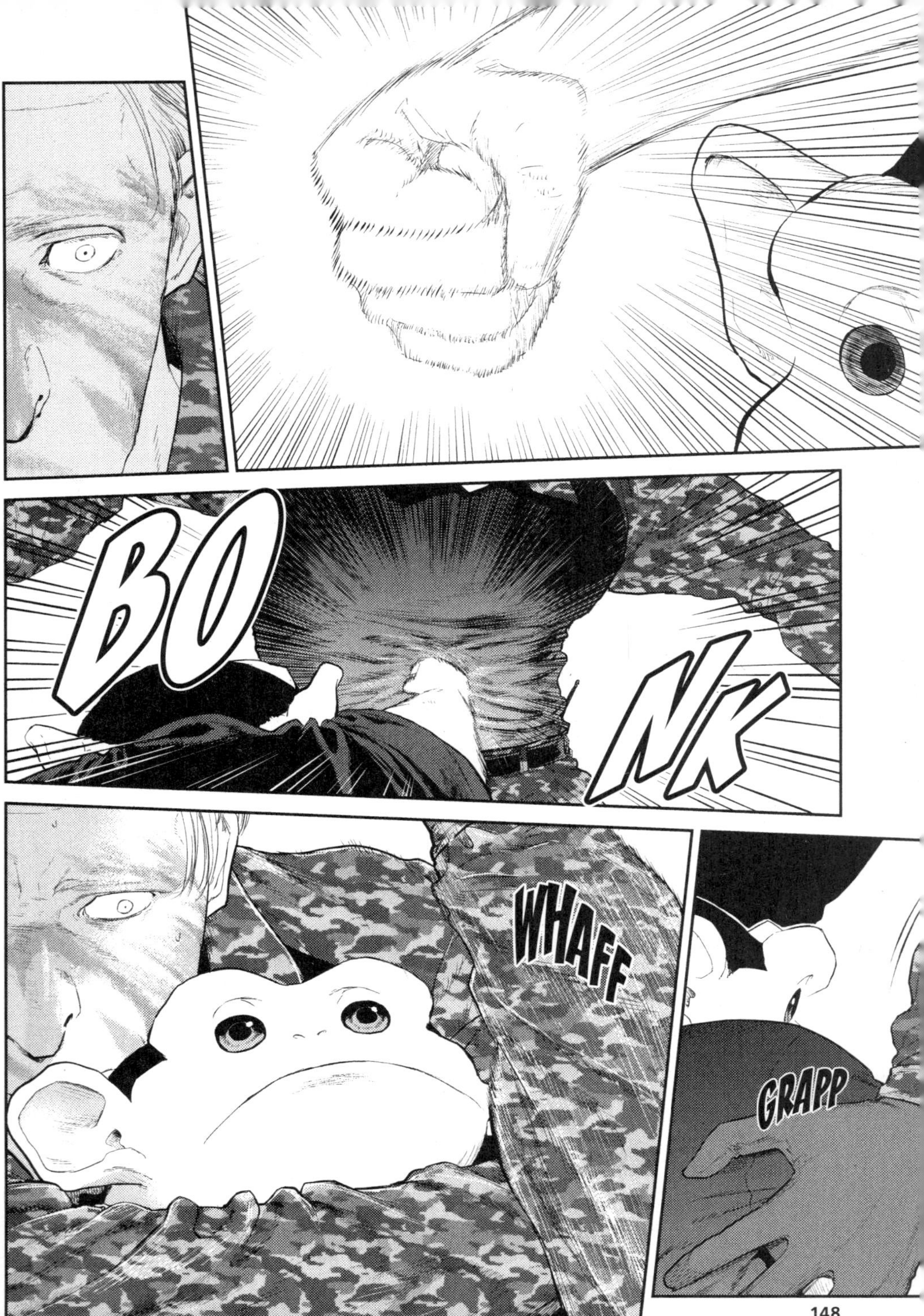

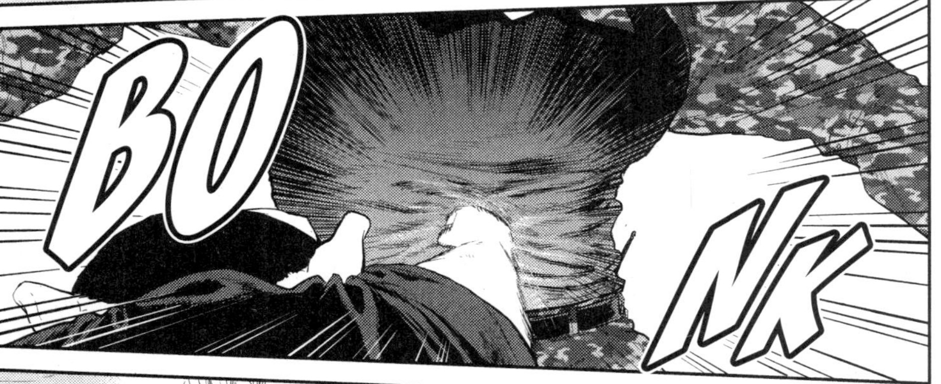

WHAFF

GRAPP

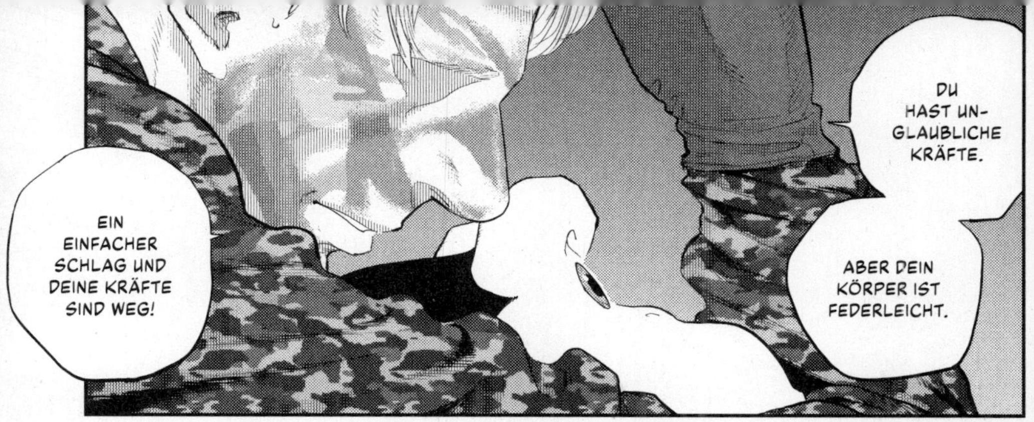
DU HAST UN-GLAUBLICHE KRÄFTE.
ABER DEIN KÖRPER IST FEDERLEICHT.
EIN EINFACHER SCHLAG UND DEINE KRÄFTE SIND WEG!

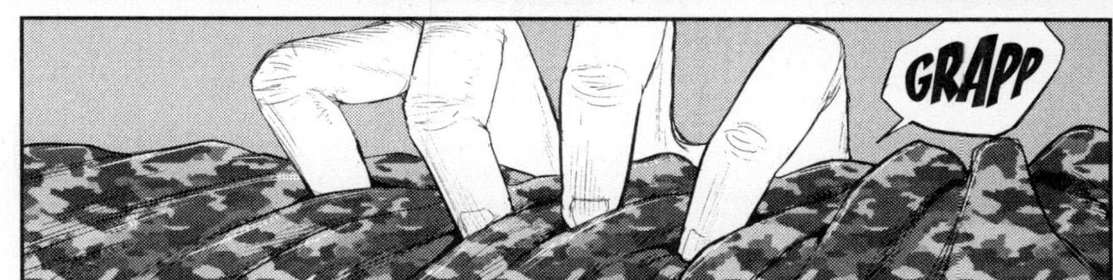
GRAPP

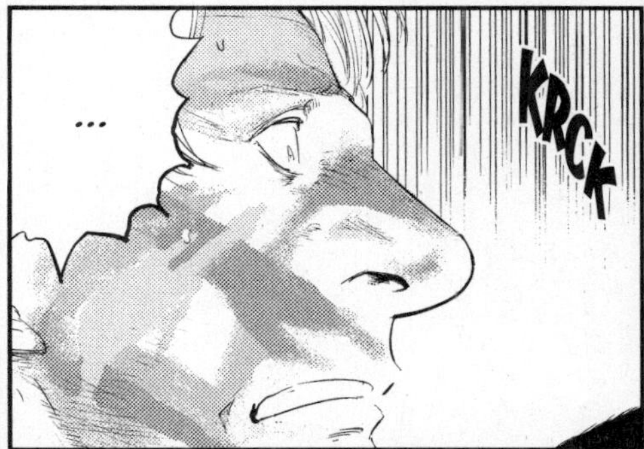
KRCK
...

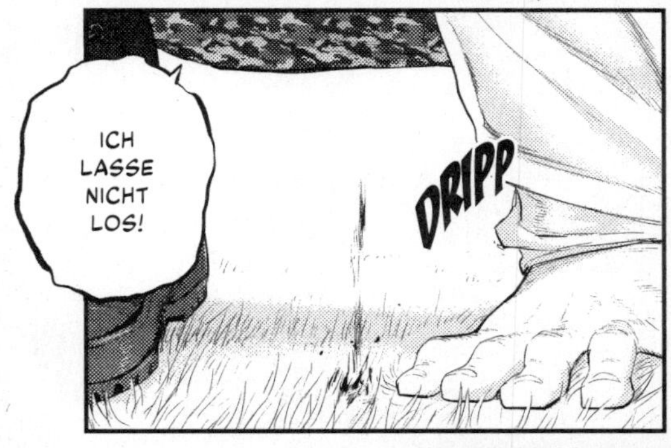
DRIPP
ICH LASSE NICHT LOS!

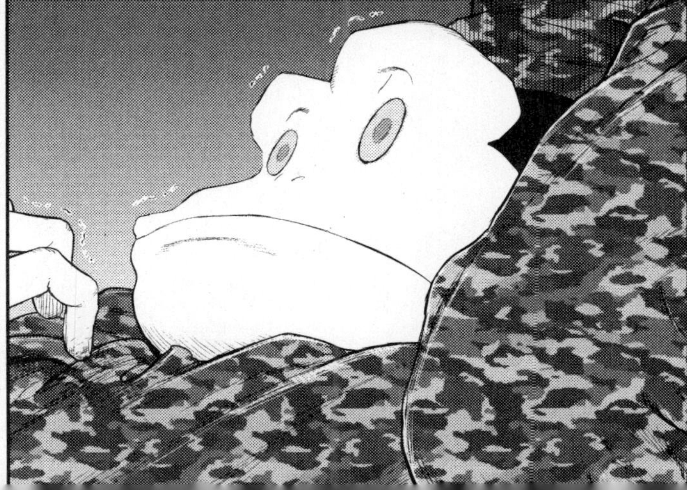

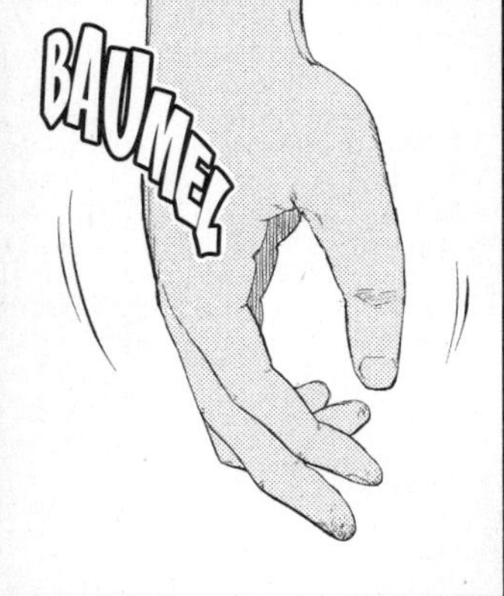
BAUMEL

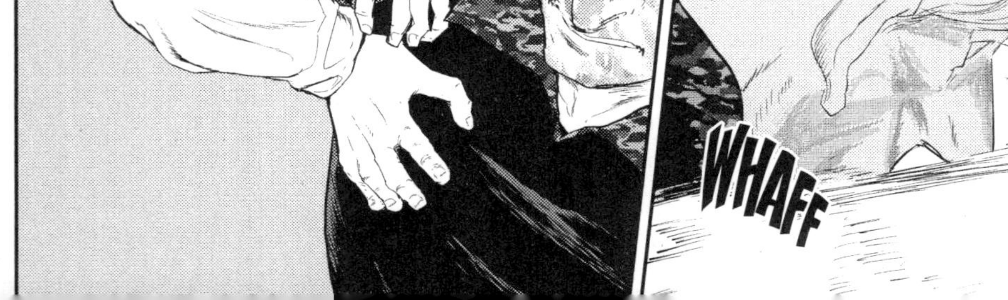
KLACK
!!
BAZZINK
SWRL
WHAFF
...
KRCK

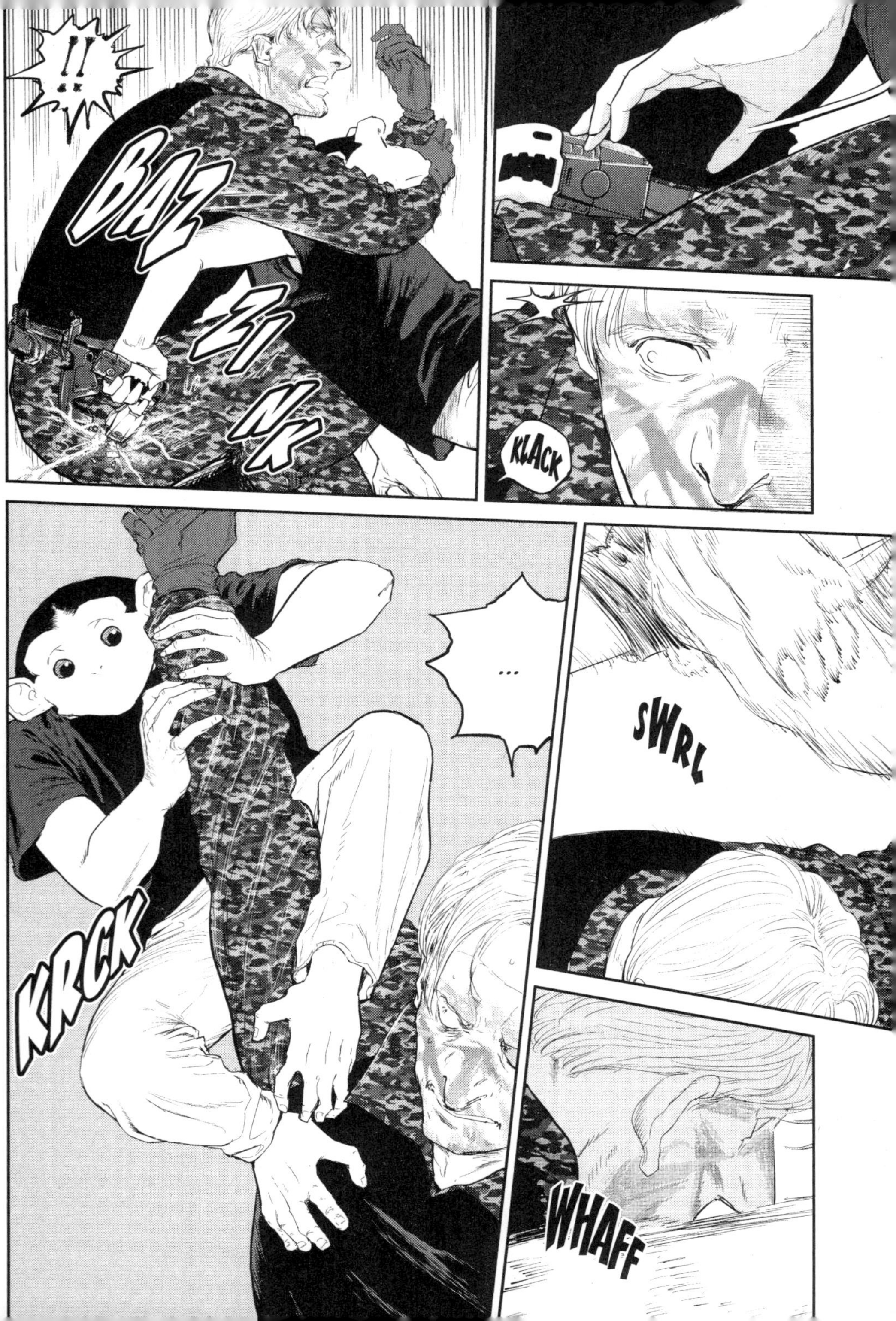

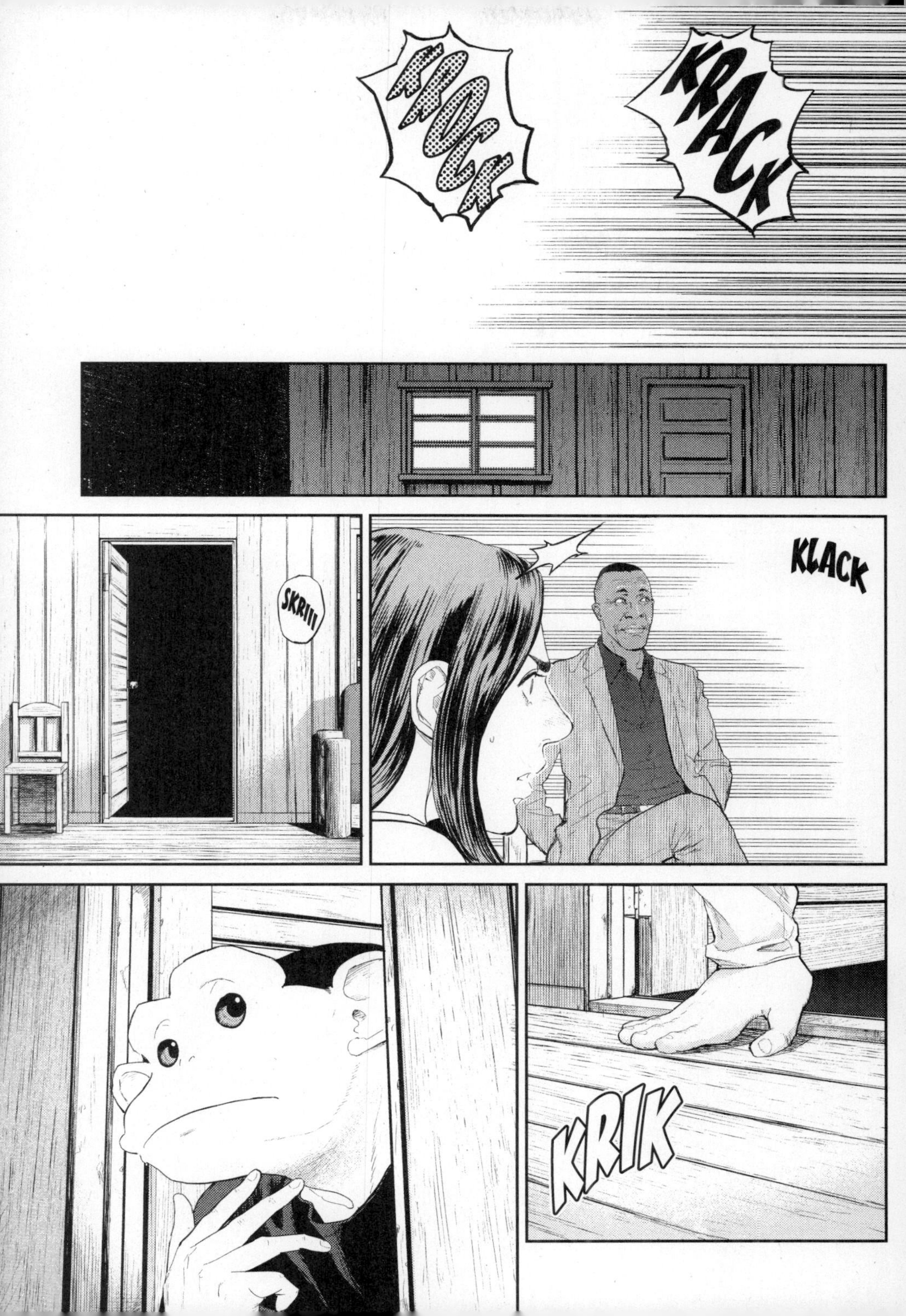
KRACK
KROCK
KLACK
SKRIII
KRIK

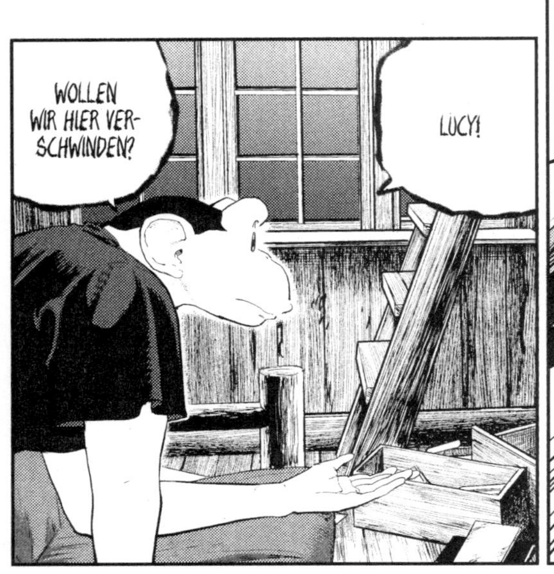
WOLLEN WIR HIER VER-SCHWINDEN?
LUCY!

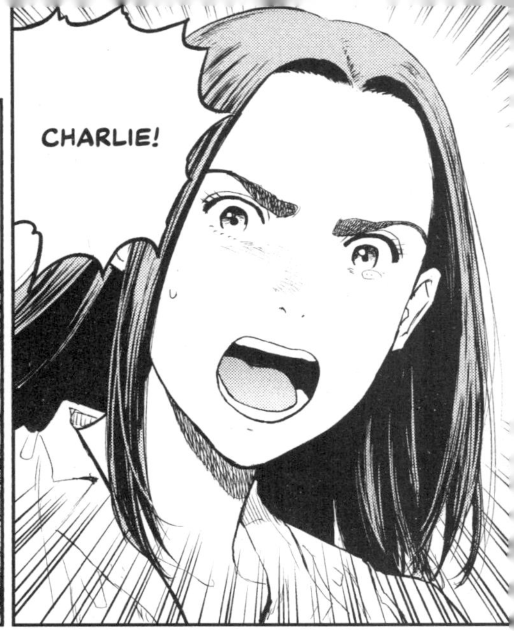
CHARLIE!

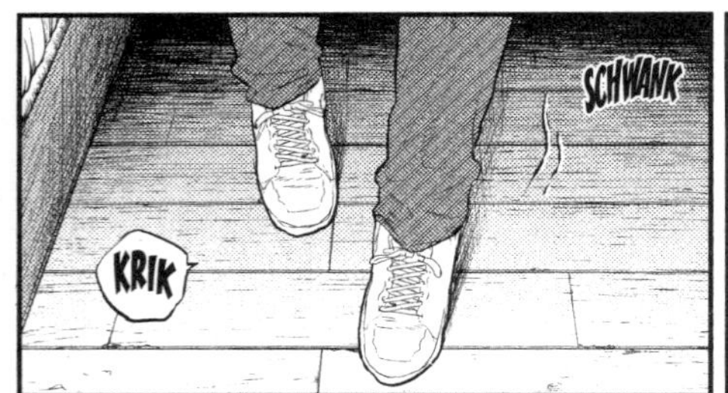
SCHWANK
KRIK

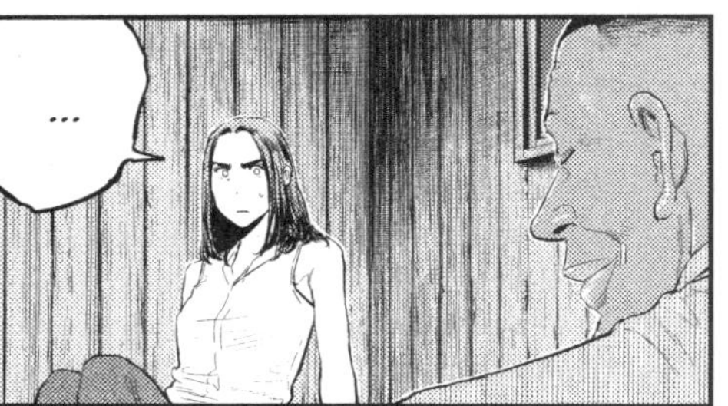
...

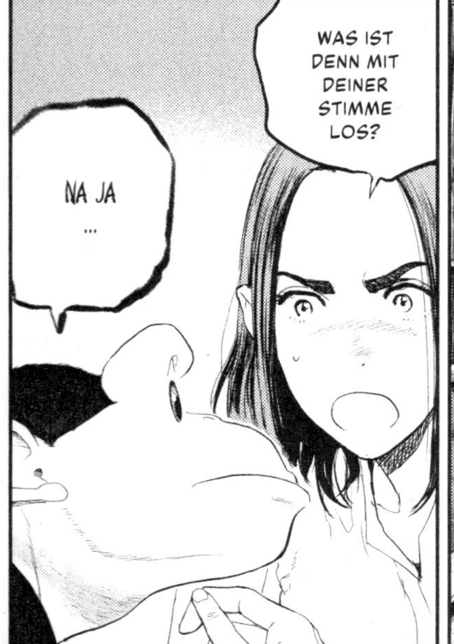
WAS IST DENN MIT DEINER STIMME LOS?
NA JA ...

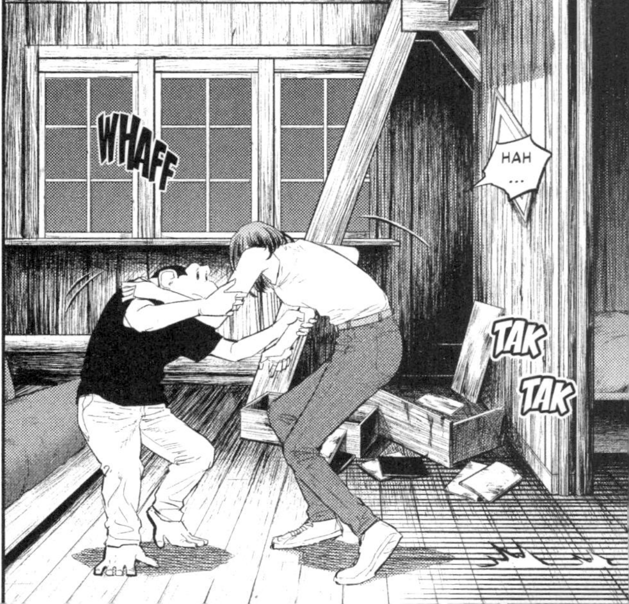
WHAFF
HAH ...
TAK
TAK

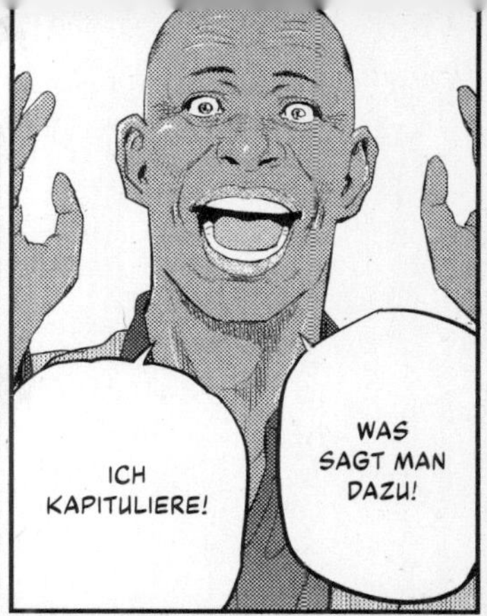
WAS SAGT MAN DAZU!
ICH KAPITULIERE!

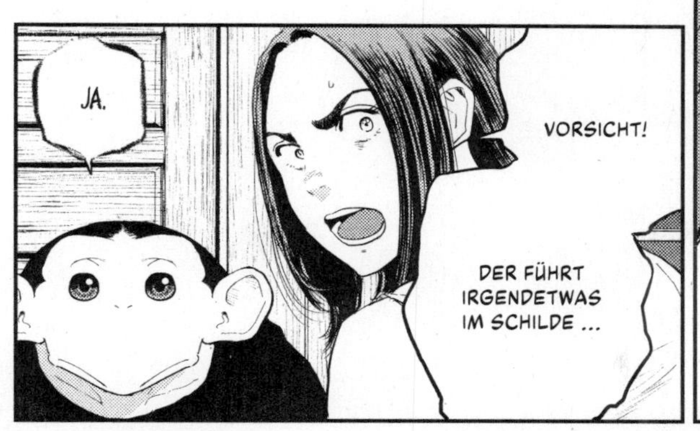
VORSICHT!
DER FÜHRT IRGENDETWAS IM SCHILDE ...
JA.

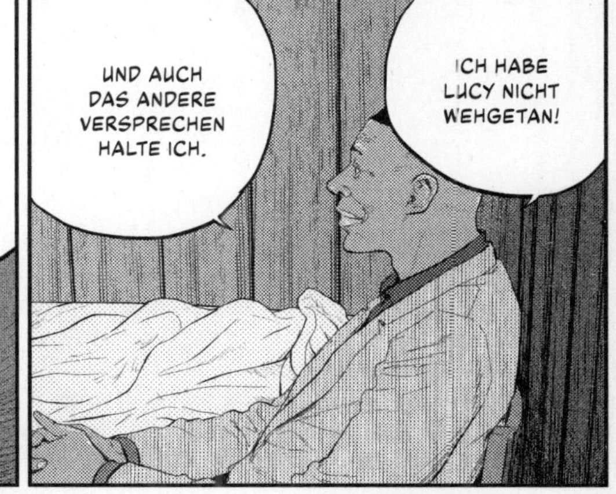
ICH HABE LUCY NICHT WEHGETAN!
UND AUCH DAS ANDERE VERSPRECHEN HALTE ICH.

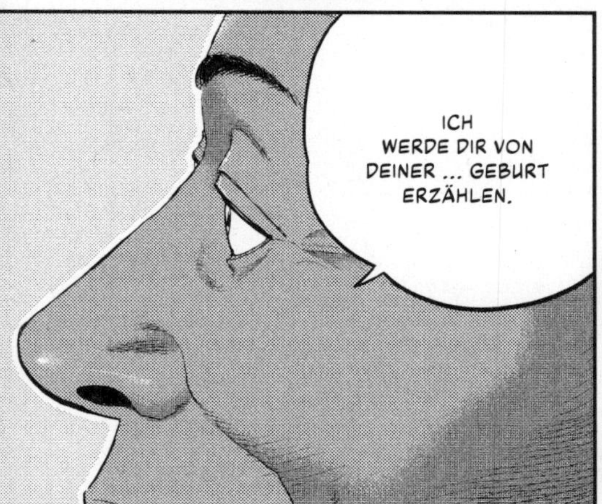
ICH WERDE DIR VON DEINER ... GEBURT ERZÄHLEN.

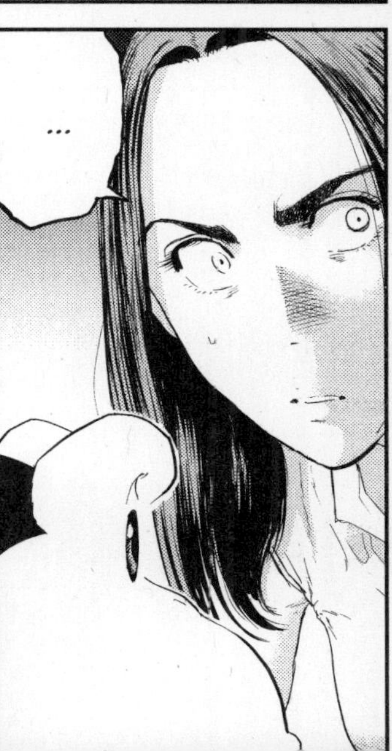
...

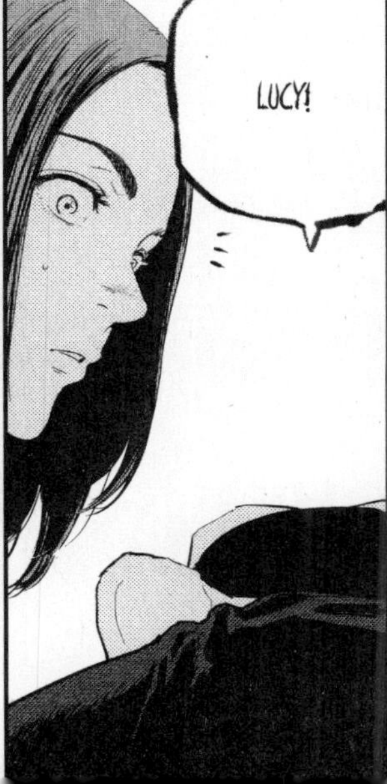
LUCY!

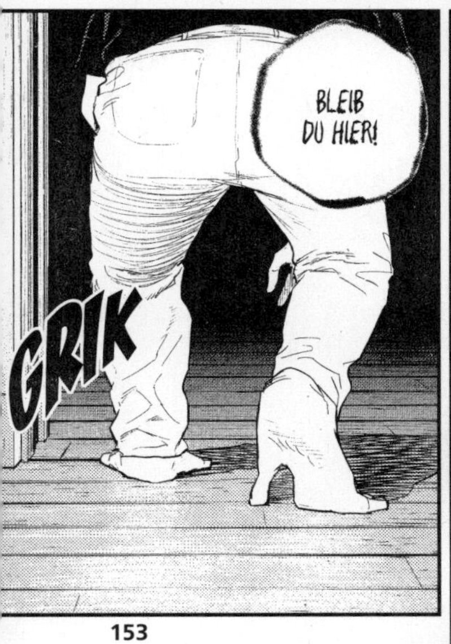
BLEIB DU HIER!
GRIK

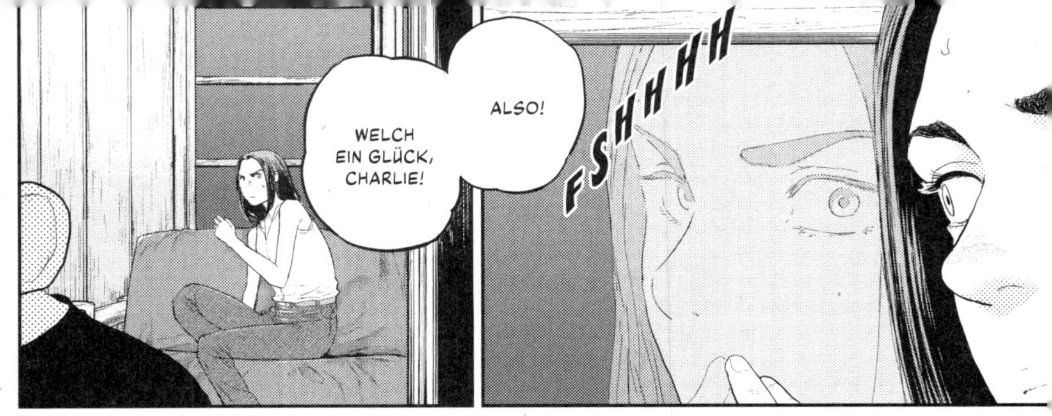
ALSO!
WELCH EIN GLÜCK, CHARLIE!
FSHHHH

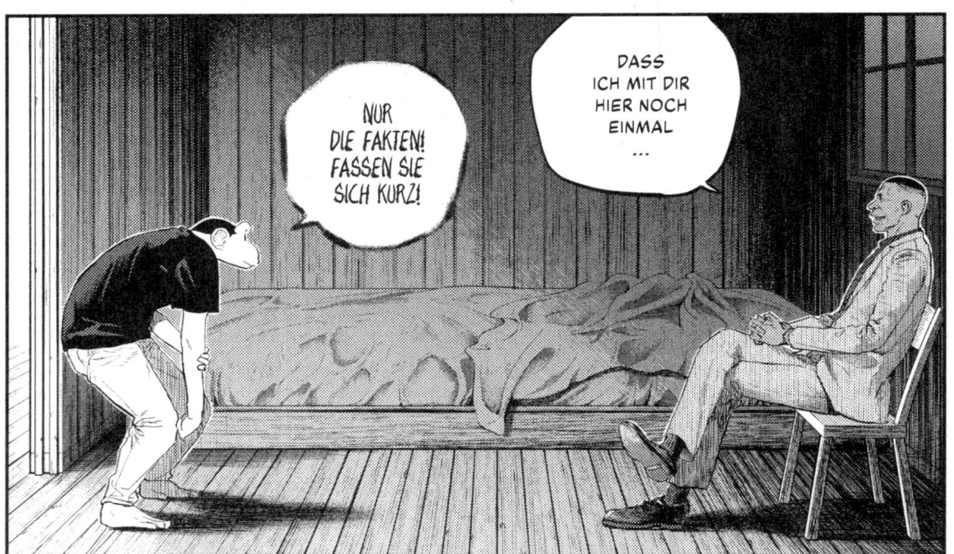
DASS ICH MIT DIR HIER NOCH EINMAL ...
NUR DIE FAKTEN! FASSEN SIE SICH KURZ!

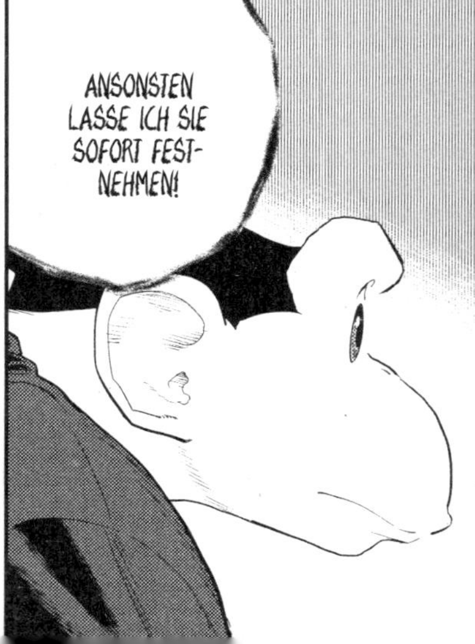
ANSONSTEN LASSE ICH SIE SOFORT FEST-NEHMEN!

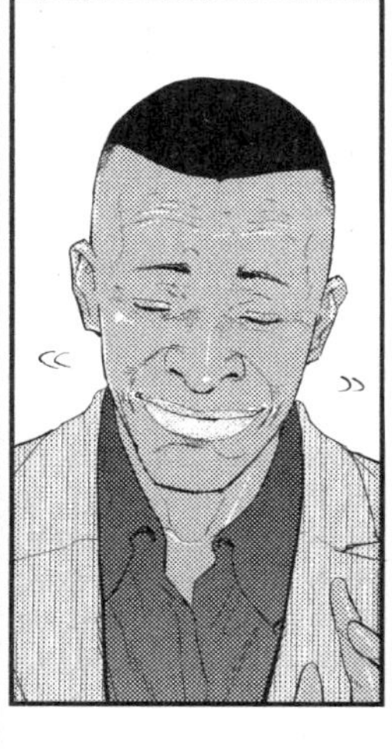

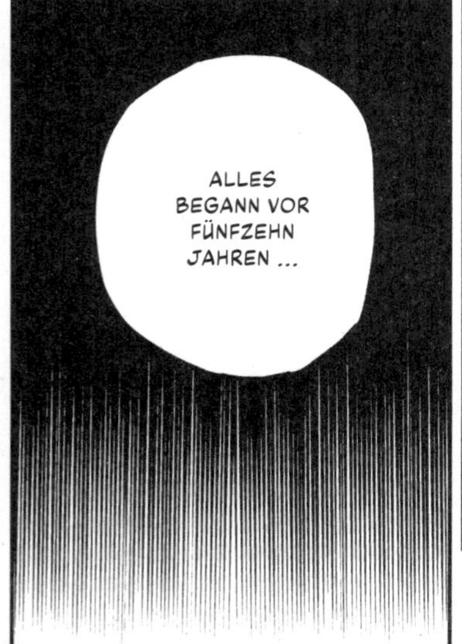
ALLES BEGANN VOR FÜNFZEHN JAHREN ...

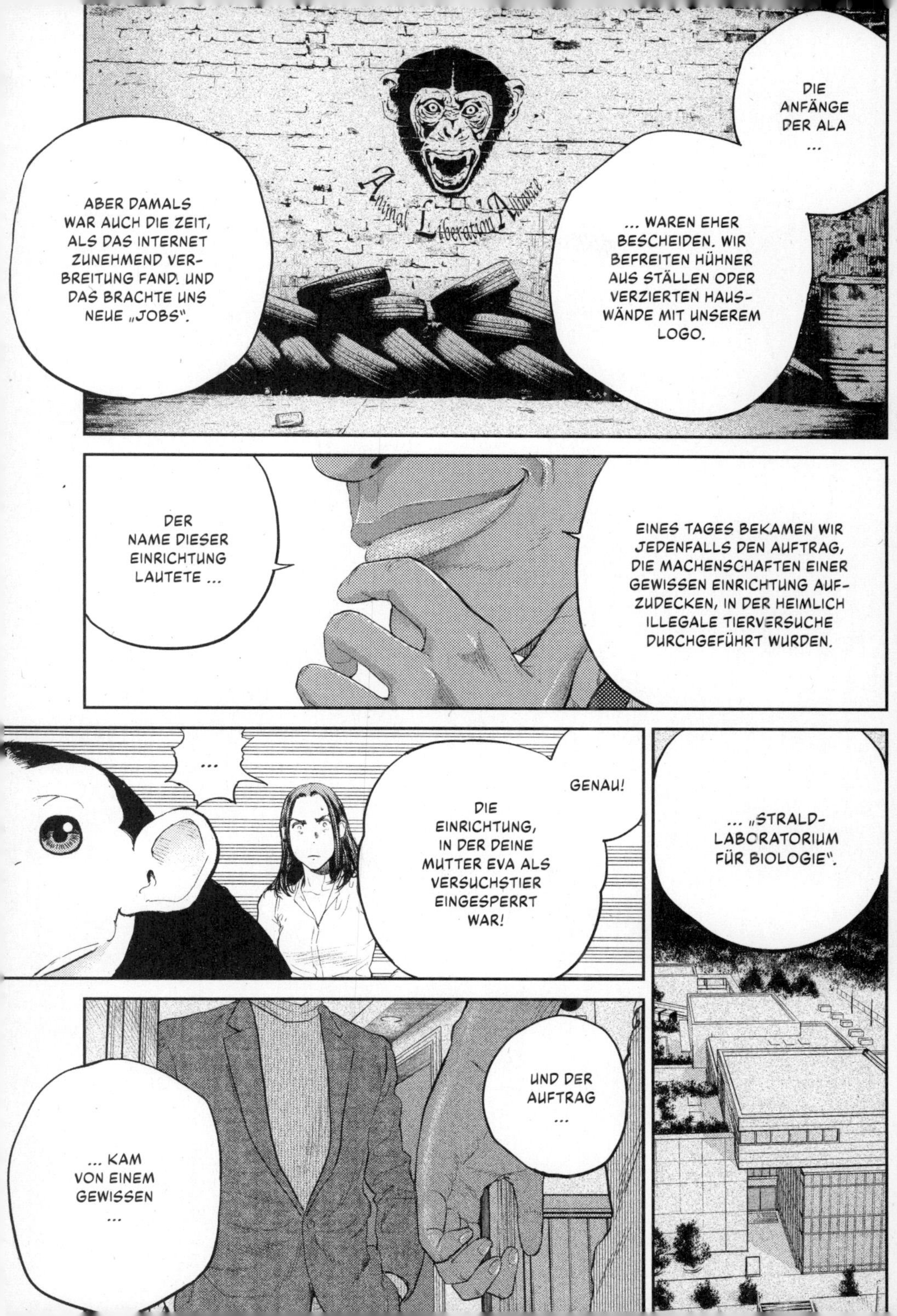

Animal Liberation Alliance

DIE ANFÄNGE DER ALA ...

... WAREN EHER BESCHEIDEN. WIR BEFREITEN HÜHNER AUS STÄLLEN ODER VERZIERTEN HAUS-WÄNDE MIT UNSEREM LOGO.

ABER DAMALS WAR AUCH DIE ZEIT, ALS DAS INTERNET ZUNEHMEND VER-BREITUNG FAND. UND DAS BRACHTE UNS NEUE „JOBS“.

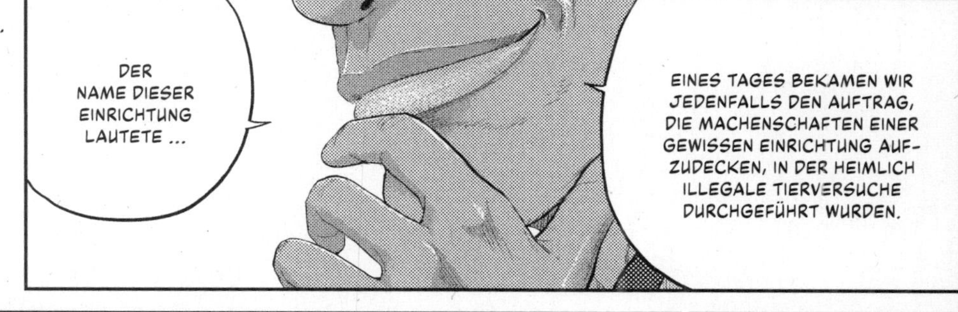

... „STRALD-LABORATORIUM FÜR BIOLOGIE“.

GENAU!

DIE EINRICHTUNG, IN DER DEINE MUTTER EVA ALS VERSUCHSTIER EINGESPERRT WAR!

...

UND DER AUFTRAG ...

... KAM VON EINEM GEWISSEN ...

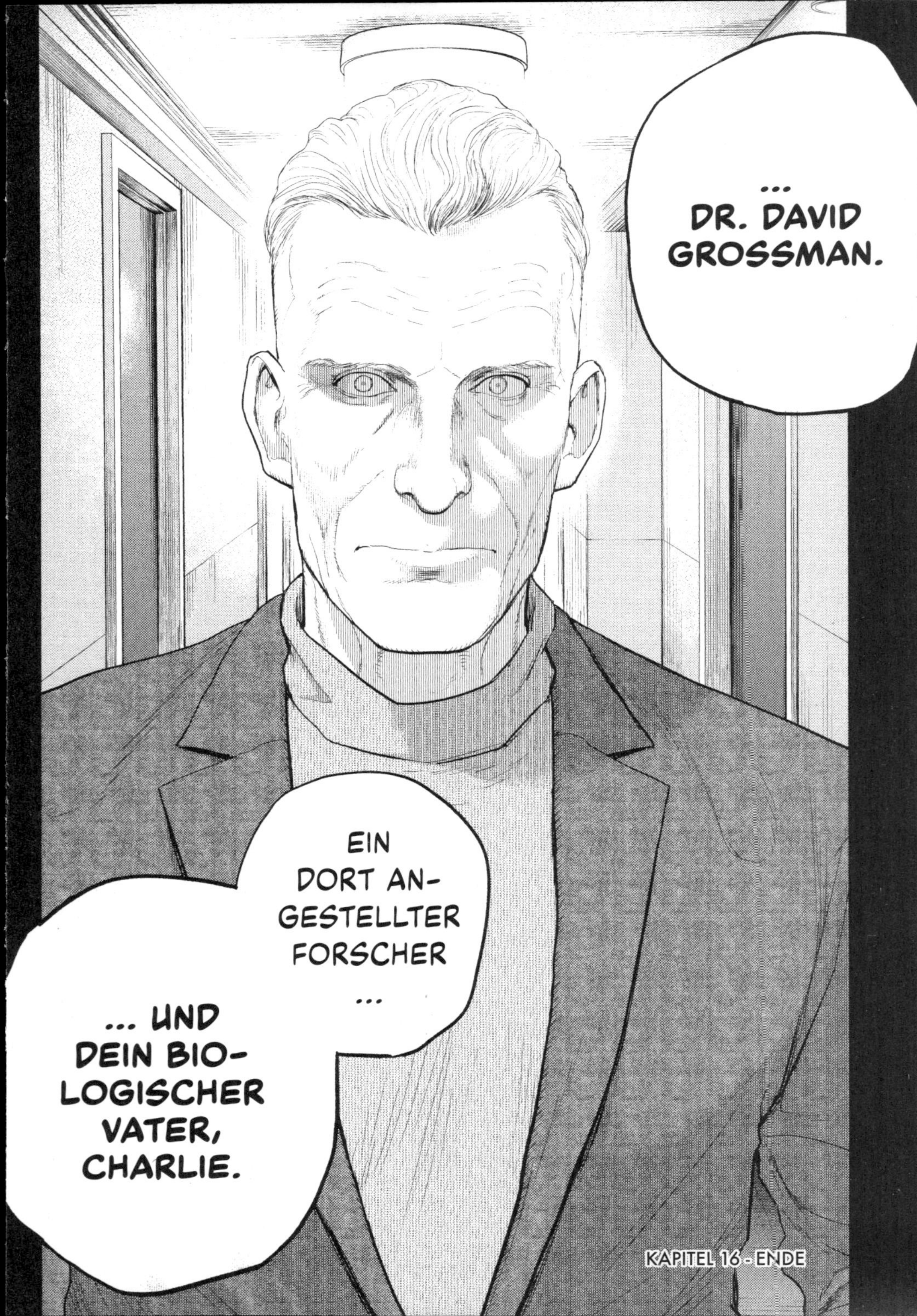
... DR. DAVID GROSSMAN.
EIN DORT AN-GESTELLTER FORSCHER ...
... UND DEIN BIO-LOGISCHER VATER, CHARLIE.
KAPITEL 16 - ENDE

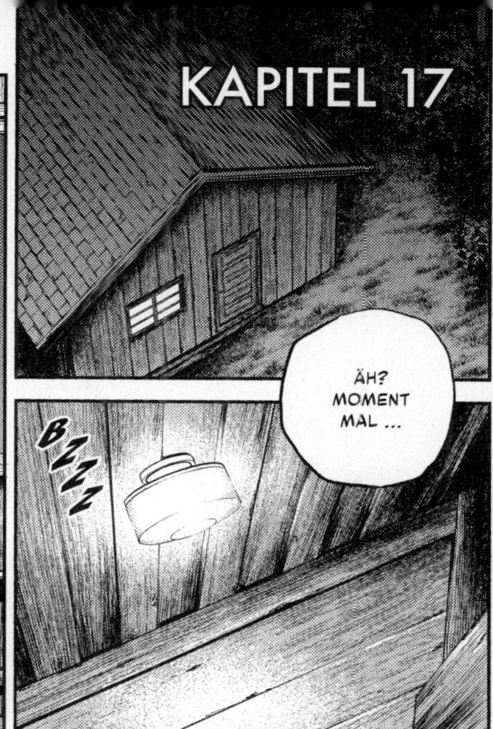
KAPITEL 17
ÄH? MOMENT MAL ...

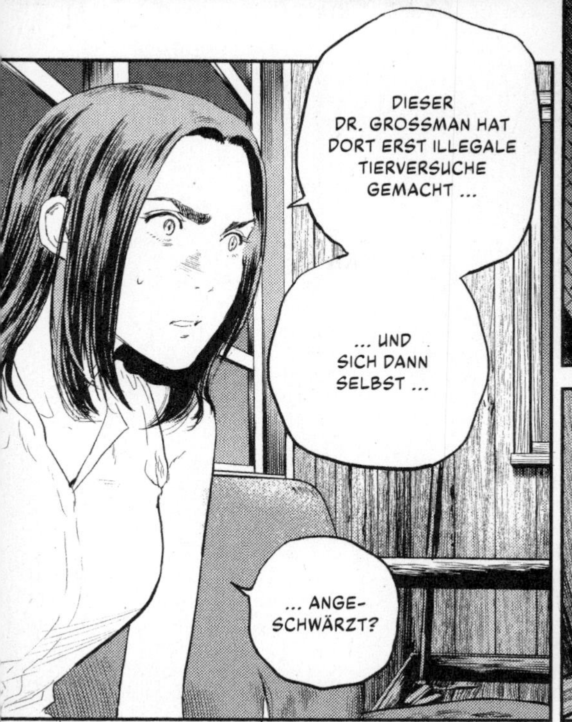
DIESER DR. GROSSMAN HAT DORT ERST ILLEGALE TIERVERSUCHE GEMACHT ...
... UND SICH DANN SELBST ...
... ANGE-SCHWÄRZT?

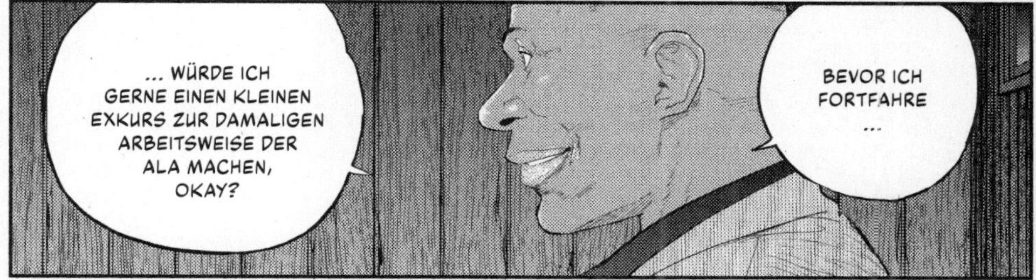
BEVOR ICH FORTFAHRE ...
... WÜRDE ICH GERNE EINEN KLEINEN EXKURS ZUR DAMALIGEN ARBEITSWEISE DER ALA MACHEN, OKAY?

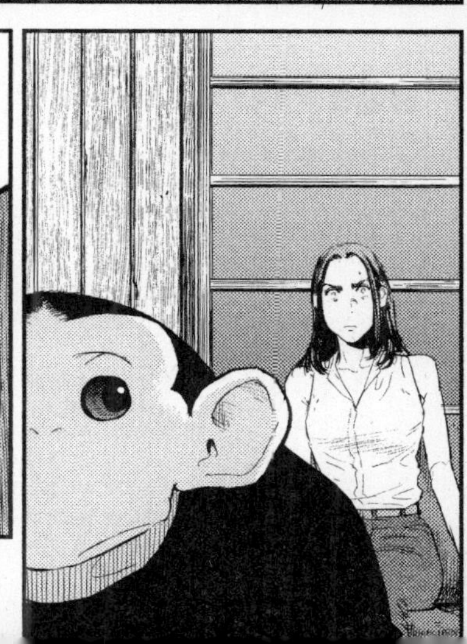

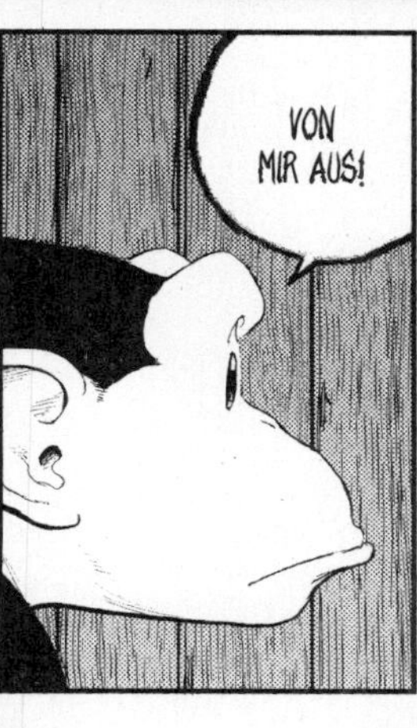
VON MIR AUS!

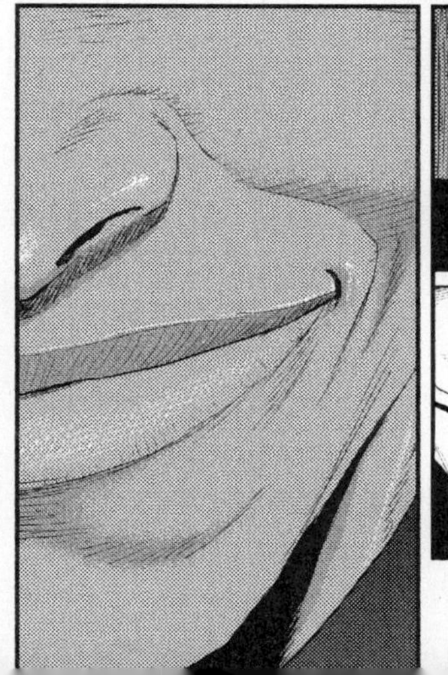

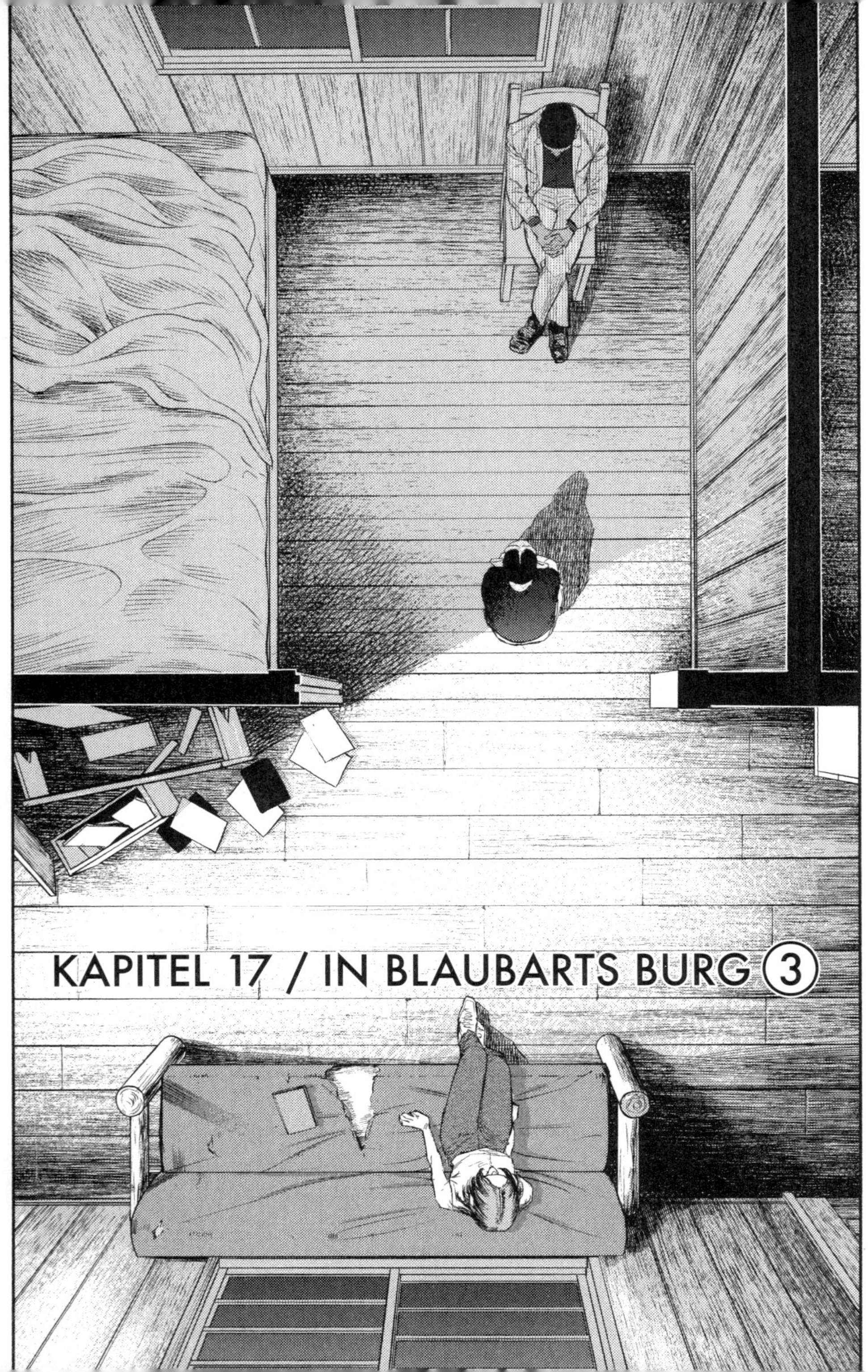
KAPITEL 17 / IN BLAUBARTS BURG ③

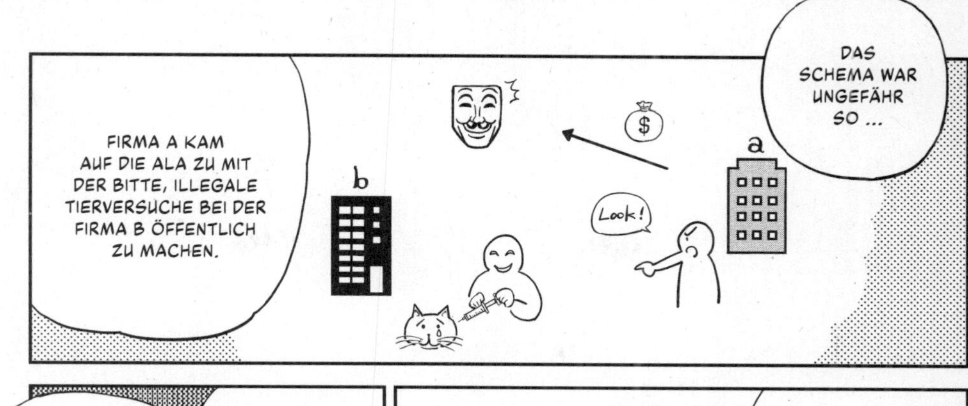
DAS SCHEMA WAR UNGEFÄHR SO …
FIRMA A KAM AUF DIE ALA ZU MIT DER BITTE, ILLEGALE TIERVERSUCHE BEI DER FIRMA B ÖFFENTLICH ZU MACHEN.
Look!

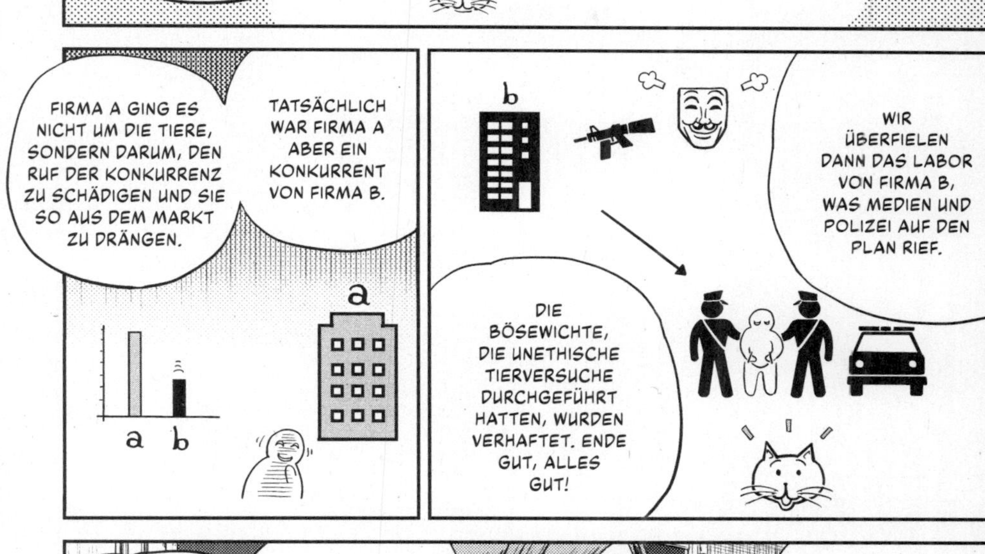
TATSÄCHLICH WAR FIRMA A ABER EIN KONKURRENT VON FIRMA B.
FIRMA A GING ES NICHT UM DIE TIERE, SONDERN DARUM, DEN RUF DER KONKURRENZ ZU SCHÄDIGEN UND SIE SO AUS DEM MARKT ZU DRÄNGEN.
WIR ÜBERFIELEN DANN DAS LABOR VON FIRMA B, WAS MEDIEN UND POLIZEI AUF DEN PLAN RIEF.
DIE BÖSEWICHTE, DIE UNETHISCHE TIERVERSUCHE DURCHGEFÜHRT HATTEN, WURDEN VERHAFTET. ENDE GUT, ALLES GUT!

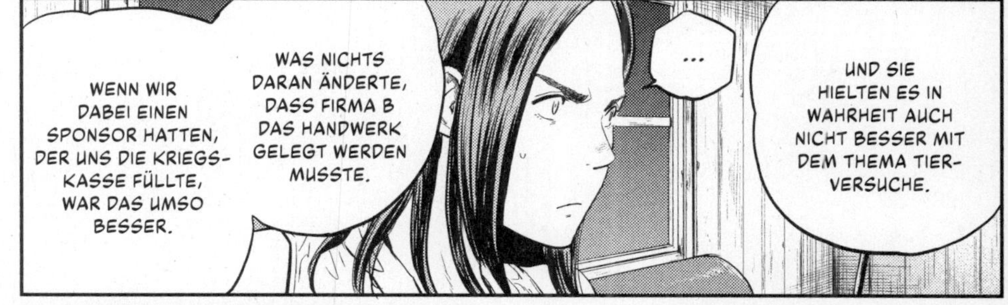
UND SIE HIELTEN ES IN WAHRHEIT AUCH NICHT BESSER MIT DEM THEMA TIER-VERSUCHE.
…
WAS NICHTS DARAN ÄNDERTE, DASS FIRMA B DAS HANDWERK GELEGT WERDEN MUSSTE.
WENN WIR DABEI EINEN SPONSOR HATTEN, DER UNS DIE KRIEGS-KASSE FÜLLTE, WAR DAS UMSO BESSER.

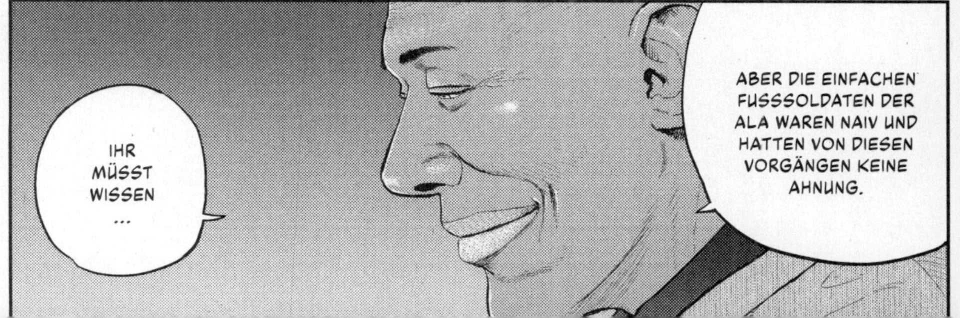
ABER DIE EINFACHEN FUSSSOLDATEN DER ALA WAREN NAIV UND HATTEN VON DIESEN VORGÄNGEN KEINE AHNUNG.
IHR MÜSST WISSEN …

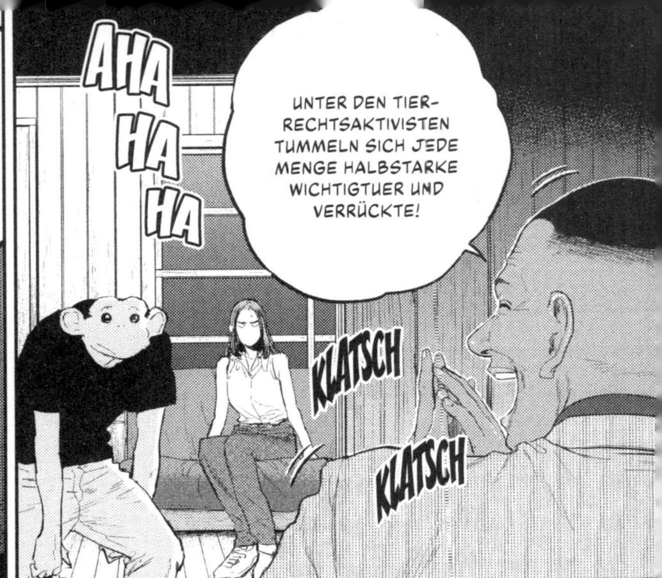
AHA HA HA
UNTER DEN TIER-RECHTSAKTIVISTEN TUMMELN SICH JEDE MENGE HALBSTARKE WICHTIGTUER UND VERRÜCKTE!
KLATSCH
KLATSCH

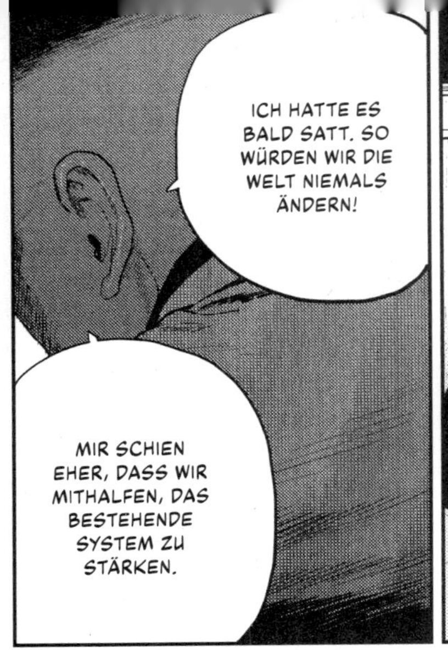
ICH HATTE ES BALD SATT. SO WÜRDEN WIR DIE WELT NIEMALS ÄNDERN!
MIR SCHIEN EHER, DASS WIR MITHALFEN, DAS BESTEHENDE SYSTEM ZU STÄRKEN.

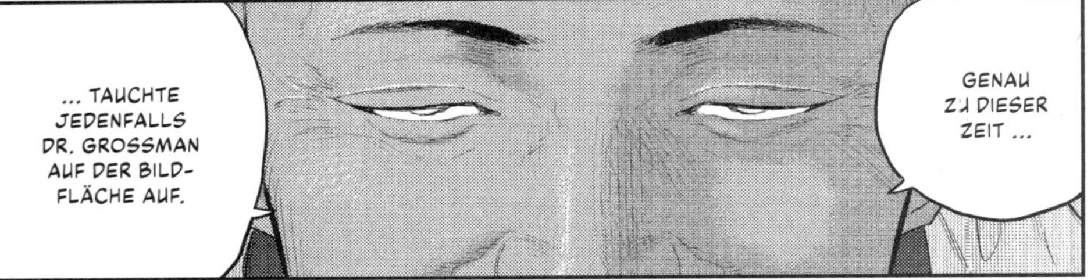
GENAU ZU DIESER ZEIT ...
... TAUCHTE JEDENFALLS DR. GROSSMAN AUF DER BILD-FLÄCHE AUF.

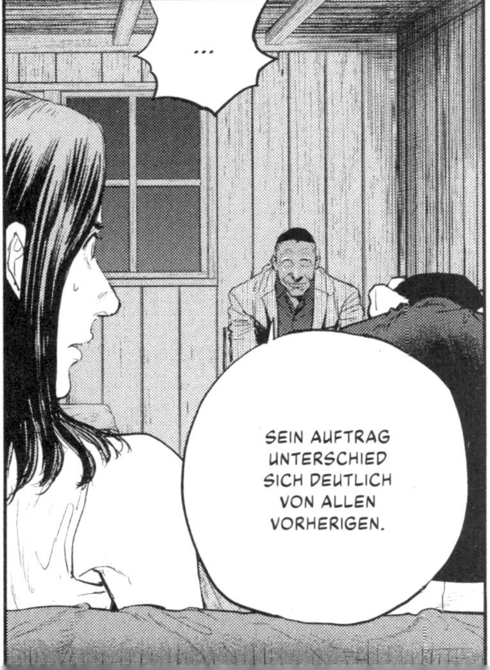
...
SEIN AUFTRAG UNTERSCHIED SICH DEUTLICH VON ALLEN VORHERIGEN.

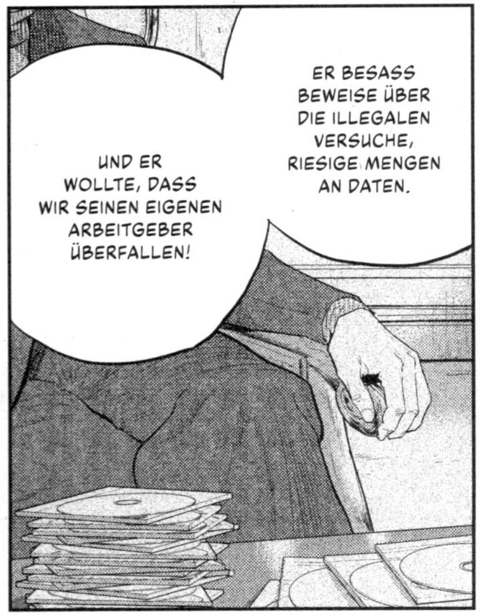
ER BESASS BEWEISE ÜBER DIE ILLEGALEN VERSUCHE, RIESIGE MENGEN AN DATEN.
UND ER WOLLTE, DASS WIR SEINEN EIGENEN ARBEITGEBER ÜBERFALLEN!

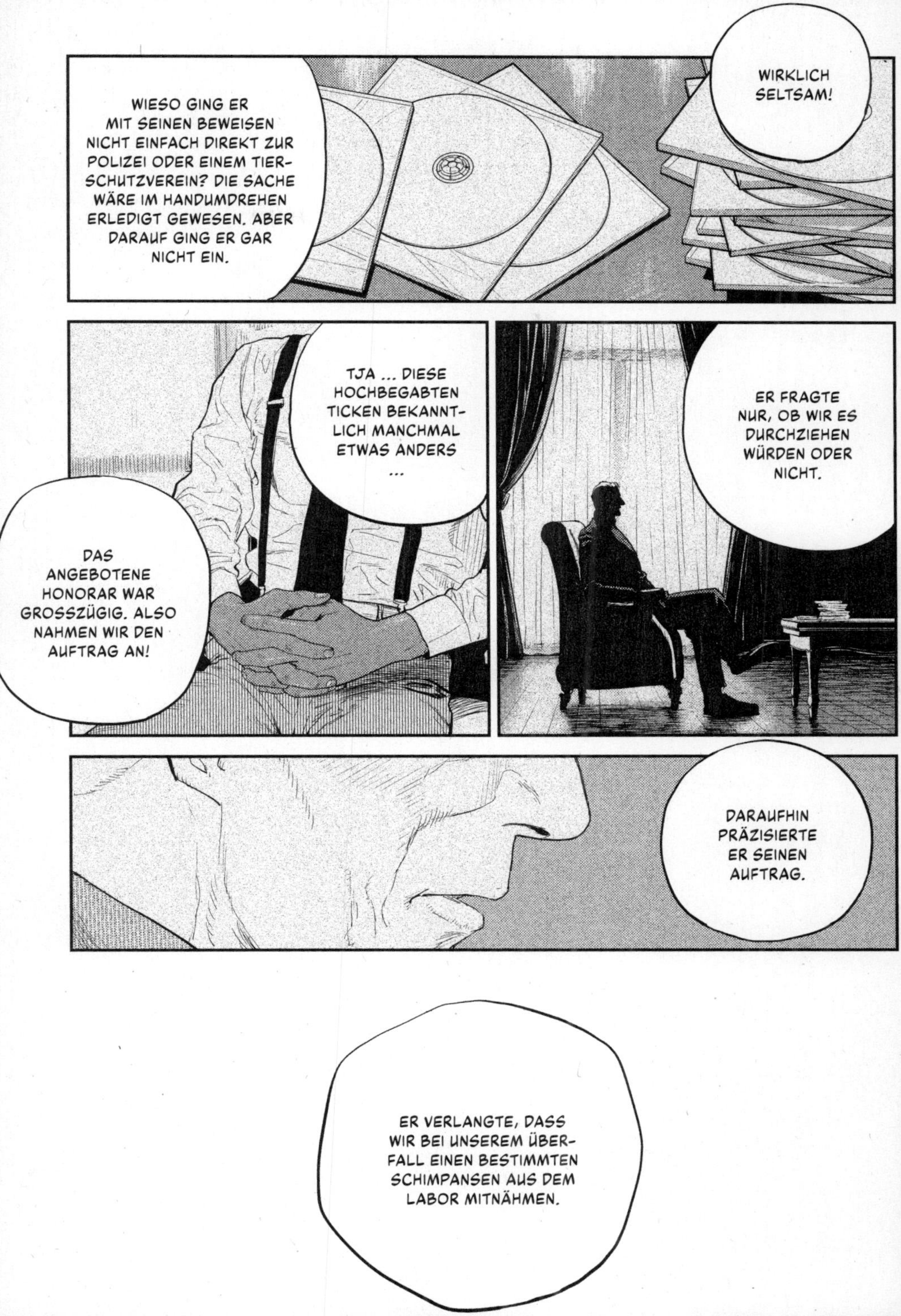

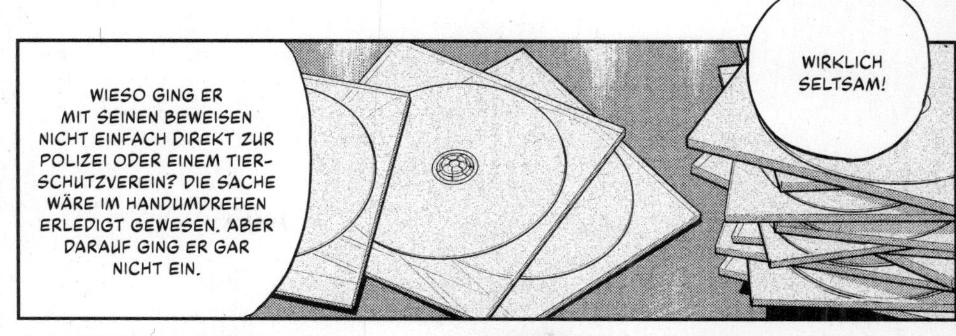

TJA ... DIESE HOCHBEGABTEN TICKEN BEKANNT-LICH MANCHMAL ETWAS ANDERS ...

DAS ANGEBOTENE HONORAR WAR GROSSZÜGIG. ALSO NAHMEN WIR DEN AUFTRAG AN!

ER FRAGTE NUR, OB WIR ES DURCHZIEHEN WÜRDEN ODER NICHT.

DARAUFHIN PRÄZISIERTE ER SEINEN AUFTRAG.

ER VERLANGTE, DASS WIR BEI UNSEREM ÜBER-FALL EINEN BESTIMMTEN SCHIMPANSEN AUS DEM LABOR MITNÄHMEN.

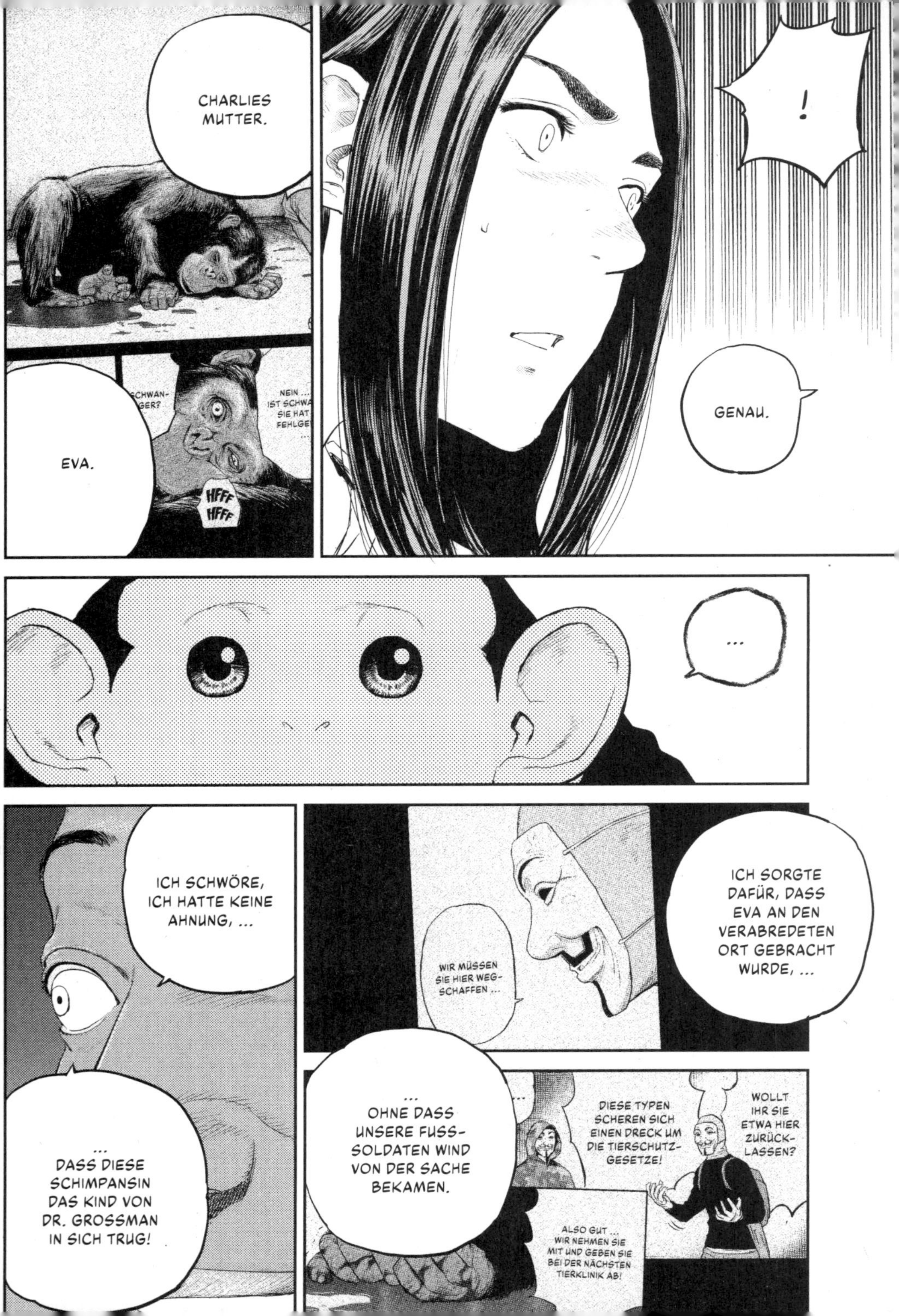

CHARLIES MUTTER.
EVA.
HFFF HFFF
!
GENAU.

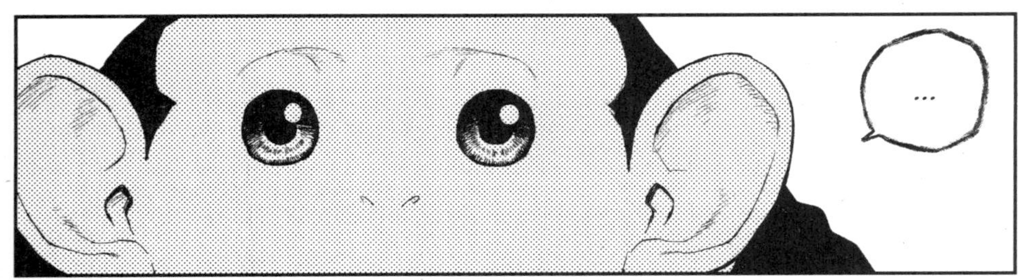

ICH SCHWÖRE, ICH HATTE KEINE AHNUNG, ...
ICH SORGTE DAFÜR, DASS EVA AN DEN VERABREDETEN ORT GEBRACHT WURDE, ...
WIR MÜSSEN SIE HIER WEG-SCHAFFEN ...
... DASS DIESE SCHIMPANSIN DAS KIND VON DR. GROSSMAN IN SICH TRUG!
... OHNE DASS UNSERE FUSS-SOLDATEN WIND VON DER SACHE BEKAMEN.
DIESE TYPEN SCHEREN SICH EINEN DRECK UM DIE TIERSCHUTZ-GESETZE!
WOLLT IHR SIE ETWA HIER ZURÜCK-LASSEN?
ALSO GUT ... WIR NEHMEN SIE MIT UND GEBEN SIE BEI DER NÄCHSTEN TIERKLINIK AB!

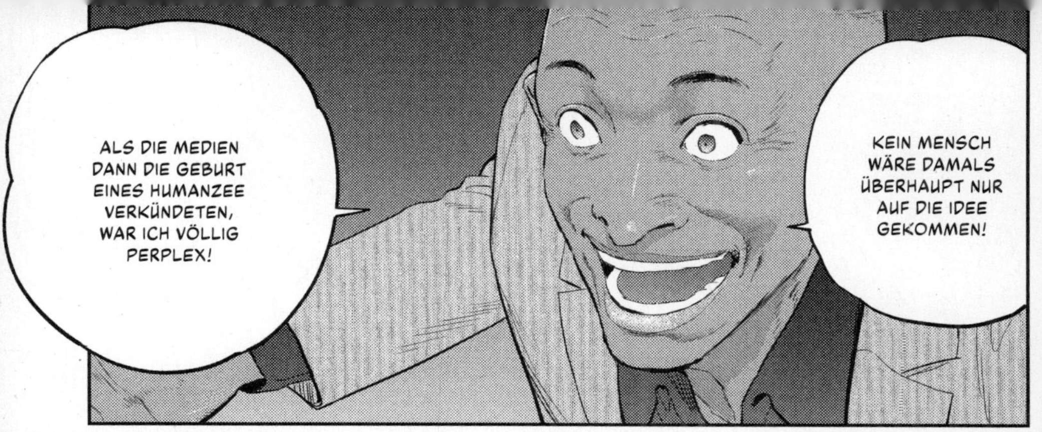
KEIN MENSCH WÄRE DAMALS ÜBERHAUPT NUR AUF DIE IDEE GEKOMMEN!
ALS DIE MEDIEN DANN DIE GEBURT EINES HUMANZEE VERKÜNDETEN, WAR ICH VÖLLIG PERPLEX!

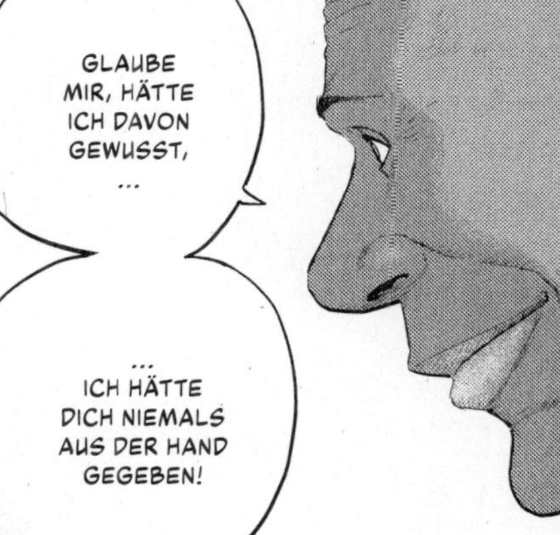
GLAUBE MIR, HÄTTE ICH DAVON GEWUSST, ...
... ICH HÄTTE DICH NIEMALS AUS DER HAND GEGEBEN!

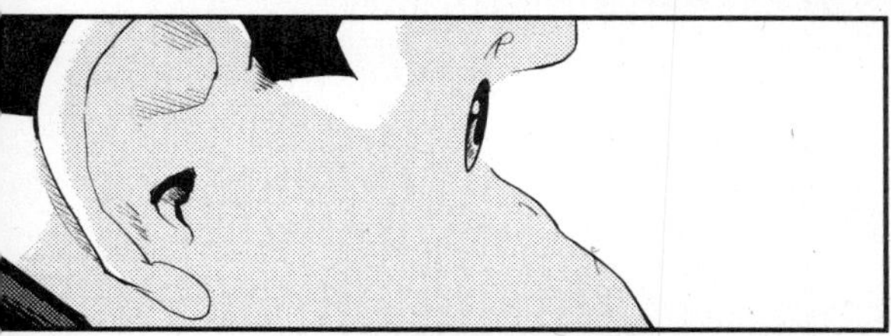

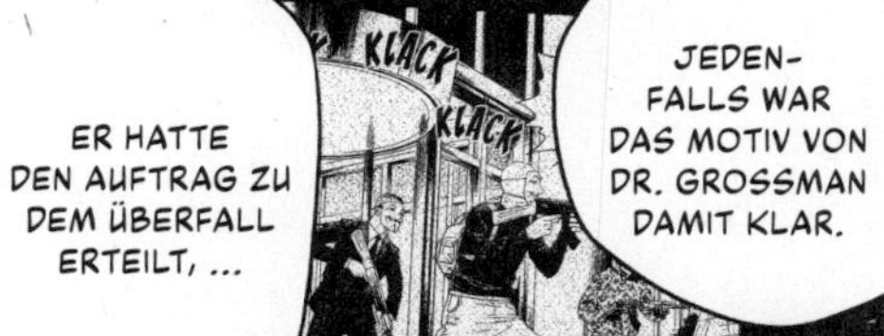
JEDEN-FALLS WAR DAS MOTIV VON DR. GROSSMAN DAMIT KLAR.
KLACK
KLACK
ER HATTE DEN AUFTRAG ZU DEM ÜBERFALL ERTEILT, ...

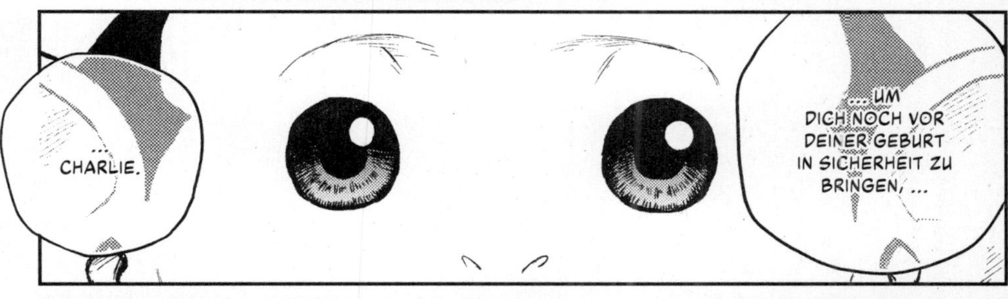
... UM DICH NOCH VOR DEINER GEBURT IN SICHERHEIT ZU BRINGEN, ...
... CHARLIE.

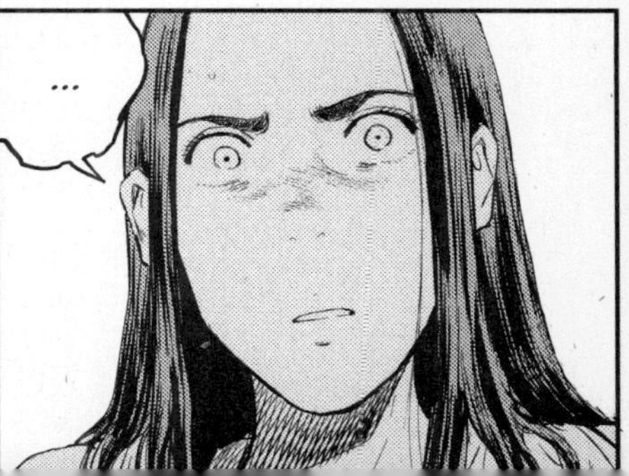
...

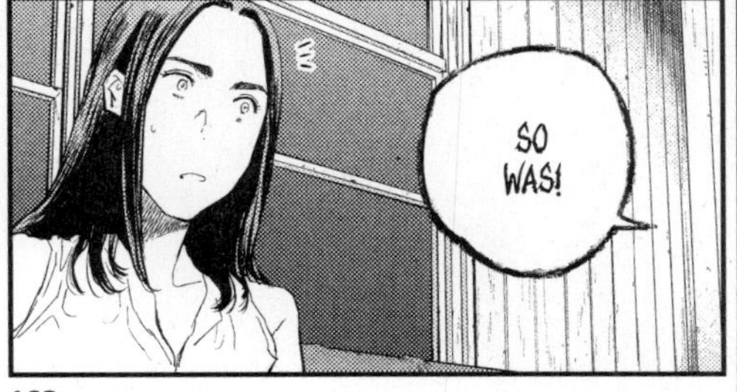
SO WAS!

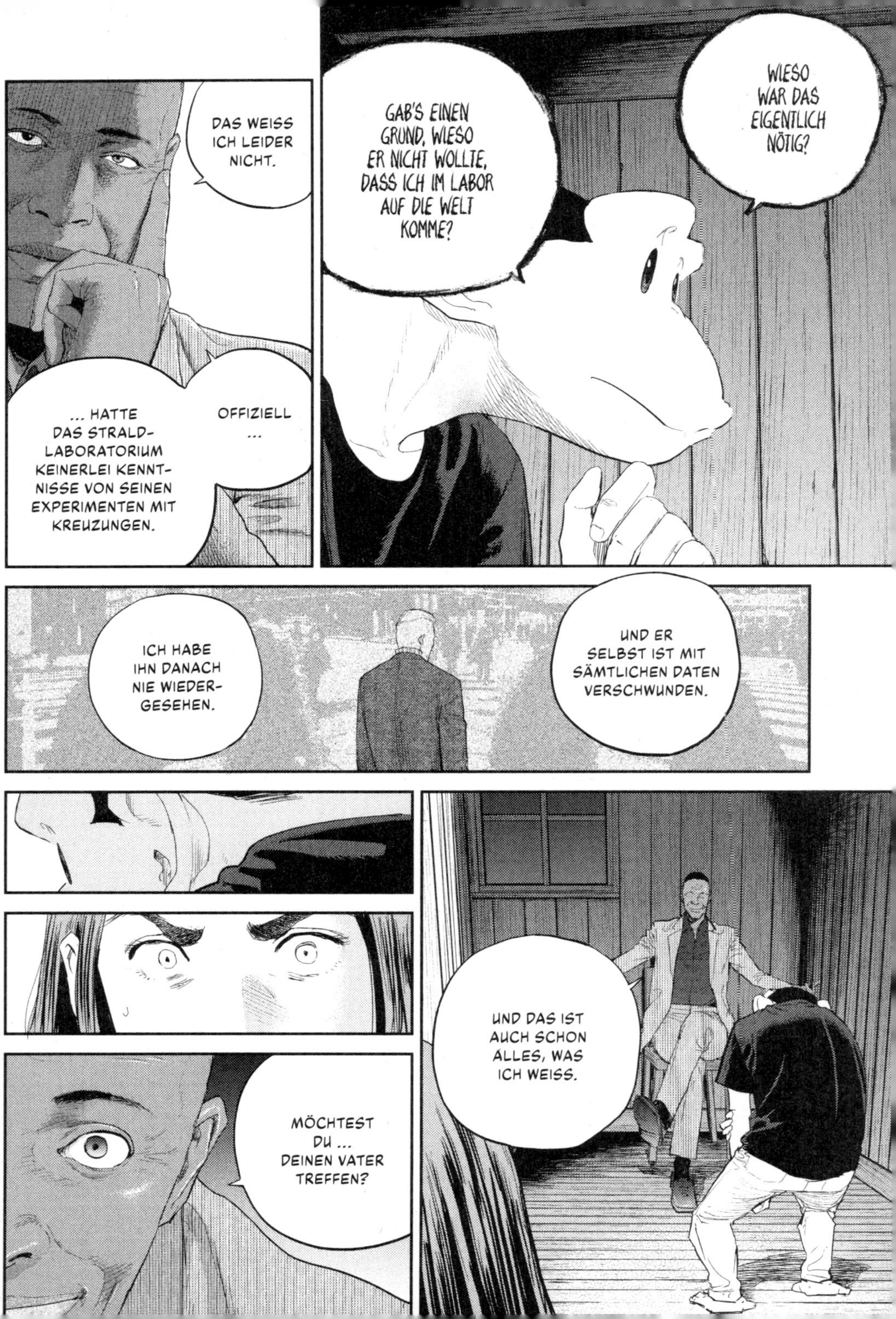

WIESO WAR DAS EIGENTLICH NÖTIG?
GAB'S EINEN GRUND, WIESO ER NICHT WOLLTE, DASS ICH IM LABOR AUF DIE WELT KOMME?
DAS WEISS ICH LEIDER NICHT.
OFFIZIELL ...
... HATTE DAS STRALD-LABORATORIUM KEINERLEI KENNTNISSE VON SEINEN EXPERIMENTEN MIT KREUZUNGEN.

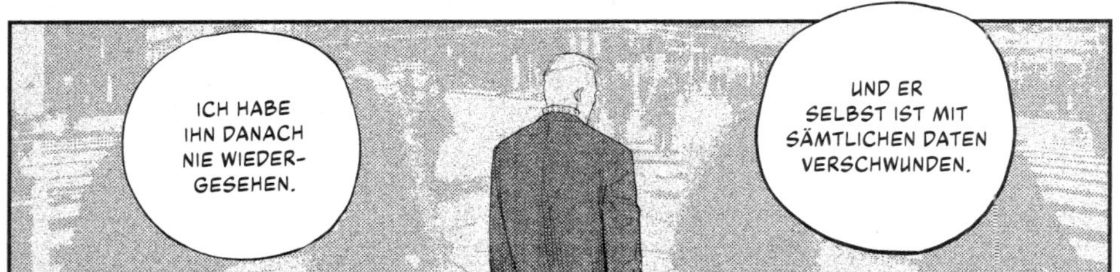

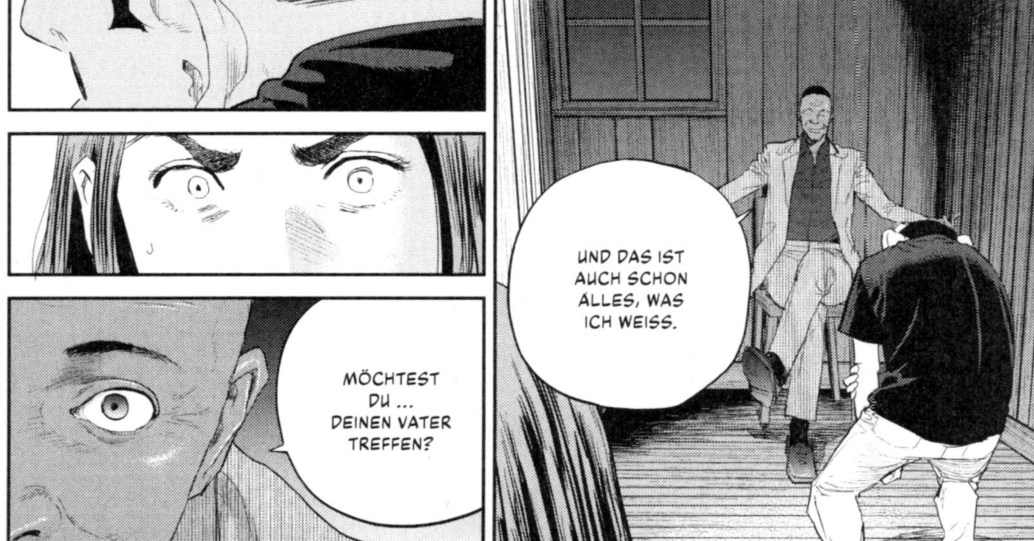

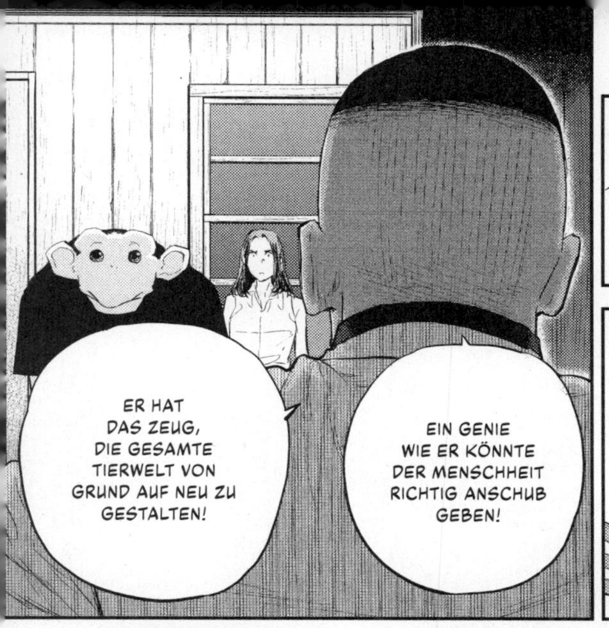
ER HAT DAS ZEUG, DIE GESAMTE TIERWELT VON GRUND AUF NEU ZU GESTALTEN!
EIN GENIE WIE ER KÖNNTE DER MENSCHHEIT RICHTIG ANSCHUB GEBEN!

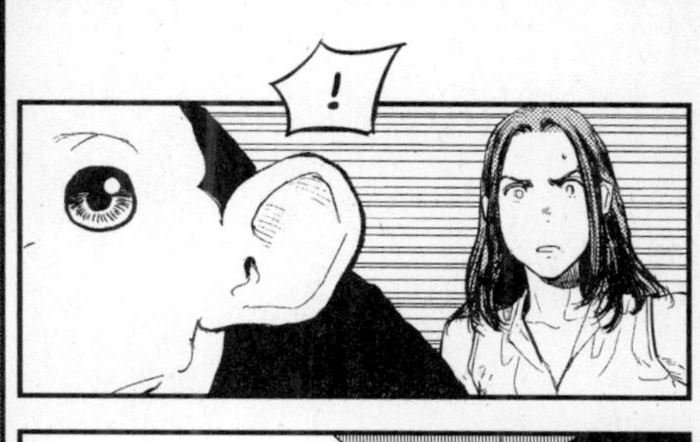
!

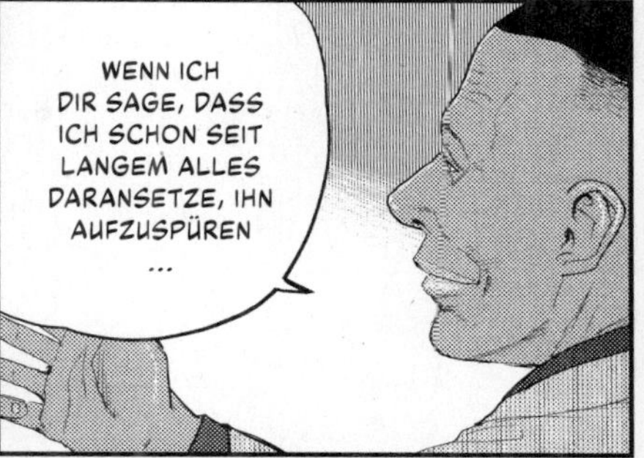
WENN ICH DIR SAGE, DASS ICH SCHON SEIT LANGEM ALLES DARANSETZE, IHN AUFZUSPÜREN ...

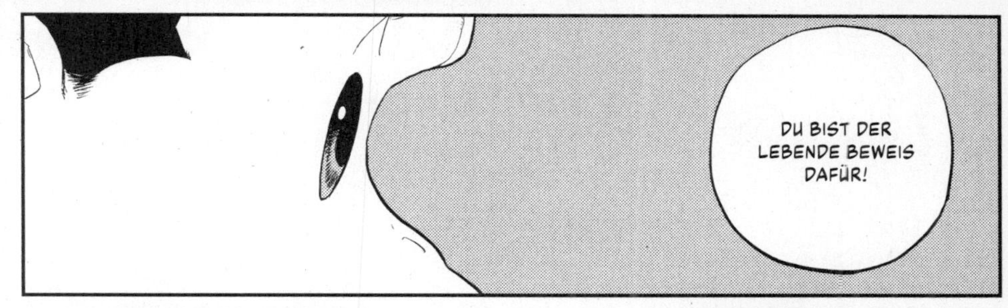
DU BIST DER LEBENDE BEWEIS DAFÜR!

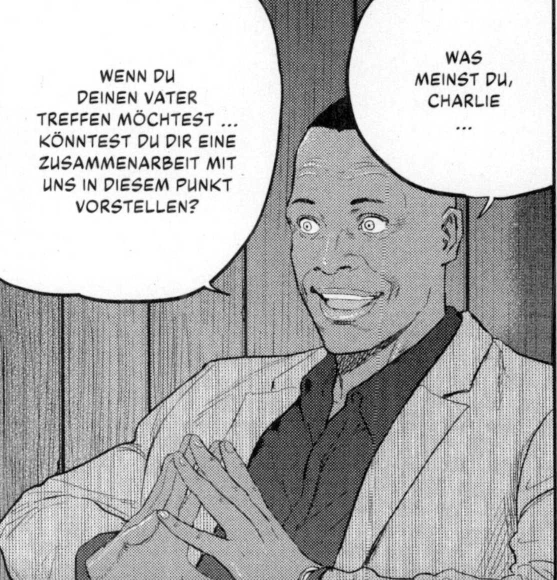
WAS MEINST DU, CHARLIE ...
WENN DU DEINEN VATER TREFFEN MÖCHTEST ... KÖNNTEST DU DIR EINE ZUSAMMENARBEIT MIT UNS IN DIESEM PUNKT VORSTELLEN?

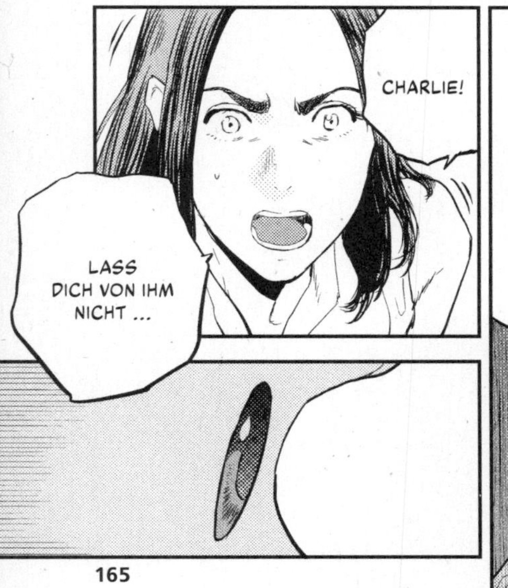
CHARLIE!
LASS DICH VON IHM NICHT ...

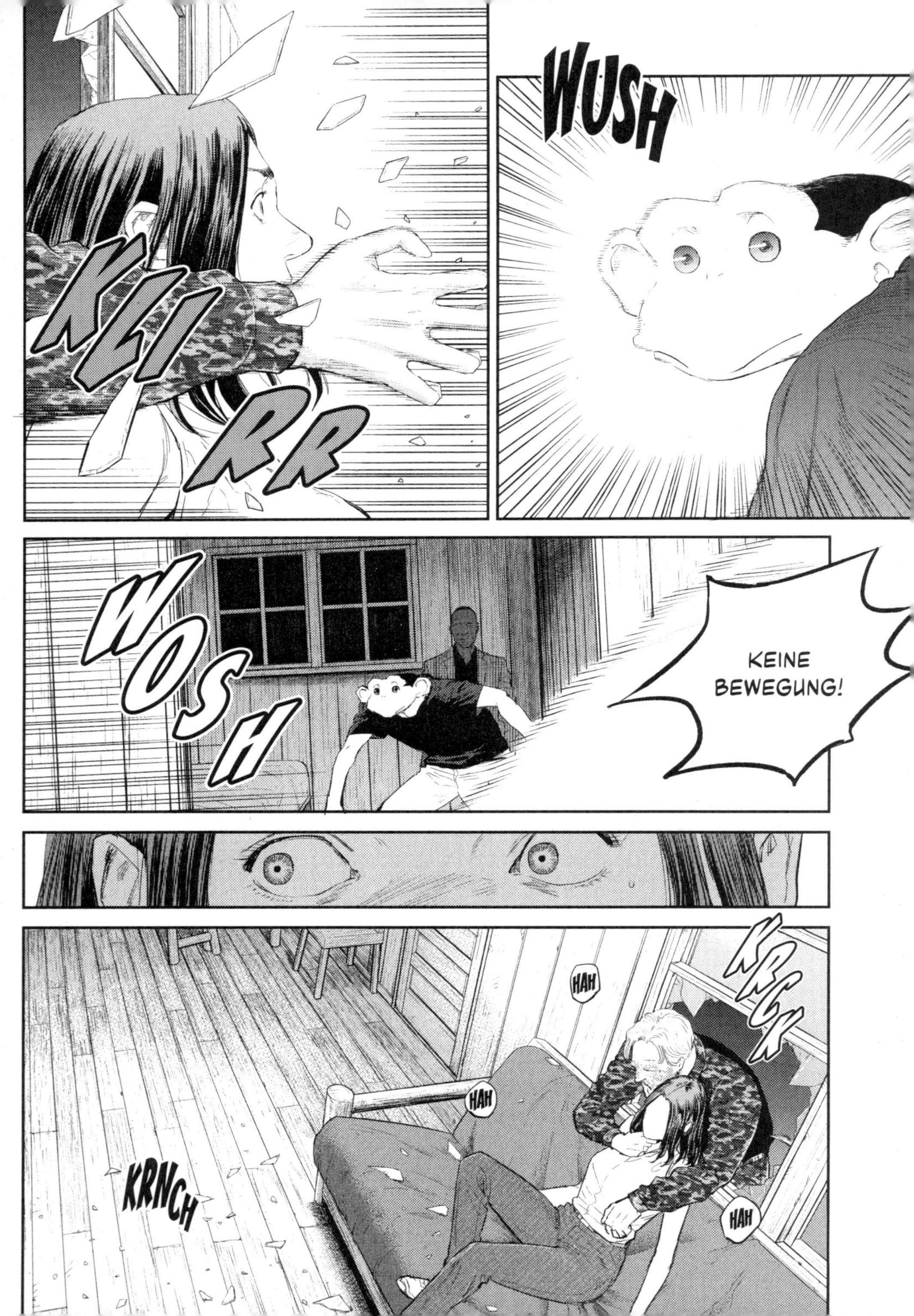
WUSH
KLIRRR
WOSH
KEINE BEWEGUNG!
KRCK
HAH
HAH
HAH
KRNCH

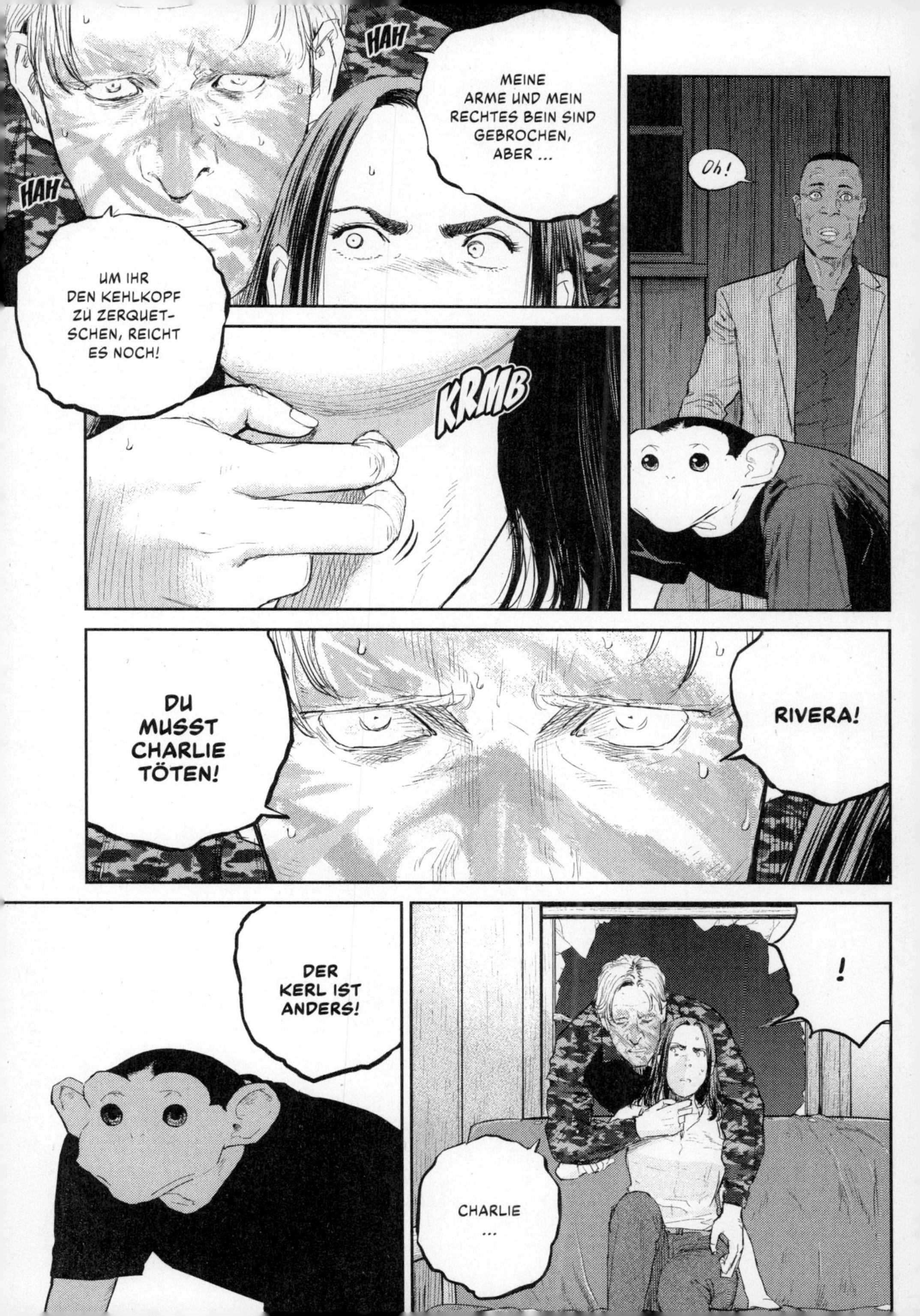

HAH

MEINE ARME UND MEIN RECHTES BEIN SIND GEBROCHEN, ABER ...

HAH

UM IHR DEN KEHLKOPF ZU ZERQUETSCHEN, REICHT ES NOCH!

KRMB

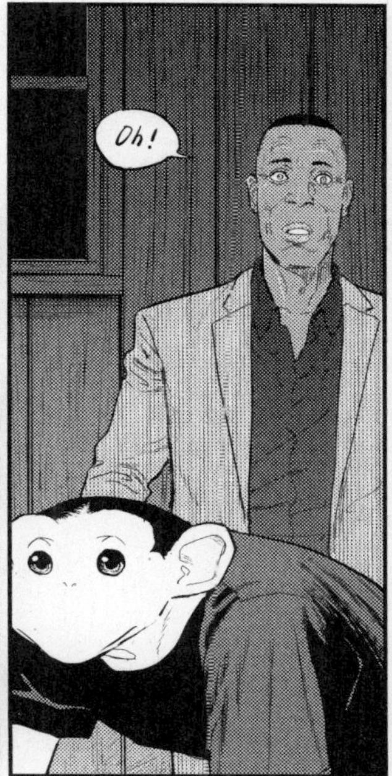

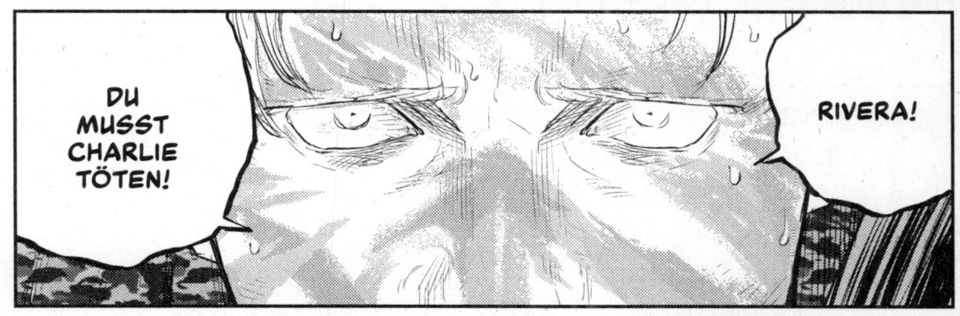

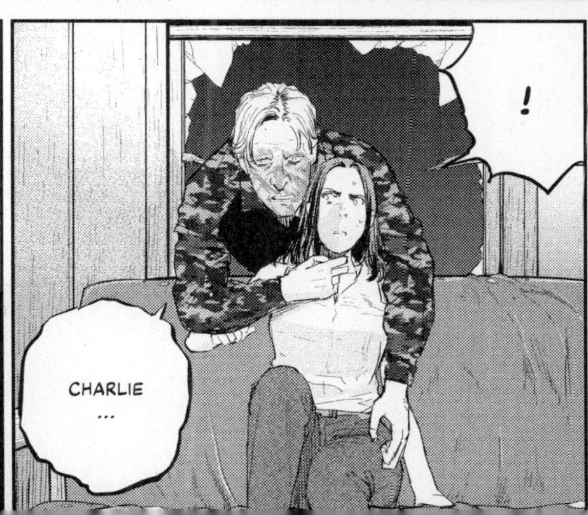

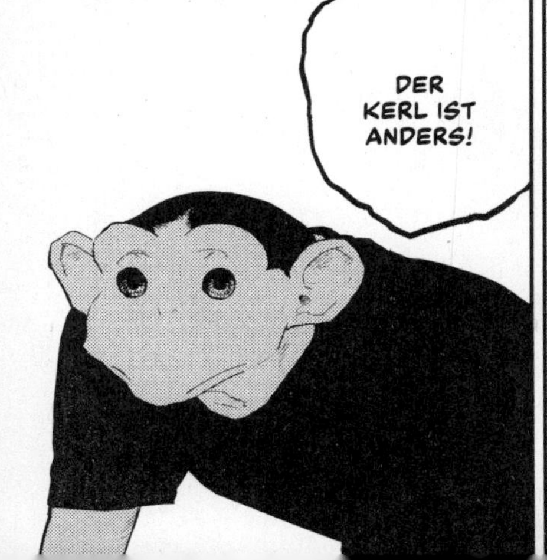

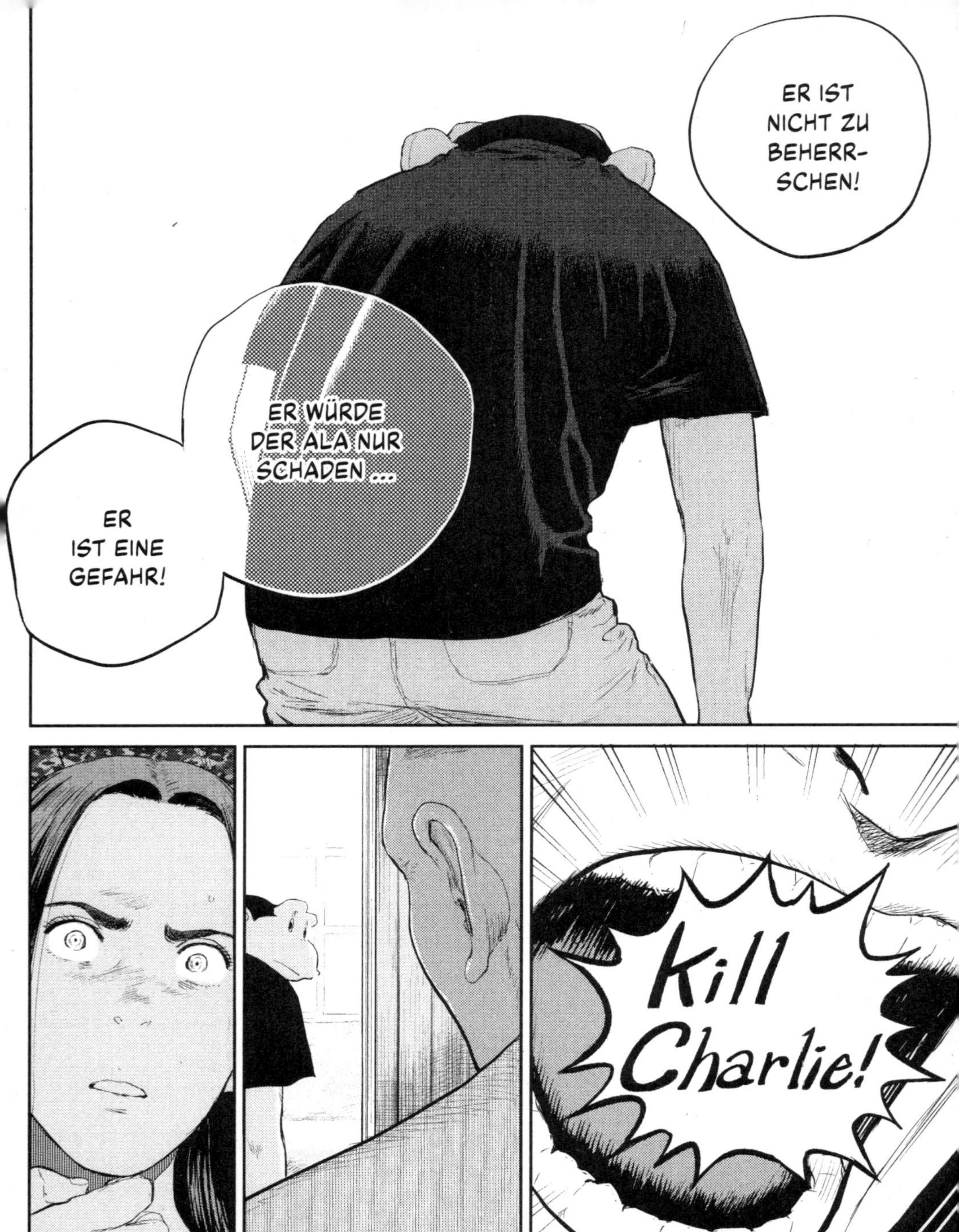
ER IST NICHT ZU BEHERR-SCHEN!
ER WÜRDE DER ALA NUR SCHADEN ...
ER IST EINE GEFAHR!
Kill Charlie!

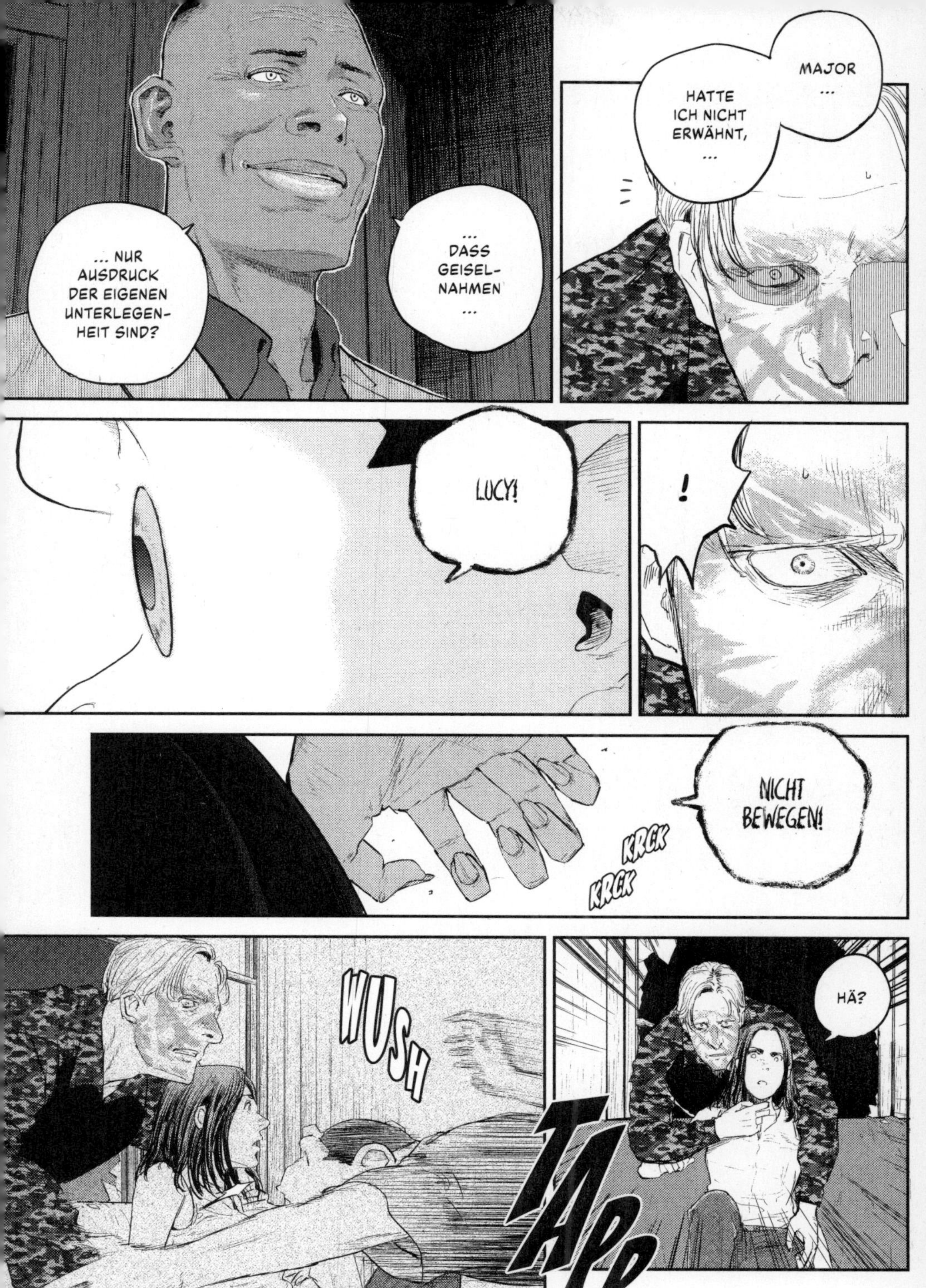
MAJOR ...
HATTE ICH NICHT ERWÄHNT, ...
... DASS GEISEL-NAHMEN ...
... NUR AUSDRUCK DER EIGENEN UNTERLEGEN-HEIT SIND?
!
LUCY!
NICHT BEWEGEN!
KRCK
KRCK
HÄ?
WUSH
TAPP

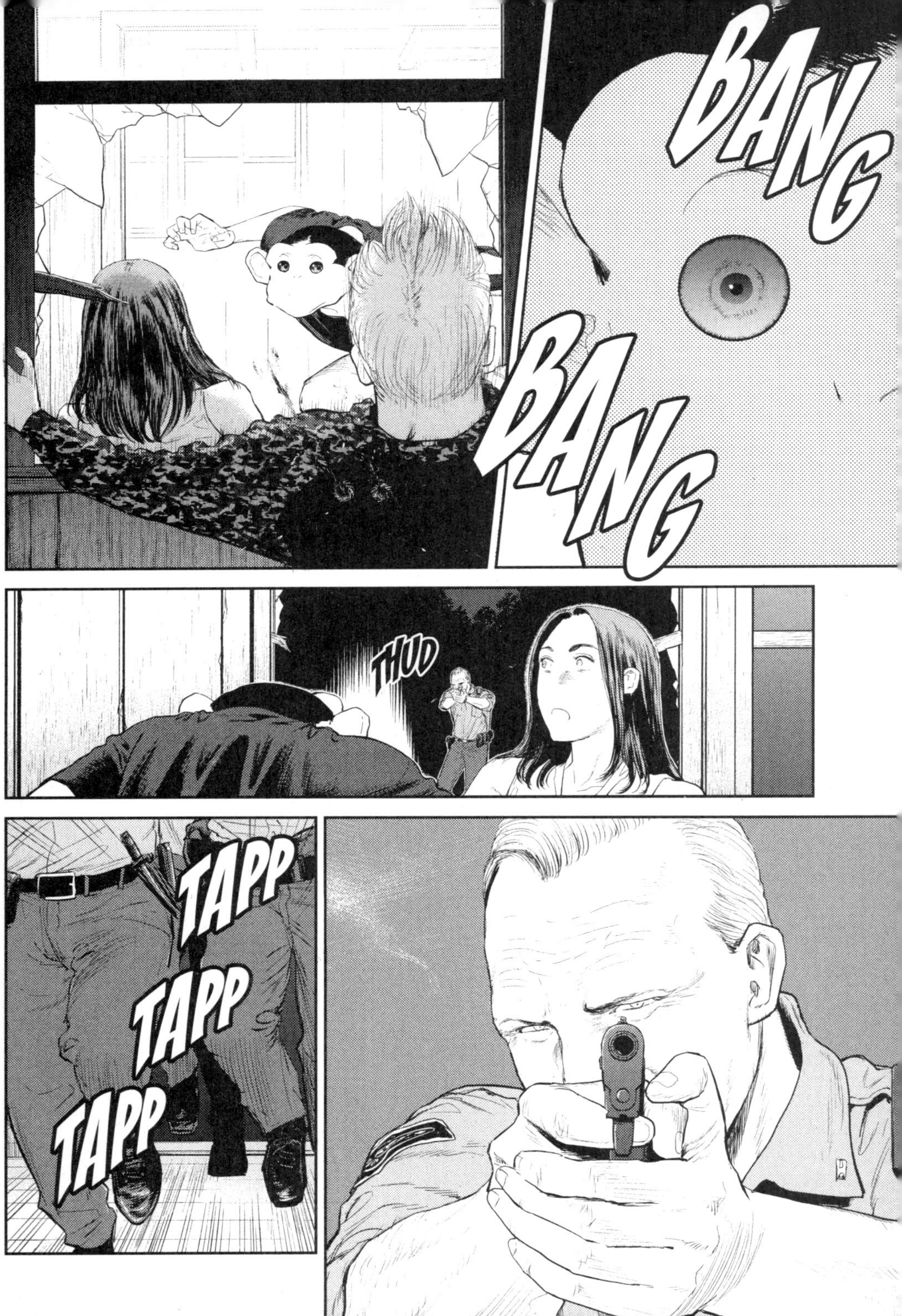

BANG
BANG

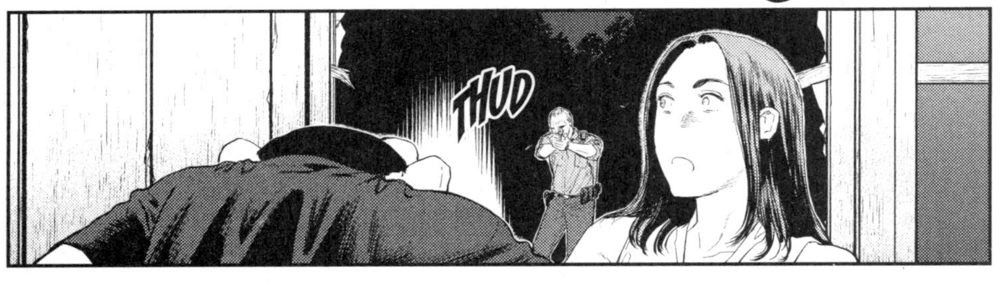

TAPP
TAPP
TAPP

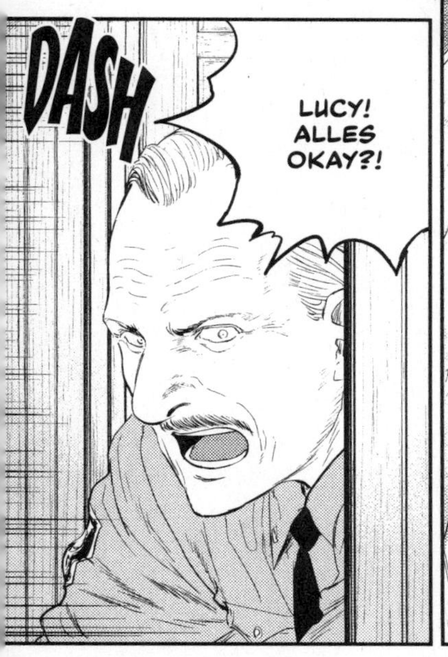
DASH
LUCY! ALLES OKAY?!

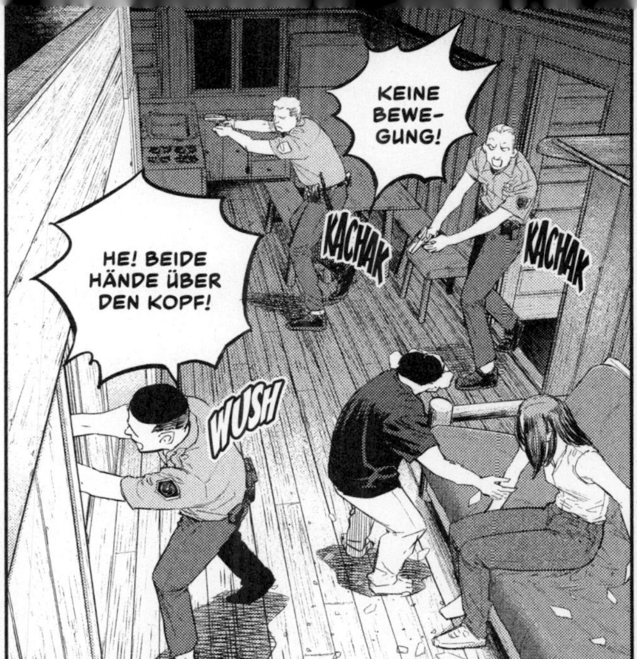
KEINE BEWE-GUNG!
HE! BEIDE HÄNDE ÜBER DEN KOPF!
KACHAK
KACHAK
WUSH

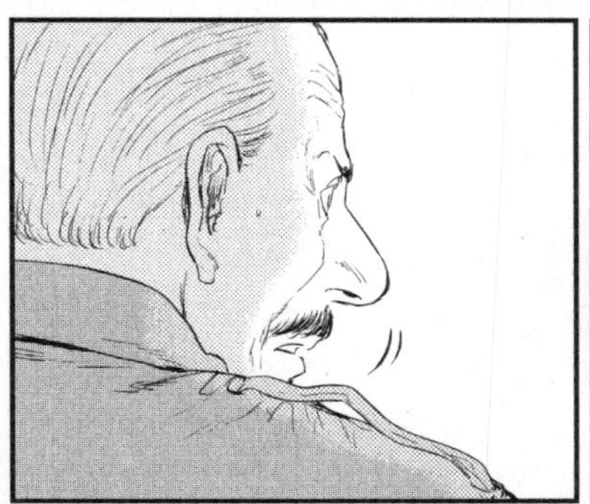

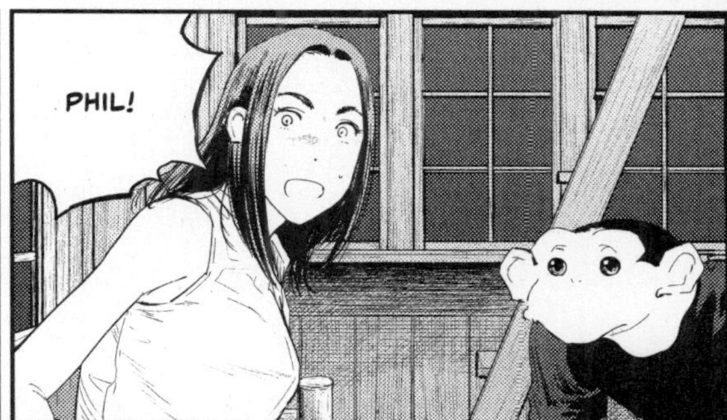
PHIL!

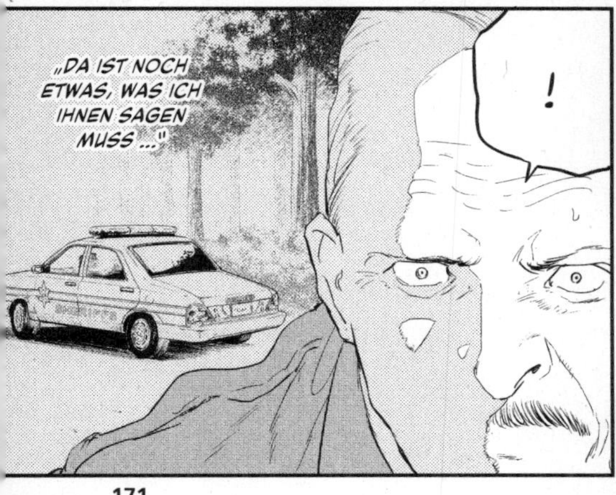
„DA IST NOCH ETWAS, WAS ICH IHNEN SAGEN MUSS ...“
!

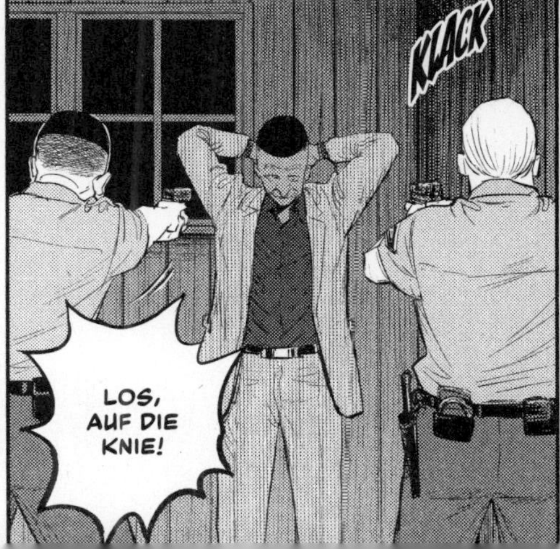
KLACK
LOS, AUF DIE KNIE!

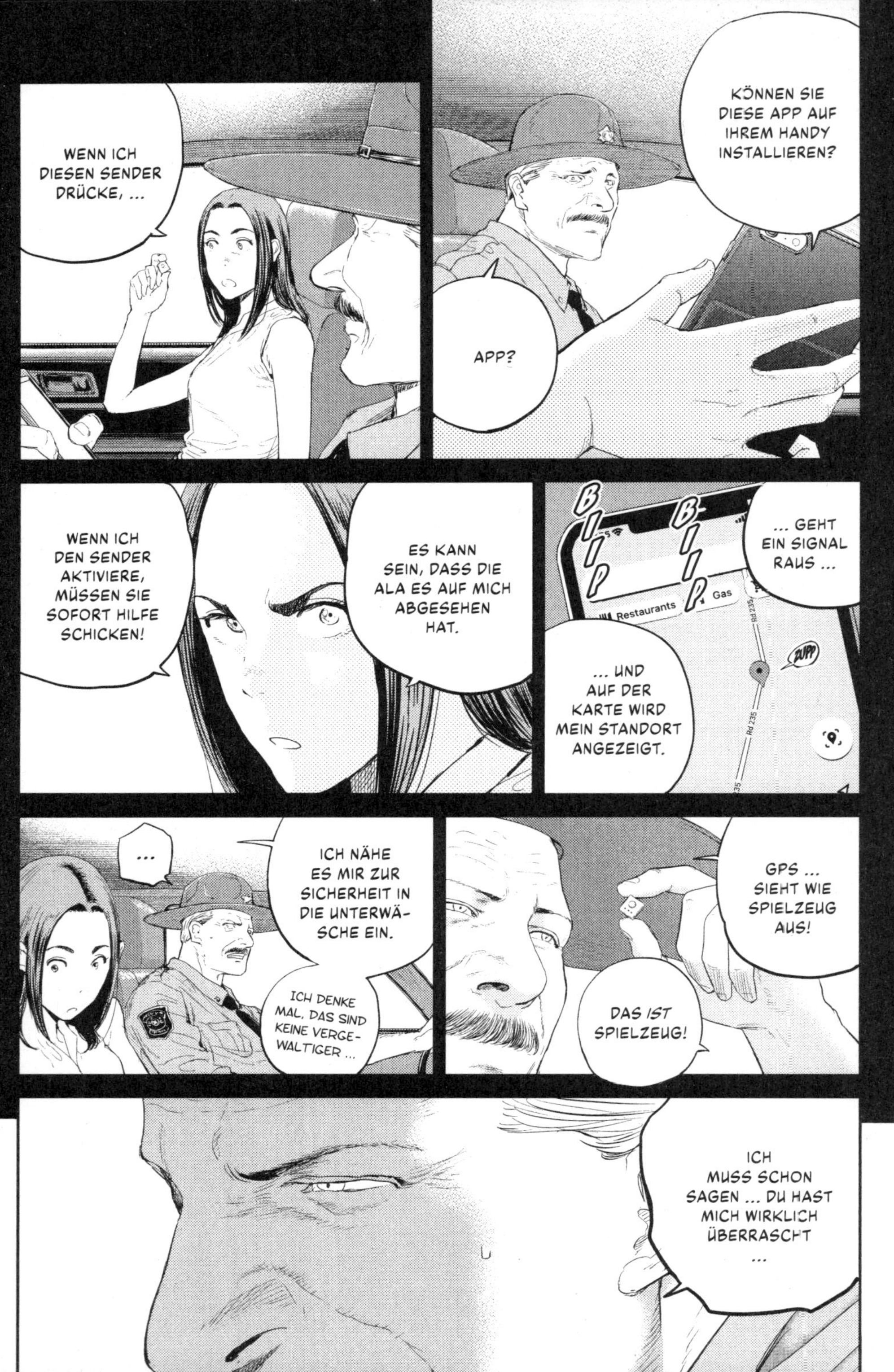
KÖNNEN SIE DIESE APP AUF IHREM HANDY INSTALLIEREN?
APP?
WENN ICH DIESEN SENDER DRÜCKE, ...
... GEHT EIN SIGNAL RAUS ...
BIIP
BIIP
Restaurants
Gas
Rd 235
ZUPP
... UND AUF DER KARTE WIRD MEIN STANDORT ANGEZEIGT.
ES KANN SEIN, DASS DIE ALA ES AUF MICH ABGESEHEN HAT.
WENN ICH DEN SENDER AKTIVIERE, MÜSSEN SIE SOFORT HILFE SCHICKEN!
GPS ... SIEHT WIE SPIELZEUG AUS!
DAS *IST* SPIELZEUG!
...
ICH NÄHE ES MIR ZUR SICHERHEIT IN DIE UNTERWÄSCHE EIN.
ICH DENKE MAL, DAS SIND KEINE VERGEWALTIGER ...
ICH MUSS SCHON SAGEN ... DU HAST MICH WIRKLICH ÜBERRASCHT ...

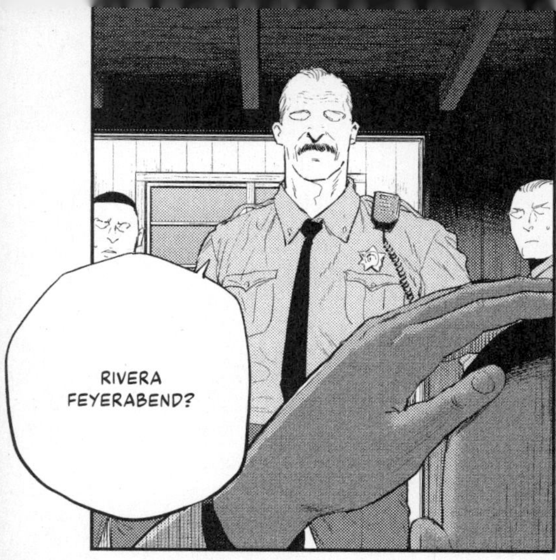
RIVERA FEYERABEND?
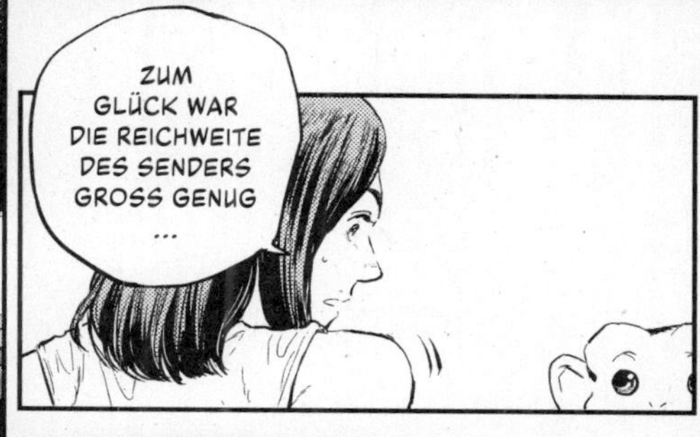
ZUM GLÜCK WAR DIE REICHWEITE DES SENDERS GROSS GENUG ...
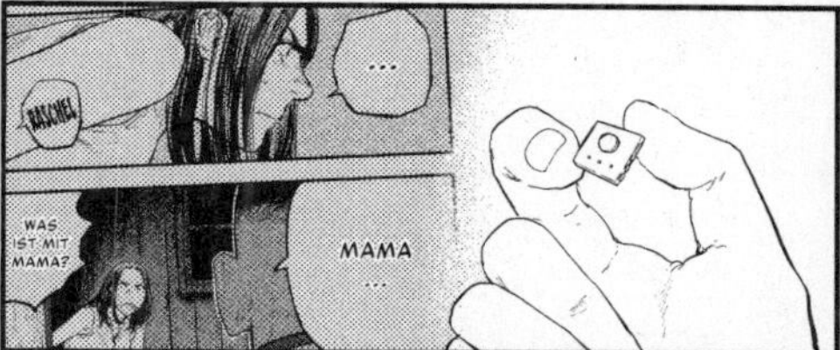
RASCHEL
...
WAS IST MIT MAMA?
MAMA ...
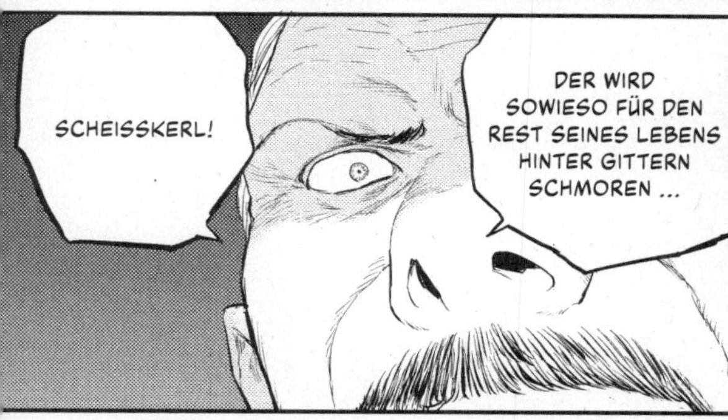
DER WIRD SOWIESO FÜR DEN REST SEINES LEBENS HINTER GITTERN SCHMOREN ...
SCHEISSKERL!
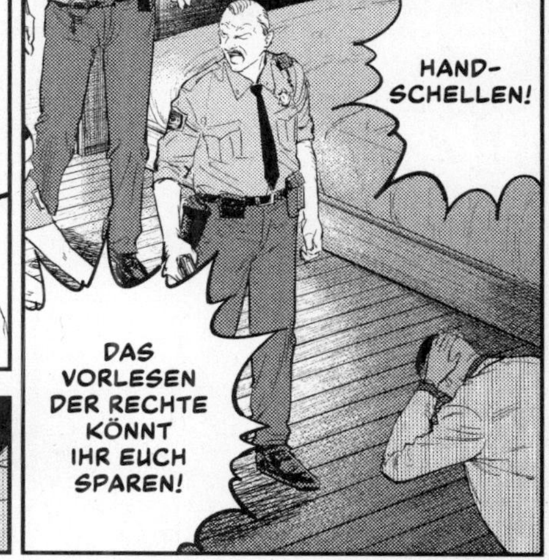
HAND-SCHELLEN!
DAS VORLESEN DER RECHTE KÖNNT IHR EUCH SPAREN!
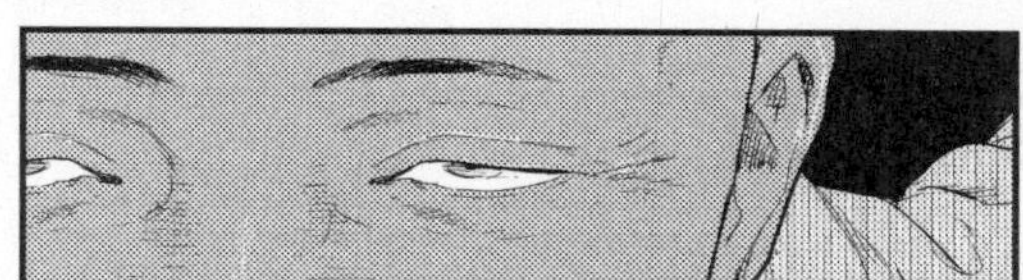
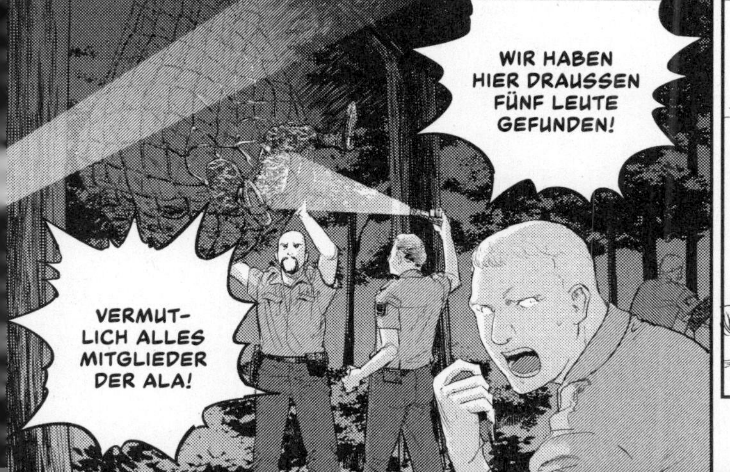
WIR HABEN HIER DRAUSSEN FÜNF LEUTE GEFUNDEN!
VERMUT-LICH ALLES MITGLIEDER DER ALA!
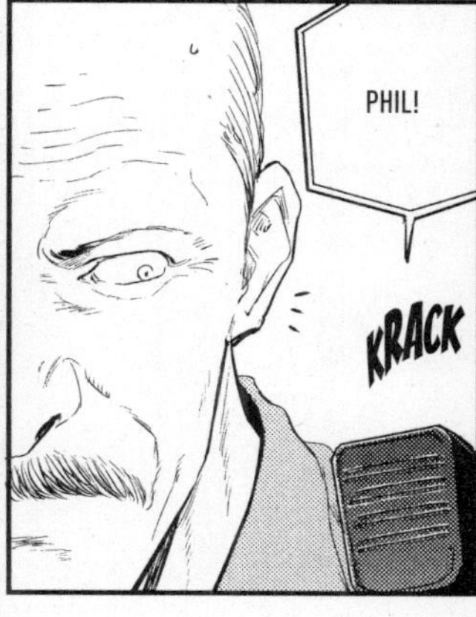
PHIL!
KRACK

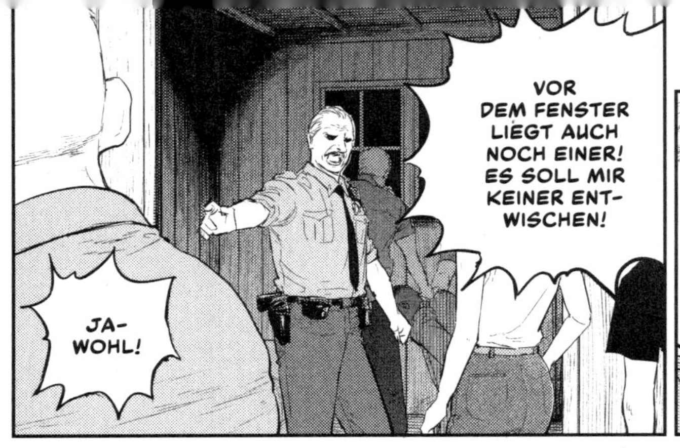
VOR DEM FENSTER LIEGT AUCH NOCH EINER! ES SOLL MIR KEINER ENT-WISCHEN!
JA-WOHL!

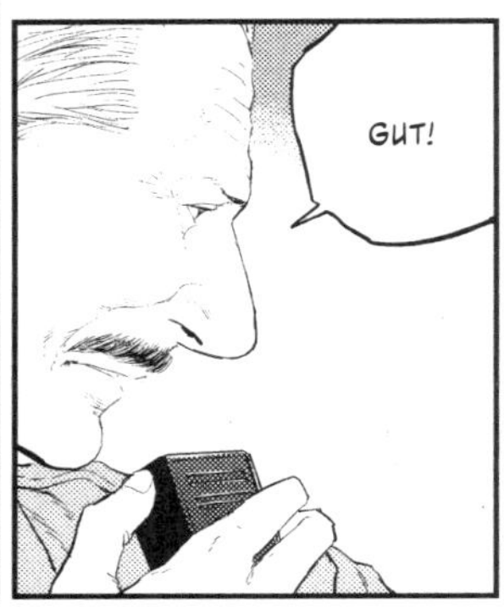
GUT!

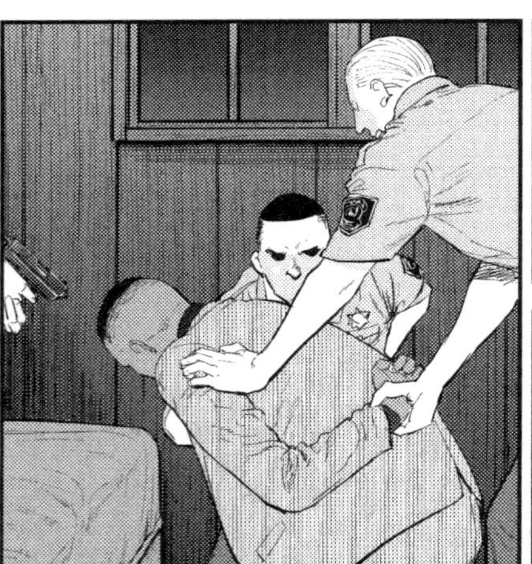

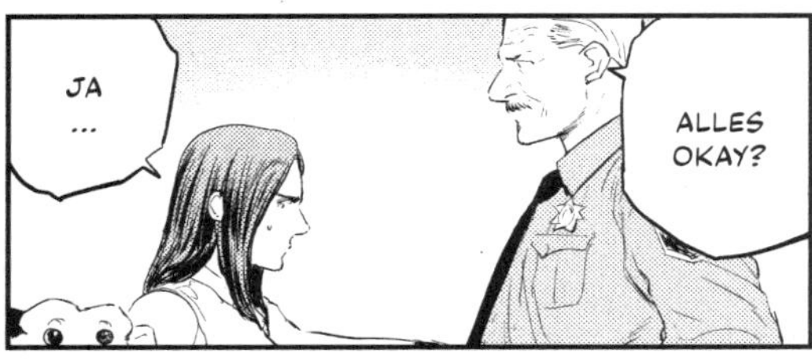
ALLES OKAY?
JA ...

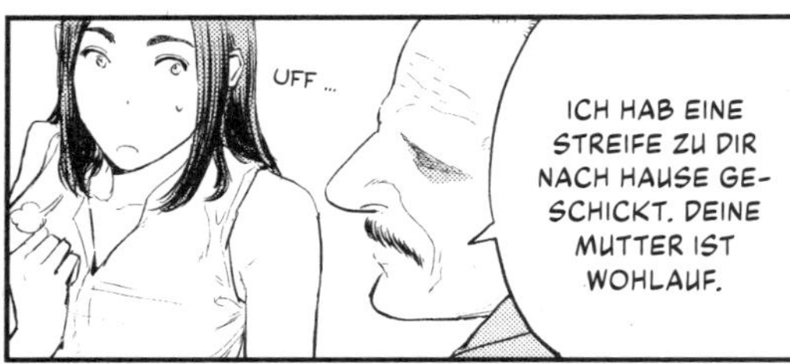
ICH HAB EINE STREIFE ZU DIR NACH HAUSE GE-SCHICKT. DEINE MUTTER IST WOHLAUF.
UFF ...

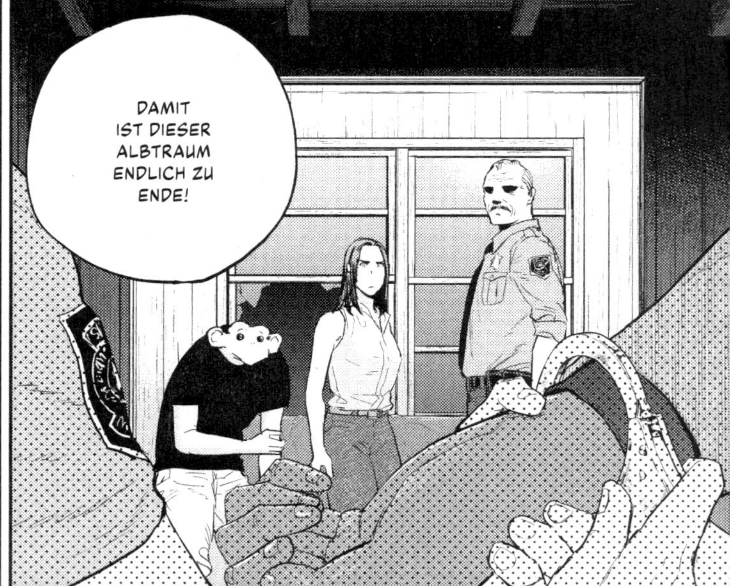
DAMIT IST DIESER ALBTRAUM ENDLICH ZU ENDE!

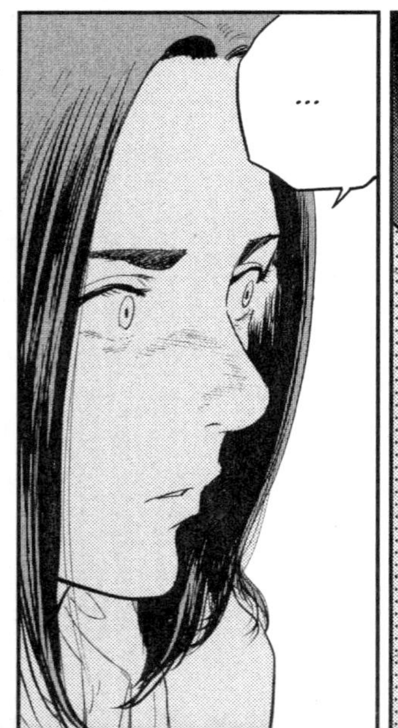
...

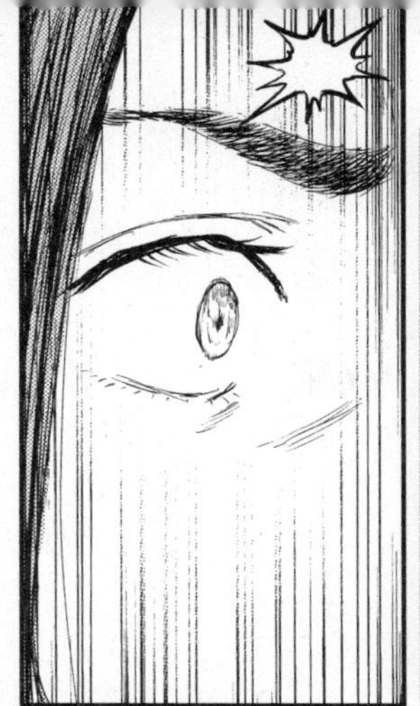

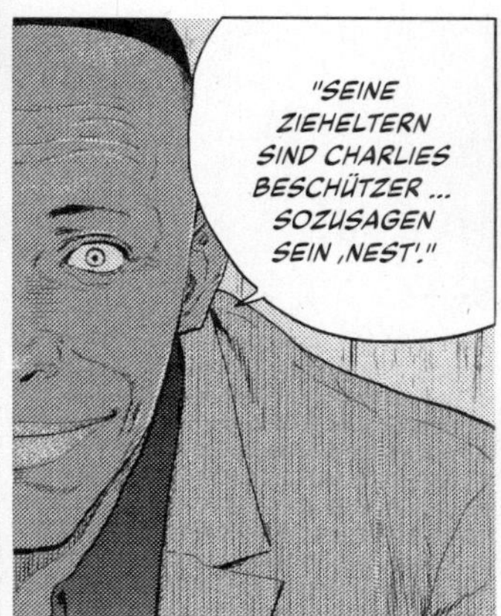
"SEINE ZIEHELTERN SIND CHARLIES BESCHÜTZER ... SOZUSAGEN SEIN ‚NEST'."

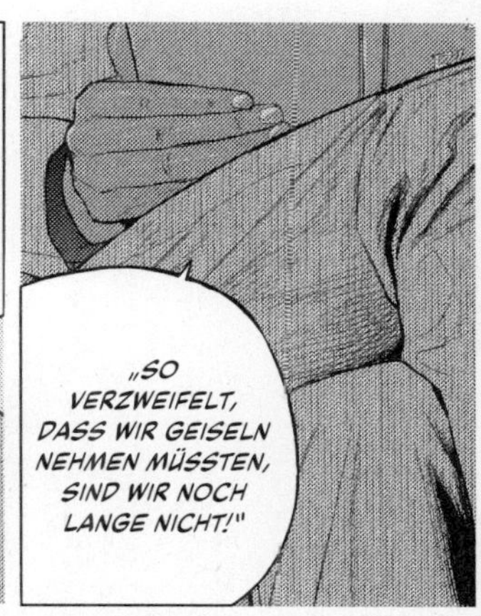
„SO VERZWEIFELT, DASS WIR GEISELN NEHMEN MÜSSTEN, SIND WIR NOCH LANGE NICHT!"

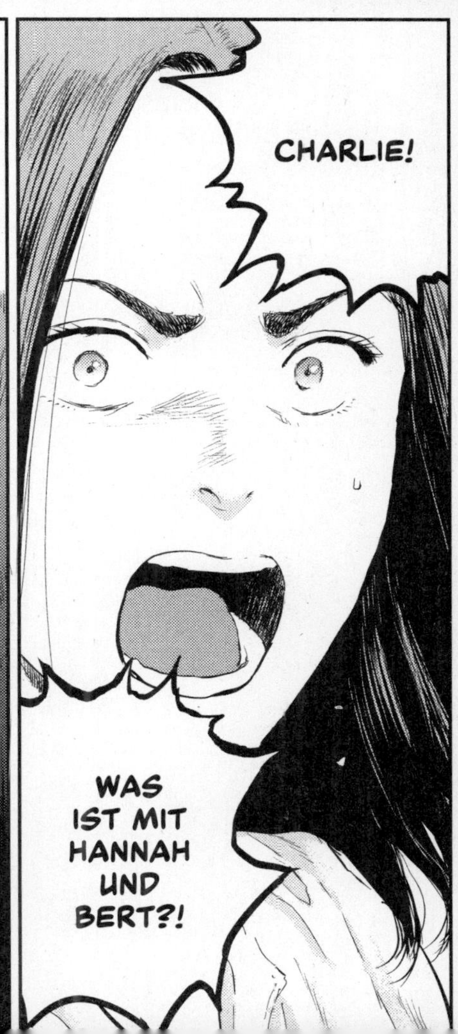
CHARLIE!
WAS IST MIT HANNAH UND BERT?!

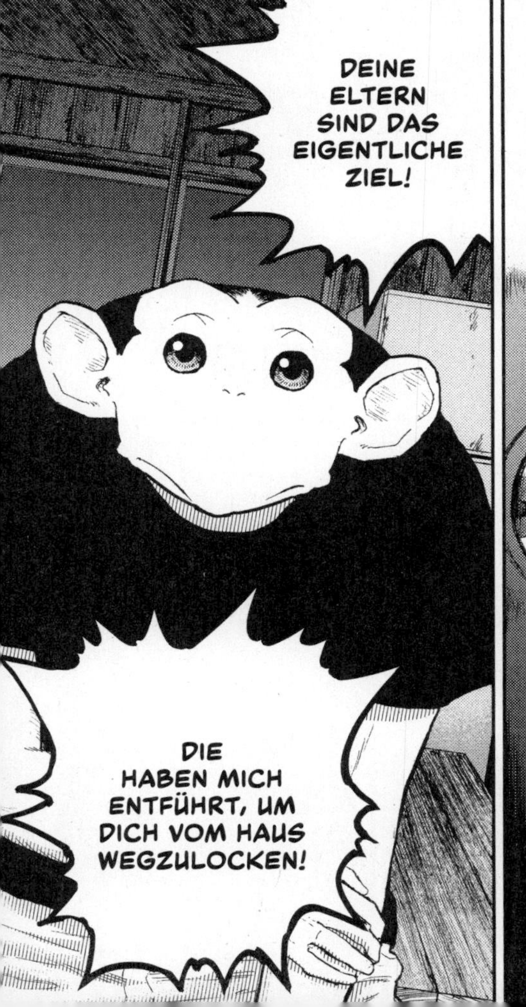
DEINE ELTERN SIND DAS EIGENTLICHE ZIEL!
DIE HABEN MICH ENTFÜHRT, UM DICH VOM HAUS WEGZULOCKEN!

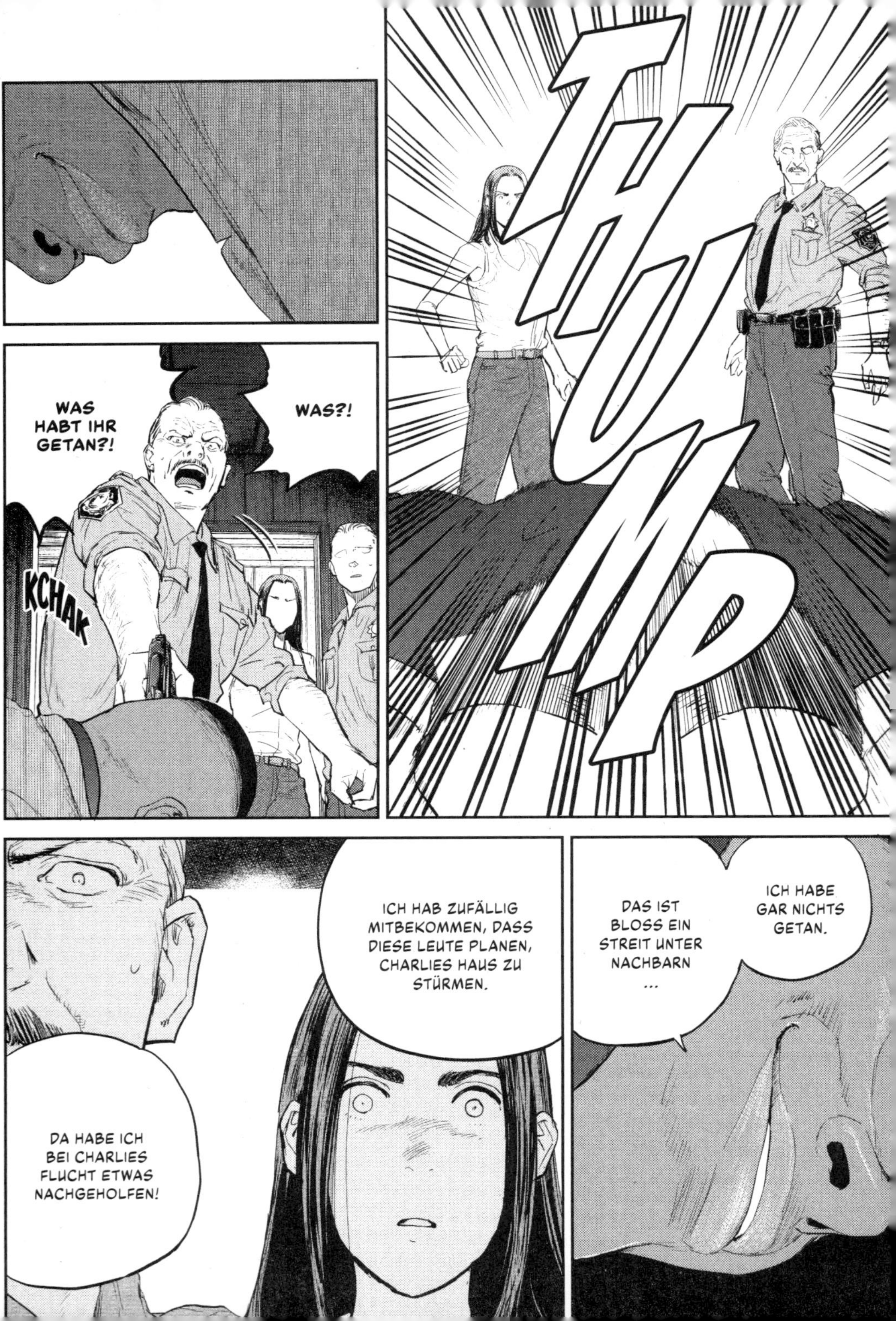

THUMP

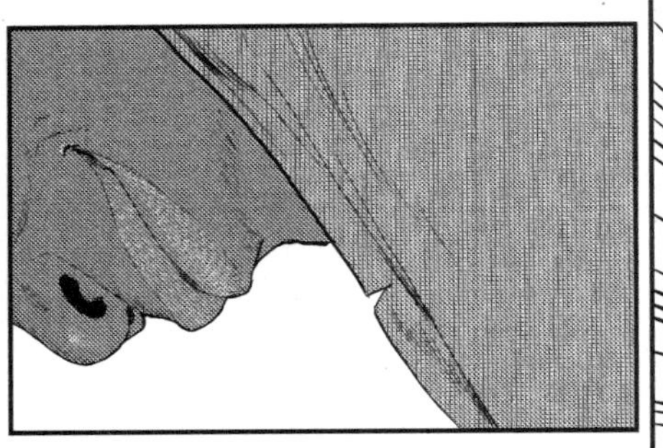

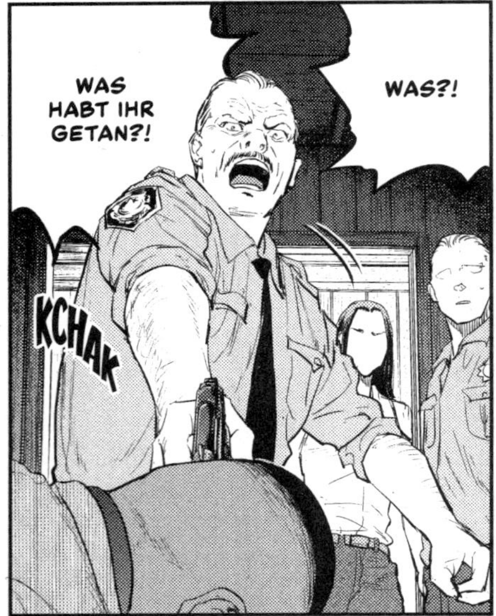
WAS?!
WAS HABT IHR GETAN?!
KCHAK

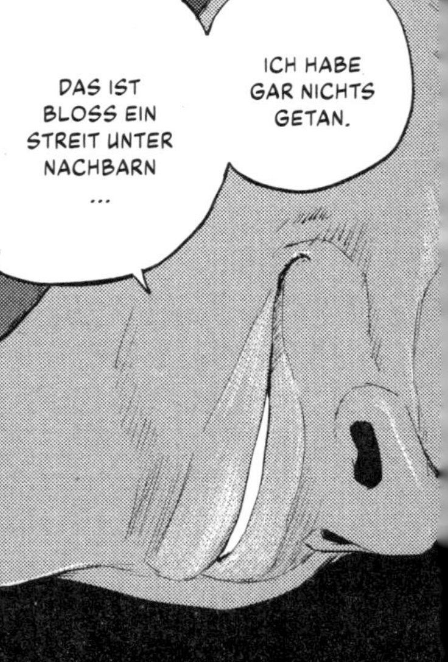
ICH HABE GAR NICHTS GETAN.
DAS IST BLOSS EIN STREIT UNTER NACHBARN ...

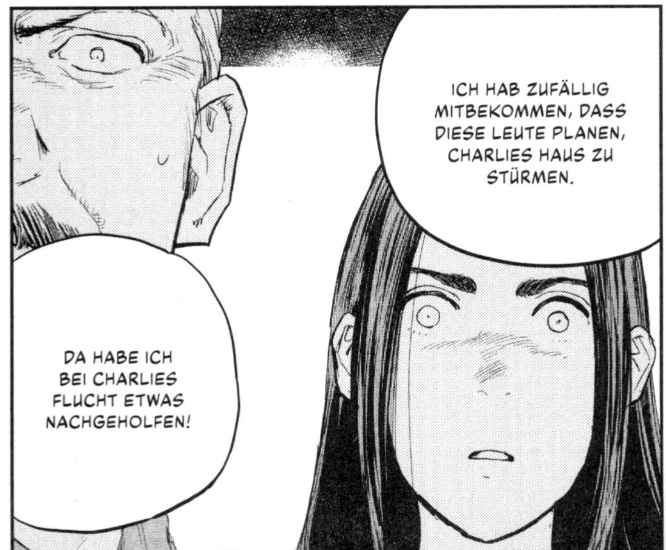
ICH HAB ZUFÄLLIG MITBEKOMMEN, DASS DIESE LEUTE PLANEN, CHARLIES HAUS ZU STÜRMEN.
DA HABE ICH BEI CHARLIES FLUCHT ETWAS NACHGEHOLFEN!

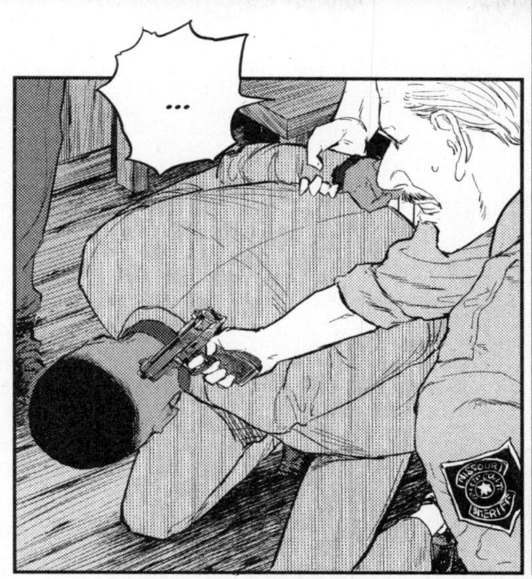
...

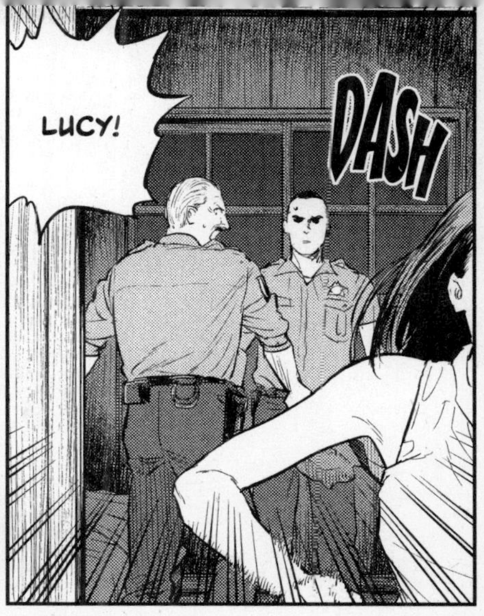
LUCY!
DASH

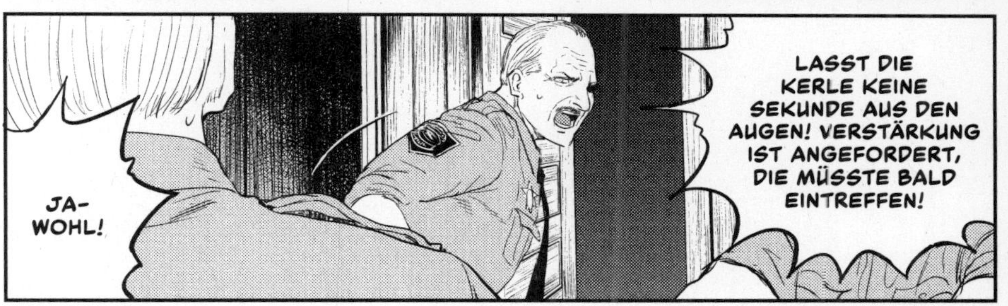
LASST DIE KERLE KEINE SEKUNDE AUS DEN AUGEN! VERSTÄRKUNG IST ANGEFORDERT, DIE MÜSSTE BALD EINTREFFEN!
JA-WOHL!

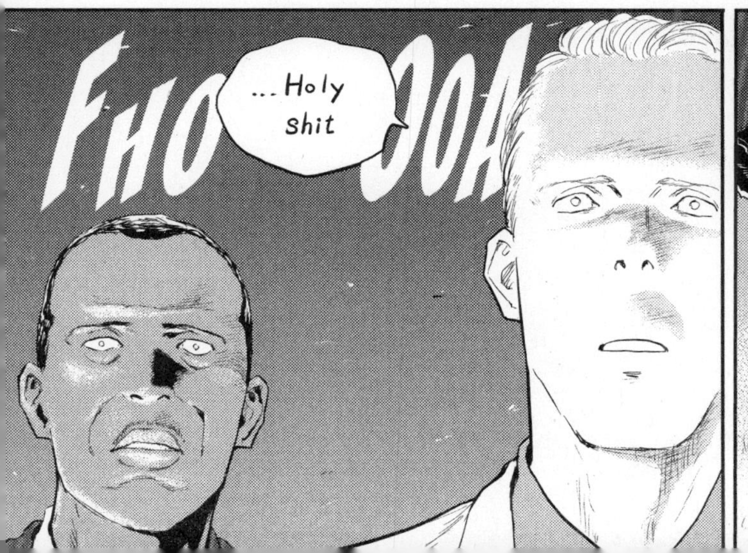
FHO OOA
...Holy shit

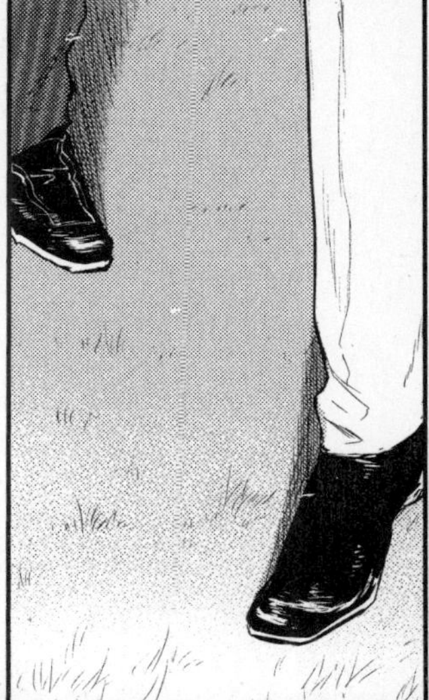

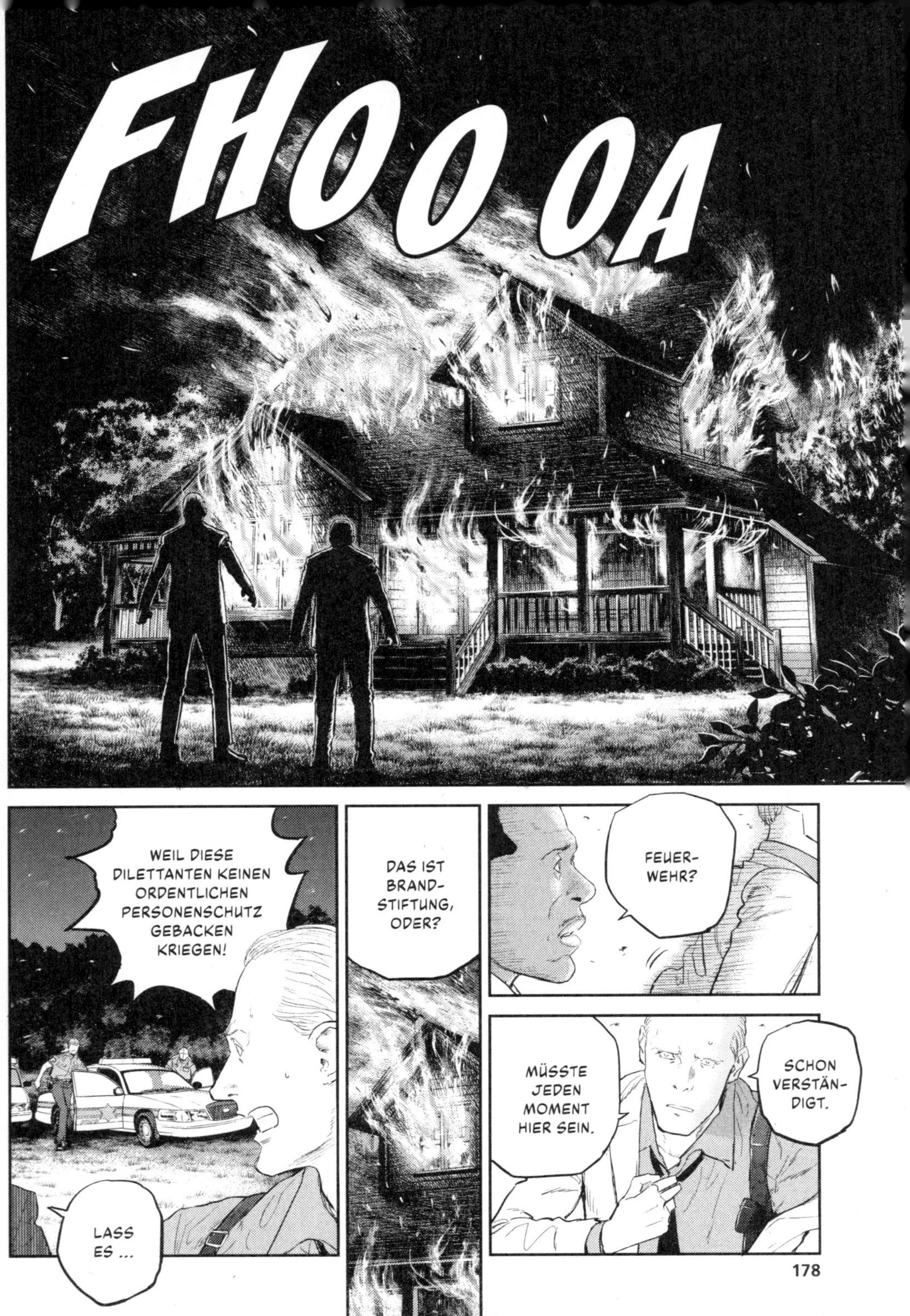

FHOO OA

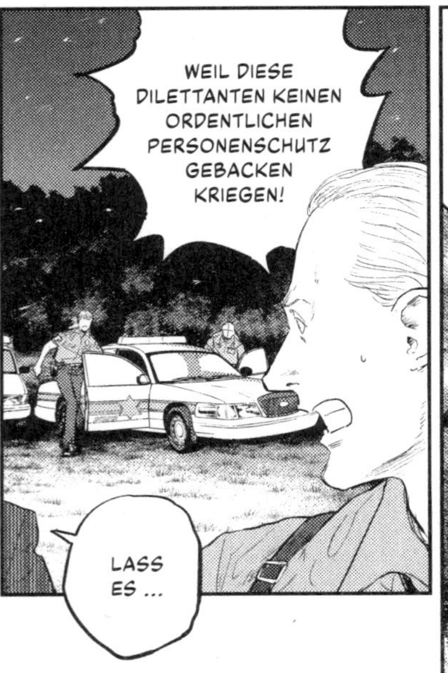
WEIL DIESE DILETTANTEN KEINEN ORDENTLICHEN PERSONENSCHUTZ GEBACKEN KRIEGEN!
LASS ES ...

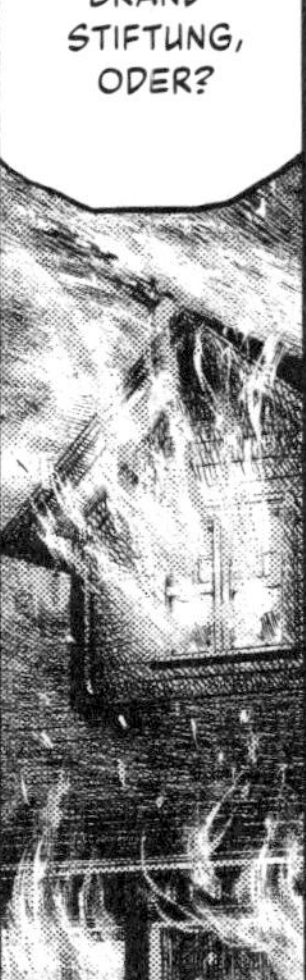
DAS IST BRAND-STIFTUNG, ODER?

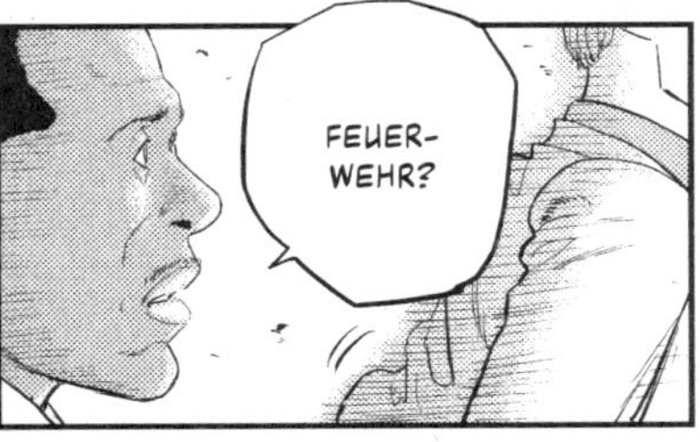
FEUER-WEHR?

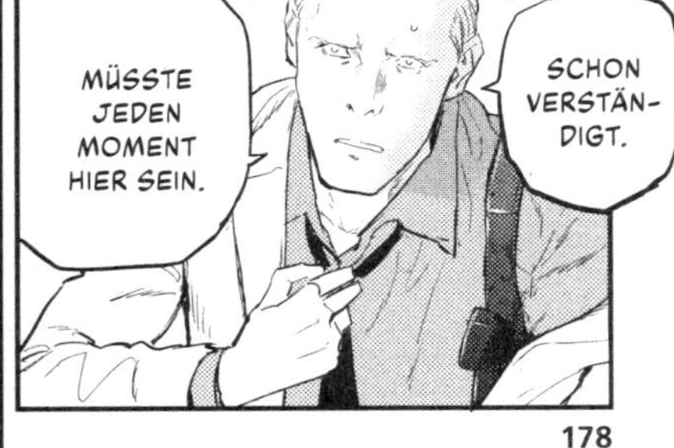
SCHON VERSTÄN-DIGT.
MÜSSTE JEDEN MOMENT HIER SEIN.

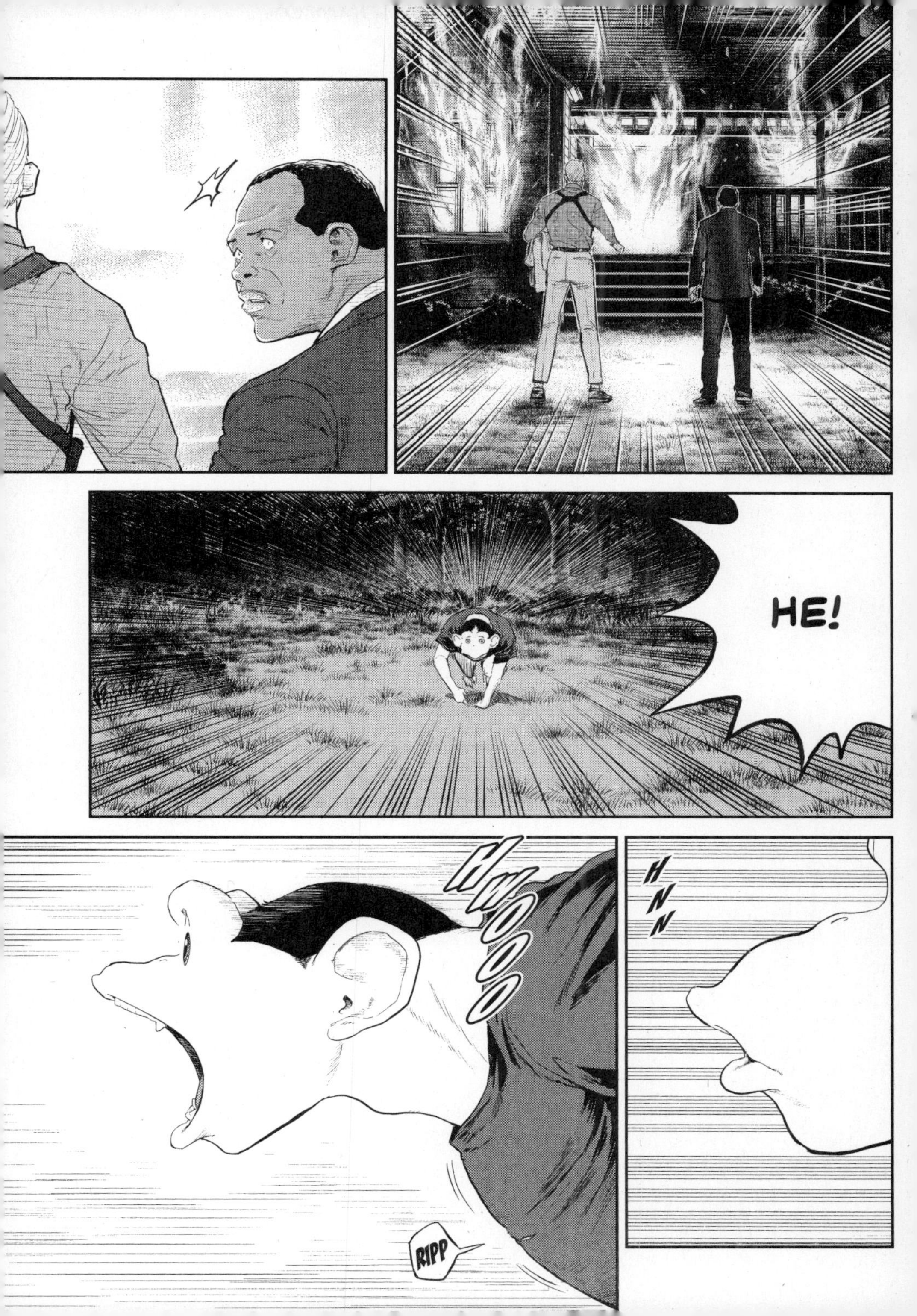

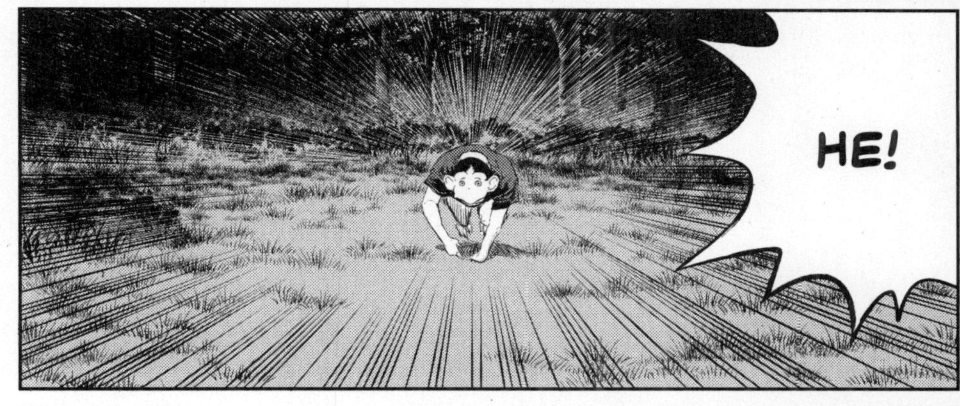

HWOOOO

RIPP

HNN

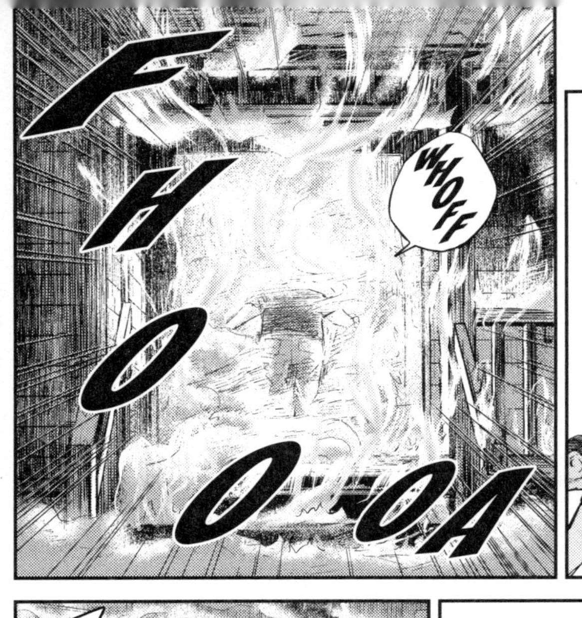
FHOOOOA
WHOFF
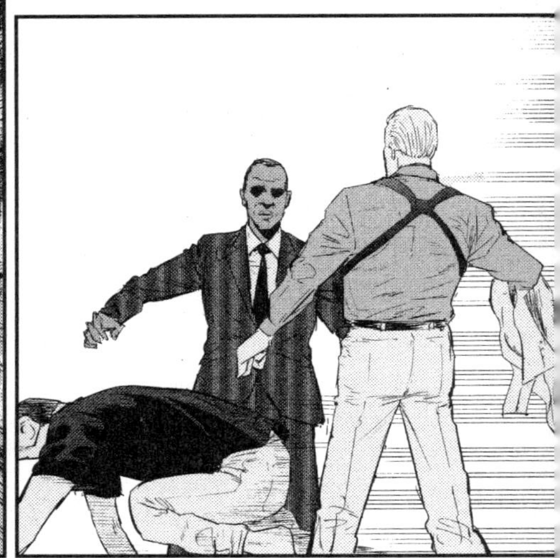
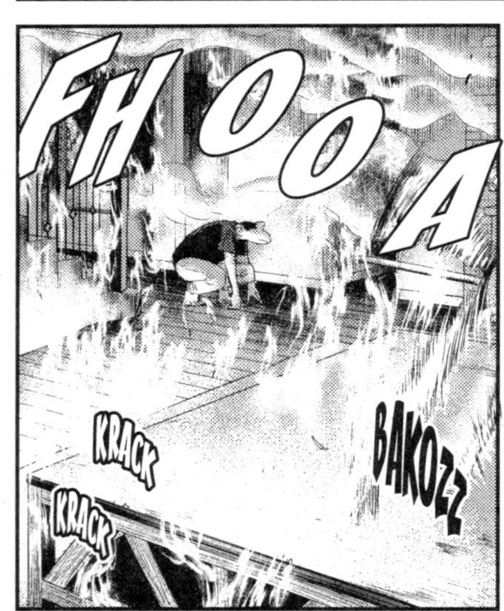
FHOOA
KRACK
KRACK
BAKOZZ
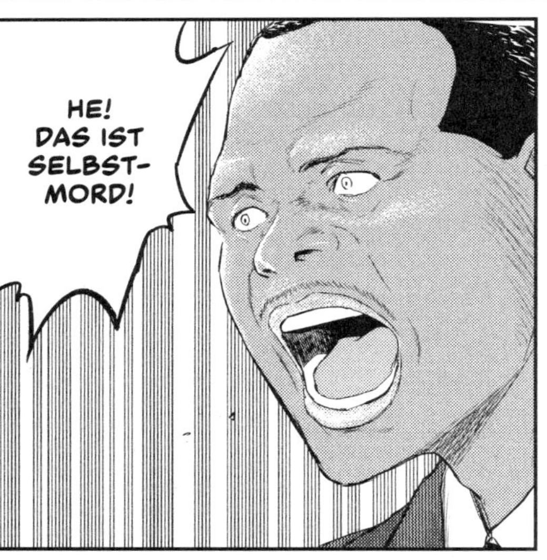
HE! DAS IST SELBST-MORD!
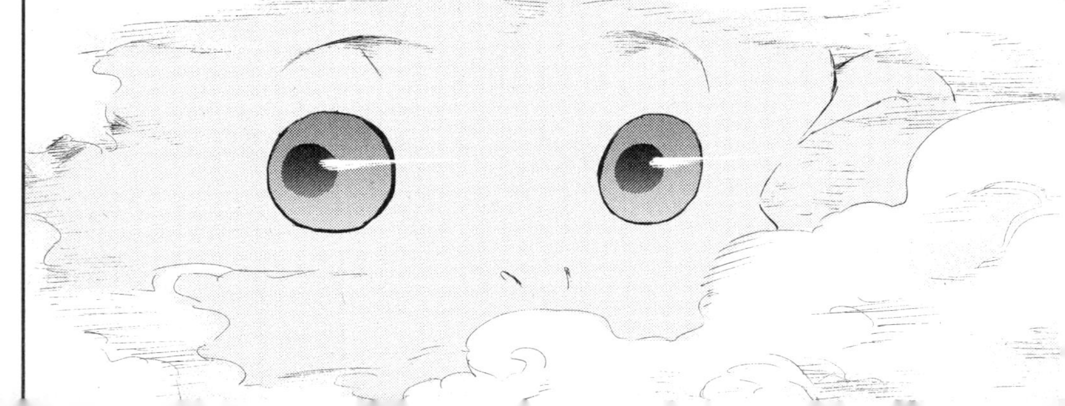

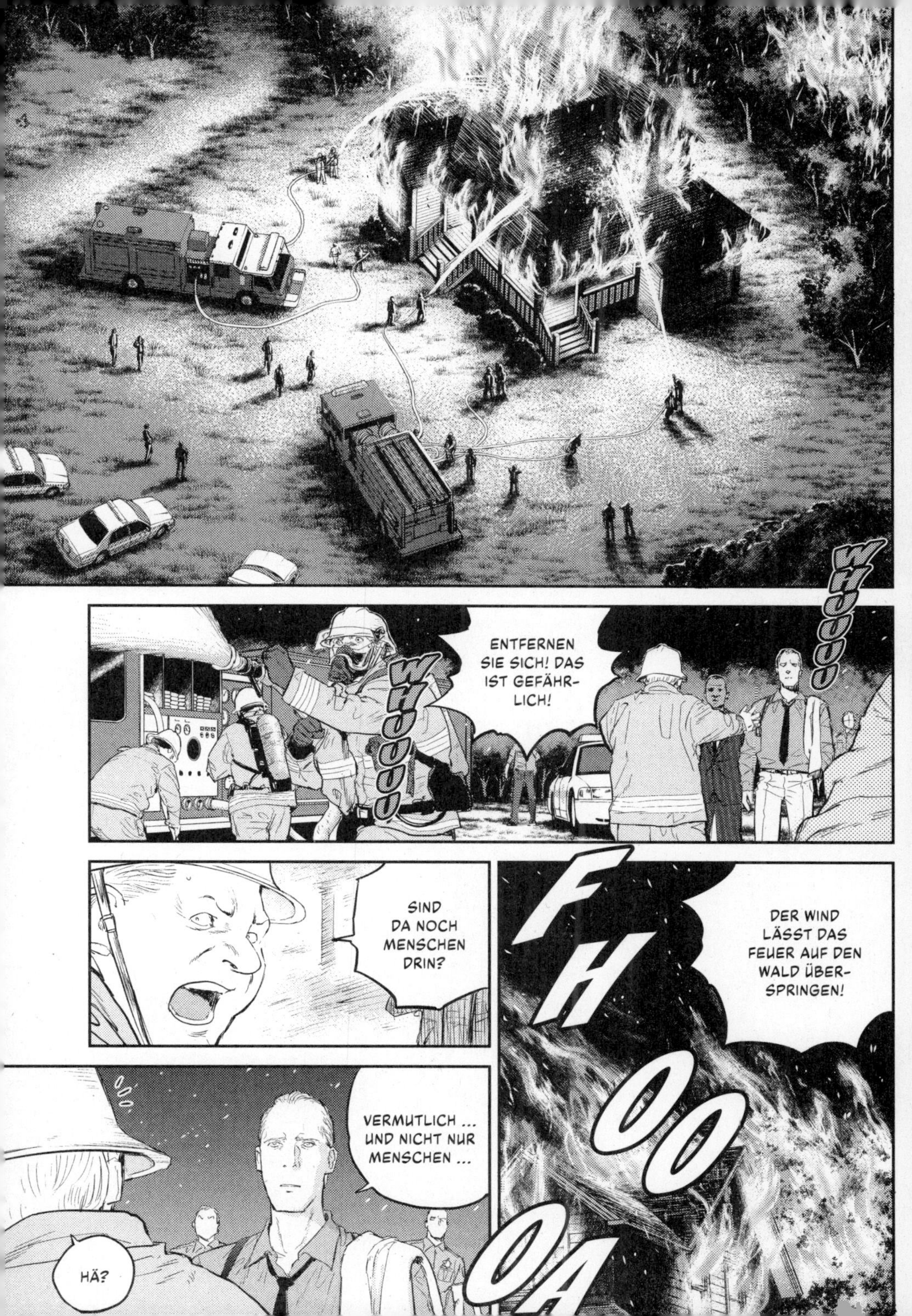
WHOOO
ENTFERNEN SIE SICH! DAS IST GEFÄHR-LICH!
WHOOOO
SIND DA NOCH MENSCHEN DRIN?
DER WIND LÄSST DAS FEUER AUF DEN WALD ÜBER-SPRINGEN!
FHOOOA
VERMUTLICH ... UND NICHT NUR MENSCHEN ...
HÄ?

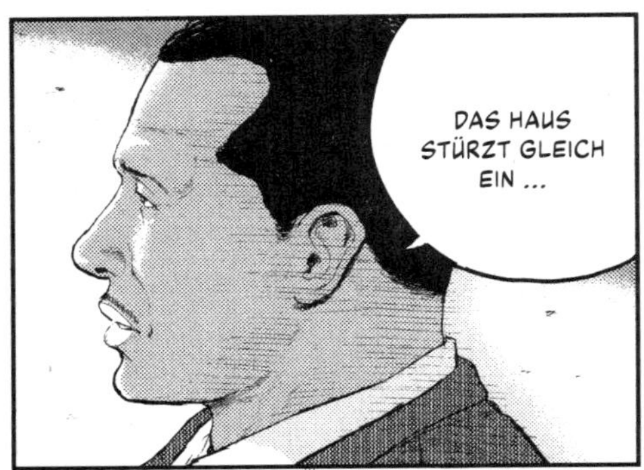
DAS HAUS STÜRZT GLEICH EIN ...

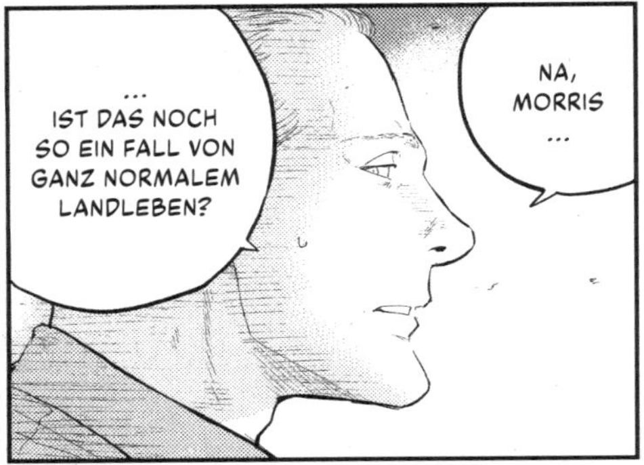
NA, MORRIS ...
... IST DAS NOCH SO EIN FALL VON GANZ NORMALEM LANDLEBEN?

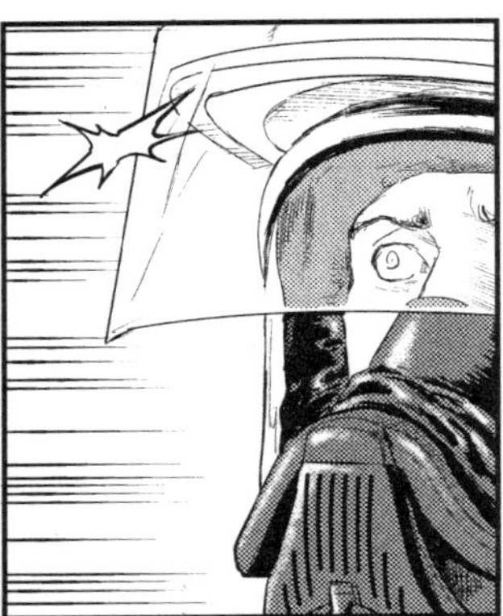

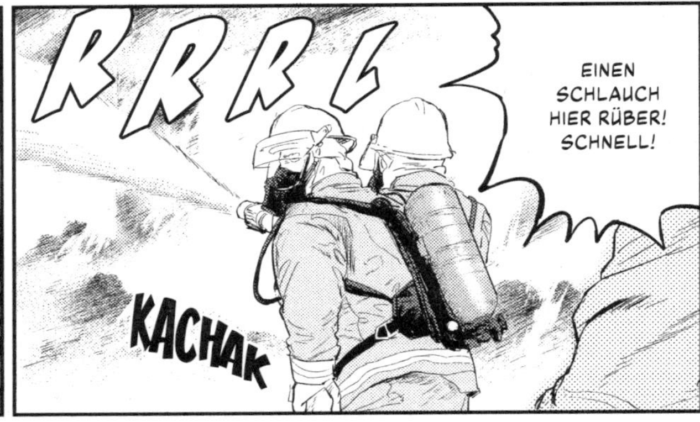
RRRL
EINEN SCHLAUCH HIER RÜBER! SCHNELL!
KACHAK

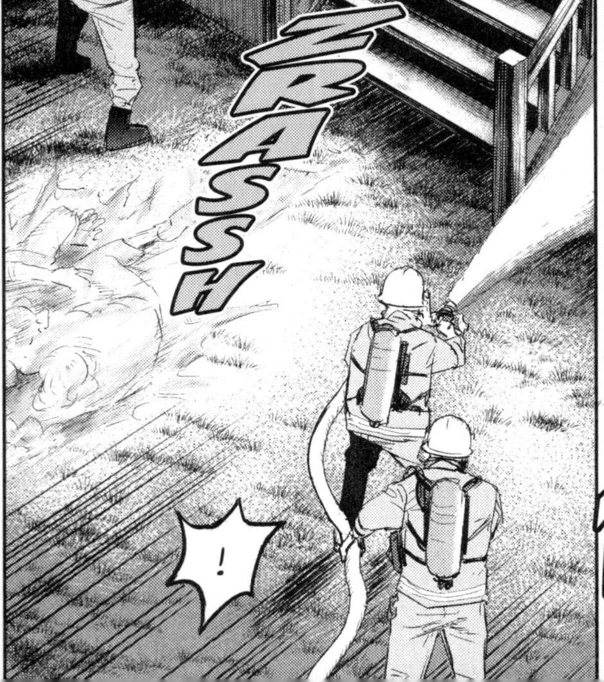
WRASSH
!

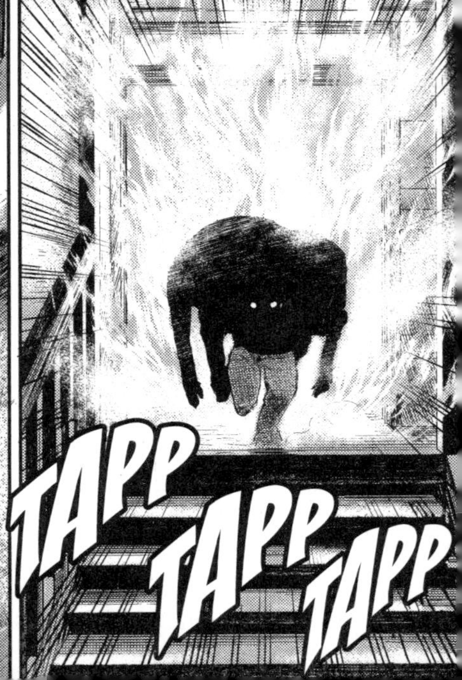
TAPP TAPP TAPP

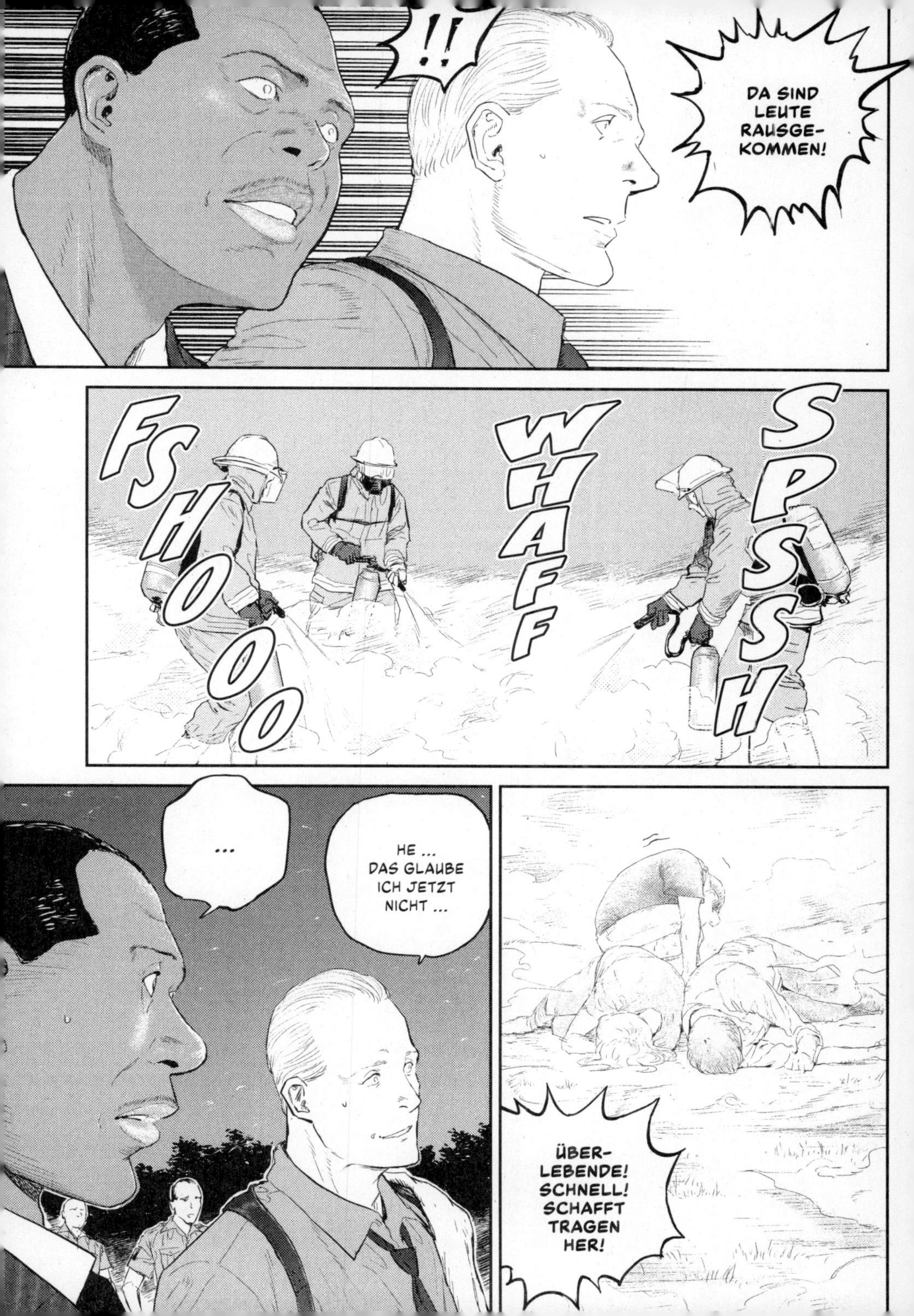

!!
DA SIND LEUTE RAUSGE-KOMMEN!
FSHOOO
WHAFF
SPSSH
...
HE ... DAS GLAUBE ICH JETZT NICHT ...
ÜBER-LEBENDE! SCHNELL! SCHAFFT TRAGEN HER!

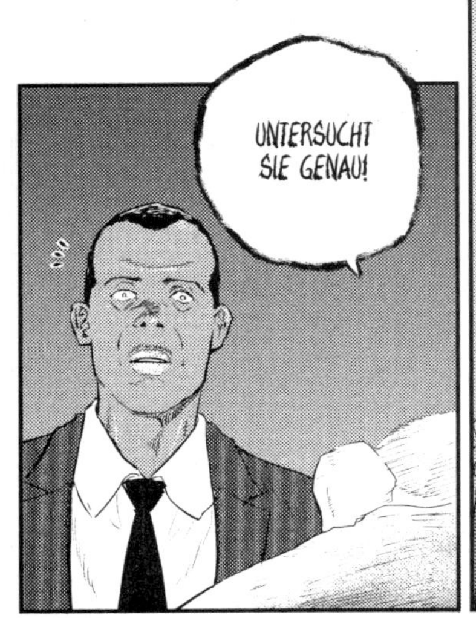
UNTERSUCHT SIE GENAU!

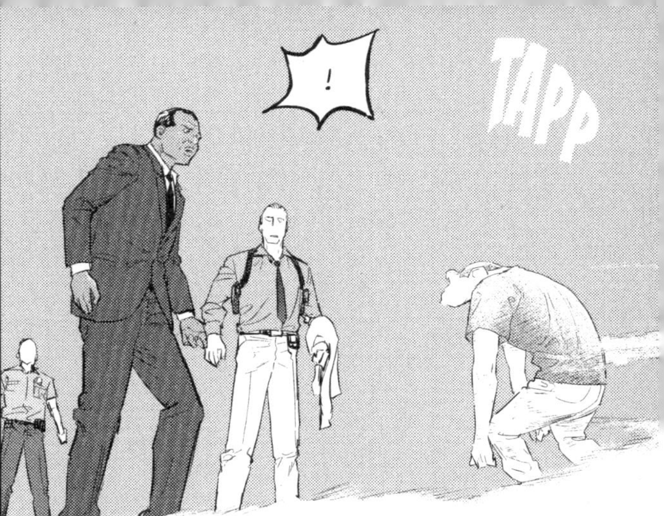
TAPP
!

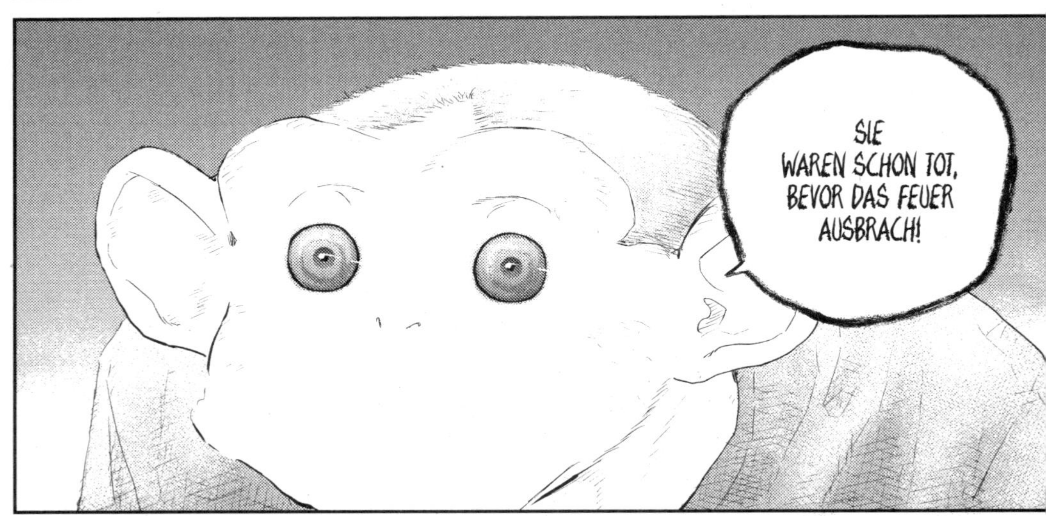
SIE WAREN SCHON TOT, BEVOR DAS FEUER AUSBRACH!

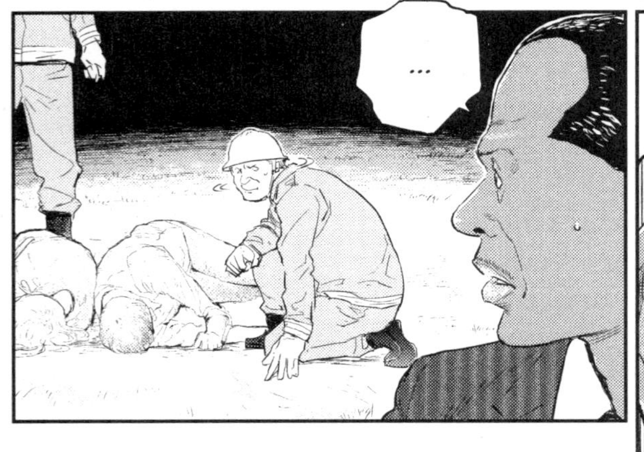
...

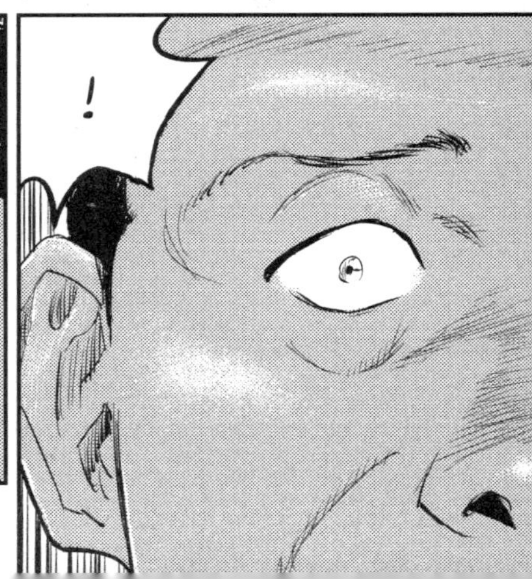
!

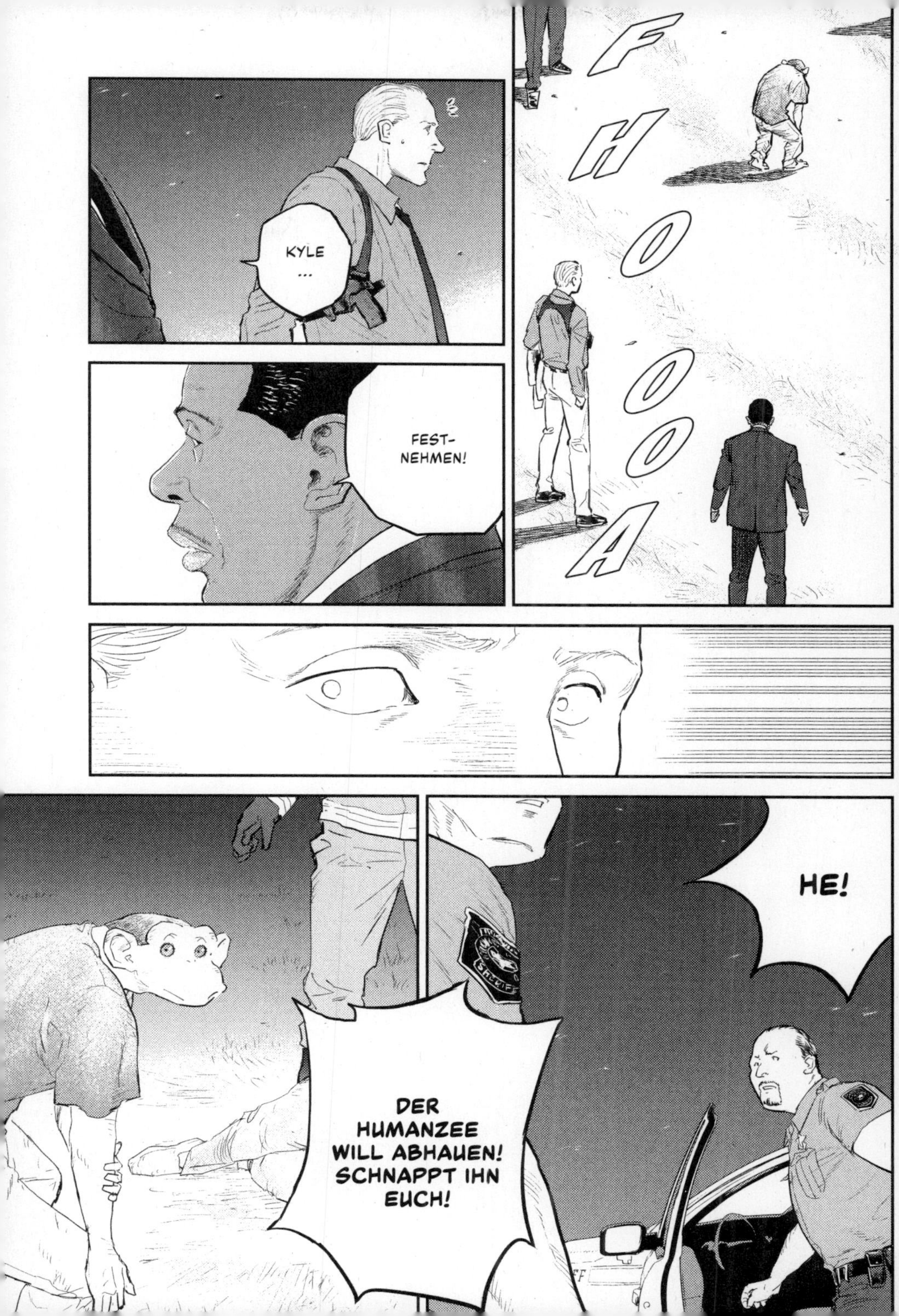

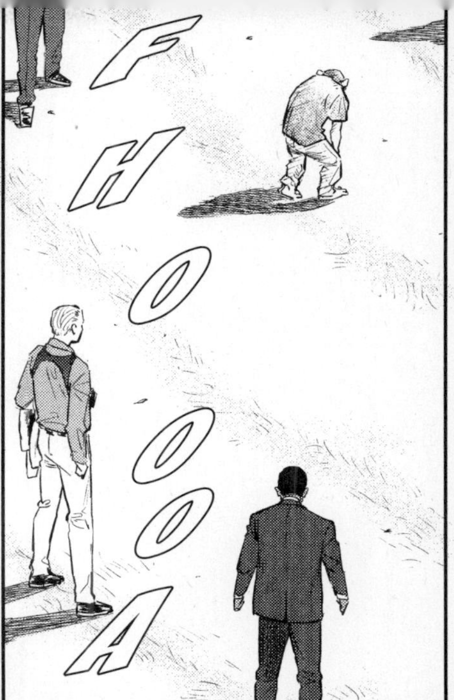

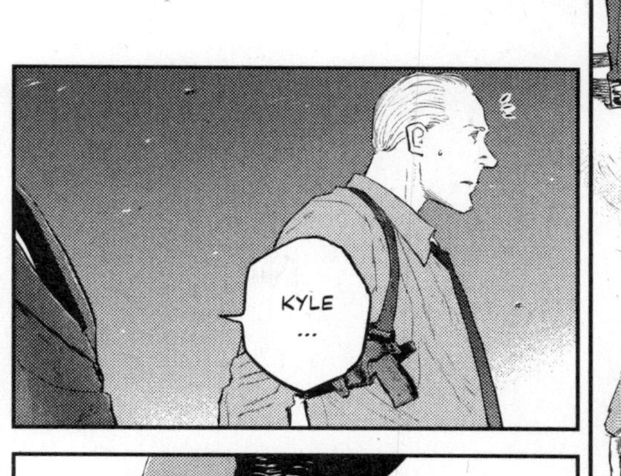

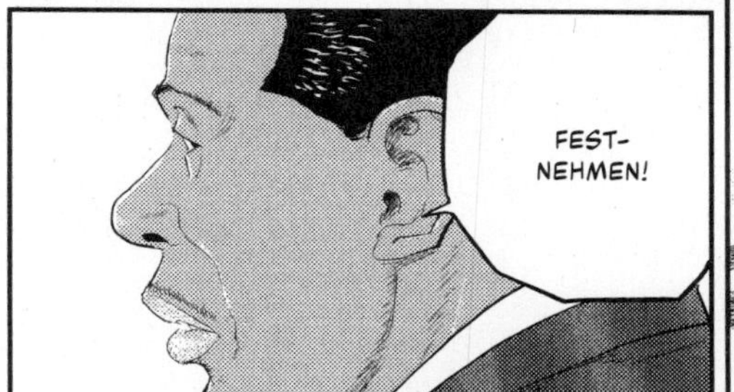

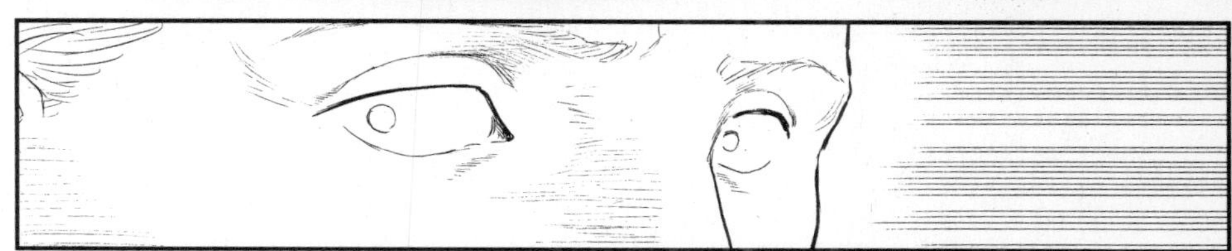

HE!

DER HUMANZEE WILL ABHAUEN! SCHNAPPT IHN EUCH!

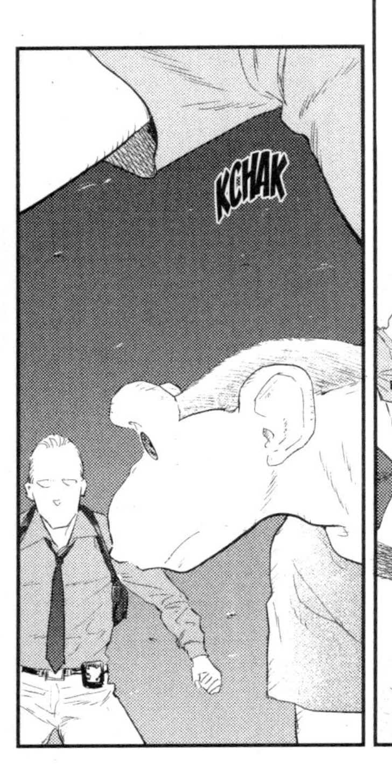
KCHAK

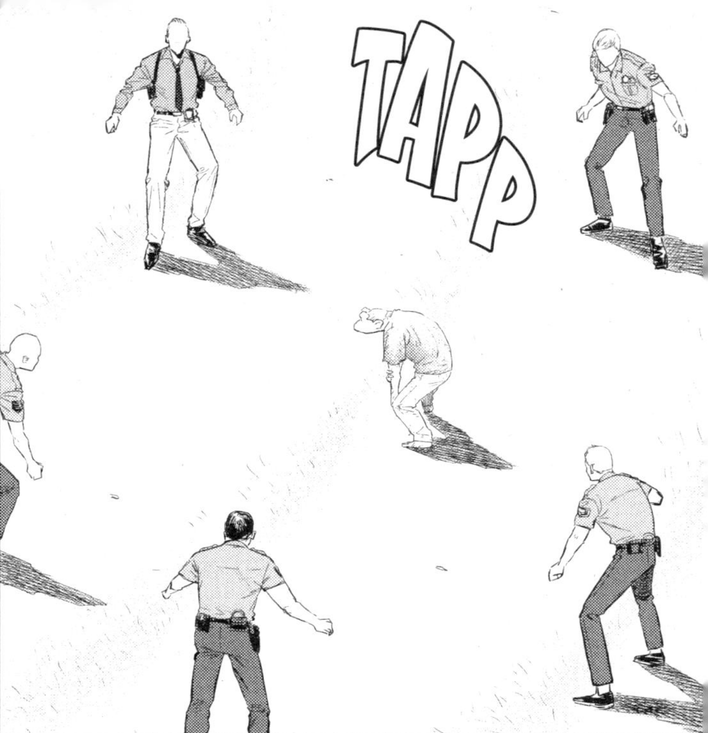
TAPP

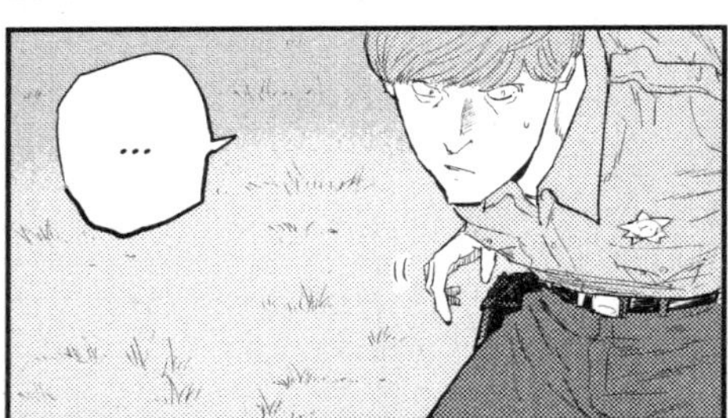
...

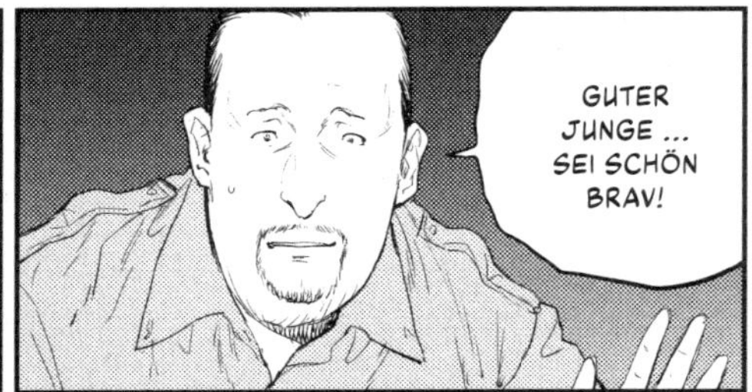
GUTER JUNGE ... SEI SCHÖN BRAV!

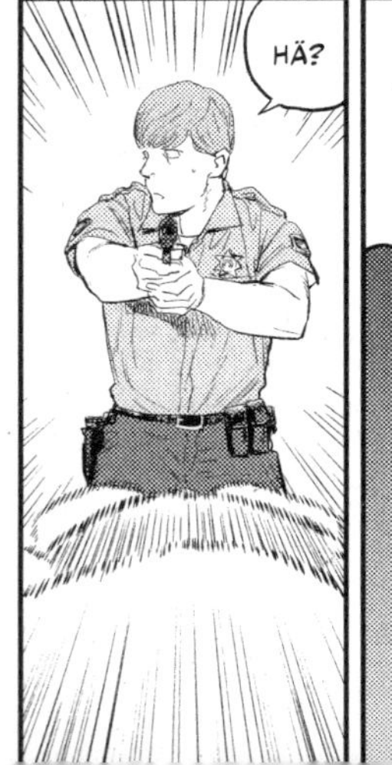
HÄ?

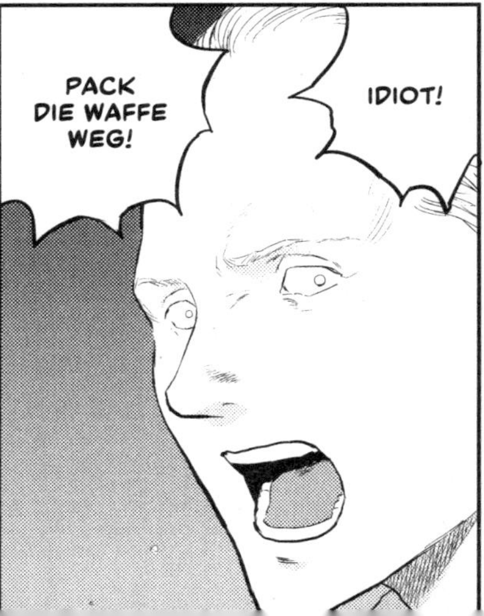
IDIOT!
PACK DIE WAFFE WEG!

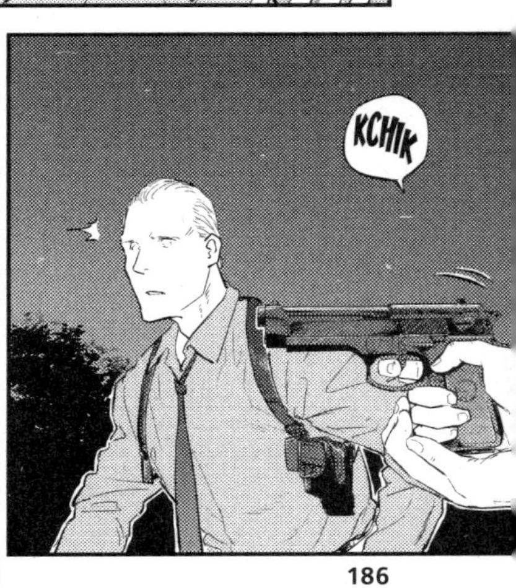
KCHIK

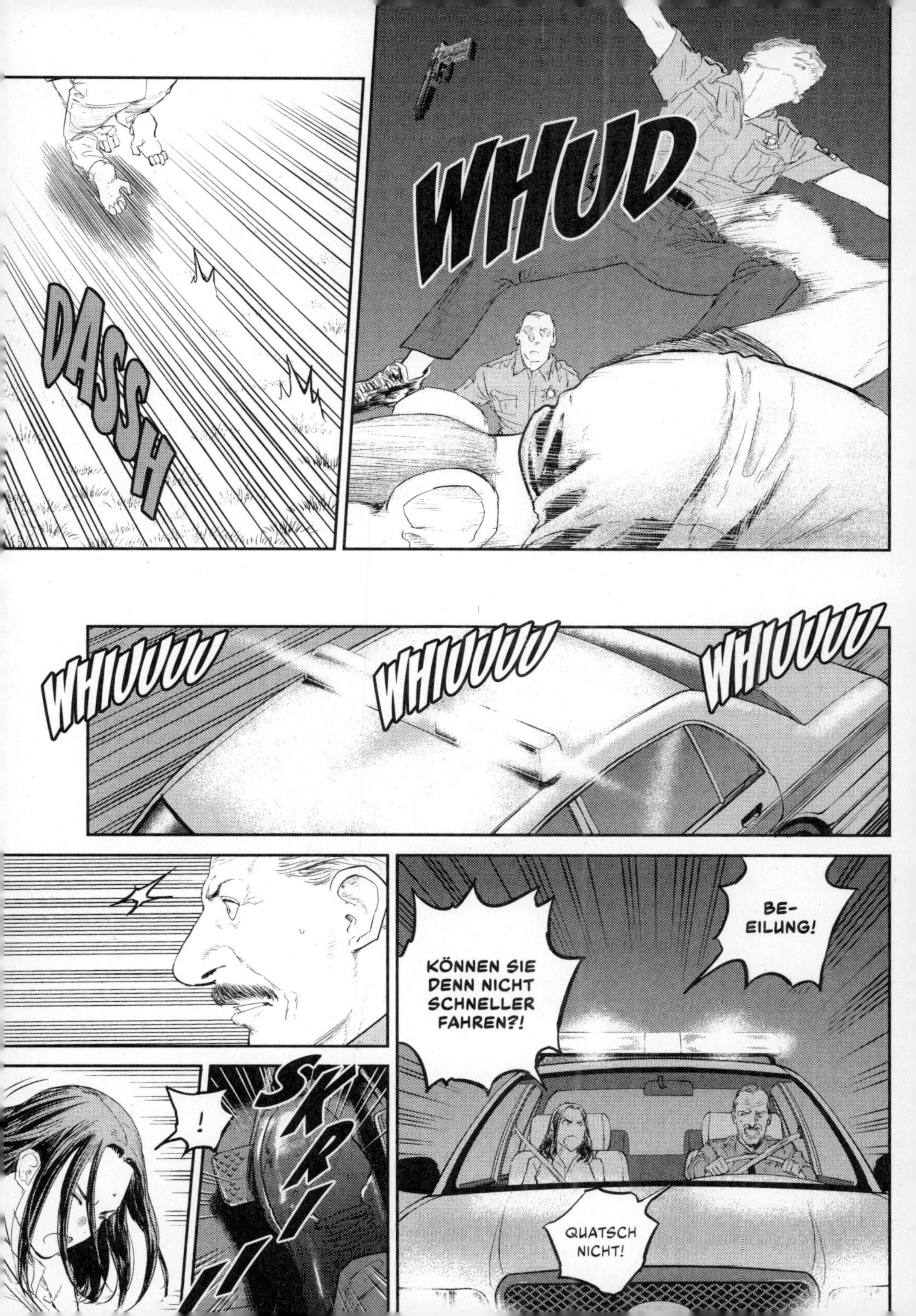

DASSH
WHUD

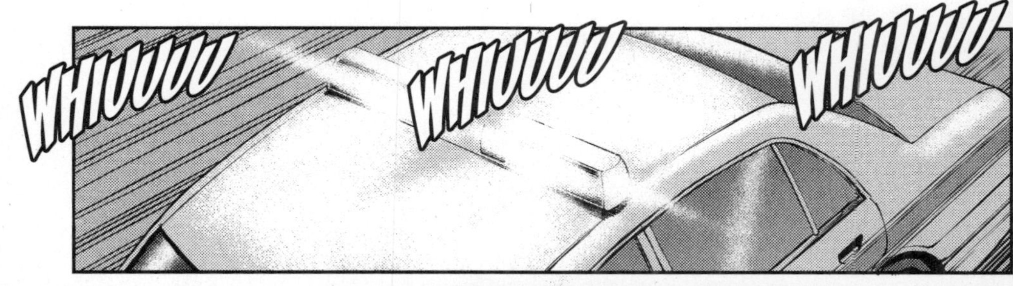
WHIUUUU
WHIUUUU
WHIUUUU

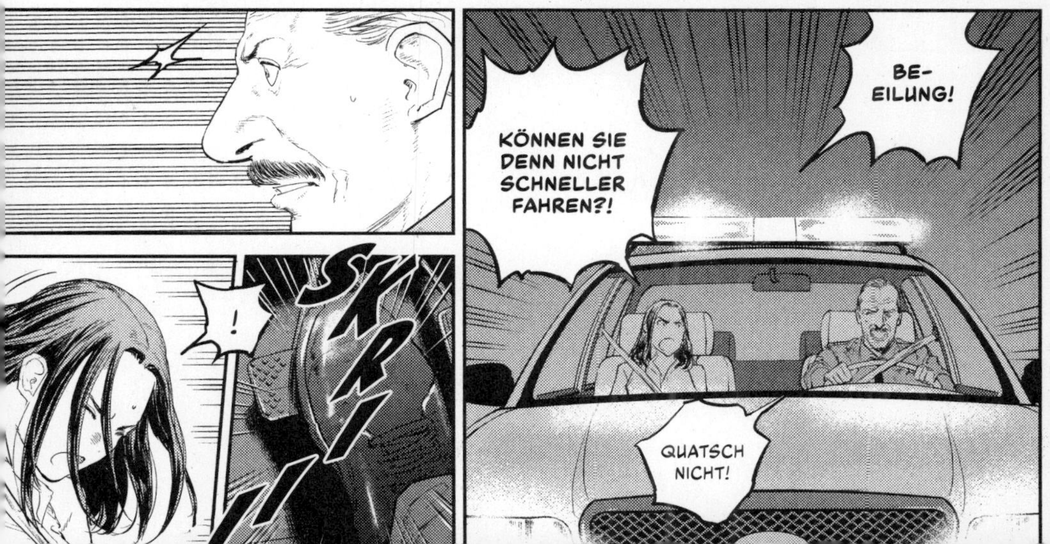
!
SKRII
BE-EILUNG!
KÖNNEN SIE DENN NICHT SCHNELLER FAHREN?!
QUATSCH NICHT!

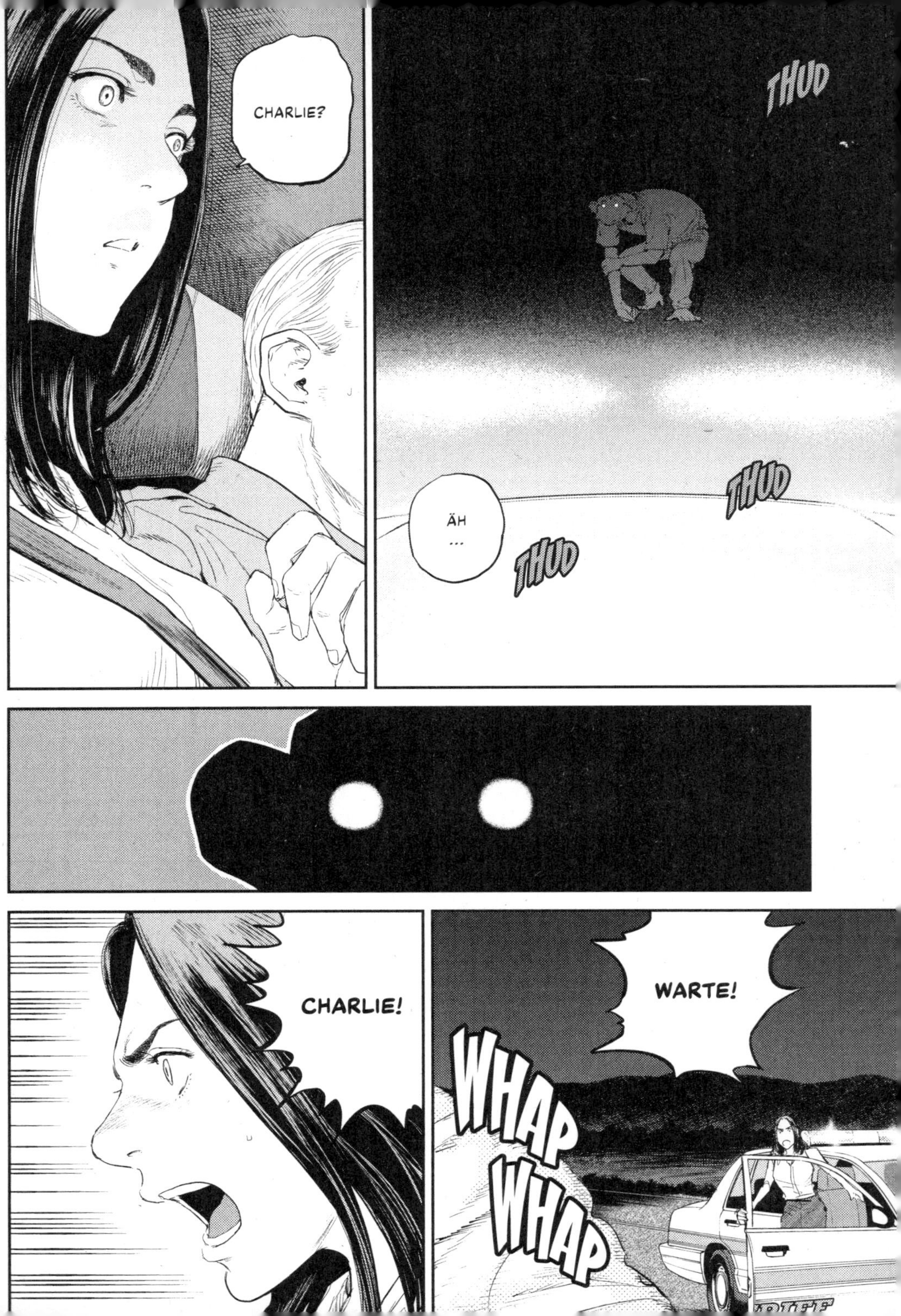

CHARLIE?

THUD

ÄH ...

THUD

THUD

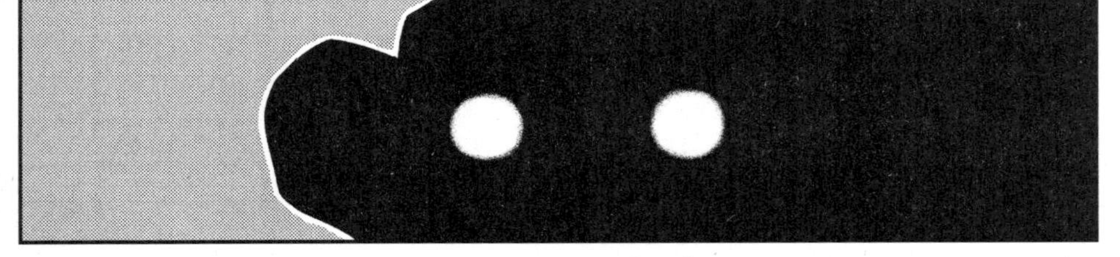

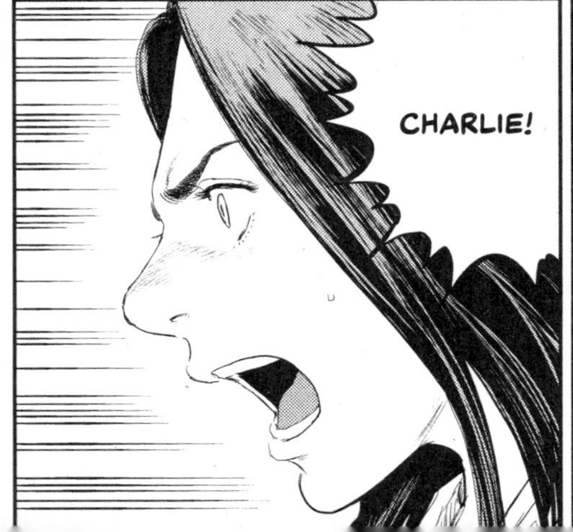

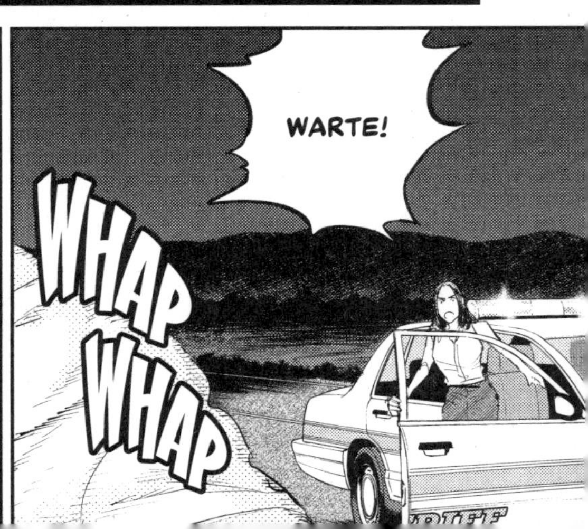

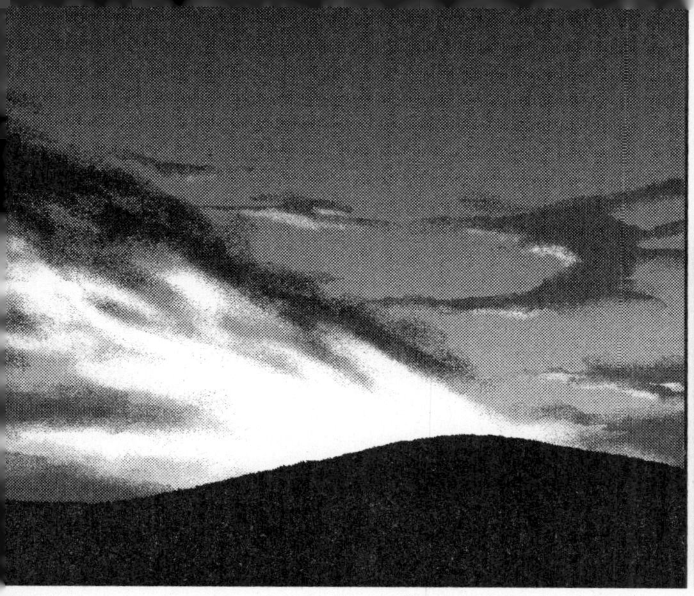

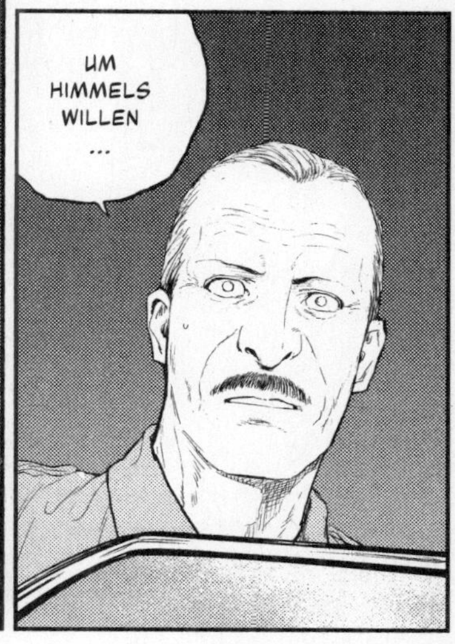
UM HIMMELS WILLEN ...

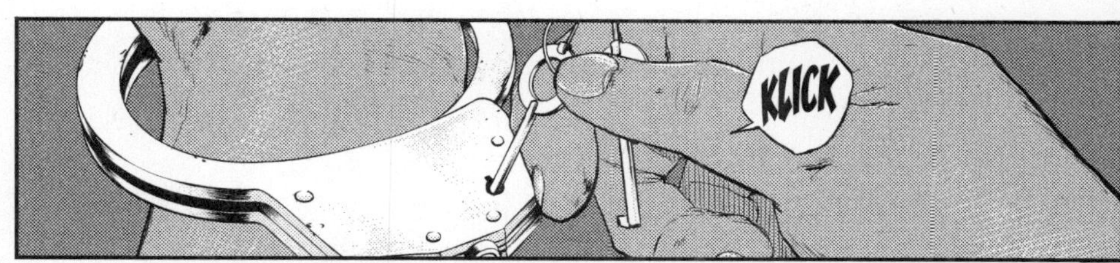
KLICK

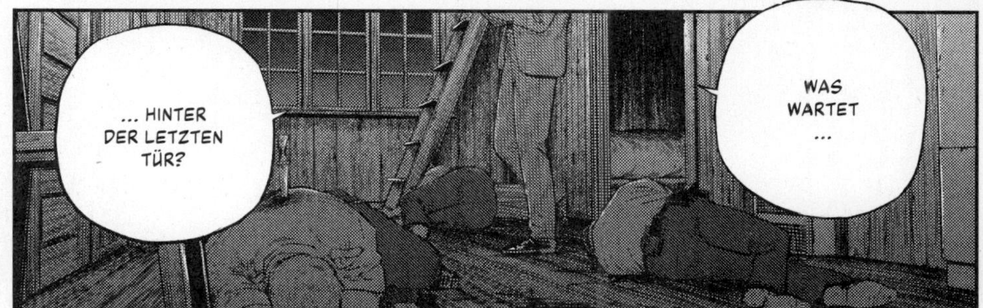
WAS WARTET ...
... HINTER DER LETZTEN TÜR?

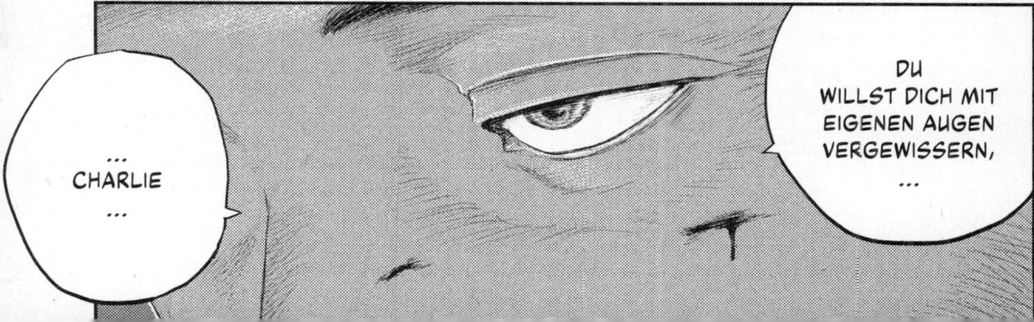
DU WILLST DICH MIT EIGENEN AUGEN VERGEWISSERN, ...
... CHARLIE ...

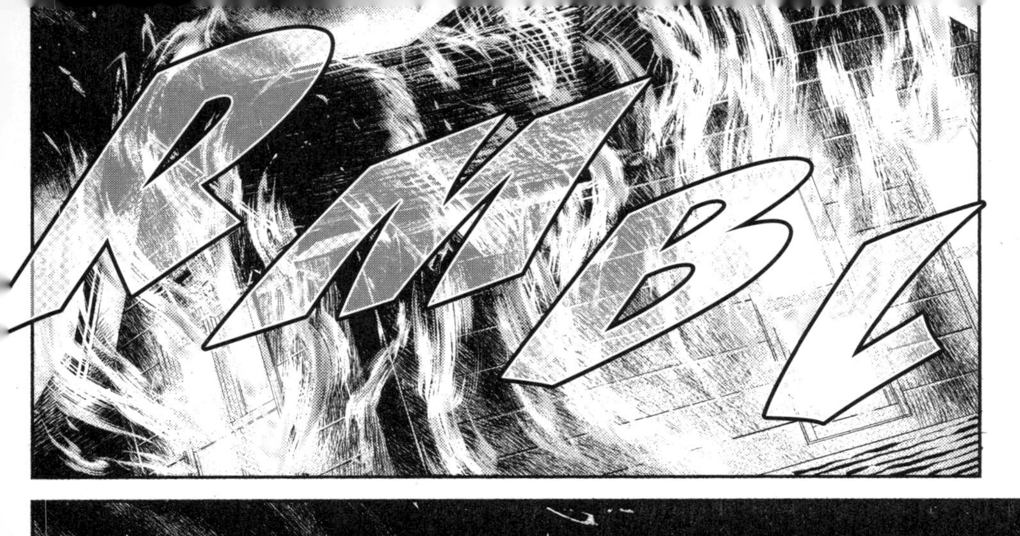
RMBL

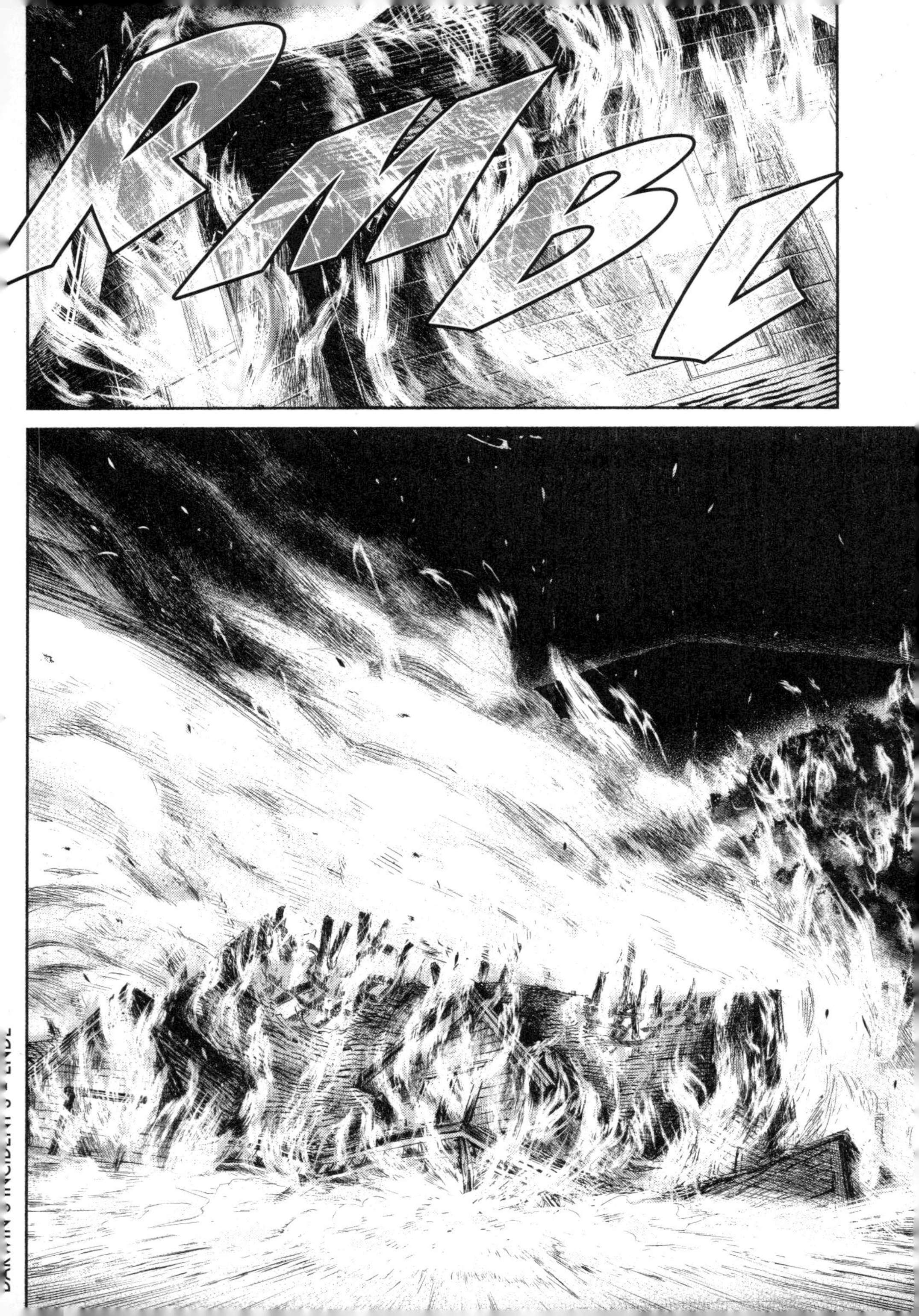

DARWIN'S INCIDENT

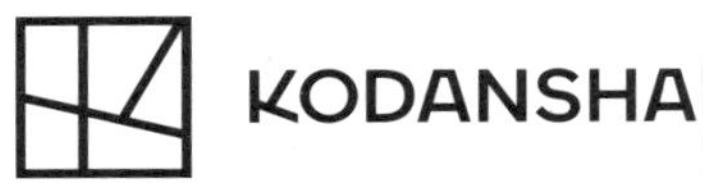

CH-1007 Lausanne
1. Auflage

Aus dem Japanischen von John Schmitt-Weigand

Programmleitung: Hideki Iyama / Lizenzkoordination: Ai Kono
Redaktion: Christopher Micksch / Herstellung: Sonja Lesch
Deutsche Logo- und Covergestaltung: Jessy Knipprath
Lettering: Datagrafix Inc.
Druck und Bindung: GGP Media GmbH, Pößneck

ISBN 978-2-88951-862-3